core
J2EE™ PATTERNS

DEEPAK ALUR · JOHN CRUPI · DAN MALKS

Übersetzung: Frank Langenau

core J2EE™ PATTERNS
Die besten Praxislösungen und Design-Strategien

Java 2 Platform, Enterprise Edition Series

Die Deutsche Bibliothek – CIP-Einheitsaufnahme

Ein Titeldatensatz für diese Publikation ist bei
Der Deutschen Bibliothek erhältlich.

Die Informationen in diesem Produkt werden ohne Rücksicht auf einen
eventuellen Patentschutz veröffentlicht.
Warennamen werden ohne Gewährleistung der freien Verwendbarkeit benutzt.
Bei der Zusammenstellung von Texten und Abbildungen wurde mit größter
Sorgfalt vorgegangen.
Trotzdem können Fehler nicht vollständig ausgeschlossen werden.
Verlag, Herausgeber und Autoren können für fehlerhafte Angaben
und deren Folgen weder eine juristische Verantwortung noch
irgendeine Haftung übernehmen.
Für Verbesserungsvorschläge und Hinweise auf Fehler sind Verlag und
Herausgeber dankbar.

Autorisierte Übersetzung der amerikanischen Originalausgabe:
Core J2EE Patterns © Sun Microsystems Press, Prentice Hall PTR, 2001

Alle Rechte vorbehalten, auch die der fotomechanischen Wiedergabe und der
Speicherung in elektronischen Medien.
Die gewerbliche Nutzung der in diesem Produkt gezeigten Modelle und Arbeiten
ist nicht zulässig.

Fast alle Hardware- und Softwarebezeichnungen, die in diesem Buch erwähnt werden,
sind gleichzeitig auch eingetragene Warenzeichen oder sollten als solche betrachtet
werden.

Umwelthinweis:
Dieses Buch wurde auf chlorfrei gebleichtem Papier gedruckt.
Die Einschrumpffolie – zum Schmutz vor Verschmutzung – ist aus
umweltverträglichem und recyclingfähigem PE-Material.

10 9 8 7 6 5 4 3 2 1

05 04 03 02

ISBN 3-8272-6313-1

© 2002 by Markt+Technik Verlag,
ein Imprint der Pearson Education Deutschland GmbH,
Martin-Kollar-Straße 10–12, D 81829 München/Germany
Alle Rechte vorbehalten
Übersetzung: Frank Langenau, Chemnitz
Fachlektorat: Uwe Friedrichsen, Solingen
Lektorat: Melanie Kasberger, mkasberger@pearson.de
Herstellung: Elisabeth Egger, eegger@pearson.de
Korrektorat: Regina Langenau, Chemnitz
Einbandgestaltung: Heinz H. Rauner, Gmund
Satz: reemers publishing services gmbh, Krefeld
Druck und Verarbeitung: Bercker, Kevelaer
Printed in Germany

Inhaltsverzeichnis

Vorwort 13

Einleitung 15
    Das Sun Java Center und der J2EE-Musterkatalog 16
    Was können Sie von diesem Buch erwarten? 17
    Was finden Sie nicht in diesem Buch? 18
    Für wen ist dieses Buch gedacht? 18
    Wie ist dieses Buch strukturiert? 19
    Website und Kontaktinformationen 20
    Danksagungen der Autoren 20

Teil 1: Muster und J2EE 23

1 Einführung 25
  1.1   Was ist die J2EE? 26
  1.2   Was sind Patterns bzw. Muster? 27
  1.2.1 Geschichtliche Bezüge 27
  1.2.2 Ein Muster definieren 28
  1.2.3 Muster in Kategorien einteilen 29
  1.3   J2EE-Musterkatalog 30
  1.3.1 Fortschreitende Entwicklung 30
  1.3.2 Wie man den J2EE-Musterkatalog verwendet 31
  1.3.3 Vorteile von Mustern 32
  1.4   Muster, Frameworks und Wiederverwendung 34
  1.5   Zusammenfassung 34

2 Die J2EE-Plattform 35
  2.1   Ein kurzer Überblick 36
  2.1.1 Applikationsserver – die neue Gattung 37
  2.1.2 Die Annäherung der Java-Technologien 37
  2.1.3 Der Aufstieg der J2EE-Plattform 38
  2.1.4 Ein paar Worte zum Wert der J2EE 39
  2.2   Die J2EE-Plattform 40
  2.2.1 J2EE-Architektur 40
  2.2.2 Java 2, Standard Edition 41
  2.2.3 J2EE-Anwendungskomponenten und -Container 43
  2.2.4 Standarddienste 44

2.2.5	J2EE-Plattformrollen	45
2.2.6	Deployment-Deskriptoren	46
2.3	J2EE-Muster und J2EE-Plattform	47
2.4	Zusammenfassung	48

Teil 2: Entwurfsbetrachtungen, schlechte Praktiken und Refaktorisierungen ... 51

3 Entwurfsbetrachtungen zur Präsentationsschicht ... 53
- 3.1 Entwurf der Präsentationsschicht ... 54
  - 3.1.1 Sitzungsverwaltung ... 54
  - 3.1.2 Den Clientzugriff steuern ... 56
  - 3.1.3 Gültigkeitsprüfung ... 61
  - 3.1.4 Hilfseigenschaften – Integrität und Konsistenz ... 63
- 3.2 Schlechte Praktiken für die Präsentationsschicht ... 66
  - 3.2.1 Steuerungscode in Ansichten ... 66
  - 3.2.2 Datenstrukturen der Präsentationsschicht für die Geschäftsschicht offen legen ... 67
  - 3.2.3 Datenstrukturen der Präsentationsschicht für Domänenobjekte offen legen ... 67
  - 3.2.4 Mehrfaches Formularversenden zulassen ... 68
  - 3.2.5 Vertrauliche Ressourcen für direkten Clientzugriff offen legen ... 68
  - 3.2.6 Annehmen, dass Bean-Eigenschaften durch <jsp:setProperty> zurückgesetzt werden ... 69
  - 3.2.7 Fette Controller erstellen ... 69

4 Entwurfsbetrachtungen zur Geschäftsschicht ... 71
- 4.1 Entwurf der Geschäftsschicht ... 72
  - 4.1.1 Session Beans verwenden ... 72
  - 4.1.2 Entity Beans verwenden ... 75
  - 4.1.3 Remote-Referenzen und Handles von Enterprise Beans zwischenspeichern ... 78
- 4.2 Schlechte Praktiken für Geschäfts- und Integrationsschichten ... 78
  - 4.2.1 Objektmodell direkt auf das Entity Bean-Modell abbilden ... 78
  - 4.2.2 Relationales Modell direkt auf das Entity Bean-Modell abbilden ... 79
  - 4.2.3 Jeden Anwendungsfall auf eine Session Bean abbilden ... 80
  - 4.2.4 Alle Attribute von Enterprise Beans über Get-/Set-Methoden offen legen ... 80
  - 4.2.5 Dienstsuche in Clients einbetten ... 80
  - 4.2.6 Entity Bean als schreibgeschütztes Objekt verwenden ... 81
  - 4.2.7 Enterprise Beans als feinkörnige Objekte verwenden ... 82
  - 4.2.8 Einen kompletten Entity Bean-abhängigen Objektgraphen speichern ... 83
  - 4.2.9 EJB-bezogene Ausnahmen für Nicht-EJB-Clients offen legen ... 83
  - 4.2.10 Mit Suchmethoden der Entity Bean eine große Ergebnismenge zurückgeben ... 84
  - 4.2.11 Der Client fasst Daten aus Geschäftskomponenten zusammen ... 84

	4.2.12	Enterprise Beans für langlebige Transaktionen	85
	4.2.13	Mit zustandsloser Session Bean den Konversationszustand bei jedem Aufruf rekonstruieren.	85

5 J2EE-Refaktorisierungen ... 87

5.1	Refaktorisierungen der Präsentationsschicht	88
5.1.1	Einen Controller einführen	88
5.1.2	Ein Synchronisationstoken einführen	90
5.1.3	Unterschiedliche Logik lokalisieren	95
5.1.4	Präsentationsschicht-spezifische Details vor der Geschäftsschicht verbergen	102
5.1.5	Umwandlungen aus der Ansicht entfernen	106
5.1.6	Ressourcen vor einem Client verbergen	109
5.2	Refaktorisierungen der Geschäfts- und Integrationsschicht	113
5.2.1	Entitäten mit einer Sitzung einhüllen	113
5.2.2	Business Delegate einführen	115
5.2.3	Session Beans zusammenfassen	116
5.2.4	Bean-Kommunikation zwischen Entitäten eliminieren	118
5.2.5	Geschäftslogik in Sitzung verschieben	119
5.3	Allgemeine Refaktorisierungen	120
5.3.1	Datenzugriffscode trennen	120
5.3.2	Architektur nach Schichten refaktorisieren	122
5.3.3	Einen Verbindungspool verwenden	125

Teil 3: J2EE-Musterkatalog ... 127

6 J2EE-Muster im Überblick ... 129

6.1	Konzept der Schichten	132
6.2	J2EE-Muster	134
6.2.1	Muster der Präsentationsschicht	134
6.2.2	Muster der Geschäftsschicht	135
6.2.3	Muster der Integrationsschicht	135
6.3	Führer durch den Katalog	135
6.3.1	Terminologie	136
6.3.2	Einsatz von UML	139
6.3.3	Mustervorlage	140
6.4	J2EE-Musterbeziehungen	141
6.5	Beziehungen zu bekannten Mustern	144
6.6	Wegweiser durch die Muster	145
6.7	Zusammenfassung	149

7	**Muster der Präsentationsschicht**	151
7.1	Intercepting Filter (Abfangfilter)	152
7.1.1	Kontext	152
7.1.2	Problem	152
7.1.3	Kräfte	152
7.1.4	Lösung	153
7.1.5	Konsequenzen	168
7.1.6	Verwandte Muster	168
7.2	Front Controller	169
7.2.1	Kontext	169
7.2.2	Problem	169
7.2.3	Kräfte	169
7.2.4	Lösung	169
7.2.5	Konsequenzen	180
7.2.6	Verwandte Muster	180
7.3	View Helper	181
7.3.1	Kontext	181
7.3.2	Problem	181
7.3.3	Kräfte	181
7.3.4	Lösung	181
7.3.5	Konsequenzen	194
7.3.6	Verwandte Muster	195
7.4	Composite View (Zusammengesetzte Ansicht)	195
7.4.1	Kontext	195
7.4.2	Problem	195
7.4.3	Kräfte	195
7.4.4	Lösung	196
7.4.5	Konsequenzen	203
7.4.6	Beispielcode	204
7.4.7	Verwandte Muster	206
7.5	Service to Worker	206
7.5.1	Kontext	206
7.5.2	Problem	206
7.5.3	Kräfte	207
7.5.4	Lösung	207
7.5.5	Konsequenzen	211
7.5.6	Beispielcode	212
7.5.7	Verwandte Muster	219
7.6	Dispatcher View	219
7.6.1	Kontext	219
7.6.2	Problem	219

Inhaltsverzeichnis

	7.6.3	Kräfte	220
	7.6.4	Lösung	220
	7.6.5	Konsequenzen	226
	7.6.6	Beispielcode	226
	7.6.7	Verwandte Muster	231
8	**Muster der Geschäftsschicht**		**233**
	8.1	Business Delegate	234
	8.1.1	Kontext	234
	8.1.2	Problem	234
	8.1.3	Kräfte	234
	8.1.4	Lösung	235
	8.1.5	Konsequenzen	240
	8.1.6	Beispielcode	241
	8.1.7	Verwandte Muster	245
	8.2	Value Object (Wertobjekt)	245
	8.2.1	Kontext	245
	8.2.2	Problem	245
	8.2.3	Kräfte	246
	8.2.4	Lösung	246
	8.2.5	Konsequenzen	256
	8.2.6	Beispielcode	258
	8.2.7	Verwandte Muster	269
	8.3	Session Facade (Sitzungsfassade)	270
	8.3.1	Kontext	270
	8.3.2	Problem	270
	8.3.3	Kräfte	271
	8.3.4	Lösung	272
	8.3.5	Konsequenzen	276
	8.3.6	Beispielcode	278
	8.3.7	Verwandte Muster	286
	8.4	Composite Entity (Zusammengesetzte Entität)	286
	8.4.1	Kontext	286
	8.4.2	Problem	286
	8.4.3	Kräfte	288
	8.4.4	Lösung	289
	8.4.5	Konsequenzen	296
	8.4.6	Beispielcode	297
	8.4.7	Verwandte Muster	308
	8.5	Value Object Assembler	311
	8.5.1	Kontext	311

8.5.2	Problem		311
8.5.3	Kräfte		312
8.5.4	Lösung		312
8.5.5	Konsequenzen		316
8.5.6	Beispielcode		317
8.5.7	Verwandte Muster		321
8.6	Value List Handler		322
8.6.1	Kontext		322
8.6.2	Problem		322
8.6.3	Kräfte		323
8.6.4	Lösung		323
8.6.5	Konsequenzen		327
8.6.6	Beispielcode		328
8.6.7	Verwandte Muster		334
8.7	Service Locator		334
8.7.1	Kontext		334
8.7.2	Problem		334
8.7.3	Kräfte		336
8.7.4	Lösung		337
8.7.5	Konsequenzen		344
8.7.6	Beispielcode		345
8.7.7	Verwandte Muster		350
9	**Muster der Integrationsschicht**		**351**
9.1	Data Access Object		352
9.1.1	Kontext		352
9.1.2	Problem		352
9.1.3	Kräfte		353
9.1.4	Lösung		353
9.1.5	Konsequenzen		358
9.1.6	Beispielcode		359
9.1.7	Verwandte Muster		366
9.2	Service Activator		366
9.2.1	Kontext		366
9.2.2	Problem		366
9.2.3	Kräfte		367
9.2.4	Lösung		368
9.2.5	Konsequenzen		371
9.2.6	Beispielcode		372
9.2.7	Verwandte Muster		377

Inhaltsverzeichnis

E	**Epilog**		379
	E.1	Angewandte J2EE-Muster	380
	E.1.1	PSA-Überblick	380
	E.1.2	Das Anwendungsfallmodell	381
	E.1.3	Anwendungsfälle, Muster und Muster-Frameworks	382
	E.2	Anwendungsfall: Projekterstellung	382
	E.2.1	Musteridentifizierung	382
	E.2.2	Musterrealisierung	383
	E.3	Anwendungsfall: Ressource reservieren	384
	E.3.1	Musteridentifizierung	385
	E.3.2	Musterrealisierung	386
	E.4	Anwendungsfall: Verfügbare Ressourcen suchen	388
	E.4.1	Musteridentifizierung	388
	E.4.2	Musterrealisierung	390
B	**Bibliographie**		393
	B.1	Literatur	394
	B.2	Online-Quellen	395
	Stichwortverzeichnis		399

Vorwort

In der Welt der Software sind Patterns (=Muster) ein anschaulicher Ausdruck für den kollektiven Erfahrungsschatz einer Organisation. Jedes Muster bietet eine allgemeine Lösung für ein allgemeines Problem. Indem man ein Muster benennt und anschließend spezifiziert, repräsentiert dieses Muster im Rahmen der Gepflogenheiten einer spezifischen Organisation oder innerhalb eines Fachgebiets den Prototyp einer allgemeinen Lösung, die sich in der Praxis schon mehrfach bewährt hat.

Ein umfangreicher Musterkatalog ist vergleichbar mit einem Team von Experten, die Ihnen während der Softwareentwicklung mit Rat und Tat zur Seite stehen: Indem Sie eines ihrer Muster anwenden, sind Sie praktisch der Nutznießer ihrer hart erarbeiteten Erfahrungen. Die besten Muster werden in diesem Sinne nicht systematisch erzeugt, sondern vielmehr entdeckt und dann aus vorhandenen, erfolgreichen Systemen gewonnen. Ein ausgereiftes Muster enthält ausschließlich perfekt funktionierende Komponenten, weist keinerlei Schwachstellen auf und repräsentiert den Erfahrungsschatz und die Grundprinzipien seiner Designer.

Viele Muster sind schon relativ alt. Wenn Sie ein solches Muster erkennen, werden Sie oftmals feststellen: »Irgendwann habe ich das schon mal so gemacht.« Die definitive Benennung des Musters jedoch liefert Ihnen ein Vokabular, das Ihnen bisher gefehlt hat, und hilft Ihnen somit, dieses Muster auf Situationen anzuwenden, bei denen Sie vorher nie daran gedacht hätten. Letztendlich vereinfacht ein solches Muster Ihr System.

Muster helfen Ihnen nicht nur, einfachere, funktionsfähige Systeme, sondern auch ästhetische Programme zu erstellen. In unserer hektischen Zeit ist es praktisch ein unbezahlbarer Luxus geworden, »schöne« Software zu schreiben. Nichtsdestotrotz strebt jeder Profi danach, Qualität zu liefern. Mit einem ausgewählten Satz von Mustern ist es sogar möglich, die eigenen Programme mit einem gewissen Grad von Eleganz zu versehen, die sonst wahrscheinlich auf der Strecke geblieben wäre.

Die Autoren des Buchs *Core J2EE Patterns* haben einen wirklich brauchbaren Satz an Mustern zusammengestellt. Verstehen Sie mich nicht falsch: J2EE ist zweifellos eine wichtige Plattform, auf der Entwicklungsteams leistungsfähige Systeme aufbauen können. Tatsache ist aber, dass zwischen den Abstraktionen und Diensten, die J2EE bietet, und der endgültigen Anwendung, die ein Team erstellen muss, immer noch eine semantische Lücke klafft. Wenn man diese Lücke ausfüllen will, trifft man immer wieder auf Muster, wie sie auch dieses Buch beschreibt. Die konsequente Anwendung dieser Muster ist gleichzeitig auch die Hauptstrategie, um Softwarerisiken zu verringern: Man schreibt weniger Software. Statt die Lösungen auf eigene Faust zu entdecken, wendet man die Muster an, die ihren Nutzen bereits mehrfach in vorhandenen Systemen bewiesen haben.

Die Autoren beschränken sich aber nicht darauf, einen Satz von Mustern zu benennen, sondern machen sie Ihnen auch zugänglich, indem sie ihre Semantik mithilfe der UML spezifizieren. Außerdem zeigen sie Ihnen, wie man diese Muster anwendet und wie Sie Ihr System refaktorisieren können, um alle ihre Möglichkeiten auszuschöpfen. Ich betone es noch einmal: Das ist so, als hätten Sie beim Entwickeln ein Expertenteam an Ihrer Seite sitzen.

Grady Booch

– Chief Scientist Rational Software Corporation

Einleitung

Dieses Buch beschäftigt sich mit Mustern für die Java 2 Plattform, Enterprise Edition (J2EE). Diese J2EE-Muster bieten Lösungen für Probleme, denen Entwickler von Softwareanwendungen für die J2EE-Plattform in der Regel gegenüberstehen. Alle im Katalog dokumentierten Muster entstammen unserer praktischen Arbeit. Wir haben sie eingesetzt, um erfolgreiche J2EE-Anwendungen für unsere Kunden zu erstellen.

Dieses Buch beschreibt erprobte Lösungen für die J2EE-Plattform und berücksichtigt dabei insbesondere J2EE-Schlüsseltechnologien wie JavaServer Pages (JSP), Servlets, Enterprise JavaBeans (EJB)-Komponenten, Java Message Service (JMS), JDBC und Java Naming and Directory Interface (JNDI). Mit dem J2EE-Musterkatalog und den J2EE-Refaktorisierungen bieten wir Lösungen für wiederkehrende Probleme in Bezug auf die J2EE-Plattform. Diese Konzepte können Sie anwenden, wenn Sie neue Systeme entwickeln oder den Entwurf vorhandener Systeme überarbeiten. Die Muster in diesem Buch helfen Ihnen, sich die Kenntnisse und Fertigkeiten innerhalb kürzester Zeit anzueignen, um stabile und effiziente Unternehmensanwendungen zu entwickeln.

Wie in der Vergangenheit gehen auch heute viele von uns unbekümmert davon aus, dass das *Erlernen einer Technologie* mit dem *Erlernen des Entwurfs* auf der Basis dieser Technologie gleichzusetzen ist. Sicherlich spielt das Erlernen der Technologie eine wichtige Rolle, um sie erfolgreich im Entwurf umzusetzen. Viele Java-Bücher erklären zwar hervorragend die technischen Details wie API-Spezifika usw., bieten aber gleichzeitig keinen Einblick in die Anwendung der Technologie. Das Entwerfen lernt man aus der Erfahrung heraus und indem man sich Kenntnisse über gute und schlechte Programmierstile aneignet.

Die in diesem Buch vermittelten Erfahrungen leiten sich aus unserer praktischen Arbeit beim Consulting-Unternehmen von Sun Microsystems, dem Sun Java Center (SJC), ab. In unserer täglichen Arbeit haben wir oft mit Situationen zu tun, in denen Designer und Entwickler mit der sich schnell entwickelnden Technologie nicht zurecht kommen, weil ihnen niemand sagt, wie man die Technologie im Entwurf richtig umsetzt.

Es genügt nicht, den Designern und Entwicklern zu sagen, sie sollen guten Code schreiben, und es reicht auch nicht, die Verwendung von Servlets und JSP zur Entwicklung der Präsentationsschicht und EJB-Komponenten[1] zur Entwicklung der Geschäftsschicht vorzuschlagen.

Wo lernt nun ein angehender J2EE-Architekt in diesem gegebenen Szenario nicht nur, was er tun muss, sondern auch, was er nicht tun sollte? Was sind die Vorzugslösungen? Was sind schlechte Praktiken? Wie kommt man vom Problem zum Entwurf und weiter zur Implementierung?

Das Sun Java Center und der J2EE-Musterkatalog

Seit seiner Gründung haben die Architekten des Sun Java Centers (SJC) mit Kunden in der ganzen Welt gearbeitet, um verschiedene Arten von Systemen basierend auf Java und der J2EE erfolgreich zu entwerfen, architektonisch umzusetzen, zu erstellen und zu verteilen. Das SJC ist ein schnell wachsendes Beratungsunternehmen, das ständig neue Mitarbeiter in die Reihen der erfahrenen Architekten aufnimmt.

---

1 Für Neueinsteiger in die J2EE-Plattform erläutern wir die Plattform und diese Technologien in Kapitel 2.

Da wir die Notwendigkeit erkannt haben, bewährte Entwürfe und Architekturen zu erfassen und nutzbar zu machen, haben wir 1999 begonnen, unsere Arbeiten zur J2EE-Plattform in Form von Mustern zu dokumentieren. Eine Sichtung des Literaturangebots hat gezeigt, dass es keinen Musterkatalog gibt, der sich speziell mit der J2EE-Plattform beschäftigt. Wir haben aber viele Bücher gefunden, die sich mit einer oder mehreren der J2EE-Technologien auseinandersetzen, und diese Bücher erklären die Technologie und entflechten auch die Feinheiten der Spezifikationen hervorragend. Einige der Bücher bieten zusätzliche Hilfe für bestimmte Entwurfsbetrachtungen an.

Seit wir unsere Ideen zu J2EE-Mustern erstmals im Juni 2000 auf der JavaOne-Konferenz öffentlich dargelegt haben, haben wir eine überwältigende Reaktion von Architekten und Entwicklern erhalten. Während manche großes Interesse bekundet haben, mehr über die Muster zu lernen, haben andere bestätigt, dass sie die Muster zwar schon angewendet, jedoch noch nie benannt oder dokumentiert haben. Das bekundete Interesse an Mustern für die J2EE-Plattform hat uns zusätzlich motiviert, unsere Arbeiten fortzusetzen.

Wir haben also den J2EE-Musterkatalog zusammengestellt, der ursprünglich der gesamten J2EE-Gemeinde als Betaversion im März 2001 über die Java Developer Connection zugänglich gemacht wurde. Zum großen Teil auf den Reaktionen der Gemeinde basierend, hat sich die Beta-Dokumentation zur endgültigen Freigabe gemausert, die Sie in diesem Buch wiederfinden.

Wir hoffen, dass Ihnen diese Muster, Vorzugslösungen, Strategien, die Analyse schlechter Praktiken und die vorgestellten Refaktorisierungen für die J2EE-Plattform genauso nützlich sind wie uns.

Was können Sie von diesem Buch erwarten?

Dieses Buch beschäftigt sich mit folgenden Themen:

- *Muster für die J2EE-Plattform.* Basierend auf unseren kollektiven Erfahrungen mit der J2EE-Plattform haben wir in diesem Buch den Musterkatalog zusammengestellt. Er beschreibt die verschiedenen Vorzugslösungen, die sich auf die Architektur und den Entwurf von Anwendungen für die J2EE-Plattform beziehen. Das Buch konzentriert sich auf die folgenden vier J2EE-Technologien: Servlets, JSP, EJB-Komponenten und JMS.

- *Vorzugslösungen für den Entwurf von Anwendungen, die mit den Technologien JSP, Servlet, EJB-Komponenten und JMS arbeiten.* Es genügt nicht, lediglich die Technologie und die APIs zu studieren. Genauso wichtig ist es, sich mit der praktischen Umsetzung der Technologie im Entwurf vertraut zu machen. Aus unseren Erfahrungen heraus haben wir dokumentiert, welche Vorzugslösungen für diese Technologien infrage kommen.

- *In Bezug auf Entwurf und Architektur für die J2EE-Plattform verhindern, dass das Rad neu erfunden wird.* Muster versprechen die Wiederverwendung von Entwürfen. Die Wiederverwendung bekannter Lösungen verringert die Zykluszeit für den Entwurf und die Entwicklung von Anwendungen. Das gilt insbesondere für J2EE-Anwendungen.

- *Erkennen von schlechten Praktiken in vorhandenen Entwürfen und Refaktorisieren dieser Entwürfe, um mithilfe der J2EE-Muster zu einer besseren Lösung zu gelangen.* Es ist zwar gut zu wissen, was gut funktioniert, jedoch sind Kenntnisse darüber, was nicht funktioniert, genauso wichtig. Deshalb haben wir einige der schlechten Praktiken, denen wir beim Entwurf von Anwendungen für die J2EE-Plattform begegnet sind, dokumentiert.

Was finden Sie nicht in diesem Buch?

In diesem Buch gehen wir nicht darauf ein,

- *wie man mit Java oder den J2EE-Technologien programmiert:* Hier geht es nicht um die Programmierung. Auch wenn sich das Buch in starkem Maße auf die J2EE-Technologien stützt, beschreiben wir die einschlägigen APIs nicht. Wenn Sie sich die Programmierung mit Java oder die Verwendung der J2EE-Technologien aneignen möchten, können Sie aus einer Fülle von Büchern wählen, die sich mit diesen Themen beschäftigen. Auch die Online-Tutorials auf der offiziellen Homepage unter *http://java.sun.com* sind empfehlenswert, wenn Sie sich mit den einzelnen Technologien vertraut machen wollen. Auf der Java-Homepage finden Sie auch die offiziellen Spezifikationen für J2EE-Technologien.

- *welches Verfahren und welche Methode zu verwenden ist:* Wir schlagen keine Software-Entwicklungsverfahren oder -methoden vor, da sich die Themen in diesem Buch weder auf das eine noch das andere beziehen. Folglich können Sie von diesem Buch nicht erwarten, dass es Ihnen zeigt, wie Sie in Ihren Projekten vorgehen sollten. Wenn Sie mehr über Verfahren und Methoden erfahren möchten, finden Sie eine Reihe guter Bücher, die sich mit verschiedenen objektorientierten Methoden befassen sowie neuere Bücher zu modernen Konzepten der Softwaretechnologie wie zum Beispiel zu *Extreme Programming*.

- *wie man die Unified Modeling Language (UML) verwendet:* Es ist nicht unser Ziel, Ihnen UML beizubringen. Wir verwenden UML ausgiebig (speziell Klassen- und Sequenzdiagramme), um die Muster zu dokumentieren und die statischen und dynamischen Interaktionen zu beschreiben. Wenn Sie mehr über UML erfahren möchten, sehen Sie sich beispielsweise die Bücher UML User Guide [Booch] und UML Reference Manual [Rumbaugh] von Grady Booch, Ivar Jacobson und James Rumbaugh an (siehe Bibliographie am Ende).

Für wen ist dieses Buch gedacht?

Dieses Buch richtet sich an alle J2EE-Enthusiasten, -Programmierer, -Architekten, -Entwickler und technischen Leiter. Kurz gesagt an jeden, der zumindest entfernt am Entwurf, an der Architektur und an der Entwicklung von Anwendungen für die J2EE-Plattform interessiert ist.

Wir haben versucht, dieses Buch als Schulungsmaterial für J2EE-Architekten und -Designer zu konzipieren. Jeder weiß, wie wichtig ein optimales Design und architektonisch durchdachte Projekte sind und dass wir gute Architekten brauchen, um diese herstellen zu können.

Wenn man anhand von gut dokumentierten Mustern, Vorzugslösungen und schlechten Praktiken Wissen und Erfahrungen vermittelt und gemeinsam nutzt, kann sich das für Teams auf verschiedenen Entwicklungsstufen als unbezahlbar erweisen und wir hoffen, dass dieses Buch dazu einen entsprechenden Beitrag leistet.

Einleitung

Wie ist dieses Buch strukturiert?

Dieses Buch gliedert sich in drei Teile:

Teil 1, »Muster und J2EE«, besteht aus den Kapiteln 1 und 2.

- Die »Einführung« in Kapitel 1 reißt verschiedene Themen an, einschließlich die J2EE-Plattform, das Definieren eines Musters und die Einteilung von Mustern. Am Ende führt es den J2EE-Musterkatalog ein.

- Das Kapitel 2, »Die J2EE-Plattform«, bietet einen Überblick über die J2EE und ist für Leser gedacht, die mit dieser Plattform noch nicht vertraut sind oder ihr Wissen dazu auffrischen möchten.

Teil 2, »Entwurfsbetrachtungen, schlechte Beispiele und Refaktorisierungen«, beschäftigt sich mit Entwurfsbetrachtungen für JSP, Servlets und Enterprise Beans. Dieser Teil umfasst auch schlechte Praktiken und Refaktorisierungen für die J2EE-Plattform. Er besteht aus den Kapiteln 3, 4 und 5.

- Kapitel 3, »Entwurfsbetrachtungen zur Präsentationsschicht«, und Kapitel 4, »Entwurfsbetrachtungen zur Geschäftsschicht«, behandeln den Entwurf und schlechte Praktiken für die Präsentationsschicht bzw. die Geschäfts-/Integrationsschichten. Die Entwurfsbetrachtungen gehören zu den Fragen, die ein J2EE-Entwickler/Designer/Architekt berücksichtigen muss, wenn er mit der J2EE-Plattform arbeitet. Die in diesen Kapiteln vorgestellten Themen weisen den Leser auch auf andere Quellen (wie zum Beispiel offizielle Spezifikationen und empfehlenswerte Bücher) hin, wo er detaillierte Informationen zu diesen Fragen findet.

- Kapitel 5, »J2EE-Refaktorisierungen«, gibt einige Refaktorisierungen an, die wir im Rahmen unserer praktischen Arbeit kennen gelernt und die uns den Übergang von unserem Entwurf mit einer suboptimalen Lösungen zu einer besseren Lösung ermöglicht haben. Die Refaktorisierungen zeigen andere Wege auf, um über das Material im Rest des Buchs nachzudenken, und stellen das bereit, was wir als wertvolles Begleitmaterial zum Musterkatalog ansehen. Das Darstellungsformat dieses Kapitels spiegelt wider, wie wir von Martin Fowler und seinem Buch *Refactoring* [Fowler] beeinflusst wurden. Der Inhalt des Kapitels bleibt jedoch komplett im Kontext der J2EE-Technologien, während sich Martin Fowler mit Refaktorisierungen auf einer anderen Ebene befasst.

Der »J2EE-Musterkatalog« in Teil 3 präsentiert die 15 Muster des J2EE-Musterkatalogs, die den Kern dieses Buchs bilden. Dieser Teil besteht aus den Kapiteln 6, 7, 8 und 9.

- Kapitel 6, »J2EE-Muster im Überblick«, gibt einen Überblick über den J2EE-Musterkatalog. Es erläutert zunächst die Musterkonzepte und die Art und Weise, nach der wir Muster in verschiedene Schichten kategorisieren. Außerdem wird die J2EE-Mustervorlage behandelt, nach der wir alle Muster in diesem Buch präsentieren. Das Kapitel behandelt alle J2EE-Muster und zeigt anhand eines Diagramms ihre Beziehungen untereinander. Außerdem finden Sie hier einen so genannten Muster-Wegweiser, der architekturbezogene Fragen mit Verweisen auf Muster oder Refaktorisierungen enthält, die Lösungen zu diesen Fragen liefern. Das Verständnis der Musterbeziehungen und des Wegweisers ist der Schlüssel zur Verwendung dieser Muster.

- Kapitel 7, »Muster der Präsentationsschicht«, gibt sechs Muster für die Präsentationsschicht an, die sich mit der Verwendung von Servlets, JSP, JavaBeans und benutzerdefinierten Tags befassen, um Web-basierte Anwendungen für die J2EE-Plattform zu erstellen. Die Muster beschreiben zahlreiche Implementierungsstrategien und widmen sich allgemeinen Problemen wie zum Beispiel Anforderungsbehandlung, Gliederung der Anwendung und Generieren zusammengesetzter Anzeigen.
- Kapitel 8, »Muster der Geschäftsschicht«, stellt sieben Muster für die Geschäftsschicht vor, die sich auf die EJB-Technologie beziehen, um Geschäftsdienstkomponenten für die J2EE-Plattform zu entwerfen. Die Muster in diesem Kapitel geben die Vorzugslösungen für den Einsatz der EJB- und JMS-Technologien an. An relevanten Stellen gehen diese Muster auch auf andere Technologien wie JNDI und JDBC ein.
- Kapitel 9, »Muster der Integrationsschicht«, zeigt zwei Muster, die sich auf die Integration von J2EE-Anwendungen mit der Ressourcenschicht und externen Systemen beziehen. Die Muster zeigen, wie man JDBC und JMS einsetzt, um die Integration zwischen Komponenten der Geschäftsschicht und der Ressourcenschicht zu ermöglichen.
- »Angewandte J2EE-Muster« im Epilog schließlich behandeln die Umsetzung von beispielhaften Anwendungsfällen mit den Mustern des Katalogs. Hier wird vorgeführt, wie Muster zusammenwirken, um eine Lösung zu erhalten. Der Epilog bekräftigt die Idee, dass Muster in einer Gemeinschaft existieren und dass jedes Muster andere Muster unterstützt und von diesen unterstützt wird.

Website und Kontaktinformationen

Auf der offiziellen Website des amerikanischen Originals stellen die Autoren Aktualisierungen und anderes Material bereit: *http://www.phptr.com/corej2eepatterns*.

Falls Sie Fragen oder Anregungen zur deutschsprachigen Ausgabe haben, freuen sich Verlag und Fachlektor über positive und negative Kritik.
Bitte schicken Sie eine E-Mail an *uwe.friedrichsen@mut.de*.

Den Sourcecode der Beispiele der deutschsprachigen Ausgabe können Sie sich von der Markt + Technik-Website herunterladen: *http://www.mut.de/books/3827263131*.

Die Interessengruppe für J2EE-Muster, *j2eepatterns-interest@java.sun.com*, ist für Abonnement und Teilnahme öffentlich verfügbar. Um den Newsletter zu abonnieren und die Diskussionsarchive einzusehen, besuchen Sie bitte *http://archives.java.sun.com/archives/j2eepatterns-interest.html*.

Danksagungen der Autoren

Wir möchten Stu Stern, Director of Global Sun Java Center und Mark Bauhaus, VP von .COM Consulting danken, ohne deren Unterstützung, Vision und Glaube an unsere Arbeit dieses Werk niemals zustande gekommen wäre.

Ein Dank auch an Ann Betser, ohne deren Unterstützung, Ermunterung und fachlichen Beistand wir verloren gewesen wären.

Einleitung

Unser aufrichtiger Dank gilt auch dem für Referenzimplementierungen zuständigen PSA/iWorkflow-Team mit den SJC-Architekten Fred Bloom, Narayan Chintalapati, Anders Eliasson, Kartik Ganeshan, Murali Kalyanakrishnan, Kamran Khan, Rita El Khoury, Rajmohan Krishnamurty, Ragu Sivaraman, Robert Skoczylas, Minnie Tanglao und Basant Verma. Wir möchten den Mitgliedern der Sun Java Center J2EE Patterns Working Group danken: Mohammed Akif, Thorbiörn Fritzon, Beniot Garbinato, Paul Jatkowski, Karim Mazouni, Nick Wilde, and Andrew X. Yang.

Danken möchten wir auch Brendan McCarthy, SJC Chief Methodologist, der für Ausgeglichenheit gesorgt und uns beraten hat.

Für die Einführung der Muster bei den Kunden möchten wir Jennifer Helms und John Kapson danken.

Unsere Dankbarkeit gilt auch den folgenden SJC-Architekten auf der ganzen Welt für deren Unterstützung, Feedback und Beratung: Mark Cade, Mark Cao, Torbjörn Dahlén, Peter Gratzer, Bernard Van Haecke, Patricia de las Heras, Scott Herndon, Grant Holland, Girish Ippadi, Murali Kaundinya, Denys Kim, Stephen Kirkham, Todd Lasseigne, Sunil Mathew, Fred Muhlenberg, Vivek Pande, John Prentice, Alexis Roos, Gero Vermaas, Miguel Vidal.

Danken möchten wir unseren Leitern Hank Harris, Dan Hushon, Jeff Johnson, Nimish Radia, Chris Steel und Alex Wong für deren Unterstützung und Ermunterung.

Für die fruchtbare Zusammenarbeit möchten wir den folgenden Kollegen bei Sun danken: Bruce Delagi von der Software Systems Group; Mark Hapner, Vlada Matena von Java Software Engineering; Paul Butterworth und Jim Dibble von Forte Products Group; Deepak Balakrishna von iPlanet Products Group; Larry Freeman, Cori Kaylor, Rick Saletta und Inderjeet Singh vom J2EE Blueprints Team; Heidi Dailey; Dana Nourie, Laureen Hudson, Edward Ort, Margaret Ong und Jenny Pratt von Java Developer Connection.

Folgenden Personen möchten wir für ihr Feedback, ihren Rat und ihre Unterstützung danken: Martin Fowler und Josh Mackenzie von ThoughtWorks, Inc.; Richard Monson-Haefel; Phil Nosonowitz und Carl Reed von Goldman Sachs; Jack Greenfield, Wojtek Kozaczynski und Jon Lawrence von Rational Software; Alexander Aptus von TogetherSoft; Kent Mitchell von Zaplets.com; Bill Dudney; David Geary; Hans Bergsten; Mitgliedern der Interessengruppe für J2EE-Muster (j2eepatterns-interest@java.sun.com).

Unser spezieller Dank richtet sich an unsere leitende Fachredakteurin Beth Stearns, die unsere Manuskripte übertragen und sie lesbar gemacht, aber auch energisch auf die Einhaltung unseres Zeitplans geachtet und die gesamte Zeit über trotz eines übervollen Terminkalenders mit uns zusammengearbeitet hat.

Den Fachlektoren Daniel S. Barclay, Steven J. Halter, Spencer Roberts and Chris Taylor möchten wir für ihre Gutachten, sorgfältigen Korrekturen und Rückmeldungen danken.

Danken möchten wir Greg Doench, Lisa Iarkowski, Mary Sudul und Debby Van Dijk von Prentice Hall; Michael Alread und Rachel Borden von Sun Microsystems Press, die alles dafür getan haben, um dieses Buch zu produzieren.

Wir danken Bill Jirsa, John Hathaway und Darlene Khosrowpour von Sun Educational Services für ihre Anstrengungen beim Erstellen des Kurses SunEd J2EE Patterns (SL-500), John Sharp und Andy Longshaw von Content Master Ltd. sowie allen Kurskritikern für SL-500.

Wir möchten auch den Mustern und der Java-Gemeinde danken, auf deren Arbeit wir aufgebaut haben.

Deepak Alur möchte danken:

Kavya, Shivaba und Samiksha – für ihre Unterstützung, ihr Verständnis und ihre Inspiration; meinen Eltern und Ajay.

John Crupi möchte danken:

Ellen und Rachel – für ihre Unterstützung, ihr Verständnis und ihre Liebe. Casey und Smokey – zwei großartigen Hunden, die wir für immer vermissen werden.

Dan Malks möchte danken:

Beth, Sarah und Jonathan – für ihre Unterstützung und dafür, dass sie in mein Leben einen besonderen Sinn gebracht haben.

Teil 1: Muster und J2EE

Teil 1 umfasst die folgenden beiden Kapitel:

- Kapitel 1 – Einführung
- Kapitel 2 – Die J2EE-Plattform

Kapitel 1 behandelt Muster und die J2EE von höherer Warte aus. Es zeigt zahlreiche Musterdefinitionen, gibt Informationen zur Einteilung von Mustern und nennt Vorteile, die sich aus der Verwendung der Muster ergeben. Dieses Kapitel legt den Kontext für unsere Arbeit mit J2EE-Mustern fest und umreißt Grundprinzipien und Ziele, die dem J2EE-Musterkatalog zugrunde liegen.

In Kapitel 2 erhalten Sie einen Überblick über die J2EE, ihren Hintergrund und die Vorteile dieser Plattform. Das Kapitel behandelt auch die Beziehung zwischen der J2EE-Plattform und dem J2EE-Musterkatalog.

Kapitel 1

Einführung

- Was ist die J2EE?
- Was sind Patterns bzw. Muster?
- J2EE-Musterkatalog
- Muster, Frameworks und Wiederverwendung

In den letzten Jahren haben sich bemerkenswerte Veränderungen auf dem Gebiet der Softwareentwicklung für Unternehmen abgezeichnet. Im Mittelpunkt dieser Änderungen steht die Java 2 Plattform, Enterprise Edition (J2EE), die eine vereinheitlichte Plattform für die Entwicklung von verteilten, serverzentrierten Anwendungen bietet. Die weithin anerkannten strategischen Technologien der J2EE haben der Entwicklergemeinschaft offene Standards beschert, auf denen man dienstbasierte Architekturen für Unternehmen aufbauen kann.

Gleichzeitig wird oft das Erlernen der J2EE-*Technologien* mit dem Erlernen des *Entwurfs* auf Basis der J2EE-Technologien verwechselt. Viele Java-Bücher gehen zwar hervorragend auf die speziellen Aspekte der Technologie ein, stellen aber oftmals nicht klar, wie man sie umsetzt.

Ein J2EE-Architekt muss nicht nur die einschlägigen APIs kennen sondern unter anderem auch folgende Fragen beantworten können:

- Was sind die Vorzugslösungen?
- Was sind die schlechten Beispiele?
- Was sind die allgemeinen wiederkehrenden Probleme und bewährte Lösungen für diese Probleme?
- Wie lässt sich Code aus einem nicht optimalen Szenario bzw. einem schlechten Beispiel in einem besseren Szenario refaktorisieren, das typischerweise als Muster dokumentiert ist?

Mit genau diesen Punkten beschäftigt sich dieses Buch. Gute Entwürfe leiten sich aus der Erfahrung ab. Wenn man diese Entwürfe als Muster mithilfe einer Standardmustervorlage darlegt, werden sie zu einem leistungsfähigen Mechanismus für den Erfahrungsaustausch und die Wiederverwendung – man kann sie dann nutzen, um die Entwurfsmethodik und das Erstellen von Software zu verbessern.

1.1 Was ist die J2EE?

J2EE ist eine Plattform für die Entwicklung verteilter Unternehmensanwendungen. Seit Erscheinen der Sprache Java hat sie eine gewaltige Akzeptanz und ein immenses Wachstum erlebt. Immer mehr Technologien sind in die Java-Plattform eingeflossen und es wurden neue APIs und Standards entwickelt, um den verschiedenen Bedürfnissen zu entsprechen. Schließlich haben Sun und eine Gruppe bekannter Firmen im Rahmen des offenen Java Community Process (JPC) alle diese unternehmensbezogenen Standards und APIs zur J2EE-Plattform vereinheitlicht.

- Die J2EE-Plattform richtet Standards für Bereiche der Unternehmensdatenverarbeitung ein wie z.B. Datenbankverbindungen, Geschäftskomponenten für Unternehmen, nachrichtenorientierte Middleware (MOM[1]), Web-bezogene Komponenten oder Kommunikationsprotokolle und Interoperabilität.
- J2EE fördert die besten Implementierungen einer Kategorie basierend auf offenen Standards und schützt damit technologische Investitionen.

---

1 MOM – Message Oriented Middleware, nachrichtenorientierte Middleware

Einführung

- J2EE bietet eine Standardplattform für das Erstellen von Softwarekomponenten, die über Anbieterimplementierungen hinweg portabel sind, ohne die Gefahr der Anbieterabhängigkeit.
- J2EE verkürzt die Zeit bis zur Markteinführung (Time-to-Market), da die Produkte des jeweiligen Anbieters einen großen Teil der Infrastruktur und der Verbindungselemente mitbringen, die entsprechend den standardisierten J2EE-Spezifikationen implementiert sind. IT-Unternehmen können sich nun aus dem Middleware-Geschäft lösen und sich voll darauf konzentrieren, Anwendungen für die eigenen Geschäftsfelder zu entwickeln.
- J2EE verbessert die Produktivität von Java-Programmierern, da diese relativ leicht J2EE-Technologien auf Basis der Sprache Java erlernen können. Die gesamte Softwareentwicklung eines Unternehmens lässt sich unter der J2EE-Plattform abwickeln, wobei man Java als Programmiersprache einsetzt.
- J2EE fördert die Interoperabilität in bestehenden heterogenen Umgebungen.

Kapitel 2 geht näher auf die J2EE-Plattform ein. An dieser Stelle werfen wir nur einen kurzen Blick auf Muster, ihre Geschichte und die Arten von Mustern im J2EE-Musterkatalog, den Sie in Teil 3 dieses Buchs finden.

1.2 Was sind Patterns bzw. Muster?

1.2.1 Geschichtliche Bezüge

In den 70er Jahren hat Christopher Alexander [Alex, Alex2] eine Reihe von Büchern geschrieben, die Muster im Bauwesen und in der Architektur dokumentieren. Die Softwaregemeinde akzeptierte daraufhin das Konzept der Muster, die auf dieser Arbeit basieren, zumal es bereits ein aufblühendes Interesse an diesen Ideen in der Softwaregemeinde gab.

Muster in der Software wurden durch das Buch *Design Patterns: Elements of Reusable Object-Oriented Software* von Erich Gamma, Richard Helm, Ralph Johnson und John Vlissides (auch bekannt als Gang of Four, deutsch: Viererbande) popularisiert.[2] Obwohl natürlich die Arbeit der Viererbande, die in Mustern resultierte, weltweit zu einem allgemeinen Diskussionsthema in den Softwareentwicklerteams avancierte, sollte man auch wissen, dass die vier Autoren die von ihnen beschriebenen Muster nicht selbst erfunden haben. Stattdessen haben sie in ihren zahlreichen Projekten die als wiederkehrend erkannten Entwürfe herausgearbeitet und als Sammlung dokumentiert.

Viele Bücher zu Softwaremustern, die seit dem Buch der Viererbande erschienen sind, behandeln Muster für verschiedene Bereiche und Zwecke. Wir bieten Verweise auf eine ausgewählte Liste dieser Titel (siehe Bibliographie) und möchten Sie ermutigen, die anderen Arten der in diesen Büchern beschriebenen Muster zu studieren.

---

2 Titel der deutschsprachigen Ausgabe: *Entwurfsmuster. Elemente wiederverwendbarer objektorientierter Software*, Verlag Addison Wesley (siehe auch Bibliographie)

1.2.2 Ein Muster definieren

Muster handeln von Kommunikationsproblemen und -lösungen. Kurz gesagt erlauben uns Muster, ein bekanntes wiederkehrendes Problem und seine Lösung in einem bestimmten Kontext zu dokumentieren und dieses Wissen an andere weiterzugeben. Eines der Schlüsselelemente in der obigen Feststellung ist das Wort *wiederkehrend*, da das Ziel der Muster darin besteht, auf lange Sicht die konzeptionelle Wiederverwendung zu fördern. Mehr dazu erfahren Sie in Kapitel 6 im Abschnitt »Was ist ein Muster?«.

Hier untersuchen wir zunächst einige bekannte Definitionen von Mustern und beginnen dabei mit einer Definition, die Christopher Alexander in *A Pattern Language* [Alex2] anführt:

> *Jedes Muster ist eine dreiteilige Regel, die eine Beziehung zwischen einem bestimmten Kontext, einem Problem und einer Lösung ausdrückt.*
> – Christopher Alexander

Richard Gabriel [Gabriel] behandelt diese Definition detaillierter [Hillside2] und bietet seine eigene Version der Definition von Alexander in Bezug auf Software an:

> *Jedes Muster ist eine dreiteilige Regel, die eine Beziehung zwischen einem bestimmten Kontext, einem bestimmten System von Kräften, die wiederholt in diesem Kontext auftreten, und einer bestimmten Softwarekonfiguration, die diesen Kräften eine Auflösung erlaubt, herstellt. [Siehe: A Timeless Way of Hacking]*
> – Richard Gabriel

Das ist eine ziemlich strenge Definition, es gibt aber auch Definitionen, die wesentlich lockerer gefasst sind. Zum Beispiel gibt Martin Fowler die folgende Definition in *Analysis Patterns* [Fowler2] an:

> *Ein Muster ist eine Vorstellung, die in einem praktischen Kontext nützlich ist und sich wahrscheinlich auch in anderen Zusammenhängen als nützlich erweist.*
> – Martin Fowler

Für ein Muster gibt es also viele Definitionen. Alle haben aber als gemeinsamen Nenner die Wiederholung eines Problem/Lösungs-Paares in einem bestimmten Kontext.

Zu den allgemeinen Eigenschaften von Mustern gehören:

- Muster leiten sich aus der Erfahrung ab.
- Muster werden typischerweise in einem strukturierten Format geschrieben (siehe »Mustervorlage« in Kapitel 6).
- Muster verhindern, dass man das Rad neu erfinden muss.
- Muster existieren auf verschiedenen Abstraktionsebenen.
- Muster unterliegen einer ständigen Verbesserung.
- Muster sind wiederverwendbare Produkte.
- Muster vermitteln Entwürfe und bewährte Beispiele.
- Muster lassen sich kombinieren, um ein größeres Problem zu lösen.

Einführung

Viele namhafte Theoretiker haben mit mehr oder weniger großem Zeitaufwand versucht, das Konzept eines Softwaremusters zu definieren und zu verfeinern. Kurz und gut: Wir beanspruchen weder, große Theoretiker zu sein, noch wollen wir uns mit der Ausweitung dieser Diskussion aufhalten. Stattdessen versuchen wir, die Grundgedanken der verschiedenen Definitionen herauszuarbeiten, und konzentrieren uns dabei auf das jeweils einfachste und ständig wiederkehrende Motiv.

1.2.3 Muster in Kategorien einteilen

Muster stellen auch Expertenlösungen für wiederkehrende Probleme in einem Kontext dar und finden sich deshalb auf vielen Abstraktionsebenen und in zahlreichen Anwendungsgebieten wieder. Um Softwaremuster zu klassifizieren, hat man zahlreiche Kategorien vorgeschlagen, wobei folgende zu den gebräuchlichsten gehören:

- Entwurfsmuster
- Architekturmuster
- Analysemuster
- Erzeugungsmuster
- Strukturmuster
- Verhaltensmuster

Selbst in dieser kurzen Aufzählung von Kategorien lassen sich verschiedene Abstraktionsebenen und orthogonale Klassifikationsschemas ausmachen. Es gibt also viele Vorschläge für Systematiken, aber noch keinen Königsweg, um diese Ideen zu dokumentieren.

Die Muster im Katalog bezeichnen wir einfach als »J2EE-Muster«. Jedes Muster bewegt sich irgendwo zwischen einem Entwurfsmuster und einem Architekturmuster, während die Strategien Teile jedes Musters auf einer niedrigeren Abstraktionsebene dokumentieren. Das einzige von uns eingeführte Schema dient dazu, jedes Muster in eine der folgenden drei logischen Architekturschichten einzuordnen:

- Präsentationsschicht
- Geschäftsschicht
- Integrationsschicht

Da sich der Musterkatalog ebenfalls weiterentwickelt, erreicht er vielleicht einmal eine Größe, die ein komplizierteres Schema zur Klassifizierung rechtfertigt. Derzeit ziehen wir es jedoch vor, die Dinge so einfach wie möglich zu halten und nicht unnötig neue Begriffe einzuführen.

1.3 J2EE-Musterkatalog

1.3.1 Fortschreitende Entwicklung

Die in diesem Buch beschriebenen J2EE-Muster basieren auf unseren Erfahrungen, die wir bei der Arbeit auf der J2EE-Plattform mit Sun Java Center-Kunden weltweit gesammelt haben. Das Sun Java Center, ein Teil der Sun Professional Services, ist ein Beratungsunternehmen, das auf das Erstellen von Javatechnologie-basierten Lösungen für Kunden ausgerichtet ist. Seit Einführung der J2EE-Plattform haben wir Lösungen dafür entwickelt und uns darauf konzentriert, Ziele der Dienstleistungsgüte (QoS[3]) wie Skalierbarkeit, Verfügbarkeit und Durchsatz zu erreichen.

Als wir in der Anfangszeit verschiedene Systeme auf der J2EE-Plattform entworfen, entwickelt und implementiert haben, waren wir gleichzeitig bemüht gewesen, unsere Erfahrungen in zwangloser Form als Entwurfsbetrachtungen, Ideen und Anmerkungen zu dokumentieren. Mit wachsender Wissensbasis haben wir erkannt, dass eine formellere Dokumentation notwendig ist, um dieses Wissen zu erfassen und mitzuteilen. Wir sind dazu übergegangen, diese Ideen als Muster zu dokumentieren, da sich Muster ausgezeichnet eignen, um Wissen in Bezug auf wiederkehrende Probleme und Lösungen zu erfassen und zu vermitteln.

Als Erstes stand auf der Tagesordnung, die Abstraktionsebene herauszuarbeiten, mit der die Muster dokumentiert werden sollten. Einige Probleme und Lösungen überlappten sich, wobei der Problemkern gleich war, aber die Lösung in einer anderen Art implementiert wurde. Um dieser Überlappung zu begegnen, mussten wir uns mit der Abstraktionsebene und der Granularität, mit der wir jedes Muster definiert hatten, auseinandersetzen. Wie Sie dem J2EE-Musterkatalog entnehmen können, haben wir uns schließlich auf eine Abstraktionsebene festgelegt, die irgendwo zwischen Entwurfsmuster und Architekturmuster schwebt. Die auf die Lösungen bezogenen Einzelheiten, die sich mit der Implementierung auf eine niedere Abstraktionsebene beziehen, werden in den »Strategien«-Abschnitten in unserer Mustervorlage behandelt (siehe »Mustervorlage« in Kapitel 6). Das erlaubt uns, jedes Muster auf einer höheren Abstraktionsebene zu beschreiben und gleichzeitig die Implementierungsdetails zu behandeln.

Die einzelnen Muster haben mehrfach neue Namen erhalten. Außerdem wurde jedes Muster mehrere Male umgeschrieben, wobei hier die Rückmeldungen der Nutzergemeinde eingeflossen sind. Eigentlich muss man nicht extra erwähnen, dass diese Muster wie praktisch alle Muster ständigen Verbesserungen unterworfen sind und sich zweifellos weiterentwickeln, wenn sich die Technologie und die Spezifikationen ändern.

Der J2EE-Musterkatalog umfasst derzeit 15 Muster und wird in den drei Kapiteln 7 bis 9 vorgestellt. Wir verwenden unsere Mustervorlage, um die einzelnen Muster zu dokumentieren. Tabelle 1.1 listet die im Katalog enthaltenen Muster auf.

---

3 QoS – Quality of Service, Dienstleistungsgüte

Einführung

Schicht	Mustername	Kapitel
Präsentationsschicht	Intercepting Filter	7
	Front Controller	7
	View Helper	7
	Composite View	7
	Service to Worker	7
	Dispatcher View	7
Geschäftsschicht	Business Delegate	8
	Value Object	8
	Session Facade	8
	Composite Entity	8
	Value Object Assembler	8
	Value List Handler	8
	Service Locator	8
Integrationsschicht	Data Access Objects	9
	Service Activator	9

Tabelle 1.1: J2EE-Musterkatalog

1.3.2 Wie man den J2EE-Musterkatalog verwendet

Egal welche Muster man einsetzt, man muss wissen, wie man sie am besten in Kombination verwendet. Wie Christopher Alexander in seinem Buch *A Pattern Language* [Alex2] feststellt:

> *Kurz gesagt ist kein Muster eine isolierte Einheit. Jedes Muster kann nur insoweit existieren, wie es durch andere Muster unterstützt wird: durch die größeren Muster, in die es eingebettet ist, durch die Muster derselben Größe, die es umgeben, und durch die kleineren Muster, die darin eingebettet sind.*
> – Christopher Alexander

Die Muster im J2EE-Musterkatalog sind keine Ausnahme von dieser Regel. Das Diagramm der Musterbeziehungen wie es Kapitel 6 erläutert, beschreibt, wie jedes Muster durch andere Muster im Katalog unterstützt wird. Kapitel 6 gibt für den J2EE-Musterkatalog auch einen strategischen Ablaufplan in Tabellenform mit allgemeinen J2EE-Entwurfs- und architekturbezogenen Fragen sowie mit Muster- oder Refactoring-Verweisen, die Lösungen für jede Frage aufzeigen. Um den höchstmöglichen Nutzen aus diesen Mustern zu ziehen, sollte man auch in ihre Beziehungen und ihre Hierarchie eindringen.

Wenn Sie jedes Muster im Detail studieren, lernen Sie diese und die darin eingebetteten Strategien kennen und erfahren, in welchem Muster es enthalten ist und welche Muster es unterstützt. Manchmal bauen die Muster auf anderen Mustern aus dem J2EE-Musterkatalog auf oder legen Muster zugrunde, die aus der Literatur – wie z.B. *Design Patterns: Elements of Reusable Object-Oriented Software* [GoF] oder *Patterns of Software Architecture* [POSA1, POSA2] – bekannt sind.

Um Sie weiter mit den Mustern, ihren Beziehungen untereinander, der Musterauswahl und dem Einsatz von Mustern vertraut zu machen, haben wir im Teil 2 dieses Buchs unterstützende Kapitel vorgesehen. Dort stellen wir schlechte Beispiele und Refactorings für die J2EE-Plattform vor. Für jedes schlechte Beispiel, das in diesen Kapiteln aufgeführt ist, geben wir Verweise auf Refactorings oder Muster an, die Lösungen anbieten, um die durch diese schlechten Beispiele hervorgerufenen Probleme zu mildern. Die in Kapitel 5 dargestellten Refactorings beschreiben die Schritte, die beim Übergang von einer weniger optimalen Lösung auf die bevorzugte zu unternehmen sind. Der Abschnitt zur Vorgehensweise bei jedem Refactoring nennt Verweise auf Muster und Entwurfsbetrachtungen, die die Richtung des Refactorings beeinflussen.

Schließlich demonstriert der Epilog ein Anwendungsbeispiel, das auf den J2EE-Mustern beruht. An einigen Anwendungsfällen zeigen wir, wie diese Muster ineinander greifen und zusammenarbeiten und damit die Umsetzung eines Anwendungsfalls in eine konkrete Anwendung unterstützen.

1.3.3 Vorteile von Mustern

Mit den J2EE-Mustern in diesem Buch können Sie Ihren Systementwurf verbessern und die Muster an jedem Punkt im Lebenszyklus eines Projekts anwenden. Die Muster im Katalog werden auf einer relativ hohen Abstraktionsebene dokumentiert und bringen vor allem dann einen Nutzen, wenn man sie bereits zu einem frühen Zeitpunkt in einem Projekt anwendet. Wenn Sie alternativ ein Muster erst während der Implementierungsphase anwenden, müssen Sie vorhandenen Code überarbeiten. In diesem Fall können sich die Refactorings in Kapitel 5 als nützlich erweisen.

Muster sind oftmals recht einfach zu verwenden, auch wenn sie nicht immer einfach zu verstehen sind. Allerdings können Muster schwierig und zeitaufwändig zu dokumentieren sein. Das Erkennen der guten Ansätze ist normalerweise ein längerfristiger Prozess. Man muss dazu das Wesentliche aus einer umfangreichen Wissensbasis bis hinunter zu den Wurzeln herauskristallisieren und in geeignete Formulierungen kleiden. Wir haben versucht, unsere Dokumentation verständlich abzufassen, sodass sie sich gut auf praktische Probleme anwenden lässt. Wir wissen aber auch, dass diese Ergebnisse ständig weiterzuentwickeln, zu verfeinern und zu verbessern sind.

Wo liegt nun der Nutzen beim Einsatz von Mustern? In den folgenden Abschnitten beschreiben wir einige Vorteile, wenn man Muster in einem Projekt anwendet. Kurz gesagt: Muster

- bringen eine bewährte Lösung voran,
- bieten ein gemeinsames Vokabular und
- schränken den Lösungsraum ein.

Eine bewährte Lösung voranbringen

Die Dokumentation eines Musters beruht auf der Tatsache, dass die gebotene Lösung immer wieder verwendet wird, um ähnliche Probleme zu verschiedenen Zeiten in unterschiedlichen Projekten zu lösen. Folglich bieten Muster einen leistungsfähigen Mechanismus für die Wiederverwendung, sodass Entwickler und Architekten das Rad nicht mehr neu erfinden müssen.

Einführung

Gemeinsames Vokabular

Muster bieten Softwaredesignern ein einheitliches Vokabular. Als Designer verwenden wir Muster nicht nur, um erfolgreiche Konzepte voranzubringen, sondern auch, um ein gemeinsames Vokabular und Format für Entwickler zu vermitteln.

Ein Designer, der sich nicht auf Muster stützt, muss mehr investieren, um seinen Entwurf für andere Designer oder Entwickler darzulegen. Softwaredesigner verwenden das Mustervokabular, um effizient zu kommunizieren. Das lässt sich mit der Umgangssprache vergleichen, in der wir unsere Ideen in einem allbekannten Vokabular mitteilen und austauschen. Wie in der realen Welt können Entwickler ihr Vokabular aufbauen, indem sie Muster studieren und erkennen, wobei sie ihr Entwurfsvokabular erweitern, wenn neue Muster dokumentiert werden.

Sobald Sie diese Muster einsetzen, werden sie feststellen, dass Sie die Musternamen in kurzer Zeit in Ihr Vokabular übernehmen – und dass Sie die Namen der Muster verwenden, um längere Beschreibungen zu ersetzen. Nehmen wir beispielsweise an, dass Ihre Problemlösung die Verwendung eines Value Object-Musters erfordert. Zuerst könnten Sie das Problem beschreiben, ohne es mit einer Bezeichnung zu versehen. Formulieren Sie beispielsweise einmal, dass Ihre Anwendung Daten mit Enterprise Beans austauschen muss oder dass der Durchsatz bei gegebenem Netzwerk-Overhead infolge entfernter Prozeduraufrufe zu maximieren ist. Nachdem Sie gelernt haben, wie Sie das Value Object-Muster auf das Problem anwenden, können Sie später auf eine ähnliche Situation in Form einer »Value Object«-Lösung verweisen und darauf aufbauen.

Um den Einfluss des Mustervokabulars zu verstehen, sehen Sie sich diese Übung an, nachdem Sie und ein anderes Team-Mitglied mit dem Musterkatalog vertraut sind. Versuchen Sie, ohne Zuhilfenahme von Musternamen zu erklären, was sich durch einfache Sätze wie die folgenden vermitteln lässt, in denen die Musternamen aus dem J2EE-Musterkatalog kursiv gedruckt sind:

- Wir sollten *Data Access Objects* in unseren Servlets und Session-Beans verwenden.
- Wie wäre es, Daten mit *Value Objects* von und zu Enterprise Beans zu übertragen und alle Geschäftsdienste mit *Business Delegates* zu kapseln?
- Nehmen wir am besten *Front Controller* und *Service to Worker*. Für bestimmte komplexe Seiten müssen wir gegebenenfalls auf *Composite Views* zurückgreifen.

Lösungsraum einschränken

Die Anwendung von Mustern führt eine wesentliche Entwurfskomponente ein – Einschränkungen. Ein Muster schränkt einen Lösungsraum ein oder erzeugt Grenzen innerhalb des Lösungsraums, auf den sich ein Entwurf und die Implementierung anwenden lässt. Überschreitet man diese Grenzen, durchbricht man die Bindung an das Muster und den Entwurf, was zur unerwünschten Einführung eines Anti-Musters führen kann.

Allerdings ersticken Muster nicht die Kreativität. Stattdessen beschreiben sie eine Struktur oder einen Rahmen auf einer bestimmten Abstraktionsstufe. Den Designern und Entwicklern bleiben immer noch Optionen offen, die Muster innerhalb dieser Grenzen zu implementieren.

1.4 Muster, Frameworks und Wiederverwendung

Wir verfolgen das edle Ziel der Wiederverwendung von Software schon seit Jahren und haben nur einen mäßigen Erfolg erzielt. Bei der kommerziellen Wiederverwendung sind in der Tat die größten Fortschritte im Bereich der Benutzeroberflächen zu verzeichnen, nicht aber bei Geschäftskomponenten, denen unser eigentliches Augenmerk gilt. Als Architekten von Geschäftssystemen streben wir nach mehr Wiederverwendung, haben uns aber auf die Wiederverwendung in den Bereichen des Entwurfs und der Architektur konzentriert. Der Musterkatalog hat sich als leistungsfähiges Instrument erwiesen, um diese Ebene der Wiederverwendung voranzubringen.

Zwischen den Mustern im Katalog bestehen zahlreiche Beziehungen, die man manchmal so betrachtet, als wären sie Teil einer Mustersprache. Kapitel 6 zeigt mit Abbildung 6.2 eine Darstellung dieser Beziehungen. Man kann diese aber auch als *Musterframework* (deutsch etwa: Mustergerüst, Musterrahmen) beschreiben oder als Sammlung von Mustern in einem vereinheitlichten Szenario. Dieses Konzept ist der Schlüssel dazu, durchgehende Lösungen herauszuarbeiten und Komponenten auf der Musterebene zu verknüpfen.

Entwickler dürfen sich nicht nur mit Mustern in der Abgeschiedenheit beschäftigen, sondern sollten auch danach suchen, wie sich Muster verknüpfen lassen, um größere Lösungen zu erarbeiten. Das Kombinieren der Muster aus dem Katalog in dieser Weise bezeichnen wir als die Nutzung eines J2EE-Musterframeworks. Ein Framework in diesem Sinne meint das Verknüpfen von Mustern, um eine Lösung zu erstellen, die sich einer Menge von Anforderungen widmet. Wir glauben, dass diese Art der Nutzung die nächste Generation der Tools in der J2EE-Entwicklung vorantreiben wird. Um einen Muster-gesteuerten Prozess in diesem Sinne zu automatisieren, ist es erforderlich,

- Szenarios herauszuarbeiten und Muster anzubieten, die sich auf jede Schicht anwenden lassen,
- Musterkombinationen oder Motive zu erkennen, um Musterframeworks bereitzustellen, und
- Implementierungsstrategien für jede Rolle auszuwählen.

Im Epilog geben wir weitere Hinweise zu diesem Bereich der Entwicklung, der sich in ständigem Fluss befindet.

1.5 Zusammenfassung

Dieses Kapitel hat gezeigt, was ein Muster ausmacht und was Gegenstand dieses Buchs ist. Das nächste Kapitel bietet eine Einführung in die J2EE-Plattform und ihre verschiedenen Technologien.

Kapitel 2

Die J2EE-Plattform

- Ein kurzer Überblick
- Die J2EE-Plattform
- J2EE-Muster und J2EE-Plattform

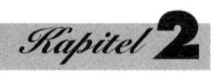

Dieses Kapitel gibt einen groben Überblick über die Java 2 Plattform, Enterprise Edition (J2EE) und ihre Technologien. Wenn Sie mit diesen Themen bereits vertraut sind und auch die dazugehörenden APIs kennen, können Sie dieses Kapitel auch überspringen. Allerdings sollten Sie zumindest den Abschnitt »J2EE-Muster und die J2EE-Plattform« lesen, um das Wesen der J2EE-Muster zu verstehen.

Lesen Sie einfach weiter, wenn Sie Ihr Wissen zu J2EE auffrischen möchten.

2.1 Ein kurzer Überblick

Von seiner Einführung im Jahr 1994 bis auf den heutigen Tag hat die Programmiersprache Java die Softwareindustrie revolutioniert. Java wurde in vielfältigster Weise eingesetzt, um die verschiedensten Systeme zu implementieren. So wie sich Java allgegenwärtig verbreitet hat, angefangen bei Browsern, über Telefonanlagen bis hin zu allen Arten von Geräten, stellen wir fest, dass sich die Sprache allmählich auf einen bestimmten Bereich abschleift und dort ihre Stärken und Wertvorstellungen etabliert: Java im Serverbereich. Mit der Zeit ist Java zur bevorzugten Plattform zum Programmieren von Servern avanciert.

Java bietet für IT-Unternehmen, Anwendungsentwickler und Produktanbieter den Vorteil *Write Once Run Anywhere* ^{TM} (einmal schreiben, überall ausführen). IT-Unternehmen nutzen die Vorteile der Anbieterunabhängigkeit und Portabilität ihrer Anwendungen. Die wachsende Verfügbarkeit von erfahrenen Java-Programmierern fördert die Akzeptanz von Java in der Industrie. Die Zahl der Java-Programmierer ist auf unglaubliche 2,5 Millionen Entwickler in nur fünf Jahren hochgeschnellt.

Die Einfachheit der Sprache und das explosive Wachstum ihrer Nutzung im Internet und Intranet drängte zahlreiche Entwickler und IT-Unternehmen, Java als die De-facto-Programmiersprache für ihre Projekte aufzugreifen.

Die Architektur der Client/Server-Anwendung, eine zweischichtige Architektur, hat sich mit der Zeit zu einer mehrschichtigen Architektur gemausert. Dies ist darauf zurückzuführen, dass man zusätzliche Schichten zwischen den Endbenutzer-Clients und den Backend-Systemen eingeführt hat. Obwohl eine mehrschichtige Architektur einen flexibleren Entwurf ermöglicht, ist es gleichsam schwieriger, die Anwendungskomponenten zu erstellen, zu testen, zu verteilen, zu verwalten und zu warten. Da die J2EE-Plattform auf eine mehrschichtige Architektur ausgerichtet ist, verringert sich diese Komplexität.

Die Internet-Nutzung hat sich in den letzten Jahren gewandelt. Die Unternehmen sind dazu übergegangen, nicht nur einfache Websites mit dem Firmenprofil anzubieten, sondern auch einen Teil ihrer weniger kritischen Anwendungen nach außen hin offen zu legen. In dieser ersten Phase der Internet-Experimente waren IT-Manager noch skeptisch und ihre Sicherheitsrichtlinien geradewegs ablehnend dem Gedanken gegenüber, Geschäftsdienste über das Internet auszuführen und offen zu legen.

Seit langem haben mehr und mehr Firmen damit begonnen, sich die Möglichkeiten des Internets zunutze zu machen. Dienstleistungsunternehmen beispielsweise bieten ihre Services neben der her-

Die J2EE-Plattform

kömmlichen Kundenunterstützung über Telefon und E-Mail neuerdings auch im Web an. Diese Unternehmen haben den Kostenfaktor von Online-Dienstleistungen erkannt. Die Kunden können sich jetzt bei vielen Problemen selbst helfen und ein Anruf beim Kundendienst ist nur bei wirklich ernsthaften Problemen notwendig.

Die Kunden hatten das Web ebenfalls positiv aufgenommen, da es ihre Produktivität verbessert. Bald erwarteten die Kunden mehr und mehr Online-Dienstleistungen von den Firmen und die Firmen mussten mitziehen und diese Dienste anbieten. Andernfalls hätte es jemand anderes getan.

Seitdem ist fast alles online zu finden – Bankgeschäfte, Zahlungsverkehr, Reisen, Kartenverkauf, Auktionen, Autohandel, Hypotheken und Darlehen, Apotheken und sogar Haustiernahrung. Neue Firmen sind entstanden, die (wie wir mittlerweile erfahren mussten) außer der Eröffnung eines Online-Shops kein anderes Geschäftsmodell hatten. Sie sind hoch aufgestiegen und tief gefallen. Etablierte Firmen mussten sich mit ihrer Online-Präsenz den Herausforderungen dieser neuen Mitspieler stellen. Dieses immense Wachstum heizte das Bedürfnis nach einer robusten, firmenbezogenen, webzentrierten Anwendungsinfrastruktur an.

2.1.1 Applikationsserver – die neue Gattung

In dem Maße wie sich Java auf der Serverseite etabliert hat und das Bedürfnis nach einer Web-zentrierten Anwendungsinfrastruktur gewachsen ist, haben wir es mit einer neuen Gattung von Infrastrukturanwendungen zu tun bekommen – den Applikationsservern. Die Applikationsserver haben die grundlegende Infrastruktur bereitgestellt, die für die Entwicklung und Verteilung von mehrschichtigen Unternehmensanwendungen notwendig ist.

Diese Applikationsserver bringen zahlreiche Vorteile. Einer der wichtigsten besteht darin, dass die IT-Unternehmen nicht mehr ihre proprietäre Infrastruktur entwickeln mussten, um ihre Anwendungen zu unterstützen. Stattdessen konnten sie sich auf die Anbieter von Applikationsservern verlassen, um die Infrastruktur bereitzustellen. Das hat nicht nur die Kosten ihrer Anwendungen verringert, sondern auch die Zeit bis zur Markteinführung verkürzt.

Jeder Applikationsserver hatte eigene Vor- und Nachteile. Da es keine Standards für Applikationsserver gegeben hat, waren sich auch keine zwei Applikationsserver vollständig ähnlich. Einige Applikationsserver basierten auf Java – und dafür konnte man ausschließlich Java-Komponenten schreiben. Andere Applikationsserver verwendeten andere Sprachen für die Entwicklung.

2.1.2 Die Annäherung der Java-Technologien

Im Bereich der Webanwendungen gab es ebenso bedeutende Entwicklungen in Java. Die CGI (Common Gateway Interface)-Lösung für die Entwicklung von Web-zentrierten Anwendungen verbrauchte viel Ressourcen und ließ sich nicht besonders gut skalieren. Mit der Einführung der Servlet-Technologie erhielten Java-Entwickler einen eleganten und effizienten Mechanismus, um Web-zentrierte Anwendungen zu schreiben, die dynamische Inhalte generierten. Ganz von selbst ließen sich aber auch Servlets nicht schreiben; man musste über fundierte Java-Kenntnisse verfügen.

Dann wurde die Technik der Java Server Pages (JSP) eingeführt, insbesondere für Web- und Grafik-Designer, die an HTML (Hypertext Markup Language) und Scripting mit JavaScript gewöhnt waren. Die JSP-Technik erleichterte es den Web-Front-Entwicklern, Web-zentrierte Anwendungen zu schreiben. Man musste weder in Java noch in der Servlet-Programmierung bewandert sein, um Seiten in JSP zu entwickeln.

Die JSP-Technik kommt der Forderung nach einer Scriptsprache für Webanwendungsclients entgegen. Die in HTML und JavaScript erfahrenen Webdesigner können die JSP-Technik schnell erlernen und einsetzen, um Webanwendungen zu schreiben. Natürlich übersetzt der Webserver die JSPs in Servlets, aber das geschieht »hinter den Kulissen«. Praktisch trennen Servlets und JSPs die Rollen in der Anwendungsentwicklung für das Web.

Das Standardverfahren für den Datenbankzugriff in Java-Anwendungen ist JDBC[1]. Die JDBC Data Access-API[2] gibt den Programmierern die Möglichkeit, ihre Java-Anwendungen unabhängig vom Datenbankanbieter zu erstellen. Man kann eine JDBC-Anwendung schreiben, die auf eine Datenbank mithilfe von SQL[3] zugreift. Wenn sich die zugrunde liegende Datenbank von einem Anbieter zu einem anderen ändert, funktioniert die JDBC-Anwendung ohne Änderung am Code, vorausgesetzt, dass der Code geeignet formuliert ist und sich keiner proprietären Erweiterungen des ersten Anbieters bedient. Die JDBC-API steht als Teil der Kern-APIs auf der Java 2 Plattform, Standard Edition (J2SE) zur Verfügung.

Die J2SE (ursprünglich unter der Bezeichnung *Java Development Kit* oder *JDK* firmierend) ist das Fundament für alle Java-APIs. J2SE besteht aus einem Satz von Kern-APIs, die die Schnittstellen und Bibliotheken der Programmiersprache Java definieren. Java-Entwickler verwenden die J2SE als primäre API für die Entwicklung von Java-Anwendungen. Die wachsenden Anforderungen und die über die Jahre gereifte Sprache Java bringen es mit sich, dass die J2SE zusätzliche APIs als Standarderweiterungen anbietet.

In dem Maße wie Java seine dauerhafte Rolle auf der Serverseite behauptet hat und die Akzeptanz verschiedener Java-APIs gestiegen ist, hat Sun eine Initiative ins Leben gerufen, um Standards für verschiedenartige Java-Techniken zu einer einzigen Plattform zu vereinheitlichen. Die Initiative zur Entwicklung von Standards für Enterprise Java APIs wurde im Rahmen des offenen Java Community Process (JCP) gebildet. Enterprise Java APIs sind eine Sammlung verschiedener APIs, die Anbieter-unabhängige Programmierschnittstellen für den Zugriff auf verschiedenartige Systeme und Dienste bieten. Die Enterprise Java APIs haben ihren Niederschlag in der Java 2 Plattform, Enterprise Edition (J2EE) gefunden.

2.1.3 Der Aufstieg der J2EE-Plattform

Die Enterprise Java Beans (EJB)-Technologie gehört zu den herausragenden und vielversprechenden Techniken in der J2EE-Plattform. Die EJB-Architektur bietet einen Standard für die Entwick-

---

1 JDBC – Eingetragenes Warenzeichen (TM) von SUN. Es ist kein Akronym und bedeutet *nicht* Java Database Connectivity, auch wenn dies gerne fälschlicherweise behauptet wird.
2 API – Application Programming Interface, Anwendungsprogrammierschnittstelle
3 SQL – Structured Query Language, Strukturierte Abfragesprache

Die J2EE-Plattform

lung wiederverwendbarer Java-Serverkomponenten, die auf einem Applikationsserver laufen. Die EJB-Spezifikation und APIs bieten eine herstellerunabhängige Programmierschnittstelle für Applikationsserver. EJB-Komponenten, die so genannten *Enterprise Beans*, sind für Persistenz, Geschäftsverarbeitung, Transaktionsverarbeitung und verteilte Verarbeitung für Unternehmensanwendungen zuständig. Kurz gesagt erlaubt die EJB-Technologie portable Geschäftskomponenten.

Verschiedene Anwendungsanbieter sind mit Sun im Rahmen des offenen JCP zusammengekommen, um diesen Standard zu entwickeln und haben die EJB-Spezifikation in ihre Produkte für Applikationsserver übernommen und implementiert. Ähnlich den JDBC-Anwendungen sind EJB-Anwendungen von einem Anbieter von Applikationsservern portabel zum nächsten. Auch hier gilt, dass die Anwendung keine anbieterabhängigen Merkmale des Applikationsservers verwenden darf. J2EE-Technologien sind mittlerweile eine bewährte und etablierte Plattform für verteilte Datenverarbeitung in Unternehmen.

Java Message Services (JMS) ist eine andere Standard-API auf der J2EE-Plattform. Sie realisiert die gleiche Art der Standardisierung für Nachrichten wie sie JDBC für Datenbanken gebracht hat. JMS bietet eine Java-Standard-API für den Einsatz von Nachrichten-orientierter Middleware (MOM, Message-oriented Middleware) für Punkt-zu-Punkt- und Herausgeber/Abonnent-Typen des Nachrichtenverkehrs in einem Unternehmen. Wie bei den anderen Technologien ist JMS in den MOM-Produkten für Java anbieterunabhängig.

In jedem dieser Bereiche haben Sun und andere Firmen zusammengearbeitet, um einen akzeptablen Standard im Rahmen des offenen JCP herauszubringen. Der JCP hat die Aktivitäten koordiniert, um diese Standards zu entwickeln. Aus der Kooperation erklärt sich auch der Erfolg dieser APIs.

2.1.4 Ein paar Worte zum Wert der J2EE

Die J2EE-Plattform, die auf der Programmiersprache Java und den Java-Technologien aufbaut, ist die Anwendungsarchitektur, die am besten für eine verteilte Unternehmensumgebung geeignet ist. Die J2EE-Plattform ist ein Standard, der zahlreiche Vorteile für IT-Organisationen, Anwendungsentwickler und Produktanbieter aufweist:

- Anbieter entwickeln Produkte, die auf jedem System laufen können, das die J2EE-Plattform unterstützt. Praktisch ohne zusätzlichen Aufwand sind deren Produkte in einem weiten Bereich von Systemplattformen verfügbar.

- IT-Entwickler in Unternehmen profitieren von den Vorteilen der portablen Komponententechnologie. IT-Anwendungen werden anbieterunabhängig und befreien IT-Organisationen vom Zwang, sich auf einen Anbieter festlegen zu müssen.

- IT-Entwickler können sich auf die Anforderungen der Geschäftsverarbeitung konzentrieren, statt die Infrastruktur im eigenen Haus aufbauen zu müssen. Die Applikationsserver behandeln komplexe Probleme des Multithreadings, der Synchronisierung, der Transaktionen, der Ressourcenzuweisung und der Lebenszyklusverwaltung.

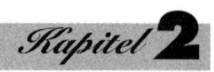

- IT-Organisationen können von den besten verfügbaren Produkten profitieren, die auf einer Standardplattform aufbauen. Sie können aus einer großen Palette von Produkten wählen und sich je nach ihren Anforderungen für die geeignetsten und kostengünstigsten Entwicklungs- und Verteilungsprodukte sowie die Verteilungsplattform entscheiden.
- Die Einführung der J2EE-Plattform resultiert in einem beträchtlichen Produktivitätszuwachs. Java-Entwickler können sich mit den J2EE-APIs schnell vertraut machen.
- Firmen schützen ihre Investitionen durch Übernahme der J2EE-Plattform, weil es sich dabei um einen von der Industrie unterstützten Standard und keine Architektur im Korsett eines einzelnen Anbieters handelt.
- Entwicklungsteams können schnell und unkompliziert neue Anwendungen und Systeme erstellen. Das verkürzt die Zeitspanne bis zur Markteinführung und senkt die Entwicklungskosten.
- Eine Standardentwicklungsplattform für verteilte Datenverarbeitung stellt sicher, dass robuste Anwendungen auf einer bewährten Plattform erstellt werden.
- Die J2EE-Plattform liefert eine klare, logische und physische Unterteilung der Anwendungen in verschiedene Schichten, sodass sie die Anforderungen an mehrschichtige Anwendungen auf natürliche Weise erfüllt.
- Entwickler können J2EE-Komponenten entweder in eigener Regie erstellen oder aus dem schnell wachsenden Markt Komponenten von Drittanbietern beziehen. Anbieter sind in der Lage, ihre Komponenten einzeln anzubieten, und Kunden können diese Softwarebausteine je nach Bedarf kaufen.

2.2 Die J2EE-Plattform

Der vorherige Abschnitt hat die Kerntechnologiekomponenten der J2EE-Plattform beschrieben, wie zum Beispiel Servlets, JSP, EJB, JDBC und JMS. In diesem Abschnitt werfen wir nun einen Blick auf das J2EE-Architekturmodell und beschreiben andere Aspekte der J2EE-Plattform, die die Plattformdefinition vervollständigen.

2.2.1 J2EE-Architektur

Wie Abbildung 2.1 zeigt, ist die J2EE-Architektur mehrschichtig angelegt.

Die J2EE-Architektur besteht aus den folgenden Schichten:

- *Clientschicht:* Diese Schicht realisiert den Dialog mit dem Benutzer und zeigt ihm Informationen aus dem System an. Die J2EE-Plattform unterstützt unterschiedliche Typen von Clients, einschließlich HTML-Clients, Java-Applets und Java-Anwendungen.
- *Webschicht:* Diese Schicht generiert die Darstellungslogik und nimmt Benutzerantworten von den Präsentationsclients entgegen, bei denen es sich in der Regel um HTML-Clients, Java-Applets und andere Webclients handelt. Basierend auf der empfangenen Clientanforderung generiert die Präsentationsschicht die entsprechende Antwort.

Die J2EE-Plattform

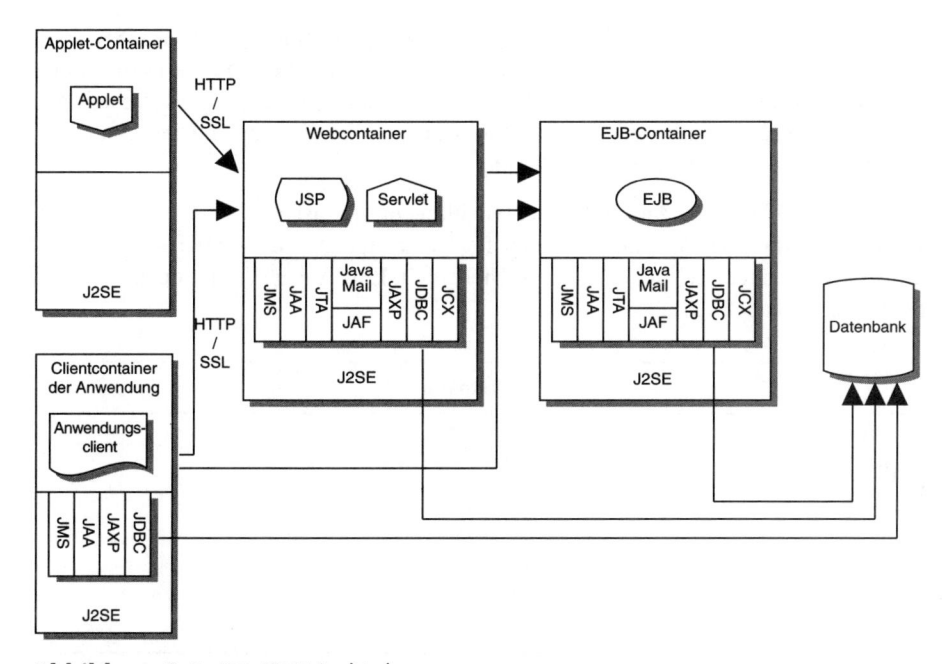

Abbildung 2.1: Die J2EE-Architektur

- *Geschäftsschicht:* Diese Schicht behandelt die Kerngeschäftslogik der Anwendung. Die Geschäftsschicht liefert die notwendigen Schnittstellen zu den zugrunde liegenden Geschäftsdienstkomponenten. Die Geschäftskomponenten sind typischerweise als EJB-Komponenten mit Unterstützung durch einen EJB-Container implementiert, der den Lebenszyklus der Komponenten unterstützt und die Persistenz, Transaktionen und Ressourcenzuweisung verwaltet.

- *EIS[4]-Schicht:* Diese Schicht ist für die Informationssysteme eines Unternehmens verantwortlich, einschließlich der Datenbanksysteme, Transaktionsverarbeitungssysteme, Legacy-Systeme und Unternehmensressourcenplanungssysteme. Die EIS-Schicht ist die Nahtstelle der J2EE-Anwendungen zu Nicht-J2EE- oder Legacy-Systemen.

2.2.2 Java 2, Standard Edition

J2SE ist die zugrunde liegende Basisplattform für J2EE, folglich ist eine kurze Behandlung der J2SE-Plattform für die J2EE-Plattform von Bedeutung. Zum Lieferumfang der J2SE-Plattform gehören zwei Bestandteile:

- Java 2 SDK, Standard Edition (J2SE SDK)
- Java 2 Runtime Environment, Standard Edition (JRE)

---

4 EIS – Enterprise Information System, Unternehmensinformationssystem

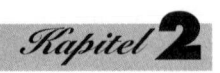

J2SE SDK, früher als JDK bezeichnet, ist die Kern-API der Programmiersprache Java. J2SE bietet sowohl die Java-Sprachfunktionalität als auch die Kernbibliotheken, die für die Java-Entwicklung erforderlich sind. Die Kernbibliotheken sind als Klassen innerhalb des Pakets java.* realisiert. Zusätzlich bietet J2SE die Hilfsschnittstellen und Bibliotheken als Erweiterungen. Diese Standarderweiterungen stehen als javax.*-Pakete zur Verfügung.

J2SE umfasst Tools und APIs für die Anwendungsentwicklung mit grafischen Benutzeroberflächen (GUIs, Graphical User Interfaces), Datenbankzugriff, Verzeichniszugriff, CORBA (Common Object Request Broker Architecture), fein abgestufte Sicherheit, Ein-/Ausgabefunktionen und viele andere Funktionen (siehe Tabelle 2.1).

Funktion	Paketname
Grafische Benutzeroberfläche	java.awt.*, javax.swing.*
Datenbankzugriff	java.sql.*
Verzeichniszugriff	javax.naming.*
CORBA	javax.rmi.CORBA.*
Sicherheit	java.security.*
Ein-/Ausgabe	java.io.*

Tabelle 2.1: Die in den Paketen enthaltene Funktionalität

Abbildung 2.2 zeigt die verschiedenen Komponenten der J2SE-Plattform.

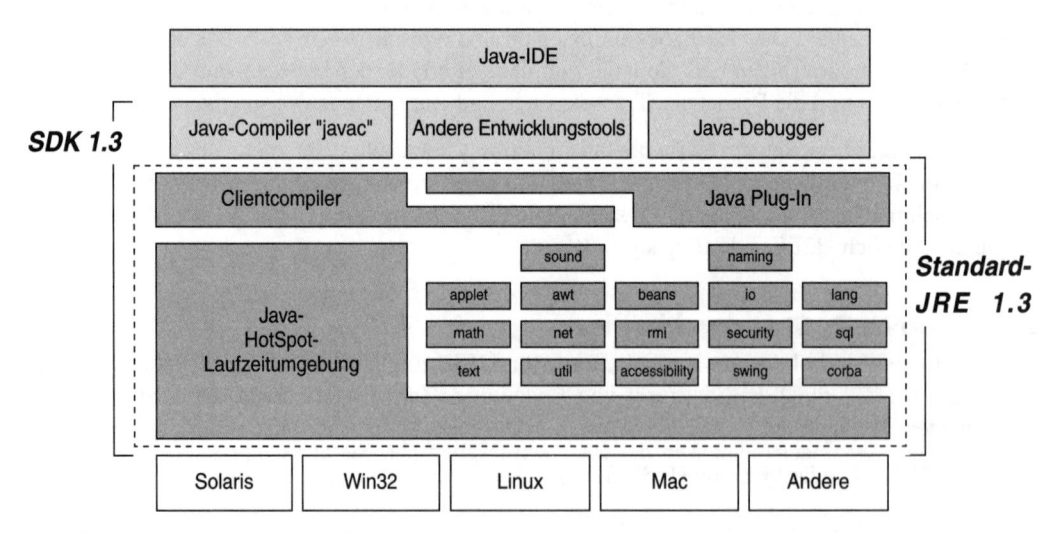

Abbildung 2.2: Die J2SE-Plattform

2.2.3 J2EE-Anwendungskomponenten und -Container

Der J2EE-Komponentencontainer unterstützt Anwendungskomponenten in der J2EE-Plattform. Ein Container ist ein Dienst, der die notwendige Infrastruktur und Unterstützung für eine Komponente bereitstellt, damit diese existieren und ihre eigenen Dienste für Clients anbieten kann. Ein Container stellt seine Dienste gewöhnlich als Java-kompatible Laufzeitumgebung für die Komponenten bereit.

Zur J2EE-Plattform gehören folgende Kernanwendungskomponenten:

- **Java-Anwendungskomponenten**: eigenständige Java-Programme, die innerhalb eines Anwendungscontainers laufen.
- **Applet-Komponenten**: Java-Applets, die innerhalb eines Applet-Containers laufen und die gewöhnlich von einem Webbrowser unterstützt werden.
- **Servlets und JSPs**: Komponenten der Webschicht, die in einem Webcontainer laufen. Servlets und JSPs liefern die Mechanismen für dynamische Inhaltsvorbereitung, Verarbeitung und Formatierung in Bezug auf die Präsentation.
- **EJB-Komponenten**: Grobkörnige Geschäftskomponenten, die innerhalb eines EJB-Containers ausgeführt werden (gewöhnlich gebundelt in einem Applikationsserverprodukt). EJB-Komponenten – oder Enterprise Beans – gibt es in zwei Arten: *Session Beans* und *Entity Beans*.
- Session Beans sind Enterprise Beans, die für die Verarbeitung oder den Workflow geeignet sind. Session Beans treten in zwei Arten auf: *zustandsbehaftet* und *zustandslos*. Eine zustandsbehaftete Session Bean vermerkt den Clientzustand zwischen aufeinander folgenden Methodenaufrufen. Eine zustandslose Session Bean behält keinerlei Informationen über den Client-spezifischen Zustand zwischen den vom Client aufgerufenen Methoden. Zustandslose Session Beans verwendet man, wenn kein Zustand zwischen den Methodenaufrufen zu speichern ist. Sie können einen Leistungsvorteil gegenüber zustandsbehafteten Session Beans bieten, die man einsetzen muss, wenn der Zustand in irgendeiner Form zwischen den Aufrufen zu erhalten ist. Instanzen von Session Beans sind mit einer einzelnen Benutzersitzung verbunden und werden nicht von verschiedenen Benutzern gemeinsam genutzt.
- Entity Beans verwendet man, wenn eine Geschäftskomponente persistent zu machen ist und von mehreren Benutzern gemeinsam genutzt werden soll. Die Persistenz der Entity Bean kann man nach zwei Verfahren verwalten: von der Bean verwaltete Persistenz (BMP, Bean Managed Persistence) und vom Container verwaltete Persistenz (CMP, Container Managed Persistence). BMP verwendet man, wenn der Bean-Entwickler alle Mechanismen für die Persistenz des Zustands in der Bean implementiert hat. CMP kommt zum Zuge, wenn der Bean-Entwickler keine Persistenzmechanismen in der Bean vorgesehen hat. Stattdessen spezifiziert der Bean-Entwickler die notwendigen Zuordnungen zwischen den Bean-Attributen und der persistenten Speicherung und überlässt dem Container die für die Persistenz relevanten Aufgaben.

Das Hauptanliegen der J2EE-Muster in diesem Buch ist der Entwurf und die Architektur von Anwendungen, die Servlets, JSPs und Enterprise Bean-Komponenten verwenden.

2.2.4 Standarddienste

Die J2EE-Plattform spezifiziert die folgenden Standarddienste, die jedes J2EE-Produkt unterstützt. Zu diesen Diensten gehören APIs, die jedes J2EE-Produkt den Anwendungskomponenten ebenfalls bereitstellen muss, sodass die Komponenten auf die Dienste zugreifen können.

- *HTTP:* Standardprotokoll für Webkommunikation. Clients können auf HTTP über das Paket `java.net` zugreifen.

- *HTTP über Secure Socket Layer (HTTPS):* Das Gleiche wie HTTP, nur dass das Protokoll über eine sichere SSL[5]-Verbindung verwendet wird.

- *JDBC:* Eine Standard-API, um herstellerunabhängig auf Datenbankressourcen zuzugreifen.

- *JavaMail:* Eine API, die ein Plattformunabhängiges und Protokoll-unabhängiges Gerüst bereitstellt, um Mail- und Nachrichten-Anwendungen in Java zu erstellen.

- *Java Activation Framework (JAF):* APIs für ein Aktivierungsgerüst, das durch andere Pakete verwendet wird, wie z. B. JavaMail. Entwickler können mithilfe von JAF den Typ eines beliebigen Datenelements bestimmen, den Zugriff darauf kapseln, die dafür zulässigen Operationen ermitteln und die geeignete Bean instanziieren, um diese Operationen durchzuführen. Beispielsweise bestimmt JavaMail mithilfe von JAF abhängig vom MIME-Typ des Objekts, welches Objekt zu instanziieren ist.

- *Entfernter Methodenaufruf / Internet Inter-ORB-Protokoll (RMI/IIOP):* Ein Protokoll, das RMI[6]-Programmierern erlaubt, die Vorteile der RMI-APIs und des robusten CORBA IIOP-Kommunikationsprotokolls zu verbinden, um mit CORBA-kompatiblen Clients zu kommunizieren, die mit einer beliebigen CORBA-kompatiblen Sprache entwickelt wurden.

- *Java Interface Definition Language (JavaIDL):* Ein Dienst, der CORBA in die Java-Plattform einbindet, um Interoperabilität mithilfe der Standard-IDL bereitzustellen, die durch die Object Management Group definiert ist. Laufzeitkomponenten binden Java-ORBs (Object Request Broker) für die verteilte Ausführung mittels IIOP-Kommunikation ein.

- *Java Transaction API (JTA):* Ein Satz von APIs, die Transaktionsverwaltung ermöglichen. Anwendungen können die JTA-APIs nutzen, um Transaktionen zu starten, zu bestätigen und abzubrechen. JTA-APIs erlauben auch dem Container, mit dem Transaktionsmanager zu kommunizieren, und dem Transaktionsmanager, mit den Ressourcenmanagern zu kommunizieren.

- *JMS:* Eine API zur Kommunikation mit MOM, um Punkt-zu-Punkt- und Herausgeber-/Abonnenten-Nachrichten zwischen Systemen zu aktivieren. JMS bietet Herstellerunabhängigkeit für den Einsatz von MOMs in Java-Anwendungen.

- *Java Naming and Directory Interface (JNDI):* Eine einheitliche Schnittstelle, um auf unterschiedliche Typen von Namens- und Verzeichnisdiensten zuzugreifen. JNDI dient dazu, Geschäftskomponenten und andere Dienst-orientierte Objekte in einer J2EE-Umgebung zu

---

5 SSL – Secure Socket Layer, sichere Socket-Schicht
6 RMI – Remote Methode Invocation, entfernter Methodenaufruf

Die J2EE-Plattform

registrieren und zu suchen. Zu JNDI gehört die Unterstützung für das Lightweight Directory Access Protocol (LDAP), den CORBA Object Services (COS) Naming Service und die Java-RMI-Registrierung.

2.2.5 J2EE-Plattformrollen

Die J2EE-Plattform verwendet einen Satz von definierten Rollen, um die Aufgaben näher zu beschreiben, die sich auf die verschiedenen Workflows im Entwicklungs- und Lebenszyklus einer Unternehmensanwendung beziehen. Diese Rollendefinitionen bieten eine logische Trennung der Verantwortlichkeiten für Team-Mitglieder, die an der Entwicklung, Verteilung und Verwaltung einer J2EE-Anwendung beteiligt sind (siehe Abbildung 2.3).

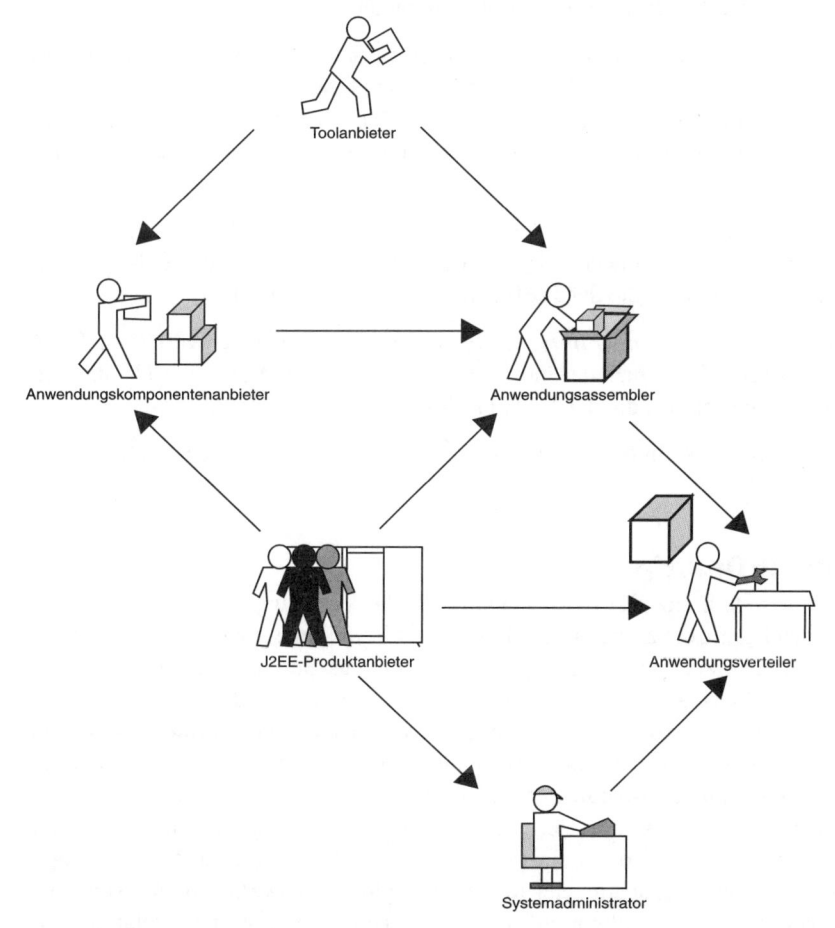

Abbildung 2.3: J2EE-Plattformrollen

Es sind folgende J2EE-Rollen definiert:

- *J2EE-Produktanbieter (J2EE Product Provider):* Stellt Komponentencontainer bereit, um zum Beispiel Applikationsserver und Webserver entsprechend der J2EE-Spezifikation zu erstellen. Der Produktanbieter muss außerdem Tools bereitstellen, um Komponenten in die Komponentencontainer zu verteilen. Diese Tools setzt normalerweise der Verteiler ein. Zusätzlich muss der Produktanbieter die Tools liefern, um die Anwendungen im Container zu verwalten und zu überwachen.

- *Anwendungskomponentenanbieter (Application Component Provider):* Liefert Geschäftskomponenten, die mithilfe der J2EE-APIs erstellt werden. Diese Komponenten umfassen sowohl Komponenten für Webanwendungen als auch für EJB-Anwendungen. Diese Rolle wird durch Programmierer, Entwickler, Webdesigner usw. wahrgenommen.

- *Anwendungsassembler (Application Assembler):* Stellt einen Satz von Komponenten zu einer verteilbaren Anwendung zusammen. Der Assembler übernimmt die Anwendungskomponenten von den Komponentenanbietern. Der Anwendungsassembler verpackt die Anwendung und stellt die notwendigen Zusammenstellungs- und Verteilungsanweisungen für den Verteiler bereit.

- *Anwendungsverteiler (Deployer):* Verteilt die zusammengestellte Anwendung in einen J2EE-Container. Der Verteiler kann Webanwendungen in Container – Webcontainer, EJB-Container usw. – mithilfe der Tools verteilen, die der J2EE-Produktanbieter bereitstellt.

- *Systemadministrator (System Administrator):* Ist für die Überwachung der verteilten J2EE-Anwendungen und der J2EE-Container zuständig. Der Systemadministrator verwendet die Verwaltungs- und Überwachungstools, die der J2EE-Produktanbieter bereitstellt.

- *Toolanbieter (Tool Provider):* Stellt die Tools bereit, mit denen sich Komponenten entwickeln, verteilen und verpacken lassen.

2.2.6 Deployment-Deskriptoren

Ein Anwendungsassembler stellt eine J2EE-Anwendung für die Verteilung (engl.: Deployment) zusammen und liefert gleichzeitig die Zusammenstellungs- und Verteilungsanweisungen in speziellen Dateien, den so genannten *Deployment-Deskriptoren* (Verteilungs-Beschreibungen). Die J2EE-Spezifikation definiert Deployment-Deskriptoren als den Vertrag zwischen dem Anwendungsassembler und dem Verteiler. Deployment-Deskriptoren sind XML-Dokumente, die alle notwendigen Konfigurationsparameter enthalten, um die J2EE-Anwendung oder die J2EE-Komponenten verteilen zu können. Derartige Konfigurationsparameter spezifizieren externe Ressourcenanforderungen, Sicherheitsanforderungen, Umgebungsparameter und andere komponentenspezifische und anwendungsspezifische Parameter. Der Verteiler kann mit einem vom J2EE-Produktanbieter bereitgestellten Verteilungstool Konfigurationsparameter in diesen Deployment-Deskriptoren inspizieren, anpassen und hinzufügen, um die Verteilung auf die Möglichkeiten der Einsatzumgebung zuzuschneiden.

Die J2EE-Plattform

Deployment-Deskriptoren bieten Flexibilität für die Entwicklung und Verteilung von J2EE-Anwendungskomponenten, indem sie Änderungen an den Konfigurationen und Abhängigkeiten nach Bedarf während der verschiedenen Anwendungsphasen – d.h. Entwicklungs-, Verteilungs- und Administrationsphasen – ermöglichen. Diese Flexibilität ergibt sich größtenteils aus den Deskriptoren, die Parameter deklarativ definieren, statt sie in den Programmcode einbetten zu müssen.

2.3 J2EE-Muster und J2EE-Plattform

Wie Sie diesem Überblick entnehmen können, standardisiert die J2EE-Plattform eine Reihe verschiedener Technologien, um eine robuste Plattform für das Erstellen von verteilten mehrschichtigen Unternehmensanwendungen zu schaffen. Die J2EE-Plattform baut auf der J2SE-Plattform auf. Da die J2SE-Plattform die Grundlage der J2EE-Plattform bildet, kann sich ein Java-Entwickler die J2EE-Technologien relativ leicht aneignen.

Allerdings besteht die Meinung, dass das Erlernen einer neuen Technologie an sich ausreicht, um uns zu Experten beim Entwurf von Systemen zu machen, die auf dieser neuen Technologie basieren. Wir widersprechen dieser Meinung mit allem Respekt. Wir glauben, dass man die Technologie nicht nur erlernen muss, sondern auch noch weitere Einblicke für das Erstellen erfolgreicher Systeme benötigt. Muster können den Vorgang erleichtern, sich die Kenntnisse anzueignen und weiterzugeben. Muster helfen uns, bewährte Lösungen auf wiederkehrende Probleme in verschiedenen Umgebungen zu dokumentieren und mitzuteilen. Wenn wir Muster effizient einsetzen, brauchen wir das Rad nicht jedes Mal neu zu erfinden.

Unsere J2EE-Muster leiten sich aus unserer Erfahrung mit der J2EE-Plattform und den einschlägigen Technologien ab. Die im Buch beschriebenen J2EE-Muster widmen sich unterschiedlichen Anforderungen, die sich über alle J2EE-Schichten erstrecken. In unserem geschichteten Ansatz (siehe den Abschnitt »Konzept der Schichten« in Kapitel 6) haben wir die J2EE-Mehrschichtenarchitektur mit fünf Schichten modelliert: Client, Präsentation, Geschäft, Integration und Ressourcen. Dieses Modell erlaubt uns, die Zuständigkeiten logisch auf einzelne Schichten aufzuteilen. Zum Beispiel gliedern wir in unserem Model die EIS-Schicht in eine Integrations- und eine Ressourcenschicht. Damit erleichtern wir uns die Aufgabe, die Anforderungen der Integration und der Ressourcen getrennt zu lösen. Folglich sind die Schichten in unserem Modell eine logische Trennung der Zuständigkeiten.

Wir haben die in diesem Buch beschriebenen J2EE-Muster in drei dieser fünf Schichten kategorisiert – Präsentation, Geschäft und Integration. Unserer Meinung nach haben die Client- und Ressourcenschichten nicht direkt mit der J2EE-Plattform zu tun. Kapitel 7 beschreibt die Muster, die sich auf Servlets und JSP-Technologien beziehen. Die für Enterprise Beans und JNDI-Technologien sowie für den Übergang zwischen der Präsentations- und der Geschäftsschicht relevanten Muster beschreibt Kapitel 8. Schließlich sind die für JDBC und JMS-Technologien zutreffenden Muster in Kapitel 9 zu finden.

Da sich unsere Arbeit vor allem auf diese Kernbereiche der J2EE-Plattform konzentriert, behandeln wir derzeit keine anderen als die eben erwähnten Technologien. Wahrscheinlich profitiert die Entwicklergemeinde am meisten davon, wenn wir zuerst die Muster in diesen Kernbereichen dokumentieren. Außerdem sind wir der Ansicht, dass uns diese Kategorisierung erlaubt, flexibel zu sein. Sobald sich neue Muster abzeichnen, werden wir sie kategorisieren und dokumentieren.

Wir glauben, dass sich diese Muster für Sie als genauso nützlich erweisen, wie sie es für uns und unsere ArchitektenkollegInnen waren. Sie können Sie als Lösungen für die Probleme, denen Sie während Ihrer J2EE-Entwurfs- und Architekturtätigkeit begegnen, wiederverwenden. Wir sind uns durchaus bewusst, dass sich Muster im Laufe der Zeit weiterentwickeln, und wir beanspruchen für unsere Muster keine Ausnahme. Die hier vorgestellten Muster wurden viele Male überarbeitet und verfeinert. Sie wurden geschrieben und umgeschrieben, um sie zu verbessern. Dieser Vorgang setzt sich weiter fort.

2.4 Zusammenfassung

Dieses Kapitel hat einerseits einen Überblick über die J2EE-Plattform gegeben und führt andererseits auch eine Flut von Begriffen und Akronymen ein. Wenn Sie mehr darüber erfahren möchten, seien die folgenden Online-Quellen empfohlen:

- Die Geschichte der Java-Plattform:
  http://java.sun.com/nav/whatis/storyofjava.html

- Java-Technologie (aus den Anfangstagen):
  http://java.sun.com/features/1998/05/birthday.html

- Java Community Process:
  http://java.sun.com/aboutJava/communityprocess/

- J2SE-Plattformdokumentation:
  http://java.sun.com/docs/index.html

- J2EE-Homepage:
  http://java.sun.com/j2ee

- J2EE-Blueprints:
  http://java.sun.com/j2ee/blueprints/index.html

- EJB-Homepage:
  http://java.sun.com/products/ejb

- Servlets-Homepage:
  http://www.java.sun.com/products/servlet

- JSP-Homepage:
  http://www.java.sun.com/products/jsp

- JDBC-Homepage:
  http://www.java.sun.com/products/jdbc

- JMS-Homepage:
  http://www.java.sun.com/products/jms

Die J2EE-Plattform

- JNDI-Homepage:
  http://java.sun.com/products/jndi

- Connector-Homepage:
  http://java.sun.com/j2ee/connector

Teil 2: Entwurfsbetrachtungen, schlechte Praktiken und Refaktorisierungen

Teil 2 besteht aus folgenden drei Kapiteln:

- Kapitel 3: Entwurfsbetrachtungen zur Präsentationsschicht
- Kapitel 4: Entwurfsbetrachtungen zur Geschäftsschicht
- Kapitel 5: J2EE-Refaktorisierungen

Wie die Überschriften der Kapitel 3 und 4 zeigen, geht es hier um Betrachtungen zum Entwurf verschiedener Schichten. Außerdem stellen diese Kapitel auch schlechte Praktiken vor.

Wenn der Entwickler Muster aus dem Katalog anwendet, muss er auch zahlreiche zusätzliche Entwurfsfragen berücksichtigen, die Thema dieser Kapitel sind. Das betrifft verschiedene Aspekte des Systems, einschließlich Sicherheit, Datenintegrität, Verwaltbarkeit und Skalierbarkeit.

Viele dieser Entwurfsthemen könnte man genauso gut im Musterformat erfassen, obwohl sie sich hauptsächlich auf eine niedrigere Abstraktionsebene konzentrieren und nicht auf diejenigen, die im J2EE-Musterkatalog beschrieben sind. Statt jedes dieser Probleme als Muster zu dokumentieren, haben wir uns dafür entschieden, sie eher formlos darzustellen. Dazu beschreiben wir einfach jeden Punkt als Entwurfsfrage, die bei der Implementierung von Systemen basierend auf dem Musterkatalog zu berücksichtigen ist. Obwohl eine vollständige Behandlung über den Rahmen dieses Buches hinausgehen würde, wollen wir doch auf diese Themen hinweisen, und wir möchten den Leser ermutigen, sich mit diesen Problemen auseinander zu setzen.

Kapitel 3 und 4 beleuchten auch weniger optimale Wege, um bestimmte Probleme zu lösen – Lösungen, die wir in der Kategorie »schlechte Praktiken« aufführen. Dort finden Sie jeweils eine kurze Problemzusammenfassung und eine Liste mit Verweisen auf andere Abschnitte des Buchs, die bevorzugte Verfahren zur Lösung dieser Probleme vorschlagen. In der Regel zeigen die Verweise auf ein Muster im Katalog und/oder auf eine Refaktorisierung.

Kapitel 5 präsentiert Refaktorisierungen für die J2EE-Plattform. Das Darstellungsformat dieses Kapitels basiert auf dem Buch *Refactoring* von Martin Fowler [Fowler], einem hervorragenden Leitfaden für diejenigen, die mehr über den Softwareentwurf lernen möchten. Jede Refaktorisierung gibt ein einfaches Problem und eine Lösung an, bietet Motivationen für die Milderung des Problems und schlägt Vorgehensweisen vor.

Kapitel 3

Entwurfsbetrachtungen zur Präsentationsschicht

- Entwurf der Präsentationsschicht
- Schlechte Praktiken für die Präsentationsschicht

Wenn Entwickler die Präsentationsmuster anwenden, die im Katalog dieses Buchs erscheinen, müssen sie auch die damit in Verbindung stehenden Entwurfsprobleme berücksichtigen. Diese Probleme beziehen sich auf den Entwurf mit Mustern auf verschiedenen Ebenen und können zahlreiche Aspekte eines Systems beeinflussen, einschließlich Sicherheit, Datenintegrität, Verwaltbarkeit und Skalierbarkeit. Auf diese Punkte gehen wir in diesem Kapitel ein.

Obwohl sich viele dieser Entwurfsthemen in ein Musterformat fassen ließen, haben wir uns für eine andere Darstellung entschieden, weil sich diese Fragen eher auf niedrigere Abstraktionsebenen beziehen als auf die Präsentationsmuster im Katalog. Statt die Themen als Muster zu dokumentieren, haben wir eine eher zwanglose Form gewählt: Wir beschreiben sie einfach als Themen, die man berücksichtigen muss, wenn man auf dem Musterkatalog basierende Systeme implementiert.

3.1 Entwurf der Präsentationsschicht

3.1.1 Sitzungsverwaltung

Der Begriff *Benutzersitzung* beschreibt eine Konversation, die sich über viele Anforderungen zwischen einem Client und einem Server erstreckt. Auf das Konzept der Benutzersitzung stützen wir uns in den folgenden Abschnitten.

Sitzungszustand auf Client

Um den Sitzungszustand auf dem Client zu sichern, ist es erforderlich, den Sitzungszustand zu serialisieren und in den Code der HTML-Seite einzubetten, die an den Client zurückgegeben wird.

Das persistente Speichern des Sitzungszustands auf der Clientseite

- ist relativ leicht zu implementieren und
- genügt den Anforderungen, wenn man einen nicht zu umfassenden Zustand sichern muss.

Darüber hinaus vermeidet diese Strategie scheinbar das Problem, den Zustand über Server hinweg zu replizieren, wenn eine Lastverteilung mit mehreren Computern implementiert ist.

Für die Sicherung des Sitzungszustands auf dem Client sind zwei Strategien gebräuchlich – versteckte HTML-Felder und HTTP-Cookies. Darauf gehen wir nachfolgend ein. Bei einer dritten Strategie bettet man den Sitzungszustand direkt in die URLs ein, auf die in jeder Seite verwiesen wird (z. B. `<form action=someServlet?var1=x&var2=y method=GET>`). Auch wenn diese dritte Strategie weniger gebräuchlich ist, hat sie viele Beschränkungen mit den beiden folgenden Methoden gemein.

Versteckte HTML-Felder
Obwohl es relativ leicht ist, diese Strategie zu implementieren, gibt es einige Nachteile, wenn man den Sitzungszustand auf dem Client in versteckten HTML-Feldern speichert. Diese Nachteile treten besonders dann zutage, wenn ein umfangreicher Zustand zu sichern ist, weil sich dann ein negativer Einfluss auf den Durchsatz bemerkbar macht. Da jetzt jeder HTML-Code den Zustand einbettet oder enthält, muss er bei jeder Anforderung und jeder Antwort über das Netzwerk übertragen werden.

Entwurfsbetrachtungen zur Präsentationsschicht

Bei versteckten Feldern zum Speichern des Sitzungszustands ist der dauerhaft zu speichernde Zustand außerdem auf Stringwerte beschränkt, sodass jeder Objektverweis in eine Stringdarstellung zu überführen ist. Außerdem liegt der Zustand in der generierten HTML-Quelle als reiner Text offen, sofern die Daten nicht speziell verschlüsselt sind.

HTML-Cookies
Ähnlich der Strategie mit versteckten Feldern ist es relativ einfach, die Strategie mit HTTP-Cookies zu implementieren. Diese Strategie hat leider fast die gleichen Nachteile. Insbesondere leidet der Durchsatz beim Speichern umfangreicher Zustandsinformationen, weil der gesamte Sitzungszustand bei jeder Anforderung und jeder Antwort über das Netzwerk zu übertragen ist.

Außerdem sehen wir uns Größen- und Typbeschränkungen gegenüber, wenn wir den Sitzungszustand auf dem Client speichern. Es gibt Beschränkungen hinsichtlich der Header-Größe von Cookies und das schränkt wiederum den Umfang der dauerhaft zu speichernden Daten ein. Darüber hinaus ist der mit HTTP-Cookies zu speichernde Zustand analog zu versteckten HTML-Feldern auf Werte im Stringformat beschränkt.

Sicherheitsbelange des clientseitigen Sitzungszustands

Wenn man den Sitzungszustand auf dem Client speichert, sind auch Sicherheitsprobleme zu berücksichtigen. Wenn Sie nicht möchten, dass Ihre Daten für den Client offen gelegt werden, müssen Sie sie mit bestimmten Verschlüsselungsverfahren sichern.

Auch wenn das Speichern des Sitzungszustands auf dem Client anfänglich relativ einfach zu implementieren ist, weist das Verfahren zahlreiche Klippen auf, die Zeit und Überlegung kosten, um sie zu umschiffen. Bei Projekten, die mit einem großen Datenvolumen umgehen, wie es bei Unternehmenssystemen in der Regel der Fall ist, übersteigen die Nachteile bei weitem den erzielbaren Nutzen.

Sitzungszustand in der Präsentationsschicht

Verwaltet der Server den Sitzungszustand, wird er mithilfe einer Sitzungs-ID abgerufen und bleibt normalerweise verfügbar, bis eines der folgenden Ereignisse auftritt:

- Eine für die Sitzung vordefinierte Zeitüberschreitung wird überschritten.
- Die Sitzung wird manuell beendet.
- Der Zustand wird aus der Sitzung gelöscht.

Beachten Sie, dass nach einem Herunterfahren des Servers bestimmte Mechanismen der Sitzungsverwaltung im Hauptspeicher möglicherweise nicht wiederherstellbar sind.

Wenn Anwendungen einen umfangreichen Sitzungszustand benötigen, sollte man ihn vorzugsweise auf dem Server speichern. Hier ist man nicht durch die Größe oder die Typbeschränkungen der clientseitigen Sitzungsverwaltung eingeschränkt. Außerdem umgeht man die Sicherheitsprobleme, die mit der Offenlegung des Sitzungszustands beim Client verbunden sind, und man hat keine Leistungseinbußen durch die Übertragung des Sitzungszustands über das Netzwerk bei jeder Anforderung zu verzeichnen.

Außerdem profitiert man von der Flexibilität, die diese Strategie bietet. Durch dauerhaftes Speichern des Sitzungszustands auf dem Server kann man flexibel zwischen Einfachheit und Komplexität abwägen und sich mit Skalierbarkeit und Performanz befassen.

Speichert man den Sitzungszustand auf dem Server, muss man entscheiden, wie man diesen Zustand für jeden Server verfügbar macht, von dem aus man die Anwendung ausführt. Diese Fragen betreffen unter anderem die Replikation des Sitzungszustands zwischen gruppierten Softwareinstanzen auf mehrere Computer mit Lastverteilung – ein mehrdimensionales Problem. Allerdings bieten zahlreiche moderne Applikationsserver eine Vielzahl von vorgefertigten Lösungen. Es sind Lösungen verfügbar, die oberhalb der Applikationsserver-Ebene ansetzen. Eine solche Lösung ist die Verwaltung so genannter »klebriger Benutzer« (Sticky User Experience). Beispielsweise bietet die Firma Resonate [Resonate] ein Traffic-Management-System an, um Benutzer zum selben Server weiterzuleiten, der so alle Anforderungen in deren Sitzung behandelt. Man bezeichnet dieses Vorgehen auch als *Serveraffinität*.

Eine andere Alternative ist es, den Sitzungszustand entweder in der Geschäftsschicht oder in der Ressourcenschicht zu speichern. Mit JavaBean-Komponenten kann man den Sitzungszustand in der Geschäftsschicht halten und in der Ressourcenschicht lässt sich eine relationale Datenbank verwenden. Weitere Informationen zur Geschäftsschichtoption finden Sie im Abschnitt »Session Beans verwenden« in Kapitel 4.

3.1.2 Den Clientzugriff steuern

Es gibt verschiedene Gründe, den Clientzugriff auf bestimmte Anwendungsressourcen einzuschränken oder zu steuern. In diesem Abschnitt untersuchen wir zwei dieser Szenarios.

Ein Grund liegt vor, wenn man eine Ansicht oder Teile einer Ansicht gegenüber dem direkten Zugriff durch einen Client schützen muss. Das kann zum Beispiel notwendig sein, wenn nur registrierte oder angemeldete Benutzer auf eine bestimmte Ansicht zugreifen dürfen oder wenn der Zugriff auf Teile einer Ansicht nur für Benutzer verfügbar sein soll, die zu einer bestimmten Rolle gehören.

Nach der Beschreibung dieser Themen behandeln wir ein zweites Szenario, das sich auf die Steuerung der Navigation eines Benutzers durch die Anwendung bezieht. Dieses zweite Szenario betont Fragen, die sich auf mehrfaches Versenden eines Formulars beziehen, da hierdurch unerwünschte Mehrfachtransaktionen auftreten können.

Eine Ansicht schützen

In bestimmten Fällen wird eine Ressource in ihrer Gesamtheit gegenüber dem Zugriff durch bestimmte Benutzer eingeschränkt. Dieses Ziel lässt sich mit verschiedenen Strategien erreichen. Beispielsweise kann man mit Anwendungslogik, die bei Verarbeitung des Controllers oder der Ansicht ausgeführt wird, den Zugriff verweigern. Eine zweite Strategie besteht darin, das Laufzeitsystem zu konfigurieren, um den Zugriff auf bestimmte Ressourcen nur über einen internen Aufruf von einer anderen Anwendungsressource zu erlauben. In diesem Fall ist der Zugriff auf diese Ressourcen über eine andere Anwendungsressource der Präsentationsschicht umzuleiten, beispiels-

Entwurfsbetrachtungen zur Präsentationsschicht

weise einen Servlet-Controller. Der Zugriff auf diese eingeschränkten Ressourcen ist nicht über einen direkten Browseraufruf verfügbar.

In der Regel setzt man dazu einen Controller als Delegationspunkt für diesen Typ der Zugriffssteuerung ein. Es ist auch üblich, den Schutz direkt in eine Ansicht einzubetten. Den Controller-basierten Ressourcenschutz behandeln wir im Abschnitt »Refaktorisierungen der Präsentationsschicht« in Kapitel 5 und im Musterkatalog, sodass wir uns hier auf Ansicht-basierte Steuerungsstrategien konzentrieren. Wir beschreiben diese Strategien zuerst, bevor wir uns der alternativen Strategie, den Zugriff über Konfiguration zu steuern, zuwenden.

Schutz in eine Ansicht einbetten
Um den Schutz in die Verarbeitungslogik einer Ansicht einzubetten sind zwei Varianten gebräuchlich. Eine Variante blockiert den Zugriff für die gesamte Ressource, während die andere nur den Zugriff auf einen Teil dieser Ressource sperrt.

Einen Alles-oder-Nichts-Schutz pro Ansicht einbinden
In bestimmten Fällen erlaubt oder verweigert der in den Verarbeitungscode der Ansicht eingebettete Code den Zugriff nach dem Alles-oder-Nichts-Prinzip. Mit anderen Worten hindert diese Logik einen Benutzer am Zugriff auf eine bestimmte Ansicht in ihrer Gesamtheit. Normalerweise wird ein derartiger Schutz vorzugsweise in einen zentralisierten Controller eingebettet, sodass die Logik nicht über den gesamten Code verteilt ist. Diese Strategie ist sinnvoll, wenn nur ein kleiner Teil von Seiten zu schützen ist. Normalerweise tritt dieses Szenario auf, wenn sich ein technisch nicht versierter Benutzer zyklisch durch eine kleine Anzahl von statischen Seiten auf einer Site bewegt. Wenn der Client trotzdem noch an dieser Site angemeldet sein muss, um diese Seiten zu betrachten, dann fügt man wie in Beispiel 3.1 gezeigt eine benutzerdefinierte Hilfsmarkierung am Beginn jeder Seite ein, um den Zugriffstest zu vervollständigen.

Beispiel 3.1: Einbinden eines Alles-oder-Nichts-Schutzes pro Ansicht

```
<%@ taglib uri="/WEB-INF/corej2eetaglibrary.tld"
  prefix="corePatterns" %>

<corePatterns:guard/>
<HTML>
.
.
.
</HTML>
```

Einen Schutz für einen Teil einer Ansicht einbinden
In anderen Fällen verweigert einfach die in den Verarbeitungscode der Ansicht eingebettete Logik den Zugriff auf Teile einer Ansicht. Diese zweite Strategie lässt sich mit der vorher erwähnten Alles-oder-Nichts-Strategie verbinden. Eine Analogie soll das verdeutlichen: Wir nehmen einen Raum in einem Gebäude an, zu dem wir den Zugang steuern. Der Alles-oder-Nichts-Schutz teilt den

Besuchern mit, ob sie durch den Raum gehen können oder nicht, während die zweite Schutzlogik den Besuchern sagt, was sie sich ansehen dürfen, nachdem sie sich erst einmal im Raum befinden. Die folgenden Beispiele zeigen, warum man diese Strategie einsetzt.

Teile einer Ansicht basierend auf Benutzerrolle nicht anzeigen
Ein Teil einer Ansicht soll möglicherweise abhängig von einer Benutzerrolle nicht angezeigt werden. Zum Beispiel hat ein Manager beim Betrachten seiner Firmeninformationen Zugriff auf eine Unteransicht, die sich mit einem Verwaltungsüberblick für seine Mitarbeiter beschäftigt. Ein Mitarbeiter kann nur seine eigenen Firmeninformationen sehen und er ist von den Teilen der Benutzeroberfläche ausgeschlossen, die den Zugriff auf alle Überblicksinformationen bieten (siehe Beispiel 3.2).

Beispiel 3.2: Teile der Ansicht basierend auf Benutzerrolle nicht anzeigen

```
<%@ taglib uri="/WEB-INF/corej2eetaglibrary.tld"
  prefix="corePatterns" %>

<HTML>
.
.
.
<corePatterns:guard role="manager">
<b>Nur für Manager zugänglich!</b>
<corePatterns:guard/>
.
.
.
</HTML>
```

Teile einer Ansicht basierend auf Systemzustand oder Fehlerbedingungen nicht anzeigen
Das Layout der Anzeige lässt sich je nach Systemumgebung modifizieren. Wenn zum Beispiel eine Benutzeroberfläche dazu dient, Prozessoren zu verwalten, und der Benutzer ein Gerät mit nur einem Prozessor wählt, kann man die Teile der Anzeige unterdrücken, die sich ausschließlich auf Mehrprozessorsysteme beziehen.

Schutz durch Konfiguration

Um den Client vom direkten Zugriff auf bestimmte Ansichten auszuschließen, kann man das Präsentationsmodul so konfigurieren, dass es Zugriff auf diese Ressourcen nur über andere interne Ressourcen erlaubt, beispielsweise einen Servlet-Controller, der einen RequestDispatcher (Anforderungsverteiler) verwendet. Zusätzlich können Sie die Sicherheitsmechanismen nutzen, die in den Webcontainer integriert sind. Diese basieren auf der Servlet-Spezifikation ab Version 2.2. Sicherheitseinschränkungen sind im Deployment-Deskriptor namens web.xml definiert.

Entwurfsbetrachtungen zur Präsentationsschicht

Die ebenfalls in der Servlet-Spezifikation beschriebenen *Basic-* und *Formular-basierten* Authentifizierungsverfahren stützen sich auf diese Sicherheitsinformationen. Statt die Spezifikation an dieser Stelle zu wiederholen, verweisen wir hinsichtlich der Details auf die aktuelle Spezifikation, die unter *http://java.sun.com/products/servlet/index.html* auch zum Download verfügbar ist.

Damit Sie wissen, was Sie erwartet, wenn Sie deklarative Sicherheitseinschränkungen in Ihre Umgebung aufnehmen, behandeln wir kurz dieses Thema und wie sich dieses Verfahren zum Alles-oder-Nichts-Schutz durch Konfiguration verhält. Schließlich beschreiben wir eine einfache und generische Alternative für einen Alles-oder-Nichts-Schutz einer Ressource.

Ressourcenschutz über Standardsicherheitseinschränkungen
Anwendungen lassen sich mit einer Sicherheitseinschränkung konfigurieren. Mit dieser deklarativen Sicherheit kann man per Programm den Zugriff basierend auf Benutzerrollen steuern. Ressourcen kann man für bestimmte Benutzerrollen verfügbar machen und anderen Benutzern verweigern. Wie der Abschnitt »Schutz in eine Ansicht einbetten« weiter vorn in diesem Kapitel erläutert hat, kann man darüber hinaus auch Teile einer Ansicht basierend auf diesen Benutzerrollen einschränken. Wenn es bestimmte Ressourcen gibt, die in ihrer Gesamtheit für alle direkten Browseranforderungen gesperrt werden sollen, wie es bei dem im vorherigen Abschnitt beschriebenen Alles-oder-Nichts-Szenario der Fall ist, dann kann man die betreffenden Ressourcen auf eine Sicherheitsrolle einschränken, die keinem Benutzer zugeordnet ist. Die auf diese Weise konfigurierten Ressourcen bleiben für alle direkten Browseranforderungen unzugänglich, solange man die Sicherheitsrolle nicht zuweist. Die auszugsweise in Beispiel 3.3 angegebene web.xml-Konfigurationsdatei definiert eine Sicherheitsrolle, um den direkten Browserzugriff zu unterbinden.

Der Rollenname lautet »sensitive« (vertraulich) und die eingeschränkten Ressourcen sind mit sensitive1.jsp, sensitive2.jsp und sensitive3.jsp benannt. Solange kein Benutzer oder keine Gruppe der Rolle »sensitive« zugeordnet wird, sind Clients nicht in der Lage, direkt auf diese JSPs zuzugreifen. Da diese Sicherheitseinschränkungen für intern verteilte Anforderungen unwirksam sind, gilt gleichzeitig, dass eine Anforderung, die anfänglich durch einen Servlet-Controller behandelt und dann zu einer dieser drei Ressourcen weitergeleitet wird, den Zugriff auf diese JSPs erhält.

Schließlich sei auf einige Ungereimtheiten hingewiesen, die bei der Implementierung dieses Aspekts der Servlet-Spezifikation Version 2.2 quer durch die einzelnen Anbieterprodukte zu verzeichnen sind. Server, die Servlet 2.3 unterstützen, sollten in dieser Hinsicht konsistent sein.

Beispiel 3.3: Eine nicht zugewiesene Sicherheitsrolle bietet Alles-oder-Nichts-Steuerung

```
<security-constraint>
    <web-resource-collection>
        <web-resource-name>SensitiveResources
        </web-resource-name>
        <description>Eine Sammlung vertraulicher Ressourcen
        </description>
        <url-pattern>/trade/jsp/internalaccess/
            sensitive1.jsp</url-pattern>
        <url-pattern>/trade/jsp/internalaccess/
```

```
            sensitive2.jsp</url-pattern>
        <url-pattern>/trade/jsp/internalaccess/
            sensitive3.jsp</url-pattern>
        <http-method>GET</http-method>
        <http-method>POST</http-method>
    </web-resource-collection>
    <auth-constraint>
        <role-name>sensitive</role-name>
    </auth-constraint>
</security-constraint>
```

Ressourcenschutz über einfache und generische Konfiguration
Es gibt eine einfache und generische Möglichkeit, einen Client vom direkten Zugriff auf eine Ressource, beispielsweise eine JSP, fern zu halten. Diese Methode erfordert keine Änderungen an der Konfigurationsdatei, wie sie etwa in Beispiel 3.3 zu sehen sind, sondern setzt einfach die Ressource unter das Verzeichnis /WEB-INF/ der Webanwendung. Um beispielsweise den direkten Browserzugriff auf eine Ansicht namens info.jsp in der Webanwendung securityissues zu blockieren, können wir die JSP-Quelldatei im folgenden Verzeichnis platzieren:

```
/securityissues/WEB-INF/internalaccessonly/info.jsp
```

Auf das Verzeichnis /WEB-INF/, seine Unterverzeichnisse und folglich auch auf info.jsp ist kein direkter öffentlicher Zugriff erlaubt. Andererseits kann ein Controller-Servlet trotzdem noch bei Bedarf zu dieser Ressource weiterleiten. Das ist eine Alles-oder-Nichts-Form der Kontrolle, da ein direkter Browserzugriff auf derartig konfigurierte Ressourcen in ihrer Gesamtheit nicht möglich ist.

Ein diesbezügliches Beispiel finden Sie im Abschnitt »Ressourcen vor einem Client verbergen« in Kapitel 5.

Mehrfaches Absenden von Formularen
Benutzer können in ihrer Browser-Clientumgebung auf die Schaltfläche ZURÜCK klicken und unbeabsichtigt dasselbe Formular, das sie bereits vorher abgesendet haben, noch einmal abschicken und dadurch eine zweite Transaktion auslösen. Analog dazu kann ein Benutzer bevor eine Bestätigungsseite eingetroffen ist, auf die Schaltfläche STOP des Browsers klicken und daraufhin dasselbe Formular noch einmal schicken. In den meisten Fällen wollen wir dieses doppelte Versenden abfangen und deaktivieren. Mit einem steuernden Servlet lässt sich eine Art Kontrollstelle einrichten, um dieses Problem anzugehen.

Synchronisations- oder Déjà vu-Token
Diese Strategie widmet sich dem Problem der doppelten Formularversendung. Ein Synchronisationstoken wird in einer Benutzersitzung gesetzt und in jedes an den Client zurückgegebene Formular eingebunden. Wenn der Benutzer dieses Formular abschickt, wird das Synchronisationstoken im Formular mit dem Synchronisationstoken in der Sitzung verglichen. Beim erstmaligen Versenden des Formulars sollten die Token übereinstimmen. Wenn die Token voneinander abweichen, kann man die Formularversendung deaktivieren und eine Fehlermeldung an den Benutzer zurückgeben.

Entwurfsbetrachtungen zur Präsentationsschicht

Ungleiche Token können auftreten, wenn der Benutzer ein Formular abschickt, dann auf die Browser-Schaltfläche ZURÜCK klickt und das Formular erneut abzuschicken versucht.

Wenn jedoch zwei Tokenwerte übereinstimmen, kann man darauf vertrauen, dass der Steuerungsfluss genau wie erwartet verlaufen ist. Zu diesem Zeitpunkt setzt man den Tokenwert in der Sitzung auf einen neuen Wert und akzeptiert das gesendete Formular.

Mit dieser Strategie kann man auch den direkten Browserzugriff auf bestimmte Seiten steuern, wie es die Abschnitte zum Ressourcenschutz beschrieben haben. Nehmen wir beispielsweise an, ein Benutzer setzt ein Lesezeichen für Seite A einer Anwendung, wobei die Seite A nur von den Seiten B und C aus zugänglich sein soll. Wählt dann der Benutzer die Seite A über das Lesezeichen an, wird die Seite außerhalb der vorgesehenen Reihenfolge aufgerufen. Das Synchronisationstoken spiegelt dann einen nicht synchronen Zustand wider oder ist überhaupt nicht vorhanden. In beiden Fällen kann man falls gewünscht den Zugriff auf die Seite unterbinden.

Ein Beispiel für diese Strategie finden Sie im Abschnitt »Ein Synchronisationstoken einführen« in Kapitel 5.

3.1.3 Gültigkeitsprüfung

Häufig ist es wünschenswert, eine Gültigkeitsprüfung sowohl auf der Client- als auch auf der Serverseite durchzuführen. Obwohl die Gültigkeitsprüfung auf der Clientseite normalerweise weniger anspruchsvoll ist als die Serverprüfung, bietet sie Prüfungen auf höherer Stufe, zum Beispiel, ob ein Formularfeld leer ist. Die serverseitige Gültigkeitsprüfung ist oftmals wesentlich umfassender. Obwohl beide Arten der Verarbeitung in einer Anwendung geeignet sind, empfiehlt es sich nicht, nur mit clientseitiger Gültigkeitsprüfung zu arbeiten. Das ist vor allem darin begründet, dass die clientseitigen Scriptsprachen vom Benutzer konfigurierbar sind und deshalb jederzeit deaktiviert werden können.

Auch wenn die detaillierte Behandlung der Strategien zur Gültigkeitsprüfung über den Rahmen dieses Buchs hinausgeht, möchten wir diesen Punkt anreißen, da man ihn beim Systementwurf beachten muss. Für weitergehende Informationen sei auf die einschlägige Literatur verwiesen.

Gültigkeitsprüfung auf Clientseite

Die Eingabeprüfung findet auf dem Client statt. Normalerweise bettet man dazu Scriptcode – etwa JavaScript – in die Clientansicht ein. Wie oben erwähnt, ist die clientseitige Gültigkeitsprüfung eine gute Ergänzung zur serverseitigen Gültigkeitsprüfung, sollte aber nicht allein verwendet werden.

Gültigkeitsprüfung auf Serverseite

Die Eingabeprüfung findet auf dem Server statt. Hierfür gibt es mehrere typische Strategien, wozu die Formularorientierte und die auf abstrakten Typen basierende Gültigkeitsprüfung gehören.

Formularorientierte Gültigkeitsprüfung

Bei der Formularorientierten Gültigkeitsprüfung muss eine Anwendung jede Menge Methoden einbinden, die verschiedene Bestandteile des Zustands für jedes abgeschickte Formular prüfen. Normalerweise überlappen sich diese Methoden im Hinblick auf die Logik, die sie umfassen, was auf

Kosten der Wiederverwendbarkeit und Modularität geht. Da es für jedes abgeschickte Webformular eine spezielle Methode gibt, ist kein zentraler Code vorhanden, der obligatorische Felder oder rein numerische Felder behandelt. Obwohl es auf mehreren verschiedenen Formularen ein obligatorisches Feld geben kann, behandelt es die Anwendung an verschiedenen Stellen separat und damit redundant. Diese Strategie ist zwar relativ leicht zu implementieren und auch effektiv, führt aber bei umfangreicheren Anwendungen unvermeidlich zu doppeltem Code.

Um eine flexiblere, wiederverwendbare und leichter zu wartende Lösung zu erreichen, kann man die Modelldaten auf einer anderen Abstraktionsebene betrachten. Diesen Ansatz verfolgt die alternative Strategie, die der nächste Abschnitt beschreibt. Beispiel 3.4 zeigt ein Listing, das die Formularorientierte Gültigkeitsprüfung realisiert.

Beispiel 3.4: Formularorientierte Gültigkeitsprüfung

```
/** Wenn die Felder für Vor- oder Nachname (firstname, lastname)
leer bleiben, erhält der Client eine Fehlermeldung zurück. Bei
dieser Strategie sind die Prüfungen auf ein obligatorisches Feld
doppelt vorhanden. Wenn man diese Testlogik in eine separate
Komponente abstrahiert, lässt sie sich für mehrere Formulare
wiederverwenden (siehe den Abschnitt "Gültigkeitsprüfung basierend
auf abstrakten Typen")**/
public Vector validate()
{
Vector errorCollection = new Vector();
    if ((firstname == null) ||
   (firstname.trim().length() < 1))
      errorCollection.addElement("Vorname obligatorisch");
    if ((lastname == null) || (lastname.trim().length() < 1))
      errorCollection.addElement("Nachname obligatorisch");
return errorCollection;}
}
```

Gültigkeitsprüfung basierend auf abstrakten Typen
Diese Strategie lässt sich sowohl auf dem Client als auch auf dem Server nutzen, wird aber in einer Browser-basierten oder Thin Client-Umgebung auf dem Server bevorzugt.

Die Typ- und Einschränkungsinformationen werden aus dem Modellzustand herausgezogen und in einem generischen Framework untergebracht. Dieses trennt die Gültigkeitsprüfung des Modells von der Anwendungslogik, in der das Modell verwendet wird, und lockert somit deren Kopplung.

Zur Modellgültigkeitsprüfung vergleicht man die Metadaten und Einschränkungen mit dem Modellzustand. Die zum Modell gehörenden Metadaten und Einschränkungen lassen sich in der Regel aus einem einfachen Datenspeicher abrufen, beispielsweise aus einer Eigenschaftsdatei. Diese Lösung hat den Vorteil, dass sie das System generischer macht, weil sie die Typ- und Einschränkungsinformationen des Zustands aus der Anwendungslogik ausklammert.

Entwurfsbetrachtungen zur Präsentationsschicht

Ein Beispiel ist eine Komponente oder ein Subsystem, das die Logik der Gültigkeitsprüfung kapselt – etwa um zu entscheiden, ob eine Zeichenfolge leer ist, ob eine bestimmte Zahl innerhalb eines gültigen Bereichs liegt oder ob ein String in einer bestimmten Weise formatiert ist. Wollen mehrere unterschiedliche Anwendungskomponenten unterschiedliche Aspekte eines Modells auf Gültigkeit prüfen, erhält nicht jede Komponente ihren eigenen Code zur Gültigkeitsprüfung. Stattdessen verwendet man den Mechanismus der zentralisierten Gültigkeitsprüfung. Diesen konfiguriert man in der Regel entweder per Programm, über irgendeine Art von Fabrik oder deklarativ mithilfe von Konfigurationsdateien.

Somit ist der Mechanismus zur Gültigkeitsprüfung generischer und konzentriert sich unabhängig von anderen Teilen der Anwendung auf den Modellzustand und dessen Anforderungen. Nachteilig bei dieser Strategie ist, dass Effizienz und Performanz leiden können. Außerdem sind allgemeinere Lösungen zwar oftmals recht leistungsfähig, manchmal aber schwerer zu überblicken und nicht so leicht zu warten.

Ein Beispielszenario: Eine XML-basierte Konfigurationsdatei beschreibt eine Vielfalt von Gültigkeitsprüfungen, wie zum Beispiel »obligatorisches Feld« oder »rein numerisches Feld«. Zusätzlich kann man Handler-Klassen für jede dieser Gültigkeitsprüfungen einrichten. Schließlich verknüpft eine Zuordnung die HTML-Formularwerte mit einem spezifischen Typ der Gültigkeitsprüfung. Der Code für die Gültigkeitsprüfung eines bestimmten Formularfelds sieht dann etwa wie das Codefragment in Beispiel 3.5 aus.

Beispiel 3.5: Gültigkeitsprüfung basierend auf abstrakten Typen

```
//firstNameString="Dan"
//formFieldName="form1.firstname"
Validator.getInstance().validate(firstNameString,
   formFieldName);
```

3.1.4 Hilfseigenschaften – Integrität und Konsistenz

JavaBean-Hilfsklassen setzt man normalerweise ein, um einen Zwischenzustand zu speichern, wenn er mit einer Clientanforderung übergeben wird. JSP-Laufzeitmodule bieten einen Mechanismus, der automatisch die Parameterwerte aus einem Servlet-Anforderungsobjekt in Eigenschaften dieser JavaBean-Hilfsobjekte kopiert. Die JSP-Syntax sieht folgendermaßen aus:

```
<jsp:setProperty name="helper" property="*"/>
```

Damit ergeht an das JSP-Modul die Aufforderung, alle *übereinstimmenden* Parameterwerte in die jeweiligen Eigenschaften einer JavaBean namens »helper« zu kopieren, wie es Beispiel 3.6 zeigt.

Beispiel 3.6: Hilfseigenschaften – Eine einfache JavaBean-Hilfsklasse

```
public class Helper
{
  private String first;
  private String last;

  public String getFirst()
  {
    return first;
  }

  public void setFirst(String aString)
  {
    first=aString;
  }

  public String getLast()
  {
    return last;
  }


  public void setLast(String aString)
  {
    last=aString;
  }

}
```

Wie ist aber nun eine Übereinstimmung definiert? Wenn ein Anforderungsparameter mit demselben Namen und demselben Typ wie die Eigenschaft der Hilfs-Bean existiert, gilt das als Übereinstimmung. Praktisch wird jeder Parameter mit jedem Eigenschaftsnamen und dem Typ der Set-Methode für die Eigenschaft der Bean verglichen.

Obwohl dieser Mechanismus einfach ist, kann er zu Unklarheiten und unerwünschten Nebeneffekten führen. Zuallererst ist zu klären, was passiert, wenn ein Anforderungsparameter einen leeren Wert enthält. Viele Entwickler gehen davon aus, dass ein Anforderungsparameter mit einem leeren Zeichenfolgenwert zu einer leeren Zeichenfolge oder Null in der korrespondierenden Bean-Eigenschaft führen sollte. Das der Spezifikation entsprechende Verhalten legt aber fest, dass in diesem Fall keine Änderungen an der korrespondierenden Bean-Eigenschaft stattfinden. Da aber auch Instanzen von JavaBean-Hilfsobjekten normalerweise über Anforderungen hinweg wiederverwendet werden, kann eine derartige Unklarheit zu inkonsistenten und falschen Datenwerten führen. Abbildung 3.1 zeigt ein derartiges Problem, das die geschilderten Effekte verursachen kann.

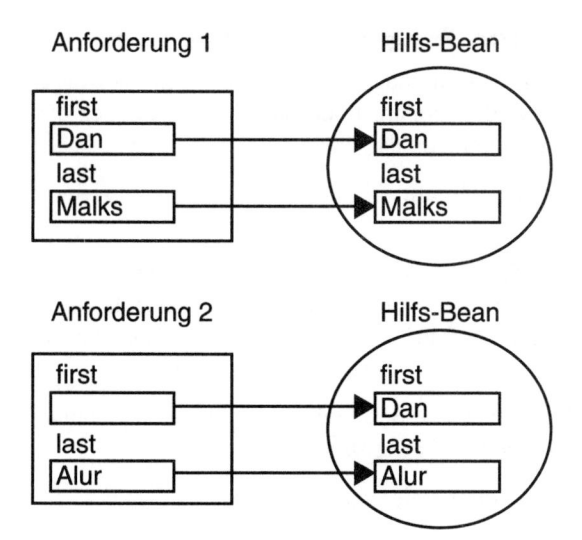

Entwurfsbetrachtungen zur Präsentationsschicht 65

Abbildung 3.1: Helper-Eigenschaften

Anforderung 1 bindet Werte für den Parameter namens »first« und den Parameter namens »last« ein; die beiden korrespondierenden Bean-Eigenschaften werden gesetzt. *Anforderung 2* enthält nur für den Parameter »last« einen Wert und bewirkt damit, dass nur eine Eigenschaft in der Bean zu setzen ist. Der Wert für den Parameter »first« bleibt unverändert. Er wird weder auf eine leere Zeichenfolge noch auf Null gesetzt, einfach deshalb, weil es keinen Wert im Anforderungsparameter gibt. Wie Abbildung 3.1 zeigt, kann das zu fehlerhaften Daten führen, wenn die Bean-Werte zwischen den Anforderungen nicht manuell zurückgesetzt werden.

Beim Anwendungsentwurf ist als verwandtes Problem das Verhalten der HTML-Formularschnittstellen zu berücksichtigen, wenn Steuerelemente des Formulars nicht ausgewählt sind. Hat zum Beispiel ein Formular mehrere Kontrollkästchen, erscheint es logisch anzunehmen, dass das Ausschalten jedes Kontrollkästchen zum Löschen dieser Werte auf dem Server führt. Im Fall des Anforderungsobjekts, das basierend auf dieser Schnittstelle erzeugt wird, gibt es jedoch einfach keinen Parameter, der für irgendeinen der Kontrollkästchenwerte in dieses Anforderungsobjekt eingebunden ist. Folglich werden auch keine Parameterwerte, die sich auf diese Kontrollkästchen beziehen, an den Server gesendet (eine vollständige HTML-Spezifikation finden Sie bei *http://www.w3.org*).

Da kein Parameter zum Server gelangt, bleibt die korrespondierende Bean-Eigenschaft unverändert, wenn man die Aktion <jsp:setProperty> wie beschrieben verwendet. Sofern der Entwickler diese Werte nicht manuell modifiziert, besteht hier also die Möglichkeit, dass in der Anwendung widersprüchliche und falsche Datenwerte entstehen können. Wie erwähnt löst man dieses Problem einfach dadurch, dass man den gesamten Zustand in der JavaBean zwischen den Anforderungen zurücksetzt.

3.2 Schlechte Praktiken für die Präsentationsschicht

Schlechte Praktiken sind Lösungen, die nicht optimal sind und vielen Empfehlungen der Muster entgegenlaufen. Als wir die Muster und guten Praktiken dokumentiert haben, sind natürlich diejenigen Praktiken unter den Tisch gefallen, die kein Optimum darstellen.

In diesem Teil des Buches beleuchten wir, was wir als schlechte Praktik in der Präsentationsschicht ansehen.

In jedem Abschnitt beschreiben wir kurz die schlechte Praktik und geben zahlreiche Verweise auf Entwurfsprobleme, Refaktorisierungen und Muster an, die weitere Informationen und zu bevorzugende Alternativen aufzeigen. Wir gehen nicht allzu tief auf jede schlechte Praktik ein, sondern geben eine kurze Zusammenfassung als Ausgangspunkt für weitere Untersuchungen an.

Der Abschnitt »Problemzusammenfassung« bietet eine kurze Beschreibung einer weniger optimalen Situation und der Abschnitt »Lösungsverweis« enthält Referenzen auf:

- *Muster*, die Informationen zum Kontext und zu Kompromissen angeben,
- *Entwurfsbetrachtungen*, die verwandte Details angeben, und
- *Refaktorisierungen*, die den Weg von der weniger optimalen Situation (schlechte Praktik) zu einer eher optimalen, einer Vorzugslösung oder einem Muster beschreiben.

Betrachten Sie diesen Teil des Buchs als Wegweiser, der Sie auf weitere Details und Beschreibungen in anderen Teilen des Buchs aufmerksam macht.

3.2.1 Steuerungscode in Ansichten

Problemzusammenfassung
Am Beginn einer JSP-Ansicht lassen sich benutzerdefinierte Hilfs-Tags einbinden, um die Zugriffssteuerung und andere Arten von Prüfungen durchzuführen. Wenn eine große Zahl von Ansichten ähnliche Hilfsverweise enthält, wird die Verwaltung dieses Codes schwierig, da Änderungen an mehreren Stellen durchzuführen sind.

Lösungsverweise
Fassen Sie den Steuercode in einem Controller und zugeordneten Command-Hilfsobjekten zusammen.

- **Refaktorisierung** siehe »Einen Controller einführen« in Kapitel 5.
- **Refaktorisierung** siehe »Unterschiedliche Logik lokalisieren« in Kapitel 5.
- **Muster** siehe »Front Controller – Command- und Controller-Strategie« in Kapitel 7.

Muss man ähnlichen Steuercode an mehreren Stellen einbinden, wenn beispielsweise nur ein Teil einer JSP-Ansicht gegenüber einem bestimmten Benutzer eingeschränkt ist, delegiert man die Arbeit an eine wiederverwendbare Hilfsklasse.

- **Muster** siehe »View Helper« in Kapitel 7.
- **Entwurf** siehe »Eine Ansicht schützen« weiter vorn in diesem Kapitel.

3.2.2 Datenstrukturen der Präsentationsschicht für die Geschäftsschicht offen legen

Problemzusammenfassung

Datenstrukturen der Präsentationsschicht wie HttpServletRequest sollte man auf die Präsentationsschicht begrenzen. Wenn man derartige Elemente mit der Geschäftsschicht oder irgendeiner anderen Schicht gemeinsam nutzt, koppelt man diese Schichten enger und verringert die Wiederverwendbarkeit der verfügbaren Dienste damit drastisch. Wenn die Methodensignatur im Geschäftsdienst einen Parameter vom Typ HttpServletRequest akzeptiert, dann müssen alle anderen Clients für diesen Dienst (selbst diejenigen außerhalb des Webbereichs) ihren Anforderungszustand in ein HttpServletRequest-Objekt einhüllen. In diesem Fall müssen die Dienste der Geschäftsschicht zusätzlich wissen, wie sie mit diesen Präsentationsschicht-spezifischen Datenstrukturen interagieren können. Dadurch bläht sich der Code der Geschäftsschicht unnötig auf und verstärkt die Kopplung zwischen den Schichten.

Lösungsverweis

Statt die Präsentationsschicht-spezifischen Datenstrukturen mit der Geschäftsschicht gemeinsam zu nutzen, kopiert man den relevanten Zustand in generischere Datenstrukturen und nutzt diese gemeinsam. Alternativ kann man den relevanten Zustand aus der Präsentationsschicht-spezifischen Datenstruktur in Form individueller Parameter herausziehen und diese gemeinsam nutzen.

- **Refaktorisierung** siehe »Präsentationsschicht-spezifische Details vor der Geschäftsschicht verbergen« in Kapitel 5

3.2.3 Datenstrukturen der Präsentationsschicht für Domänenobjekte offen legen

Problemzusammenfassung

Wenn man Datenstrukturen wie zum Beispiel HttpServletRequest mit Domänenobjekten gemeinsam nutzt, um Anforderungen zu behandeln, erhöht man unnötigerweise die Kopplung zwischen zwei abgegrenzten Aspekten der Anwendung. Domänenobjekte sollten wiederverwendbare Komponenten sein und wenn sich ihre Implementierung auf Protokoll- oder Schicht-spezifische Details stützt, verringern sich ihre Möglichkeiten der Wiederverwendung. Darüber hinaus ist es wesentlich schwieriger, eng gekoppelte Anwendungen zu warten und auf Fehler zu untersuchen.

Lösungsverweis

Statt ein HttpServletRequest-Objekt als Parameter zu übergeben, kopiert man den Zustand aus dem Anforderungsobjekt in eine generischere Datenstruktur und nutzt dieses Objekt gemeinsam mit dem Domänenobjekt. Alternativ zieht man den relevanten Zustand aus dem HttpServletRequest-Objekt heraus und stellt jeden Teil des Zustands als individuellen Parameter für das Domänenobjekt bereit.

- **Refaktorisierung** siehe »Präsentationsschicht-spezifische Details vor der Geschäftsschicht verbergen« in Kapitel 5.

3.2.4 Mehrfaches Formularversenden zulassen

Problemzusammenfassung

Eine der Beschränkungen der Browser-Clientumgebung besteht darin, dass eine Anwendung keine Kontrolle über die Clientnavigation hat. Ein Benutzer kann ein Auftragsformular absenden und damit eine Transaktion veranlassen, die ein Kreditkartenkonto belastet und die Lieferung eines Produkts an seinen Wohnsitz auslöst. Wenn der Benutzer nach Erhalt der Bestätigungsseite auf die Schaltfläche ZURÜCK klickt, könnte dasselbe Formular erneut abgeschickt werden.

Lösungsverweise

Um dieses Problem zu beseitigen, überwacht und steuert man den Anforderungsfluss.

- **Refaktorisierung** siehe »Ein Synchronisationstoken einführen« in Kapitel 5.
- **Refaktorisierung** siehe »Den Clientzugriff steuern« weiter vorn in diesem Kapitel.
- **Entwurf** siehe »Synchronisations (oder Déjà vu)-Token« weiter vorn in diesem Kapitel.

3.2.5 Vertrauliche Ressourcen für direkten Clientzugriff offen legen

Problemzusammenfassung

Sicherheit gehört zu den wichtigsten Angelegenheiten in Unternehmensumgebungen. Wenn es keinen triftigen Grund gibt, dass ein Client auf bestimmte Informationen direkt zugreift, muss man diese Informationen schützen. Sind bestimmte Konfigurationsdateien, Eigenschaftsdateien, JSPs und Klassendateien nicht richtig geschützt, dann können Clients versehentlich oder böswillig vertrauliche Informationen abrufen.

Lösungsverweise

Schützen Sie vertrauliche Ressourcen, indem sie den direkten Clientzugriff unterbinden.

- **Refaktorisierung** siehe »Ressourcen vor einem Client verbergen« in Kapitel 5.
- **Refaktorisierung** siehe »Den Clientzugriff steuern« weiter vorn in diesem Kapitel.

Entwurfsbetrachtungen zur Präsentationsschicht

3.2.6 Annehmen, dass Bean-Eigenschaften durch <jsp:setProperty> zurückgesetzt werden

Problemzusammenfassung

Während das Verhalten des Standardtags <jsp:setProperty> darin besteht, die Parameterwerte einer Anforderung in gleichnamige Eigenschaften eines JavaBean-Hilfsobjekts zu kopieren, kann das Verhalten bei Parametern mit leeren Werten oftmals verwirren. Beispielsweise wird ein Parameter mit einem leeren Wert ignoriert, obwohl viele Entwickler fälschlicherweise annehmen, dass die korrespondierende JavaBean-Eigenschaft einen Nullwert oder eine leere Zeichenfolge erhält.

Lösungsverweis

Berücksichtigen Sie die nicht ganz logisch erscheinende Verfahrensweise, wie Eigenschaften mithilfe des Tags <jsp:setProperty> gesetzt werden und initialisieren Sie Bean-Eigenschaften vor ihrer Verwendung.

- **Entwurf** siehe »Hilfseigenschaften – Integrität und Konsistenz« weiter vorn in diesem Kapitel

3.2.7 Fette Controller erstellen

Problemzusammenfassung

Steuercode, der in mehreren JSP-Ansichten vorkommt, lässt sich in vielen Fällen in einen Controller auslagern. Wenn man jedoch den Controller mit zu viel Code überlädt, wird er »zu schwer« und lässt sich schwieriger warten, testen und debuggen. Beispielsweise ist es wesentlich schwieriger, einen Servlet-Controller, insbesondere einen »fetten Controller«, en bloc zu testen, als einzelne Hilfsklassen, die unabhängig vom HTTP-Protokoll sind, als abgeschlossene Einheit zu untersuchen.

Lösungsverweise

Ein Controller ist normalerweise der erste Anlaufpunkt für die Behandlung einer Anforderung. Er sollte aber auch ein Delegationspunkt sein, der in Zusammenarbeit mit anderen Steuerungsklassen agiert. Mit Command-Objekten kapselt man Steuerungscode, zu dem der Controller die Verarbeitung delegiert. Es ist einfacher, diese JavaBean-Command-Objekte als selbstständige Einheit unabhängig vom Servlet-Modul zu testen, als weniger modularen Code zu testen.

- **Refaktorisierung** siehe »Einen Controller einführen« in Kapitel 5.
- **Muster** siehe »Front Controller – Command- und Controller-Strategie« in Kapitel 7.
- **Refaktorisierung** siehe »Unterschiedliche Logik lokalisieren« in Kapitel 5.
- **Muster** siehe »View Helper« in Kapitel 7.

Kapitel 4

Entwurfsbetrachtungen zur Geschäftsschicht

- Entwurf der Geschäftsschicht
- Schlechte Praktiken für Geschäfts- und Integrationsschichten

4.1 Entwurf der Geschäftsschicht

Wenn Entwickler die Muster des im Buch beschriebenen Katalogs auf die Geschäfts- und Integrationsschicht anwenden, müssen sie sich auch mit zusätzlichen Fragen auseinandersetzen, die sich auf den Entwurf mit Mustern auf verschiedenen Ebenen beziehen und zahlreiche Aspekte eines Systems beeinflussen können. In diesem Kapitel gehen wir auf diese Fragen ein.

Dazu beschreiben wir einfach jeden Punkt als Entwurfsthema, das Sie berücksichtigen sollten, wenn Sie Systeme auf der Grundlage des J2EE-Musterkatalogs implementieren.

4.1.1 Session Beans verwenden

Entsprechend der EJB-Spezifikation sind Session Beans verteilte Geschäftskomponenten mit den folgenden Eigenschaften:

Eine Session Bean

- ist für einen einzelnen Client oder Benutzer reserviert,
- besteht nur für die Dauer der Clientsitzung,
- übersteht keine Containerabstürze,
- ist kein persistentes Objekt,
- kann eine Zeitüberschreitung aufweisen (engl: time out),
- kann transaktionsfähig sein,
- lässt sich verwenden, um zustandsbehaftete oder zustandslose Konversationen zwischen dem Client und den Komponenten der Geschäftsschicht zu modellieren.

Hinweis

In diesem Abschnitt verwenden wir den Begriff »Workflow« im Kontext von EJB, um die mit der Enterprise Bean-Kommunikation verbundene Logik darzustellen. Zum Beispiel beschreibt der Workflow, wie Session Bean A zuerst Session Bean B und dann Entity Bean C aufruft.

Session Bean – zustandslos und zustandsbehaftet

Session Beans gibt es in zwei Varianten – zustandslos und zustandsbehaftet. Eine *zustandslose* Session Bean speichert keinerlei Konversationszustand. Nachdem also der Methodenaufruf eines Clients auf einer zustandslosen Session Bean abgeschlossen ist, kann der Container diese Instanz der Session Bean frei für einen anderen Client verwenden. Damit kann der Container zustandslose Session Beans in einen Pool stellen und sie effizienter mit mehreren Clients wiederverwenden. Der Container gibt eine zustandslose Bean an den Pool zurück, nachdem der Client seinen Aufruf beendet hat. Nachfolgenden Clientaufrufen kann der Container eine andere Instanz aus dem Pool zuweisen.

Eine *zustandsbehaftete* Session Bean merkt sich den Konversationszustand. Es ist zwar möglich, eine zustandsbehaftete Session Bean in einen Pool zu stellen, da aber die Session Bean den Zustand für einen Client speichert, lässt sich die Bean nicht gleichzeitig für einen anderen Client verwenden, um dessen Anforderungen behandeln.

Der Container stellt zustandsbehaftete Beans nicht in der gleichen Weise in den Pool wie zustandslose Beans, weil zustandsbehaftete Beans den Sitzungszustand speichern. Zustandsbehaftete Session Beans werden einem Client zugeordnet und bleiben ihm zugeordnet, solange die Clientsitzung aktiv ist. Folglich haben zustandsbehaftete Session Beans einen größeren Ressourcen-Overhead als zustandslose Session Beans, können dafür aber den Konversationszustand speichern.

Viele Designer glauben, dass sich zustandslose Beans für den Entwurf skalierbarer Systeme besser eignen. Diese Annahme geht auf das Erstellen verteilter Objektsysteme mit älteren Technologien zurück, weil derartige Systeme ohne eigene Infrastruktur, die den Lebenszyklus der Komponenten verwaltet, mit zunehmenden Ressourcenanforderungen schnell an Skalierbarkeit einbüßen. Durch das Fehlen des Komponentenlebenszyklus verbraucht nämlich der Dienst weiterhin Ressourcen, wenn die Anzahl der Clients und Objekte zunimmt.

Ein EJB-Container verwaltet den Lebenszyklus von Enterprise Beans und ist für die Überwachung der Systemressourcen zuständig, um die Instanzen von Enterprise Beans bestmöglich zu verwalten. Der Container verwaltet einen Pool von Enterprise Beans, bringt Enterprise Beans in den Speicher und entfernt sie aus dem Speicher (als *Aktivierung* bzw. *Passivierung* bezeichnet), um die Aufrufe und den Ressourcenverbrauch zu optimieren.

Probleme mit der Skalierbarkeit resultieren normalerweise aus der falschen Anwendung von zustandsbehafteten und zustandslosen Session Beans. Die Entscheidung für zustandslose oder zustandsbehaftete Session Beans ist vom implementierten Geschäftsprozess abhängig zu machen. Ein Geschäftsprozess, der für einen Dienst lediglich mit einem Methodenaufruf auskommt, ist ein Geschäftsprozess ohne Konversation. Derartige Prozesse implementiert man vorzugsweise als zustandslose Session Beans. Ein Geschäftsprozess, der mehrere Methodenaufrufe durchführen muss, um den Dienst abzuschließen, ist ein Geschäftsprozess mit Konversation. Hier empfiehlt es sich, diesen Prozess mit einer zustandsbehafteten Session Bean zu implementieren.

Allerdings greifen manche Entwickler auf zustandslose Session Beans zurück, weil sie hoffen, die Skalierbarkeit zu erhöhen. Fälschlicherweise leiten sie manchmal daraus ab, alle Geschäftsprozesse als zustandslose Session Beans modellieren zu müssen. Wenn man zustandslose Session Beans für konversationsbehaftete Geschäftsprozesse verwendet, ist in jedem Methodenaufruf der Zustand durch den Client an die Bean zu übergeben, in der Geschäftsschicht zu rekonstruieren oder aus einem persistenten Speicherbereich abzurufen. Diese Verfahren können zu einer geringeren Skalierbarkeit führen, was auf den Overhead im Netzwerkverkehr, den Zeitaufwand für die Rekonstruktion bzw. die erforderliche Zugriffszeit zurückzuführen ist.

Session Beans als Fassade der Geschäftsschicht

In unseren Mustern im J2EE-Musterkatalog und den Vorzugslösungen verwenden wir Session Beans unter anderem als Fassaden für die Geschäftsschicht. Session Bean-Fassaden oder einfach

Session Facades (Sitzungsfassaden) kann man als grobkörnige Controller-Schicht für die Geschäftsschicht ansehen. Clients der Session Beans sind normalerweise Business Delegates.

- Siehe »Session Facade« in Kapitel 8.
- Siehe »Business Delegate« in Kapitel 8.
- Siehe auch »Jeden Anwendungsfall auf eine Session Bean abbilden« später in diesem Kapitel.

Zustand in der Geschäftsschicht speichern

In Kapitel 3 haben wir im Abschnitt »Sitzungszustand in der Präsentationsschicht« einige Entwurfsbetrachtungen angestellt, wie man den Zustand auf dem Webserver speichert.

Wir greifen jetzt dieses Thema wieder auf und erläutern, wann es sich anbietet, den Zustand in einer zustandsbehafteten Bean statt in einem HttpSession-Objekt zu speichern. Unter anderem muss man bestimmen, welche Clienttypen auf Geschäftsdienste im System zugreifen. Besteht die Architektur lediglich aus einer Web-basierten Anwendung, bei der alle Clientanforderungen durch einen Webserver entweder über ein Servlet oder eine JSP eintreffen, lässt sich der Konversationsstatus in einem HttpSession-Objekt in der Webschicht verwalten. Abbildung 4.1 zeigt dieses Szenario.

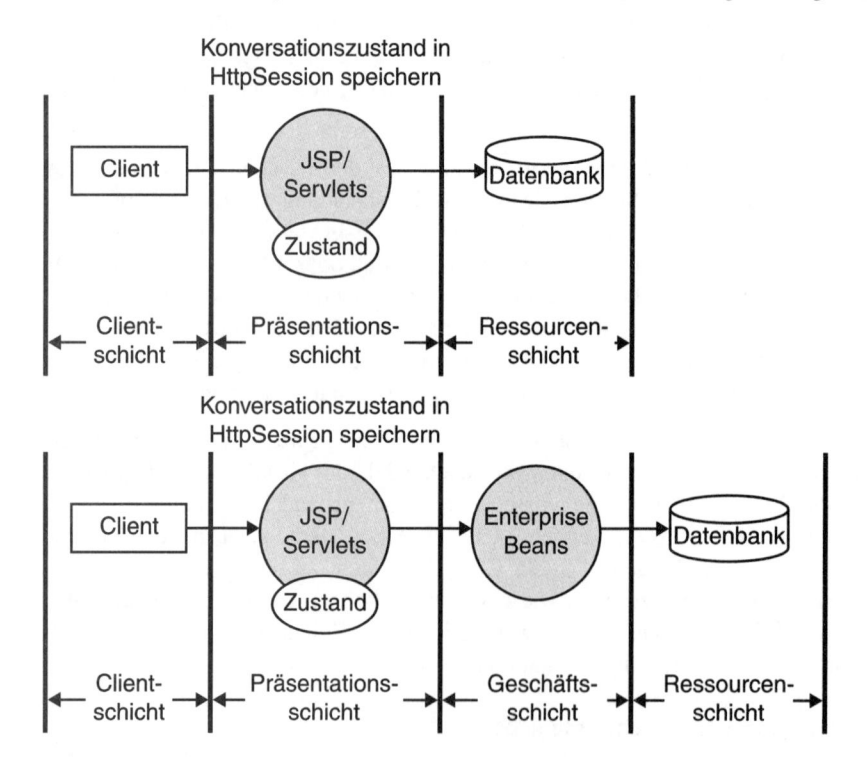

Abbildung 4.1: Zustand in einem HttpSession-Objekt speichern

Entwurfsbetrachtungen zur Geschäftsschicht 75

Wenn die Anwendung dagegen verschiedene Typen von Clients – einschließlich Webclients, Java-Anwendungen, andere Anwendungen und sogar andere Enterprise Beans – unterstützt, kann man den Konversationsstatus in der EJB-Schicht mithilfe zustandsbehafteter Session Beans verwalten. Dieses Szenario ist in Abbildung 4.2 zu sehen.

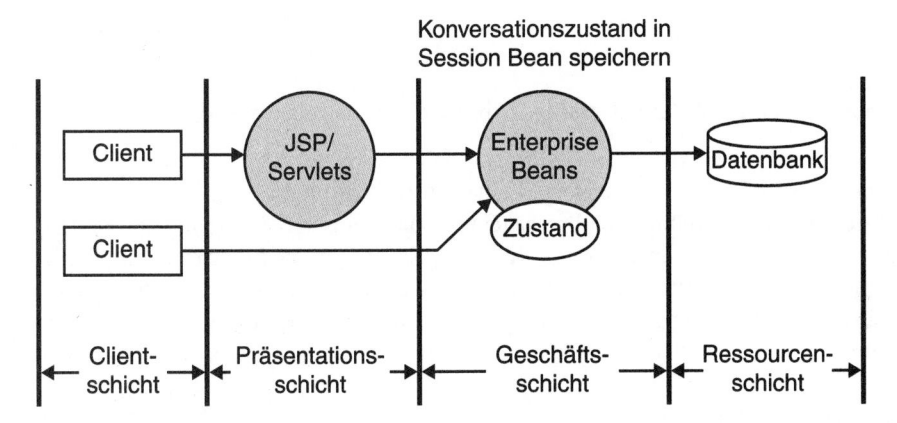

Abbildung 4.2: Zustand in Session Beans speichern

Hier und im vorherigen Kapitel (siehe »Sitzungszustand auf Client«) sind wir auf grundsätzliche Dinge zum Thema Zustandsverwaltung eingegangen. Eine umfassende Darstellung geht über den Rahmen dieses Buchs hinaus, da das Problem sehr vielschichtig ist und stark von der Einsatzumgebung abhängt. Zu den Einflussfaktoren gehören:

- Hardware
- Verwaltung des Netzwerkverkehrs
- Clustern der Web-Container
- Clustern der EJB-Container
- Serveraffinität
- Sitzungsreplikation
- Sitzungspersistenz

Wir haben dieses Thema hier angesprochen, weil es während der Entwicklungs- und Verteilungsphasen eine wichtige Rolle spielt.

4.1.2 Entity Beans verwenden

Der richtige Einsatz von Entity Beans ist eine Frage der Entwurfsanalyse, Erfahrung, Notwendigkeit und Technologie. Entity Beans eignen sich am besten als grobkörnige Geschäftskomponenten. Entity Beans sind verteilte Objekte und haben entsprechend der EJB-Spezifikation die folgenden Eigenschaften:

Entity Beans

- liefern eine Objektansicht von persistenten Daten,
- sind transaktionsfähig,
- sind mehrbenutzerfähig,
- sind langlebig,
- überstehen einen Container-Absturz. Derartige Abstürze sind normalerweise für die Clients transparent.

Unterm Strich sagt diese Definition aus, dass man eine Entity Bean vorzugsweise als verteiltes, gemeinsam genutztes, transaktionsfähiges und persistentes Objekt einsetzt. Zusätzlich liefern EJB-Container die noch erforderliche Infrastruktur, um Systemeigenschaften wie Skalierbarkeit, Sicherheit, Leistung, Clustering usw. zu unterstützen. Insgesamt ergibt sich daraus eine sehr zuverlässige und robuste Plattform, um Anwendungen mit verteilten Geschäftskomponenten zu implementieren und zu verteilen.

Primärschlüssel von Entity Beans

Entity Beans sind durch ihre Primärschlüssel eindeutig identifiziert. Ein Primärschlüssel kann ein einfacher Schlüssel sein, der auf einem einzigen Attribut basiert, oder ein zusammengesetzter Schlüssel aus einer Gruppe von Attributen der Entity Bean. Besteht der Primärschlüssel einer Entity Bean aus einem einzelnen Feld, das einen Basistyp hat, kann man die Entity Bean implementieren, ohne eine explizite Primärschlüsselklasse zu definieren. Der Verteiler kann das Primärschlüsselfeld im Deployment-Deskriptor für die Entity Bean spezifizieren. Handelt es sich dagegen um einen zusammengesetzten Primärschlüssel, muss man eine separate Klasse für den Primärschlüssel angeben. Das muss eine einfache Java-Klasse sein, die die Schnittstelle serializable mit den Attributen, die den zusammengesetzten Schlüssel für die Entity Bean definieren, implementiert. Die Attributnamen und Typen in der Primärschlüsselklasse müssen mit denen in der Entity Bean übereinstimmen und sind sowohl in der Implementierungsklasse der Bean als auch in der Primärschlüsselklasse als public zu deklarieren.

Als vorgeschlagene Vorzugsvariante muss die Primärschlüsselklasse die optionalen Methoden von java.lang.Object, nämlich equals und hashCode implementieren.

- Überschreiben Sie die Methode equals, um die Gleichheit der beiden Primärschlüssel in der richtigen Weise auszuwerten, indem Sie die Werte für jeden Teil des zusammengesetzten Schlüssels vergleichen.
- Überschreiben Sie die Methode Object.hashCode, um eine eindeutige Zahl zurückzugeben, die den Hashcode für die Primärschlüsselinstanz darstellt. Stellen Sie sicher, dass der Hashcode tatsächlich eindeutig ist, wenn Sie ihn aus den Attributwerten des Primärschlüssels berechnen.

Entwurfsbetrachtungen zur Geschäftsschicht

Geschäftslogik in Entity Beans

Beim Entwurf von Entity Beans ist die allgemeine Frage zu klären, welche Art von Geschäftslogik sie enthalten soll. Manche Entwickler meinen, dass Entity Beans nur die Persistenzlogik und einfache Methoden zum Abrufen und Setzen von Datenwerten enthalten sollten. Sie glauben, dass Geschäftslogik in Entity Beans nichts zu suchen hat, und leiten daraus oftmals fälschlicherweise ab, dass nur Code in Bezug auf das Abrufen und Setzen von Daten in die Entity Bean einzubinden ist.

Zur Geschäftslogik gehört im Allgemeinen jede Logik, die mit dem Bereitstellen von Diensten zu tun hat. In diesem Zusammenhang umfasst die Geschäftslogik sämtliche Logik, die sich auf Verarbeitung, Workflow, Geschäftsregeln, Daten usw. bezieht. Anhand der folgenden Beispielfragen können Sie die möglichen Ergebnisse untersuchen, wenn Sie Geschäftslogik in eine Entity Bean einbinden:

- Führt die Geschäftslogik Beziehungen zwischen mehreren Entitäten untereinander ein?
- Wird die Entity Bean für die Verwaltung des Workflows der Benutzerinteraktion zuständig?
- Übernimmt die Entity Bean die Zuständigkeiten, die eigentlich zu einer anderen Geschäftskomponente gehören sollten?
- Bindet die Entity Bean Code für den Datenzugriff ein, beispielsweise JDBC-Code, wenn die Bean mithilfe von Bean-verwalteter Persistenz implementiert wird?

Wenn Sie eine dieser Fragen mit »Ja« beantworten können, ist es höchstwahrscheinlich nachteilig, Geschäftslogik in der Entity Bean unterzubringen. Überarbeiten Sie dann den Entwurf, um Abhängigkeiten zwischen Entity Beans möglichst zu vermeiden, da derartige Abhängigkeiten zu Overhead führen, unter dem die Leistung der gesamten Anwendung leiden kann.

Im Allgemeinen sollte die Entity Bean eigenständige Geschäftslogik enthalten, um ihre Daten und die Daten ihrer abhängigen Objekte zu verwalten. Unter Umständen muss man dann Geschäftslogik, die zu Interaktionen zwischen mehreren Entity Beans führt, identifizieren, aus der Entity Bean herausziehen und in eine Session Bean verlagern, indem man das Muster *Session Facade* anwendet. Das Muster *Composite Entity* (zusammengesetzte Entität) und einige der Refaktorisierungen behandeln die Fragen, die sich auf den Entwurf von Entity Beans beziehen.

Erkennt man einen Workflow, der mehrere Entity Beans einbezieht, implementiert man diesen besser in einer Session Bean als in einer Entity Bean. Ein derartiger Workflow lässt sich zu einer Session Facade konsolidieren.

- Siehe »Session Beans zusammenfassen« in Kapitel 5.
- Siehe »Bean-Kommunikation zwischen Entitäten eliminieren« in Kapitel 5.
- Siehe »Geschäftslogik in Sitzung verschieben« in Kapitel 5.
- Siehe »Session Facade« in Kapitel 8.
- Siehe »Composite Entity« in Kapitel 8.

Bei Bean-verwalteter Persistenz implementiert man den Datenzugriffscode am besten außerhalb der Entity Beans.

- Siehe »Datenzugriffscode trennen« in Kapitel 5.
- Siehe »Data Access Object« in Kapitel 9.

4.1.3 Remote-Referenzen und Handles von Enterprise Beans zwischenspeichern

Wenn Clients eine Enterprise Bean verwenden, müssen sie gegebenenfalls einen Verweis auf die Enterprise Bean für spätere Anforderungen zwischenspeichern. Dieser Fall liegt vor, wenn man Business Delegates einsetzt (siehe »Business Delegate« in Kapitel 8), wobei ein Delegate die Verbindung zu einer Session Bean herstellt und die erforderlichen Geschäftsmethoden auf der Bean im Namen des Clients aufruft. Wenn der Client den Business Delegate zum ersten Mal verwendet, muss der Delegate eine Suchoperation mithilfe des Home-Objekts der EJB durchführen, um eine Remote-Referenz auf die Session Bean zu erhalten. Bei nachfolgenden Anforderungen kann der Business Delegate auf die Suchoperationen verzichten, indem er eine Remote-Referenz oder seinen Handle bei Bedarf zwischenspeichert. Der Handle für das Home-Objekt der EJB lässt sich ebenfalls zwischenspeichern, um zusätzliche JNDI[1]-Suchoperationen nach dem Home-Objekt der Enterprise Bean zu vermeiden. Weitere Details zur Verwendung des EJB-Handles oder des Handles für das Home-Objekt der EJB entnehmen Sie bitte der aktuellen EJB-Spezifikation.

4.2 Schlechte Praktiken für Geschäfts- und Integrationsschichten

4.2.1 Objektmodell direkt auf das Entity Bean-Modell abbilden

Problembeschreibung
Zu den Gepflogenheiten beim Entwurf einer EJB-Anwendung gehört, das Objektmodell direkt in Entity Beans abzubilden, d.h. jede Klasse im Objektmodell wird in eine Entity Bean transformiert. Dadurch erhält man eine große Anzahl feinkörniger Entity Beans.

Mit zunehmender Anzahl von Enterprise Beans wächst auch der Container- und Netzwerk-Overhead. Außerdem werden die Objektbeziehungen in Beziehungen zwischen mehreren Entity Beans transformiert. Derartige Konstruktionen sollte man möglichst vermeiden, da sie zu drastischen Leistungseinbrüchen führen können.

---

1 JNDI – Java Naming and Directory Interface, Java-Schnittstelle zu Namens- und Verzeichnisdiensten

Entwurfsbetrachtungen zur Geschäftsschicht

Lösungsverweis

Bestimmen Sie im Objektmodell die von einem übergeordneten Objekt abhängigen Beziehungen und passen Sie den Entwurf so an, dass sich grobkörnige Entity Beans ergeben. Jede Entity Bean besteht dann aus einer Gruppe verwandter Objekte des Objektmodells, sodass sich auch die Anzahl der Entity Beans verringert.

- **Refaktorisierung** siehe »Bean-Kommunikation zwischen Entitäten eliminieren« in Kapitel 5.
- **Muster** siehe »Composite Entity« in Kapitel 8.

Fassen Sie verwandte Workflow-Operationen in Session Beans zusammen, um eine einheitliche grobkörnige Dienstzugriffsschicht zu schaffen.

- **Refaktorisierung** siehe »Session Beans zusammenfassen« in Kapitel 5.
- **Muster** siehe »Session Facade« in Kapitel 8.

4.2.2 Relationales Modell direkt auf das Entity Bean-Modell abbilden

Problembeschreibung

Beim Entwurf eines EJB-Modells gilt es als schlechter Stil, jede Zeile einer Datenbanktabelle als Entity Bean zu modellieren. Derartige Abbildungen führen zu einer großen Zahl von feinkörnigen Entity Beans, was zu Lasten der Skalierbarkeit geht. (Entity Beans entwirft man vorzugsweise als grobkörnige Objekte.) Außerdem werden dadurch die Beziehungen zwischen Tabellen – d.h. zwischen Primär- und Fremdschlüsseln – als Beziehungen zwischen mehreren Entity Beans implementiert.

Lösungsverweis

Entwerfen Sie Ihre Enterprise Bean-Anwendung nach einem objektorientierten Ansatz. Übernehmen Sie also nicht einfach den bereits vorhandenen relationalen Datenbankentwurf, um darauf aufbauend das EJB-Modell zu erstellen.

- **Schlechte Praktik** siehe Lösungsverweis für »Objektmodell direkt auf das Entity Bean-Modell abbilden« weiter vorn in diesem Kapitel.

Vermeiden Sie Beziehungen zwischen Entitäten. Entwerfen Sie dazu grobkörnige Geschäftsobjekte, indem Sie die Objekte, die von übergeordneten Objekten abhängig sind, herausarbeiten und in geeigneten Gruppen zusammenfassen.

- **Refaktorisierung** siehe »Bean-Kommunikation zwischen Entitäten eliminieren« in Kapitel 5.
- **Refaktorisierung** siehe »Geschäftslogik in Sitzung verschieben« in Kapitel 5.
- **Muster** siehe »Composite Entity« in Kapitel 8.

4.2.3 Jeden Anwendungsfall auf eine Session Bean abbilden

Problembeschreibung

Einige Entwickler implementieren jeden Anwendungsfall mit seiner eigenen eindeutigen Session Bean. Das erzeugt feinkörnige Controller, die jeweils nur für einen Typ der Interaktion verantwortlich sind. Nachteilig bei diesem Konzept ist, dass es zu einer großen Anzahl von Session Beans führen und die Komplexität der Anwendung beträchtlich erhöhen kann.

Lösungsverweis

Wenden Sie das Muster *Session Facade* an, um eine Gruppe von verwandten Interaktionen zu einer einzelnen Session Bean zusammenzufassen. Dadurch entstehen weniger Session Beans für die Anwendung und man nutzt die Vorteile, die sich aus dem Muster *Session Facade* ergeben.

- **Refaktorisierung** siehe »Session Beans zusammenfassen« in Kapitel 5.
- **Muster** siehe »Session Facade« in Kapitel 8.

4.2.4 Alle Attribute von Enterprise Beans über Get-/Set-Methoden offen legen

Problembeschreibung

Es ist ungünstig, jedes Attribut einer Enterprise Bean mithilfe von Get-/Set-Methoden offen zu legen. Dadurch ist der Client nämlich gezwungen, zahlreiche feinkörnige Remote-Aufrufe durchzuführen, was nicht zuletzt zu einem umfangreichen Netzwerkverkehr über die Schichten hinweg führt. Jeder Methodenaufruf ist möglicherweise remote und bringt einen bestimmten Netzwerk-Overhead mit, der sich negativ auf den Durchsatz und die Skalierbarkeit auswirkt.

Lösungsverweis

Verwenden Sie ein Value Object, um zusammengefasste Daten von und zum Client zu übertragen, statt die Get- und Set-Methoden für jedes Attribut offen zu legen.

- **Muster** siehe »Value Object« in Kapitel 8.

4.2.5 Dienstsuche in Clients einbetten

Problembeschreibung

Clients und Objekte der Präsentationsschicht müssen häufig nach Enterprise Beans suchen. In einer EJB-Umgebung stützt sich der Container auf JNDI, um diesen Dienst anzubieten.

Überträgt man die Aufgabe der Dienstsuche auf den Anwendungsclient, kann das zu einer Ausbreitung des Suchcodes im Anwendungscode führen. Jede Änderung am Suchcode pflanzt sich auf alle Clients fort, die die Dienste suchen. Wenn man den Suchcode in die Clients einbettet, wird außer-

Entwurfsbetrachtungen zur Geschäftsschicht

dem die zugrunde liegende Implementierung komplexer und es entstehen Abhängigkeiten vom Suchcode.

Lösungsverweis
Kapseln Sie Implementierungsdetails des Suchmechanismus nach dem Muster *Service Locator*.

- **Muster** siehe »Service Locator« in Kapitel 8.

Kapseln Sie die Implementierungsdetails der Komponenten in der Geschäftsschicht (den Session Beans und Entity Beans) mithilfe von Business Delegates. Dadurch vereinfacht sich der Clientcode, weil er nicht mehr mit Enterprise Beans und Diensten zu tun hat. Business Delegates können ihrerseits den Service Locator verwenden.

- **Refaktorisierung** siehe »Business Delegate einführen« in Kapitel 5.
- **Muster** siehe »Business Delegate« in Kapitel 8.

4.2.6 Entity Bean als schreibgeschütztes Objekt verwenden

Problembeschreibung
Jede Methode einer Entity Bean unterliegt der Transaktionssemantik basierend auf ihren Transaktionsisolationsstufen, die im Deployment-Deskriptor spezifiziert sind. Eine Entity Bean als schreibgeschütztes Objekt verschwendet einfach kostbare Ressourcen und führt zu unnötigen Aktualisierungstransaktionen am persistenten Speicher. Das hängt mit den Aufrufen der `ejbStore`-Methoden durch den Container im Lebenszyklus der Entity Bean zusammen. Da der Container nicht wissen kann, ob sich die Daten während eines Methodenaufrufs geändert haben, muss er davon ausgehen, dass er die `ejbStore`-Operation auslösen muss. Folglich trifft der Container keine Unterscheidung zwischen schreibgeschützten und nicht schreibgeschützten Entity Beans. Allerdings können bestimmte Container schreibgeschützte Entity Beans bereitstellen, wobei diese jedoch proprietäre Implementierungen des jeweiligen Anbieters sind.

Lösungsverweis
Kapseln Sie den gesamten Zugriff auf die Datenquelle nach dem Muster *Data Access Object* (DAO). Dadurch erhalten Sie eine zentrale Schicht des Datenzugriffscodes und es vereinfacht sich auch der Code der Entity Bean.

- **Muster** siehe »Data Access Object« in Kapitel 9.

Implementieren Sie den Zugriff auf schreibgeschützte Funktionalität mithilfe einer Session Bean, typischerweise als Session Facade, die ein DAO verwendet.

- **Muster** siehe »Session Facade« in Kapitel 8.

Um eine Liste der Value Objects zu erhalten, kann man das Muster *Value List Handler* implementieren.

- **Muster** siehe »Value List Handler« in Kapitel 8.

Um ein komplexes Datenmodell von der Geschäftsschicht zu erhalten, kann man das Muster *Value Object Assembler* implementieren.

- **Muster** siehe »Value Object Assembler« in Kapitel 8.

4.2.7 Enterprise Beans als feinkörnige Objekte verwenden

Problembeschreibung

Entity Beans sollen grobkörnige, persistente und auf Transaktionen ausgerichtete Geschäftskomponenten repräsentieren. Verwendet man eine Entity Bean, um feinkörnige Objekte darzustellen, erhöht sich der Overhead des gesamten Netzwerkverkehrs und des Containers. Das beeinflusst die Anwendungsperformanz und Skalierbarkeit negativ.

Ein feinkörniges Objekt stellt man sich am besten als ein Objekt vor, das ohne seine Zuordnung zu einem anderen Objekt (normalerweise einem übergeordneten grobkörnigen Objekt) nur eine geringe Bedeutung hat. Beispielsweise lässt sich ein Item-Objekt (Artikel) als feinkörniges Objekt ansehen, weil es erst einen Wert erhält, wenn es mit einem Order-Objekt (Bestellung) verbunden wird. In diesem Beispiel ist das Order-Objekt das grobkörnige Objekt und das Item-Objekt das feinkörnige (abhängige) Objekt.

Lösungsverweis

Beim Entwurf von Enterprise Beans basierend auf einem vorhandenen RDBMS-Schema beachten Sie:

- **Schlechte Praktik** siehe »Relationales Modell direkt auf das Entity Bean-Modell abbilden« weiter vorn in diesem Kapitel.

Beim Entwurf von Enterprise Beans mithilfe eines Objektmodells beachten Sie:

- **Schlechte Praktik** siehe »Objektmodell direkt auf das Entity Bean-Modell abbilden« weiter vorn in diesem Kapitel.

Entwerfen Sie grobkörnige Entity Beans und Session Beans. Wenden Sie die folgenden Muster und Refaktorisierungen an, die den Entwurf grobkörniger Enterprise Beans fördern.

- **Muster** siehe »Composite Entity« in Kapitel 8.
- **Muster** siehe »Session Facade« in Kapitel 8.
- **Refaktorisierung** siehe »Bean-Kommunikation zwischen Entitäten eliminieren« in Kapitel 5.
- **Refaktorisierung** siehe »Geschäftslogik in Sitzung verschieben« in Kapitel 5.
- **Refaktorisierung** siehe »Geschäftslogik in Entity Beans« weiter vorn in diesem Kapitel.
- **Refaktorisierung** siehe »Session Beans zusammenfassen« in Kapitel 5.

Entwurfsbetrachtungen zur Geschäftsschicht

4.2.8 Einen kompletten Entity Bean-abhängigen Objektgraphen speichern

Problembeschreibung
Verwendet man in einer Entity Bean eine komplizierte Baumstruktur mit abhängigen Objekten, kann die Leistung schnell sinken, wenn jeweils der gesamte Objektbaum zu laden und zu speichern ist. Ruft der Container die Methode `ejbLoad` der Entity Bean – entweder zum anfänglichen Laden oder beim Neuladen zur Synchronisierung mit dem persistenten Speicher – auf, kann sich das Laden des gesamten Baums von abhängigen Objekten als überflüssig herausstellen. Ähnlich sieht es aus, wenn der Container die Methode `ejbStore` der Entity Bean zu beliebigen Zeitpunkten aufruft; auch hier kann das Speichern des gesamten Objektbaums ziemlich teuer und unnötig sein.

Lösungsverweis
Identifizieren Sie die abhängigen Objekte, die sich seit der letzten Speicheroperation geändert haben, und speichern Sie nur diese Objekte im persistenten Speicher.

- **Muster** siehe »Composite Entity« und »Strategie mit Speicheroptimierung (Dirty Marker)« in Kapitel 8.

Implementieren Sie eine Strategie, die nur die tatsächlich notwendigen und am häufigsten verwendeten Daten lädt. Die übrigen abhängigen Objekte laden Sie bei Bedarf.

- **Muster** siehe »Composite Entity« und »Die Strategie Lazy Loading implementieren« in Kapitel 8.

Mithilfe dieser Strategien lässt sich vermeiden, dass ein vollständiger Baum von abhängigen Objekten geladen und gespeichert werden muss.

4.2.9 EJB-bezogene Ausnahmen für Nicht-EJB-Clients offen legen

Problembeschreibung
Enterprise Beans können Ausnahmen der Geschäftsanwendung an Clients weitergeben. Wenn eine Anwendung eine Anwendungsausnahme auslöst, reicht der Container die Ausnahme einfach an den Client weiter. Dadurch kann der Client die Ausnahme angemessen behandeln und gegebenenfalls eine alternative Aktion unternehmen. Es ist davon auszugehen, dass der Anwendungsentwickler derartige Ausnahmen auf Anwendungsebene versteht und behandeln kann.

Selbst wenn man Anwendungsausnahmen berücksichtigt und damit einen guten Programmierstil pflegt, können die Clients trotzdem noch EJB-bezogene Ausnahmen wie zum Beispiel eine `java.rmi.RemoteException` empfangen. Dieser Fall kann eintreten, wenn die Enterprise Bean oder der Container einen Systemfehler erkennt, der sich auf die Enterprise Bean bezieht.

Die Zuständigkeit liegt beim Anwendungsentwickler, dem aber EJB-Ausnahmen und deren Semantik vielleicht völlig fremd sind und der die Implementierungsdetails von Nicht-Anwendungsausnahmen, die von Komponenten der Geschäftsschicht ausgelöst werden, erst recht nicht versteht. Außerdem liefern Nicht-Anwendungsausnahmen vielleicht gar keine relevanten Informationen für den Benutzer, damit dieser das Problem richten kann.

Lösungsverweis

Mit Business Delegates entkoppeln Sie die Clients von der Geschäftsschicht und verbergen die Implementierungsdetails vor den Clients. Business Delegates fangen alle Dienstausnahmen ab und können eine Anwendungsausnahme auslösen. Business Delegates sind reine Java-Objekte, die sich auf der Clientseite befinden. Normalerweise werden Business Delegates durch die EJB-Entwickler programmiert und den Cliententwicklern zur Verfügung gestellt.

- **Refaktorisierung** siehe »Business Delegate einführen« in Kapitel 5.
- **Muster** siehe »Business Delegate« in Kapitel 8.

4.2.10 Mit Suchmethoden der Entity Bean eine große Ergebnismenge zurückgeben

Problembeschreibung

Häufig benötigen Anwendungen eine Möglichkeit, um eine Liste von Werten zu suchen und abzurufen. Verwendet man eine EJB-Suchmethode, um eine große Sammlung von Entity Beans zu durchsuchen, erhält man eine Auflistung von Remote-Referenzen zurück. Folglich muss der Client für jede Remote-Referenz eine Methode aufrufen, um die Daten zu erhalten. Es handelt sich dabei um einen entfernten Aufruf, der sehr teuer ist und insbesondere die Performanz negativ beeinflusst, wenn der Aufrufer für jede Entity Bean-Referenz in der Auflistung entfernte Aufrufe ausführt.

Lösungsverweis

Implementieren Sie Abfragen mithilfe von Session Beans und Data Access Objects (DAOs), um eine Liste von Value Objects anstelle von Remote-Referenzen zu erhalten. Verwenden Sie anstelle der EJB-Suchmethoden ein DAO, um Suchoperationen durchzuführen.

- **Muster** siehe »Value List Handler« in Kapitel 8.
- **Muster** siehe »Data Access Object« in Kapitel 9.

4.2.11 Der Client fasst Daten aus Geschäftskomponenten zusammen

Problembeschreibung

Die Anwendungsclients (in der Client- oder Präsentationsschicht) brauchen normalerweise das Datenmodell aus der Geschäftsschicht für die Anwendung. Da das Modell durch Komponenten der Geschäftsschicht – beispielsweise durch Entity Beans, Session Beans und beliebige Objekte in der Geschäftsschicht – implementiert ist, muss der Client die verschiedenen Geschäftskomponenten suchen, mit ihnen kommunizieren und die notwendigen Daten aus ihnen herausziehen, um das Datenmodell zu konstruieren.

Entwurfsbetrachtungen zur Geschäftsschicht

Diese Clientaktionen bringen zusätzliche Netzwerkbelastung durch mehrere Aufrufe vom Client in die Geschäftsschicht. Außerdem wird der Client enger an das Anwendungsmodell gekoppelt. In Anwendungen, die mit verschiedenen Arten von Clients arbeiten, vervielfacht sich dieses Kopplungsproblem: Eine Änderung am Modell erfordert Änderungen an allen Clients, deren Code mit diesen Modellelementen in Form von Geschäftskomponenten kommunizieren muss.

Lösungsverweis

Entkoppeln Sie den Client von der Modellkonstruktion. Implementieren Sie eine Komponente der Geschäftsschicht, die für die Konstruktion des erforderlichen Anwendungsmodells zuständig ist.

- **Muster** siehe »Value Object Assembler« in Kapitel 8.

4.2.12 Enterprise Beans für langlebige Transaktionen

Problembeschreibung

Mit Enterprise Beans (vor EJB 2.0) lässt sich die Verarbeitung synchronisieren. Darüber hinaus eignen sich Enterprise Beans auch, wenn jede Methode, die in einer Bean implementiert ist, eine Ausgabe in einem vorhersehbaren und akzeptablen Zeitraum produzieren kann.

Wenn eine Enterprise Bean-Methode jedoch sehr lange braucht, um eine Clientanforderung zu verarbeiten, oder wenn sie während der Verarbeitung blockiert, sind auch die von der Bean verwendeten Containerressourcen wie Speicher und Threads gesperrt. Das kann die Performanz drastisch verringern und die Systemressourcen dezimieren.

Eine Enterprise Bean-Transaktion, die sehr viel Zeit bis zum Abschluss braucht, sperrt Ressourcen gegenüber anderen Enterprise Bean-Instanzen, die diese Ressourcen benötigen, was zu Leistungsengpässen führt.

Lösungsverweis

Implementieren Sie einen asynchronen Verarbeitungsdienst mithilfe einer Nachrichten-orientierten Middleware (MOM) mit einer JMS-API, um langlebige Transaktionen zu ermöglichen.

- **Muster** siehe »Service Activator« in Kapitel 9.

4.2.13 Mit zustandsloser Session Bean den Konversationszustand bei jedem Aufruf rekonstruieren

Problembeschreibung

Manche Entwickler wählen zustandslose Session Beans, um die Skalierbarkeit zu erhöhen. Versehentlich können sie sich dafür entscheiden, alle Geschäftsvorgänge als zustandslose Session Beans zu modellieren, auch wenn die Session Beans einen Konversationszustand benötigen. Weil aber die Session Bean zustandslos ist, muss man den Konversationszustand in jedem Methodenaufruf rekonstruieren. Dazu kann es notwendig sein, Daten aus einer Datenbank abzurufen. Die ursprüngliche

Absicht, mit zustandslosen Session Beans die Leistung und Skalierbarkeit zu verbessern, wird damit vereitelt und es kann zu drastischen Leistungseinbrüchen kommen.

Lösungsverweis

Analysieren Sie das Interaktionsmodell, bevor Sie sich für den zustandslosen Modus einer Session Bean entscheiden. Bei der Wahl zwischen zustandsbehafteter und zustandsloser Session Bean ist abzuwägen, ob man den Konversationsstatus über Methodenaufrufe hinweg in der zustandsbehafteten Session Bean verwalten muss oder die Kosten in Kauf nehmen kann, um den Zustand während jedes Aufrufs in einer zustandslosen Session Bean zu rekonstruieren.

- **Muster** siehe »Session Facade«, »Strategie mit zustandsloser Session Facade« und »Strategie mit zustandsbehafteter Session Facade« in Kapitel 8.
- **Entwurf** siehe »Session Bean –zustandslos und zustandsbehaftet« zu Beginn dieses Kapitels und »Zustand in der Geschäftsschicht speichern« kurz danach.

Kapitel 5

J2EE-Refaktorisierungen

- Refaktorisierungen der Präsentationsschicht
- Refaktorisierungen der Geschäfts- und Integrationsschicht
- Allgemeine Refaktorisierungen

Dieses Kapitel behandelt Refaktorisierungen für die Präsentations-, Geschäfts- und Integrationsschichten.

5.1 Refaktorisierungen der Präsentationsschicht

Die Refaktorisierungen in diesem Abschnitt beziehen sich auf die Präsentationsschicht.

5.1.1 Einen Controller einführen

Die Steuerung ist über die Anwendung verteilt und normalerweise mehrfach in verschiedenen JSP-Ansichten realisiert.

> Man extrahiert die Steuerungslogik in eine oder mehrere Controller-Klassen, die als anfänglicher Kontaktpunkt für die Behandlung einer Clientanforderung dienen.

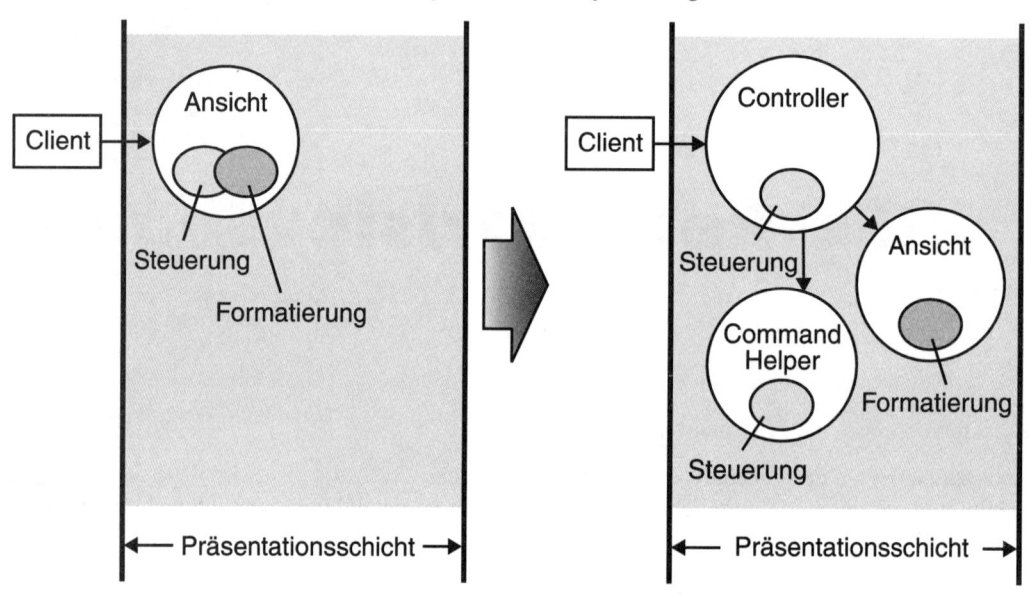

Abbildung 5.1: Einen Controller einführen

Motivation

Wenn Steuerungscode in mehreren JSPs realisiert ist, muss man ihn auch in jeder einzelnen JSP warten. Zieht man diesen Code in eine oder mehrere zentralisierte Steuerungsklassen heraus, verbessert sich die Modularität, Wiederverwendbarkeit und Wartungsfähigkeit der Anwendung.

Vorgehen

- Lassen Sie sich vom Muster *Front Controller* leiten und wenden Sie die Refaktorisierung *Klasse extrahieren* [Fowler] an, um eine Steuerungsklasse zu erstellen, wobei Sie die mehrfach vorkommende Steuerungslogik aus den einzelnen JSPs in diesen Controller verschieben.

J2EE-Refaktorisierungen

- Siehe »Front Controller« in Kapitel 7.
- Denken Sie daran, dass der Controller ein Delegationspunkt ist, der die Anforderungsbehandlung steuert. Teilen Sie den Code im Hinblick auf Modularität und Wiederverwendung auf. Betten Sie nicht unbedingt den gesamten Steuerungscode direkt in einen einzigen Controller ein, sondern weichen Sie auch auf Hilfskomponenten aus, an die sich der Steuerungscode delegieren lässt. Siehe »Fette Controller erstellen« in Kapitel 3.
- Steuerungscode kann man auch in Befehlsobjekte einkapseln, die in Verbindung mit dem Controller arbeiten. Dabei kommt das Muster *Command* [GoF] zum Einsatz.
- Siehe »Front Controller« und »Command- und Controller-Strategie« in Kapitel 7.

Beispiel

Nehmen wir an, in vielen Ihrer JSPs kommt eine Struktur wie in Beispiel 5.1 vor.

Beispiel 5.1: Einen Controller einführen – JSP-Struktur

```
<HTML>
  <BODY>
  <control:grant_access/>
  .
  .
  .
  </BODY>
</HTML>
```

Die drei Punkte stehen für den Rumpf der in diesem Beispiel nicht dargestellten JSPs. Während dieser Rumpfabschnitt in den einzelnen JSPs unterschiedlich aussieht, ist der als benutzerdefiniertes Tag implementierte Hilfscode am Beginn der Seite jeweils gleich. Dieser Hilfscode ist dafür verantwortlich, den Zugriff auf diese Seite zu steuern. Es handelt sich um eine Steuerung des Typs »Alles-oder-Nichts«, d.h. ein Client erhält den Zugriff entweder auf die gesamte Seite oder ihm wird der Zugriff insgesamt verweigert.

Wenn wir den Entwurf ändern und einen Controller einführen, wie es der Abschnitt zum Vorgehen beschreibt, dann verschwindet das in Beispiel 5.1 dargestellte Tag `<control:grant_access/>` aus den einzelnen JSPs.

Ein zentraler Controller verwaltet jetzt dieses Verhalten und kümmert sich um die Zugriffssteuerung, die wir aus allen JSPs entfernt haben. Beispiel 5.2 zeigt ein Codefragment des Controllers, der als Servlet implementiert ist.

Beispiel 5.2: Einen Controller einführen – Controller-Struktur

```
if (grantAccess())
{
    dispatchToNextView();
```

```
}
else
{
    dispatchToAccessDeniedView();
}
```

Natürlich gibt es bestimmte Fälle, in denen Hilfscode als Steuerungscode geeignet ist. Wenn zum Beispiel nur ein kleiner Teil der JSPs diesen Typ der Zugriffssteuerung benötigt, dann ist es durchaus sinnvoll, ein benutzerdefiniertes Hilfstag in jeder dieser Seiten einzuführen, um die gewünschte Kontrolle zu erreichen. Ein anderer Grund, benutzerdefinierte Tags in einzelnen JSPs vorzusehen, besteht darin, den Zugriff auf bestimmte Unteransichten einer zusammengesetzten Ansicht zu steuern (siehe »Composite View« in Kapitel 7).

Wenn wir ohnehin bereits einen Controller verwenden, dann realisieren wir das Verhalten natürlich an dieser zentralen Stelle, da die Anzahl der zu schützenden Seiten mit der Zeit zunehmen kann. Dazu ziehen wir einfach den Steuerungscode aus unseren Ansichten heraus und fügen ihn in den vorhandenen Controller ein. Praktisch verschieben wir Methoden (gemäß der Refaktorisierung *Methode verschieben* [Fowler]), statt eine neue Klasse anzulegen.

5.1.2 Ein Synchronisationstoken einführen

Clients führen doppelte Ressourcenanforderungen aus, die man überwachen und steuern sollte. Ebenso greifen Clients auf bestimmte Ansichten außerhalb der vorgesehenen Reihenfolge zu, indem sie zu vorher mit Lesezeichen markierten Seiten zurückgehen.

Verwenden Sie ein gemeinsam genutztes Token und steuern Sie den Anforderungsfluss und Clientzugriff auf bestimmte Ressourcen.

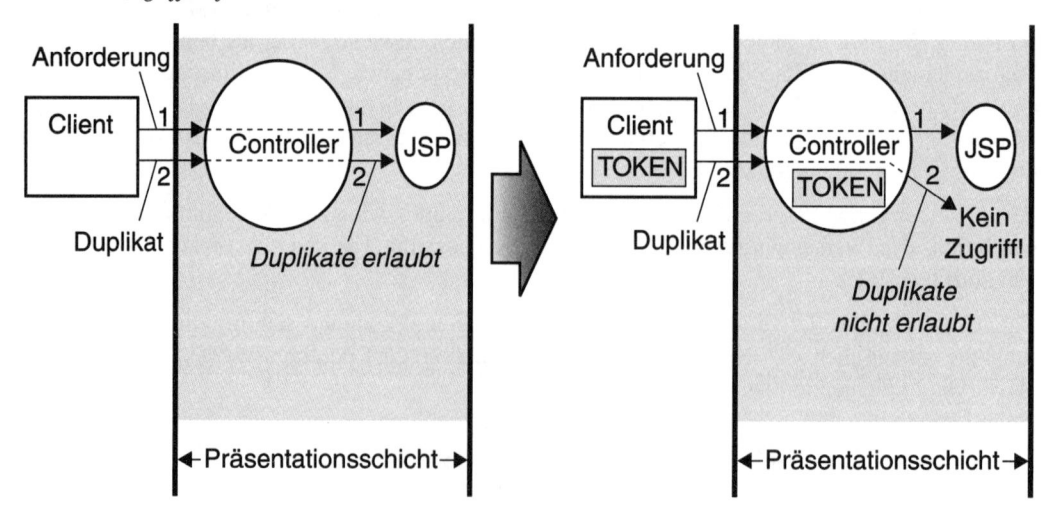

Abbildung 5.2: Ein Synchronisationstoken einführen

J2EE-Refaktorisierungen

Motivation

Es gibt eine Reihe von Szenarios, in denen die Steuerung einer eingehenden Anforderung erwünscht ist. Zu den häufigsten Gründen gehört der Wunsch, doppelte Formularversendungen von einem Client zu kontrollieren. Derartige doppelte Versendungen können auftreten, wenn der Benutzer auf die Schaltflächen ZURÜCK oder STOP klickt und dann das Formular erneut abschickt.

Während dieses Problem hauptsächlich die Steuerung der Reihenfolge von Anforderungen betrifft, besteht außerdem das Problem der Zugriffssteuerung auf Basis von Berechtigungen. Zur Einführung der berechtigungsbasierten Steuerung siehe »Ressourcen vor einem Client verbergen« später in diesem Kapitel.

Vorgehen

- Erstellen Sie eine oder mehrere Hilfsklassen, die eindeutige und einmalig zu verwendende Token generieren und vergleichen.
    - Alternativ können Sie diese Logik in bereits bestehende Steuerungskomponenten einbinden.
    - Die Komponente, die diese Aktivität steuert (in der Regel ein Controller, möglich ist aber auch eine JSP), delegiert zu diesen Hilfsobjekten, die vorübergehend ein neues Token für jede Client-Anforderung speichern.
    - Eine Kopie des Tokens wird pro Benutzer auf dem Server und im Clientbrowser gespeichert. Das Token wird normalerweise im Clientbrowser als verstecktes Feld und auf dem Server in einer Benutzersitzung gespeichert.
- Prüfen Sie mit zusätzlicher Logik, ob das mit der Clientanforderung eintreffende Token mit dem Token in der Benutzersitzung übereinstimmt.
    - Das vom Client in der aktuellen Anforderung eintreffende Token sollte gleich dem Token sein, das der Server mit seiner letzten Antwort an den Client gesendet hat. Stimmen diese beiden Werte überein, ist sicher, dass es sich nicht um ein doppeltes Formularversenden handelt, während man bei unterschiedlichen Tokenwerten von dieser Möglichkeit ausgehen muss.
    - Wie erwähnt kann eine Abweichung der Tokenwerte auch aus anderen Gründen auftreten, beispielsweise wenn ein Benutzer direkt zu einer durch Lesezeichen markierten Seite geht. Ein doppeltes Formularversenden ist jedoch der häufigste Grund. (Siehe »Entwurfsbetrachtungen zur Präsentationsschicht – Den Clientzugriff steuern« in Kapitel 3).
- Ein Controller verwaltet in der Regel das Generieren und Vergleichen der Token. Führen Sie einen Controller ein, sofern dieser noch nicht vorhanden ist.
    - Siehe »Einen Controller einführen« weiter vorn in diesem Kapitel.
    - Ohne Controller, der die Token zentral generiert und vergleicht, muss man dieses Verhalten von jeder JSP aus referenzieren.

Wann wird ein Token generiert und gespeichert? Wann wird es geprüft?

Ein Synchronisationstoken wird auf Übereinstimmung geprüft, bevor eine ankommende Anforderung bearbeitet wird. Ein neuer Tokenwert wird nach dieser Anforderung generiert und gespeichert, aber noch bevor die Antwort vorbereitet und an den Client gesendet wird.

Weitere Informationen hierzu finden Sie im Abschnitt »Ein Synchronisationstoken einführen« weiter vorn in diesem Kapitel sowie in Abbildung 5.3.

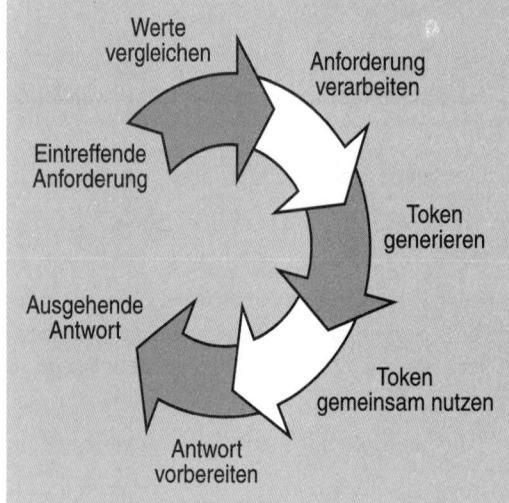

Abbildung 5.3: Lebenszyklus eines Synchronisationstokens

- In der Regel delegiert die JSP zu einer Hilfskomponente, die entweder als JavaBean oder benutzerdefiniertes Tag implementiert ist (siehe »View Helper« in Kapitel 7), was die Zuständigkeit der Tokenverwaltung kapselt.

Die Codefragmente im Abschnitt »Ein Synchronisationstoken einführen« werden mit Genehmigung entsprechend der Apache Software Licence Version 1.1 wiedergegeben. Die Lizenzbestimmungen finden Sie am Ende dieses Buchs.

Beispiel

Das Struts-Präsentations-Framework wendet mehrere der J2EE-Muster und Refaktorisierungen an. Es führt genau diesen Typ der Anforderungsflusssteuerung ein und wir verwenden in unserem Beispiel Auszüge aus diesem Open Source-Framework.

Statt eine separate Hilfsklasse zu erstellen, um die Logik zum Generieren und Vergleichen von Token zu kapseln, fügt Struts einfach diese Funktionalität in eine vorhandene Klasse ein, die Teil seines Steuerungsmechanismus ist. Die Klasse heißt Action und ist eine allgemeine Superklasse für

J2EE-Refaktorisierungen

alle Aktionen. Aktionen sind Command-Objekte, die die Controllerfunktionalität erweitern. Dies ist eine Anwendung der *Command- und Controller-Strategie* des Musters *Front Controller*.

Die zur Action-Klasse gehörende Methode saveToken generiert und speichert Tokenwerte (siehe Beispiel 5.3).

Beispiel 5.3: Token generieren und speichern[1]

```
/**
 * Ein neues Transaktionstoken in der aktuellen
 * Benutzersitzung speichern und bei Bedarf eine
 * neue Sitzung erzeugen.
 *
 * @param request Die zu verarbeitende Servlet-Anforderung
 */
protected void saveToken(HttpServletRequest request) {

HttpSession session = request.getSession();
String token = generateToken(request);
if (token != null)
  session.setAttribute(TRANSACTION_TOKEN_KEY, token);
}
```

Diese Methode generiert ein eindeutiges Token (auf Basis der Sitzungs-ID und der aktuellen Zeit) und speichert diesen Wert in der Benutzersitzung.

Mit dem Aufruf

```
saveToken(request);
```

setzt man wie bereits beschrieben einen einmaligen Tokenwert. Normalerweise ruft man diese Methode auf, unmittelbar bevor die HTML-Anzeige für den Client generiert wird. Von diesem Client erwarten wir eine Anforderung, die wir aber genau einmal und nicht mehrfach verarbeiten wollen. (Die HTML-Anzeige umfasst in der Regel ein Formular, das an den Server zurückzuschicken ist.)

Zusätzliche Logik in der JSP, die für das Generieren dieser HTML-Anzeige zuständig ist, delegiert zu einer Hilfsklasse, um ein verstecktes Feld mit diesem Tokenwert zu generieren. Somit bindet die an den Client gesendete Seite, die normalerweise ein an den Server zurückzuschickendes Formular enthält, ein verstecktes Feld der folgenden Form ein:

```
<input type="hidden"
  name="org.apache.struts.taglib.html.TOKEN"
  value="8d2c392e93a39d299ec45a22">
```

---

[1] Copyright (C) 1999 The Apache Software Foundation. All rights reserved.

Das Attribut value dieses versteckten Felds ist der Wert des mit der Methode saveToken generierten Tokens.

Wenn der Client die Seite mit diesem versteckten Feld abschickt, delegiert der Controller zu einem Command-Objekt (auch hier wieder eine Unterklasse der Klasse Action), das den Tokenwert in der Benutzersitzung mit dem Wert im Parameter des Anforderungsobjekts vergleicht, der aus dem versteckten Feld in der Seite stammt. Das Command-Objekt verwendet die in Beispiel 5.4 gezeigte Methode, die ebenfalls aus ihrer Superklasse (wieder der Klasse Action) herausgezogen wurde, um die Werte zu vergleichen.

Beispiel 5.4: Auf ein gültiges Token prüfen[2]

```
/**
 * Gibt <code>true</code> zurück, wenn es ein Transaktionstoken
 * gibt, das in der aktuellen Benutzersitzung gespeichert ist, und
 * der mit dieser Aktion als Anforderungsparameter request
 * geschickte Parameter mit diesem Token übereinstimmt.
 *
 * Gibt <code>false</code>
 * unter jeder der folgenden Bedingungen zurück:
 * <ul>
 * <li>Keine Sitzung mit dieser Anforderung verbunden</li>
 * <li>Kein Transaktionstoken in der Sitzung gespeichert</li>
 * <li>Kein Transaktionstoken als Anforderungsparameter
 * eingebunden</li>
 * <li>Der eingebundene Transaktionstokenwert stimmt nicht
 *      mit dem Transaktionstoken in der Benutzersitzung
 *      überein</li>
 * </ul>
 *
 * @param request Die zu verarbeitende Servlet-Anforderung
 */

protected boolean isTokenValid(HttpServletRequest request) {

    // Das gespeicherte Transaktionstoken aus unserer
    // Sitzung abrufen
    HttpSession session = request.getSession(false);
    if (session == null)
        return (false);
    String saved = (String)
        session.getAttribute(TRANSACTION_TOKEN_KEY);
    if (saved == null)
        return (false);
```

---

2 Copyright (C) 1999 The Apache Software Foundation. All rights reserved.

```
    // Das in dieser Anforderung eingebundene Transaktionstoken
    // abrufen
String token = (String)
        request.getParameter(Constants.TOKEN_KEY);
    if (token == null)
        return (false);

    // Stimmen die Werte überein?
    return (saved.equals(token));

}
```

Stimmen die Werte überein, ist sicher, dass diese Anforderung kein Duplikat ist. Weichen die Token voneinander ab, können wir geeignete Maßnahmen ergreifen, um diese doppelte Formularversendung zu behandeln.

5.1.3 Unterschiedliche Logik lokalisieren

Geschäftslogik und Präsentationsformatierung sind innerhalb einer JSP-Ansicht vermischt.

Extrahieren Sie Geschäftslogik in eine oder mehrere Hilfsklassen, auf die eine JSP oder ein Controller zurückgreifen kann.

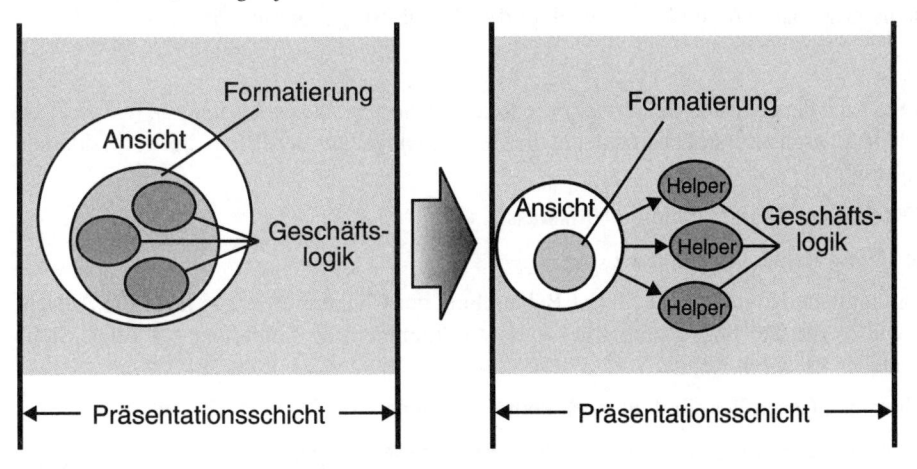

Abbildung 5.4: Unterschiedliche Logik lokalisieren: Rückwärts ausklammern

Abbildung 5.4 zeigt Logik, die aus einer Ansicht extrahiert und in Hilfsklassen untergebracht wurde.

Abbildung 5.5 zeigt Logik, die aus einer Ansicht extrahiert und in einen Controller, ein Befehlsobjekt und Hilfsobjekte verschoben wurde.

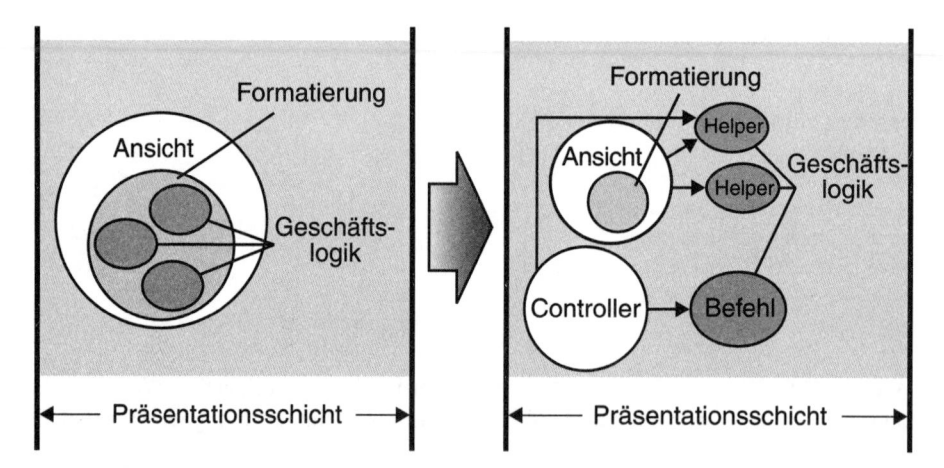

Abbildung 5.5: Unterschiedliche Logik lokalisieren: Vorwärts ausklammern

Motivation
Um saubere Abstraktionen zu erzeugen, verstärkt man den Zusammenhalt und verringert die Kopplung, was die Modularität und Wiederverwendbarkeit verbessert. Gut gegliederte modulare Anwendungen erlauben auch eine bessere Trennung der Entwicklerrollen, da Webentwickler den Formatierungscode liefern, während Softwareentwickler die Geschäftslogik beisteuern.

Vorgehen
- Wenden Sie nach dem Muster *View Helper* die Refaktorisierung *Klasse extrahieren* [Fowler] an, um neue Hilfsklassen zu erstellen und dabei die Geschäftslogik aus der JSP in diese Hilfsklassen zu verschieben.
- Delegieren Sie aus der JSP zu diesen Hilfsklassen.
  - Siehe »View Helper« in Kapitel 7.
  - Der anfängliche Kontaktpunkt für die Behandlung der Clientanforderung kann die Ansicht sein, wie es die Zeichnung zum Rückwärts-Ausklammern in Abbildung 5.4 zeigt. Siehe »Dispatcher View« in Kapitel 7.
- Führen Sie einen Controller ein, falls noch keiner vorhanden ist.
  - Siehe »Einen Controller einführen« weiter vorn in diesem Kapitel.
  - Wie die Darstellung zum Vorwärts-Ausklammern in Abbildung 5.5 zeigt, kann der Controller eine Hilfsklasse für Befehle verwenden.
  - Der anfängliche Kontaktpunkt für die Behandlung der Clientanforderung kann der Controller sein, wie es die Darstellung zum Vorwärts-Ausklammern zeigt. Siehe »Service to Worker« in Kapitel 7.

J2EE-Refaktorisierungen

Beispiel

Wir beginnen mit dem in Beispiel 5.5 gezeigten Code. Es handelt sich um eine JSP, die eine Menge Scriptlet-Code umfasst und Geschäftslogik mit der Ansicht vermischt.

Beispiel 5.5: JSP mit Scriptlet-Code

```
<html>
<head><title>Employee List</title></head>
<body>
<%-- Alle Mitarbeiter anzeigen, die zu einer Abteilung gehören und
  höchstens das angegebene Gehalt beziehen --%>

<%

    // Abteilung lesen, für die die Mitarbeiter
    // aufzulisten sind
    String deptidStr = request.getParameter(
        Constants.REQ_DEPTID);

    // Beschränkung für maximales Gehalt lesen
    String salaryStr = request.getParameter(
        Constants.REQ_SALARY);

    // Parameter auf Gültigkeit prüfen

    // Wenn Gehalt oder Abteilung nicht angegeben,
    // zur Fehlerseite gehen
    if ( (deptidStr == null) || (salaryStr == null ) )
    {
       request.setAttribute(Constants.ATTR_MESSAGE,
         "Fehlende Abfrageparameter " +
         "(Abteilung und Gehalt)");
       request.getRequestDispatcher("/error.jsp").
          forward(request, response);
    }

    // In Zahlen konvertieren
    int deptid = 0;
    float salary = 0;
    try
    {
        deptid = Integer.parseInt(deptidStr);
        salary = Float.parseFloat(salaryStr);
    }
    catch(NumberFormatException e)
    {
```

```java
            request.setAttribute(Constants.ATTR_MESSAGE,
                "Ungültige Suchwerte" +
                "(Abteilungs-ID und Gehalt)");
            request.getRequestDispatcher("/error.jsp").
                forward(request, response);
}

        // Prüfen, ob Werte innerhalb zulässiger Grenzen
        if ( salary < 0  )
        {
          request.setAttribute(Constants.ATTR_MESSAGE,
            "Ungültige Suchwerte " +
            "(Abteilungs-ID und Gehalt)");
          request.getRequestDispatcher("/error.jsp").
            forward(request, response);
        }

%>

<h3><center> Liste von Mitarbeitern in Abteilung #
  <%= deptid %> mit Gehalt von höchstens <%= salary %>. </h3>

<%
    Iterator employees = new EmployeeDelegate().
                            getEmployees(deptid);
%>

<table border="1" >
    <tr>
        <th> Vorname </th>
        <th> Nachname </th>
        <th> Bezeichnung </th>
        <th> Personalnr. </th>
        <th> Steuerklasse </th>
        <th> Leistungskennziffern </th>
        <th> Jahresgehalt </th>
    </tr>
<%
    while ( employees.hasNext() )
    {
        EmployeeVO employee = (EmployeeVO)
                            employees.next();

        // Nur anzeigen, wenn Suchkriterium erfüllt ist
        if ( employee.getYearlySalary() <= salary )
        {
%>
```

```
            <tr>
              <td> <%= employee.getFirstName() %></td>
              <td> <%= employee.getLastName() %></td>
              <td> <%= employee.getDesignation() %></td>
              <td> <%= employee.getId() %></td>
              <td> <%= employee.getNoOfDeductibles() %></td>
              <td> <%= employee.getPerformanceRemarks() %></td>
              <td> <%= employee.getYearlySalary() %></td>
            </tr>
<%
          }
     }
%>
</table>

<%@ include file="/jsp/trace.jsp" %>
<P> <B>Geschäftslogik und Präsentationsformatierung sind
   in dieser JSP-Ansicht vermischt. </B>

</body>
</html>
```

Diese JSP generiert eine HTML-Tabelle, die Mitarbeiter mit einer bestimmten Gehaltsstufe auflistet. Die JSP kapselt Formatierungs- und Geschäftslogik, wie es Abbildung 5.6 verdeutlicht.

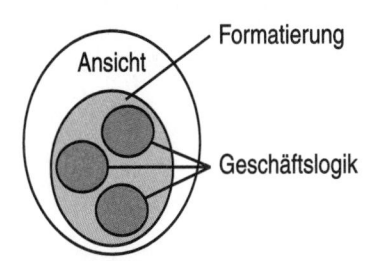

Abbildung 5.6: Ansicht, bei der Geschäftslogik und Formatierungscode gemischt sind

Wie Beispiel 5.6 zeigt, wenden wir das Muster *View Helper* an, ändern dabei den Entwurf und ziehen den Scriptlet-Code aus der JSP-Ansicht heraus.

Beispiel 5.6: JSP mit herausgezogenem Scriptlet-Code

```
<%@ taglib uri="/WEB-INF/corepatternstaglibrary.tld"
    prefix="corepatterns" %>
<html>
<head><title>Employee List</title></head>
<body>
```

```
<corepatterns:employeeAdapter />

<h3><center>Liste von Mitarbeitern in
  <corepatterns:department attribute="id"/>
  Abteilung - Strategie mit benutzerdefinierten Hilfstags </h3>

<table border="1" >
    <tr>
        <th> Vorname </th>
        <th> Nachname </th>
        <th> Bezeichnung </th>
        <th> Personalnr. </th>
        <th> Steuerklasse </th>
        <th> Leistungskennziffern </th>
        <th> Jahresgehalt </th>
    </tr>
    <corepatterns:employeelist id="employeelist_key">
    <tr>
      <td><corepatterns:employee
          attribute="FirstName"/></td>
      <td><corepatterns:employee
          attribute="LastName"/></td>
      <td><corepatterns:employee
          attribute="Designation"/> </td>
      <td><corepatterns:employee
          attribute="Id"/></td>
      <td><corepatterns:employee
          attribute="NoOfDeductibles"/></td>
      <td><corepatterns:employee
          attribute="PerformanceRemarks"/></td>
      <td><corepatterns:employee
          attribute="YearlySalary"/></td>
      <td>
    </tr>
    </corepatterns:employeelist>
</table>

</body>
</html>
```

Zusätzlich haben wir vier Hilfsklassen für benutzerdefinierte Tags geschrieben, um unsere Verarbeitungslogik für Geschäfts- und Präsentationsschicht zu kapseln. Dazu haben wir das Datenmodell an die Zeilen und Spalten unserer HTML-Tabelle angepasst.

Die vier Hilfskonstruktionen sind die Tags <corepatterns:employeeAdapter> und <corepatterns:department> sowie <corepatterns:employeelist> und <corepatterns:employee>.

J2EE-Refaktorisierungen

Abbildung 5.7 zeigt, dass wir vom Entwurf auf der linken Seite des Pfeils abgekommen sind und jetzt den Entwurf gemäß der rechten Seite verwenden.

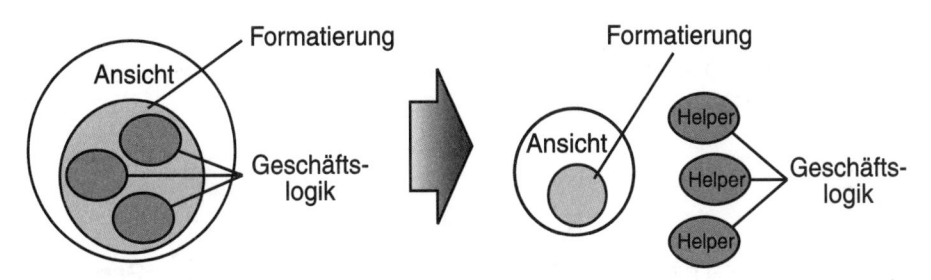

Abbildung 5.7: Geschäftslogik in Hilfsklassen herausziehen

Die Geschäftslogik wurde in Hilfsklassen herausgezogen, statt sie direkt in die JSP einzubetten. Diese Hilfsklassen übernehmen verschiedene Aufgaben, einschließlich Abrufen des Inhaltes, Zugriffssteuerung und Anpassen des Modellzustands für die Anzeige. Im zweiten Fall kapselt die Hilfsklasse tatsächlich einen Teil der Präsentationsverarbeitungslogik, wie zum Beispiel das Formatieren einer Ergebnismenge zu einer HTML-Tabelle (siehe auch »Umwandlungen aus der Ansicht entfernen« später in diesem Kapitel). Damit kommen wir unserem Ziel näher, möglichst viel Programmlogik aus der Ansicht herauszuziehen. Die JSP fragt somit bei der Hilfsklasse nach der fertiggestellten Tabelle an, enthält also keinen Scriptlet-Code, der die Tabelle generiert.

Hilfskomponenten kann man als JavaBeans oder benutzerdefinierte Tags implementieren (siehe »View Helper« in Kapitel 7). JavaBean-Hilfsobjekte sind gut geeignet, um die Logik für das Abrufen des Inhalts und das Speichern der Ergebnisse zu kapseln, während sich benutzerdefinierte Hilfstags für die weiter oben erwähnte Aufgabe anbieten, das Modell für die Ansicht zu konvertieren, beispielsweise eine Tabelle aus einer Ergebnismenge erstellen. Dennoch überlappen sich die Aufgabenbereiche noch, sodass andere Faktoren, wie etwa die Erfahrung des Entwicklers und Wartbarkeitsaspekte die Entscheidung beeinflussen, wie eine Hilfsklasse zu implementieren ist.

Gemäß dem zweiten Aufzählungspunkt im Abschnitt »Vorgehen« kann man die Arbeit einfach an die Hilfsobjekte delegieren, wie es Abbildung 5.8 zeigt.

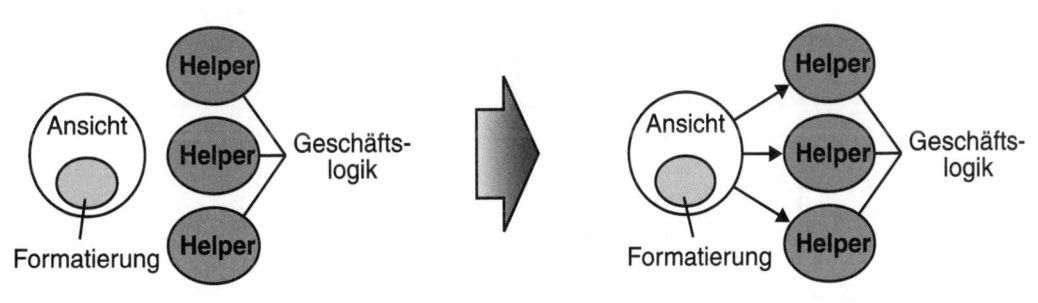

Abbildung 5.8: Arbeit an Hilfsobjekte delegieren

Die JSP-Ansicht verwendet die Hilfsklassen, um die Ansicht zu verarbeiten und zu generieren. Normalerweise dient ein Controller vor der JSP als anfänglicher Kontaktpunkt für Clientanforderungen (siehe »Front Controller« in Kapitel 7 und »Einen Controller einführen« am Anfang dieses Kapitels). Der Controller gibt die Steuerung an die Ansicht weiter, kann aber vorher noch Arbeiten an die Hilfskomponenten delegieren (siehe »Service to Worker« in Kapitel 7). Mit dem eingeführten Controller haben wir den Übergang gemäß Abbildung 5.9 vorgenommen.

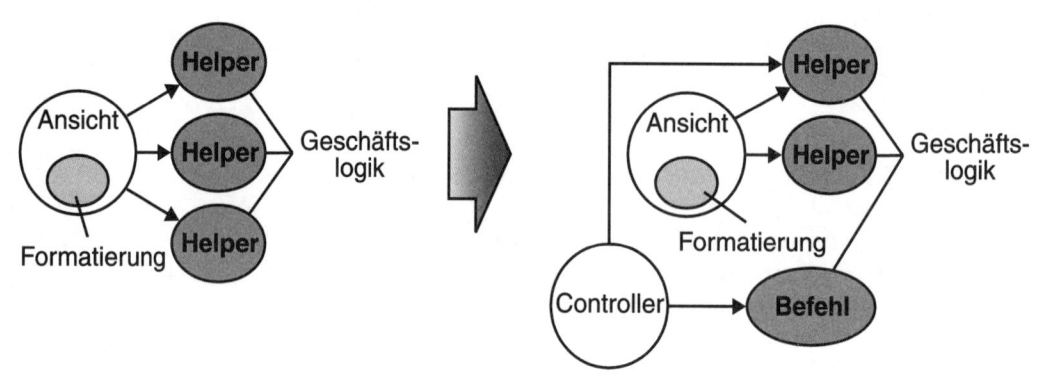

Abbildung 5.9: Einen Controller einführen

5.1.4 Präsentationsschicht-spezifische Details vor der Geschäftsschicht verbergen

Die Anforderungsbehandlung und/oder protokollbezogene Datenstrukturen werden von der Präsentationsschicht für die Geschäftsschicht offen gelegt.

Entfernen Sie alle Referenzen auf die Anforderungsbehandlung und protokollbezogene Datenstrukturen der Präsentationsschicht aus der Geschäftsschicht. Übergeben Sie Werte zwischen den Schichten mithilfe generischer Datenstrukturen.

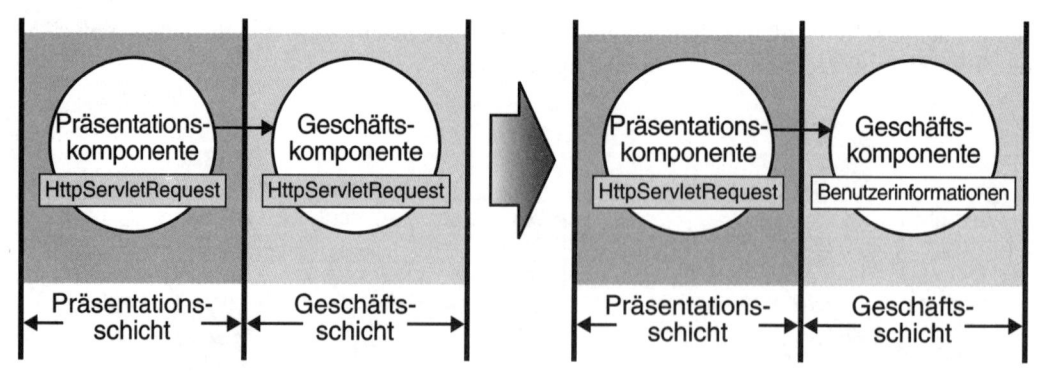

Abbildung 5.10: Details der Präsentationsschicht vor der Geschäftsschicht verbergen

J2EE-Refaktorisierungen

Motivation
Implementierungsdetails, die spezifisch für eine Schicht sind, sollte man nicht in eine andere Schicht einführen. Auf die von der Geschäftsschicht an die Präsentationsschicht offen gelegte Dienst-API greifen höchstwahrscheinlich auch andere Clients zu. Wenn die Dienst-API Parameter mit Typen wie `HttpServletRequest` akzeptiert, dann ist jeder Client des Dienstes gezwungen, seine Daten in einer Servlet-Anforderungsdatenstruktur zu verpacken. Dadurch geht die Wiederverwendbarkeit des Dienstes drastisch zurück.

Vorgehen
- Ersetzen Sie in der Geschäftsschicht alle Referenzen auf Datenstrukturen der Präsentationsschicht durch Referenzen auf generische Datenstrukturen und Typen.
  - Dabei handelt es sich in der Regel um Methoden der Geschäftsschicht, die Parameter mit Typen wie `HttpServletRequest` übernehmen. Diese Parameter kann man durch generische Typen wie zum Beispiel `String`, `int` oder `UserInfo` ersetzen.
- Modifizieren Sie den Clientcode in der Präsentationsschicht, der diese Methoden aufruft.
  - Teile der Datenstrukturen der Präsentationsschicht können an Methoden der Geschäftsschicht als einzelne Argumente übergeben werden. Hat beispielsweise `HttpServletRequest` die Parameter x, y und z, kann eine Methode in der Geschäftsschicht diese drei Argumente einzeln als Strings anstelle von `HttpServletRequest` übernehmen. Nachteilig bei der Übergabe feinkörniger individueller Argumente ist, dass diese Strategie die Details der Präsentationsschicht enger mit der API des Geschäftsdienstes koppelt. Wenn sich also der durch die Dienste benötigte Zustand ändert, dann muss man die Dienst-API ändern.
  - Eine etwas flexiblere Alternative besteht darin, den relevanten Zustand aus der Datenstruktur der Präsentationsschicht in eine generische Datenstruktur zu kopieren, beispielsweise als Wertobjekt, das an die Geschäftsschicht übergeben wird. In diesem Fall übernimmt die Dienst-API weiterhin dieses Objekt, selbst wenn sich ihre Implementierungsdetails ändern.
- Alternativ implementiert man eine Strategie für die Überlagerung von Schnittstellentypen, wenn ein Präsentationsschicht-Framework, wie das bekannte Struts-Projekt [Struts] verwendet wird.
  - Bei der Behandlung einer Anforderung erzeugen Frameworks in der Regel zahlreiche Datenstrukturen. Zum Beispiel kopiert ein Framework den relevanten Zustand aus der `HttpServletRequest`-Datenstruktur in eine generische Struktur und passt dabei die Anforderungsparameter an Framework-spezifische Datentypen an. Dieser Schritt läuft vollkommen transparent ab. Diese Datentypen können zwar prinzipiell die gleiche Rolle wie ein Wertobjekt erfüllen, es handelt sich aber um Framework-spezifische Datentypen. Somit führt die Übergabe dieser Datenstruktur an die Geschäftsschicht zu einer Kopplung zwischen dem Framework, das die Anforderung behandelt, und den Geschäftsdiensten. In diesem Fall könnte man die eben beschriebene Lösung verwenden und die Framework-spezifische Datenstruktur in eine generische Datenstruktur kopieren, bevor man sie an die Geschäftsschicht übergibt. Es ist jedoch effizienter, einfach eine generische Schnittstelle zu definieren, die die Methoden des Framework-spezifischen Typs spiegelt. Wenn dieser Schnittstellentyp

dem Framework-spezifischen Objekt überlagert wird, dann lässt sich dieses Objekt gemeinsam mit der Geschäftsschicht nutzen, ohne dass irgendeine Kopplung zum spezifischen Framework besteht.

- Instantiiert zum Beispiel das Framework eine Subklasse von a.framework.StateBean namens my.stuff.MyStateBean, hat sie den Typ StateBean:

  ```
  //Hinweis: Das Erstellen von Instanzen geschieht normalerweise
  //über eine Fabrik.
  //Hinweis: Parameter zur Vereinfachung weggelassen
  a.framework.StateBean bean = new my.stuff.MyStateBean(...);
  ```

- Wenn die Geschäftsschicht diese Bean als Parameter übernimmt, hat die Bean den Typ StateBean:

  ```
  public void aRemoteBizTierMethod(a.framework.StateBean bean)
  ```

- Statt die Bean vom Typ StateBean an die Geschäftsschicht zu übergeben, führt man eine neue Schnittstelle namens my.stuff.MyStateVO ein, die durch my.stuff.MyStateBean implementiert wird:

  ```
  public class MyStateBean extends a.framework.StateBean
      implements MyStateVO
  ```

- Jetzt kann die Geschäftsschicht die folgende Methodensignatur einbinden:

  ```
  public void aRemoteBizTierMethod(my.stuff.MyStateVO bean)
  ```

- Es ist nicht erforderlich, Parameter in ein generisches Wertobjekt zu kopieren, und der Typ des Frameworks wird nicht mehr über Schichten hinweg offen gelegt.

- Schließlich sei gesondert darauf hingewiesen, dass man die Kopplung unter den logisch nicht verwandten Teilen der Anwendung ebenso verringern kann, indem man diese Refaktorisierung auf Domänenobjekte der Präsentationsschicht anwendet.

  - Visuell beschreiben wir etwas Ähnliches wie in Abbildung 5.11.

  - Für diese Situation gilt die gleiche Motivation und Verfahrensweise, da wir die Wiederverwendbarkeit unserer elementaren Domänenobjekte – wie zum Beispiel Customer-Objekte (Kunde) – nicht herabsetzen wollen.

  - Dieses Vorgehen lokalisiert alle Referenzen auf Protokoll-bezogene Datenstrukturen in und um die Komponenten der Anforderungsbehandlung, wie etwa den Controller. Ein Beispiel der Entkopplung der HttpServletRequest-Struktur von einem Domänenobjekt ist in den Beispielen 5.7 und 5.8 zu sehen.

J2EE-Refaktorisierungen

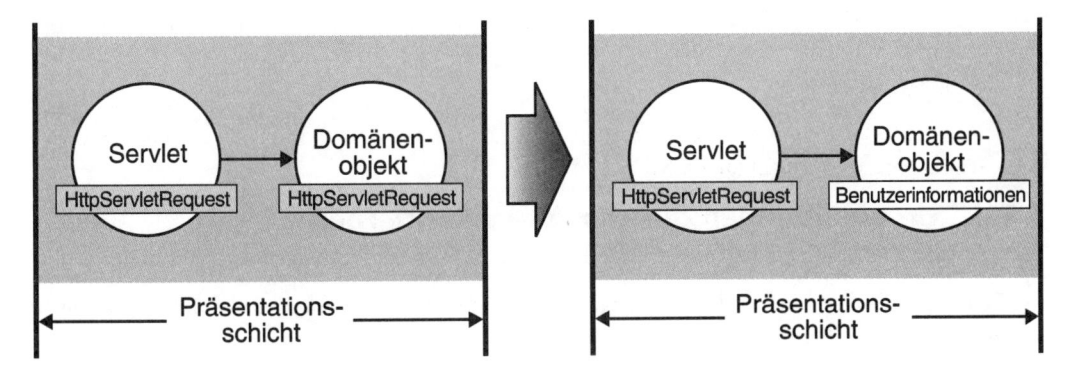

Abbildung 5.11: Details, die spezifisch zur Präsentationsschicht sind, vor Domänenobjekten verbergen

Beispiel

Die Klasse Customer (Kunde) in Beispiel 5.7 übernimmt eine HttpServletRequest-Instanz als Parameter, was die generische Natur dieses Domänenobjekts drastisch verringert. Möchte ein Nicht-Webclient diese Kundenklasse verwenden, muss er irgendwie zuerst ein HttpServletRequest-Objekt erzeugen, was nicht angebracht ist.

Beispiel 5.7: Enge Kopplung zwischen einem Domänenobjekt und einem HttpServletRequest-Objekt

```
/** Der folgende Auszug zeigt ein Domänenobjekt, das zu eng
mit HttpServletRequest gekoppelt ist. **/
public class Customer
{
  public Customer ( HttpServletRequest request )
  {
      firstName = request.getParameter("firstname");
      lastName = request.getParameter("lastname ");
  }
}
```

Statt das HttpServletRequest-Objekt einem allgemeinen Customer-Objekt offen zu legen, entkoppeln Sie einfach die beiden, wie es Beispiel 5.8 zeigt.

Beispiel 5.8: Reduzierte Kopplung zwischen einem Domänenobjekt und einem HttpServletRequest-Objekt

```
// Domänenobjekt nicht mit HttpServletRequest gekoppelt
public class Customer
{
  public Customer ( String first, String last )
```

```
{
  firstName = first;
  lastName = last;
}
}
```

5.1.5 Umwandlungen aus der Ansicht entfernen

Teile des Modells werden zur Anzeige innerhalb einer Ansichtskomponente umgewandelt.

Ziehen Sie den gesamten Umwandlungscode aus der Ansicht heraus und kapseln Sie ihn in einer oder mehreren Hilfsklassen.

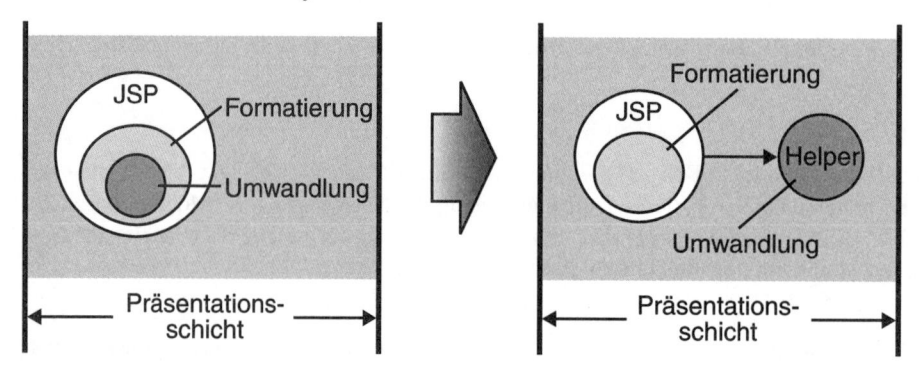

Abbildung 5.12: Umwandlungen aus einer Ansicht entfernen

Motivation

Direkt eingebettete Logik, die das Modell zur Anzeige in der JSP-Ansicht umwandelt, verringert die Modularität und Wiederverwendbarkeit der Anwendung. Da derartige Umwandlungen in mehreren JSPs vorkommen können, muss man den entsprechenden Code mehrfach vorsehen, was über Kopieren-und-Einfügen geschieht und einen Wartungsalbtraum heraufbeschwört.

Vorgehen

- Wenden Sie die Refaktorisierung *Klasse extrahieren* [Fowler] an, um die Logik zum Umwandeln und Anpassen aus den einzelnen JSPs in Hilfsklassen zu verlagern.

  - Ein Beispiel ist die Anpassung der Ergebnismenge einer Datenbank mithilfe von Anwendungscode an eine HTML-Tabelle.

- Rufen Sie diese Hilfsobjekte von den JSPs aus auf, um die gewünschten Umwandlungen und Anpassungen durchzuführen.

  - Die Umwandlung führt die Hilfsklasse durch, zu der die JSP delegiert.

Beispiel

In diesem Beispiel untersuchen wir die Logik, die eine Sammlung von Elementen – etwa eine Ergebnismenge – in eine HTML-Tabelle konvertiert. Während das einerseits in gewissem Sinne Formatierungslogik ist, handelt es sich andererseits auch um Konvertierungscode, der eine Ergebnistabelle aus einem Zwischenmodell generiert. Die Implementierung dieser dynamischen Umwandlung ist wiederverwendbar, wenn man sie in einem benutzerdefinierten Tag kapselt statt sie direkt in eine JSP einzubetten.

Beispiel 5.9 zeigt eine JSP, die diesen Typ der Umwandlungslogik direkt in ihre Quelle einbettet.

Beispiel 5.9: Umwandlungslogik, die in die Ansicht eingebettet ist

```
<html>
<head><title>Employee List</title></head>
<body>

<h3><head><center> Liste von Mitarbeitern</h3>

<%
    String firstName =
       (String)request.getParameter("firstName");
    String lastName  =
       (String)request.getParameter("lastName");
    if ( firstName == null )
       // Wenn kein bestimmter, alle abrufen
       firstName = "";
    if ( lastName == null )
       lastName = "";

    EmployeeDelegate empDelegate = new
            EmployeeDelegate();
    Iterator employees =
        empDelegate.getEmployees(
          EmployeeDelegate.ALL_DEPARTMENTS);
%>

<table border="1" >
    <tr>
        <th> Vorname </th>
        <th> Nachname </th>
        <th> Bezeichnung </th>
    </tr>
<%
    while ( employees.hasNext() )
    {
        EmployeeVO employee = (EmployeeVO)
```

```
                    employees.next();

        if ( employee.getFirstName().
              startsWith(firstName) &&
            employee.getLastName().
              startsWith(lastName) ) {
%>
 <tr>
  <td><%= employee.getFirstName().toUpperCase() %></td>
  <td><%= employee.getLastName().toUpperCase() %></td>
  <td><%= employee.getDesignation()%></td>
 </tr>
<%
        }
    }
%>
</table>
```

Im ersten Schritt zieht man diese Logik in Hilfsklassen heraus. Benutzerdefinierte Hilfstags sind hier am sinnvollsten, da wir möglichst viel Scriptlet-Code aus der JSP herauslösen möchten (siehe »Anmerkungen zu Hilfsobjekten« in Kapitel 7). Im nächsten Schritt modifiziert man die JSP, sodass sie die Verarbeitung an diese Hilfsklassen delegiert, die den Rest erledigen. Beispiel 5.10 zeigt, wie die JSP nach diesen Schritten aussehen kann.

Beispiel 5.10: In Hilfsklassen herausgezogene Logik

```
<html>
<head><title>Mitarbeiterliste - refaktorisiert</title>
</head>
<body>

<h3> <center>Liste von Mitarbeitern</h3>

<corepatterns:employeeAdapter />

<table border="1" >
    <tr>
        <th> Vorname </th>
        <th> Nachname </th>
        <th> Bezeichnung </th>
    </tr>
<corepatterns:employeelist id="employeelist"
    match="FirstName, LastName">
<tr>
    <td><corepatterns:employee attribute="FirstName"
          case="Upper" /> </td>
```

```
        <td><corepatterns:employee attribute="LastName"
            case="Upper" /></td>
        <td><corepatterns:employee attribute="Designation" />
        </td>
</tr>
</corepatterns:employeelist>
</table>
```

Untersuchen wir nun einen anderen Umwandlungstyp. In bestimmten Fällen werden Teile des Modells über XSL-Transformationen nach HTML konvertiert. Das lässt sich ebenfalls mit benutzerdefinierten Hilfstags erreichen. Auch hier können wir die Logik aus der JSP selbst herausziehen, wodurch die Komponenten modular und wiederverwendbar werden. Das folgende Beispiel einer JSP realisiert die Umwandlungen mit benutzerdefinierten Hilfstags, statt derartige Umwandlungen inline durchzuführen:

```
<%@taglib uri="http://jakarta.apache.org/taglibs/xsl-1.0"
    prefix="xsl" %>
<xsl:apply nameXml="model" propertyXml="xml"
    xsl="/stylesheet/transform.xsl"/>
```

Das XSL-Tag `Apply` der Jakarta-Tag-Bibliothek [Jakarta Taglibs] dient dazu, die gesamte Ausgabe dieser Seite zu generieren. Mit diesem Tag kann man auch Komponententeile der Seite ganz einfach in der gleichen Weise generieren. Der Tag-Aufruf stützt sich auf die Tatsache, dass eine Bean im Gültigkeitsbereich einer Seite namens »model« vorhanden ist und den Eigenschaftsnamen »xml« hat. Mit anderen Worten gibt es im Gültigkeitsbereich einer Seite eine Bean-Instanz mit einer Methode der folgenden Signatur:

```
public String getXml()
```

Beachten Sie, dass sich diese Arten der Umwandlung vollkommen unabhängig von JSP ausführen lassen. Abhängig von zahlreichen Faktoren – wie zum Beispiel dem Speicherformat des Inhalts und der Existenz verschiedener Legacy-Technologien – wird man diesen Weg einschlagen.

5.1.6 Ressourcen vor einem Client verbergen

Bestimmte Ressourcen, wie etwa JSP-Ansichten, sollten nicht direkt für einen Clientbrowser zugänglich sein.

Verbergen Sie bestimmte Ressourcen über eine Containerkonfiguration oder mithilfe einer Steuerungskomponente.

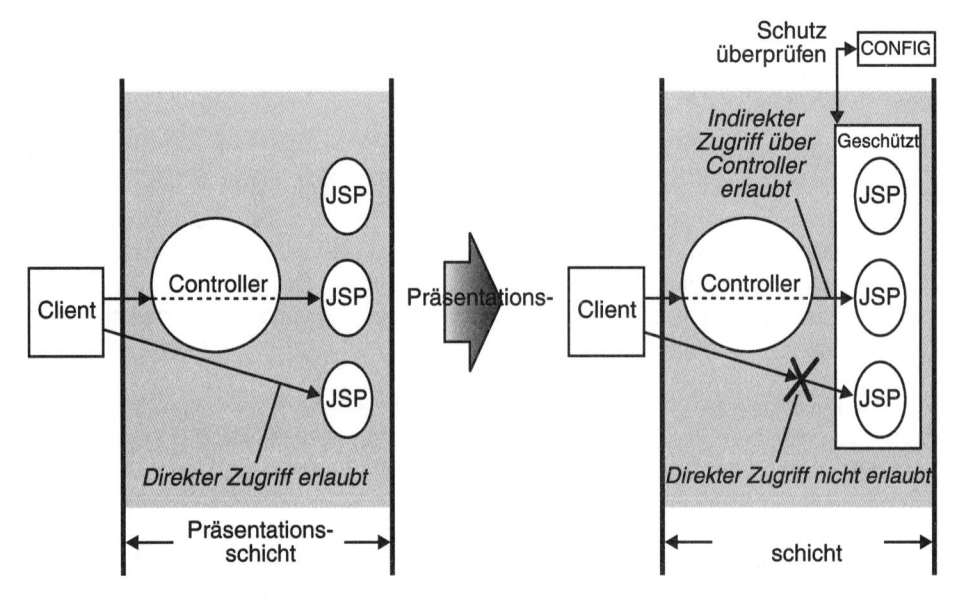

Abbildung 5.13: Einschränkungen über eine Containerkonfiguration

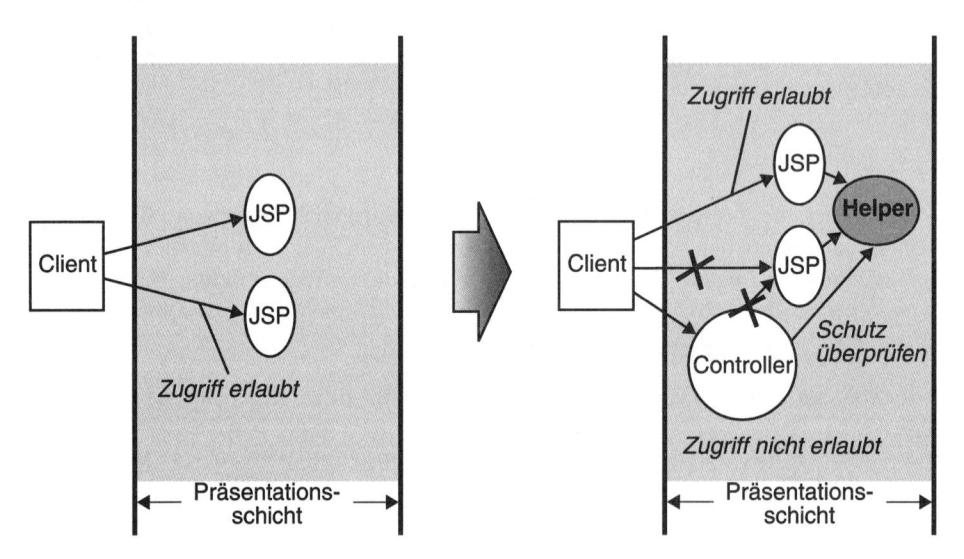

Abbildung 5.14: Einschränkungen mithilfe einer Steuerungskomponente

J2EE-Refaktorisierungen

Motivation

Oftmals ist die Kontrolle einer eingehenden Anforderung gewünscht. Diese Refaktorisierung beschreibt die Steuerung und den Schutz auf der Basis von Berechtigungen.

Wenn man die Ablaufreihenfolge der Clientanforderungen kontrollieren muss, wendet man Synchronisationstoken an (siehe »Ein Synchronisationstoken einführen« weiter vorn in diesem Kapitel).

Vorgehen

- Schränken Sie den Zugriff auf bestimmte Ressourcen (zum Beispiel Webressourcen, Servlets) über Konfiguration ein, indem Sie diese Ressourcen in ein Unterverzeichnis von /WEB-INF/ der Webanwendung verschieben.
  - Um zum Beispiel in der Webanwendung securityissues den direkten Browserzugriff auf eine Ansicht info.jsp zu blockieren, können Sie die JSP-Quelldatei im folgenden Unterverzeichnis platzieren:
    /securityissues/WEB-INF/internalaccessonly/info.jsp
- Schränken Sie den Zugriff mithilfe einer Steuerungskomponente ein.
  - Mit einem Controller (siehe »Einen Controller einführen« weiter vorn in diesem Kapitel) kann man den Zugriff auf geschützte Ressourcen verwalten.
  - Zusätzlich kann jede zu schützende Ressource ihre eigene Zugriffssteuerung verwalten, d.h. sie delegiert zu einer Hilfsklasse, die diese Verarbeitung übernimmt.
- Erstellen Sie eine oder mehrere Hilfsklassen.
  - Abhängig von der Implementierung delegiert entweder der Controller oder jede JSP selbst zu diesen Hilfsklassen, um zu prüfen, ob die Ressource zu schützen ist.

Beispiel

Einschränkung durch Containerkonfiguration

Außer über einen Controller können wir unserem Client den Zugriff auf eine JSP info.jsp verwehren, indem wir die JSP in einem Unterverzeichnis von /WEB-INF/ platzieren.

Bei einer Webanwendung namens corepatterns können wir mit der folgenden Konfiguration unterhalb unseres Serverstammverzeichnisses beginnen:

```
/corepatterns/secure_page.jsp
```

Standardmäßig kann dann der Client direkt auf diese Ressource zugreifen, wie es der folgende URL zeigt:

```
http://localhost:8080/corepatterns/secure_page.jsp
```

Um den direkten Zugriff einzuschränken, verschieben wir einfach die JSP-Datei in ein Unterverzeichnis von /WEB-INF/, sodass sich folgende Verzeichnisstruktur unterhalb unseres Serverstammverzeichnisses ergibt:

```
/corepatterns/WEB-INF/privateaccess/secure_page.jsp
```

Auf die Verzeichnishierarchie */WEB-INF/* kann man nur indirekt über interne Anforderungen zugreifen, beispielsweise über Anforderungen, die über einen Controller und einen RequestDispatcher (Anforderungsverteiler) kommen. Somit kann jetzt ein Browserclient auf diese Datei nur über einen URL der folgenden Art zugreifen:

```
http://localhost:8080/corepatterns/controller?view=/
    corepatterns/WEB-INF/privateaccess/secure_page.jsp
```

Hinweis: Der obige URL dient lediglich der Veranschaulichung. Es handelt sich *nicht* um ein empfohlenes Verfahren, um Pfadinformationen an den Server zu übergeben. Der Abfrageparameter view sollte die Verzeichnisstruktur des Servers nicht preisgeben. Hier geschieht das nur, um die Absicht des Beispiels zu verdeutlichen.

Behandelt ein Servlet-Controller diese Anforderung, kann er sie mithilfe des RequestDispatchers an secure_page.jsp weiterleiten.

Versucht man dagegen, direkt auf die Ressource mit dem URL

```
http://localhost:8080/corepatterns/WEB-INF/
    privateaccess/secure_page.jsp
```

zuzugreifen, antwortet der Server, dass die angeforderte Ressource nicht verfügbar ist (siehe Abbildung 5.15).

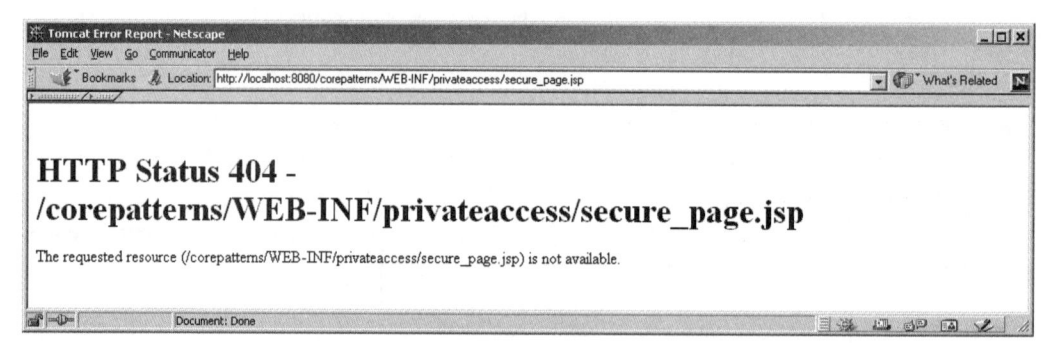

Abbildung 5.15: Der direkte Browserzugriff wurde über eine einfache Dateikonfiguration eingeschränkt

Einschränkung mithilfe einer Steuerungskomponente
Den Zugriff kann man auch einschränken, indem man die Verarbeitung an eine Steuerungskomponente delegiert, wie es Abbildung 5.14 und Beispiel 5.11 zeigen.

Beispiel 5.11: Den Zugriff mithilfe einer Steuerungskomponente kontrollieren

```
<%@ taglib uri="/WEB-INF/corepatternstaglibrary.tld"
  prefix="corepatterns" %>
<corepatterns:guard/>
<html>
<head><title>Ressource vor Client verbergen</title></head>
<body>

<h2>Diese Ansicht wird dem Client nur gezeigt, wenn die
Steuerungskomponente den Zugriff erlaubt. Die Ansicht delegiert
die Steuerungsprüfung zum Schutz-Tag am Beginn der Seite.</h2>
</body>
</html>
```

5.2 Refaktorisierungen der Geschäfts- und Integrationsschicht

5.2.1 Entitäten mit einer Sitzung einhüllen

Entity Beans von der Geschäftsschicht werden für Clients in einer anderen Schicht offen gelegt.

Verwenden Sie eine Session Facade, um die Entity Beans zu kapseln.

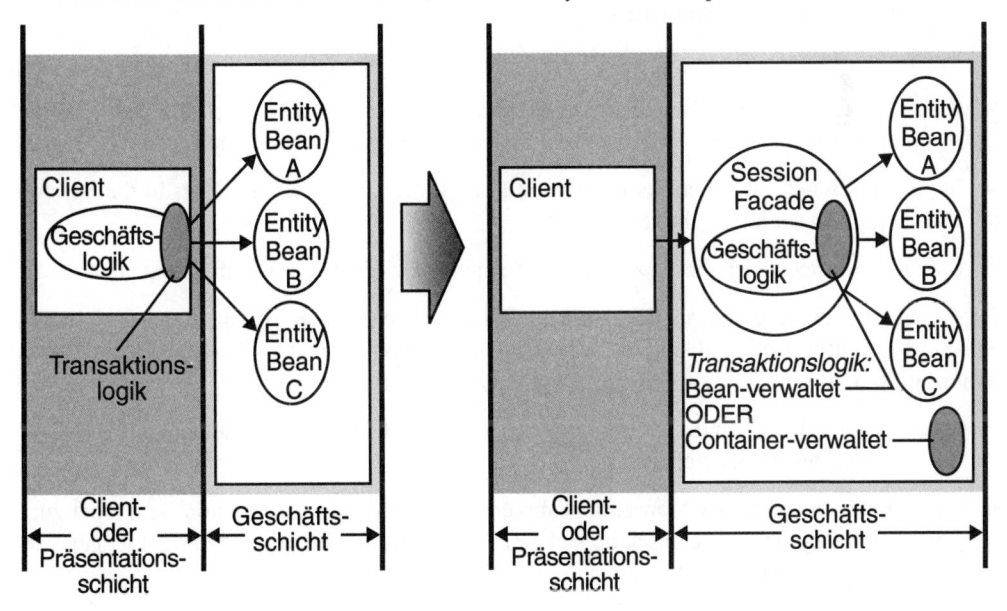

Abbildung 5.16: Entitäten mit einer Sitzung einhüllen

Motivation

Entity Beans sind grobkörnige verteilte persistente Objekte. Legt man die Entity Bean für Clients in einer anderen Schicht offen, führt das zu Netzwerk-Overhead und Durchsatzeinbrüchen. Jeder Aufruf der Entity Bean durch einen Client ist ein entfernter und damit kostenintensiver Methodenaufruf über das Netzwerk.

Entity Beans veranlassen eine Container-verwaltete Transaktion. Legt man die Entity Beans den Clients offen, fällt dem Clientwickler die Aufgabe zu, Transaktionen zu entwerfen und abzugrenzen, wenn mehrere Entity Beans beteiligt sind. Der Clientwickler muss eine Benutzertransaktion vom Transaktionsmanager abrufen und die Interaktion mit Entity Beans so codieren, dass sie im Kontext dieser Transaktion abläuft. Da der Client die Transaktionsverwaltung implementiert, kann man nicht mehr auf die Vorteile der vom Container verwalteten Transaktionsabgrenzung zurückgreifen.

Vorgehen

- Ziehen Sie die Geschäftslogik, die mit den Entity Beans kommuniziert, aus dem Anwendungsclient heraus.
  - Verwenden Sie die Refaktorisierung *Klasse extrahieren* [Fowler], um die Logik aus dem Client herauszuziehen.
- Verwenden Sie eine Session Bean als Fassade für die Entity Beans.
  - Diese Session Bean kann die Logik zur Interaktion mit der Entity Bean und die Logik des zugehörigen Workflows enthalten.
  - Einzelheiten finden Sie im Abschnitt »Session Facade« von Kapitel 8.
- Implementieren Sie Session Beans, um eine gemeinsame einheitliche Zugriffsschicht auf die Entity Beans bereitzustellen, indem Sie das Muster *Session Facade* anwenden.
  - Die Interaktionen zwischen dem Client und den Entity Beans werden jetzt in die Session Facade der Geschäftsschicht verschoben.
  - Folglich verringert sich die Anzahl der entfernten Methodenaufrufe vom Client aus.
- Implementieren Sie die Transaktionslogik in Session Beans, wenn Sie mit Bean-verwalteten Transaktionen arbeiten. Bei Container-verwalteten Transaktionen spezifizieren Sie die Transaktionsattribute für die Session Bean im Deployment-Deskriptor.
  - Da die Session Bean mit den Entity Beans interagiert, ist der Client nicht mehr dafür zuständig, Transaktionen abzugrenzen.
  - Folglich werden jetzt alle Transaktionsabgrenzungen entweder zur Session Bean oder zum Container delegiert, je nachdem, ob sich der Entwickler für Benutzer- oder Container-verwaltete Transaktionen entschieden hat.

5.2.2 Business Delegate einführen

Session Beans in der Geschäftsschicht werden für Clients in anderen Schichten offen gelegt.

Verwenden Sie einen Business Delegate, um die Schichten zu entkoppeln und die Implementierungsdetails zu verbergen.

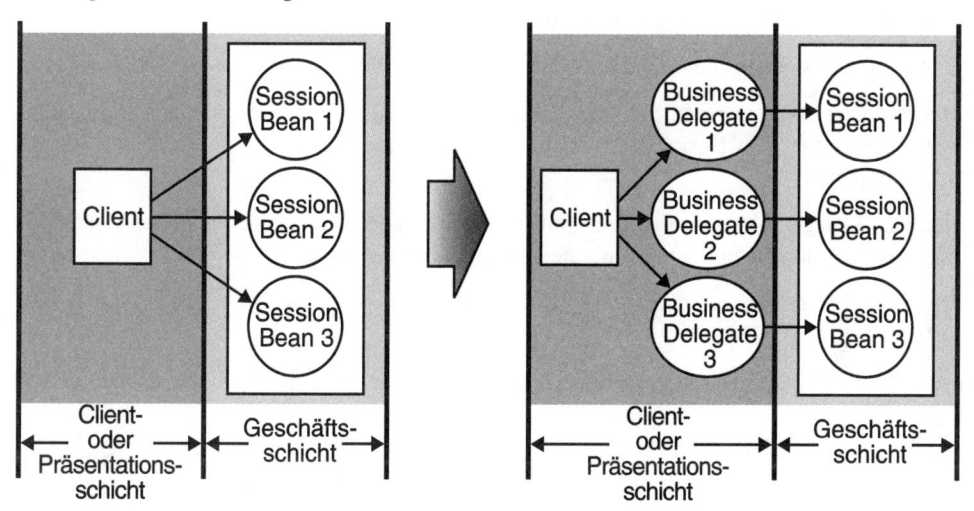

Abbildung 5.17: Einen Business Delegate einführen

Motivation

Mit Session Beans implementiert man Fassaden für Entity Beans, wie es der Abschnitt »Entitäten mit einer Sitzung einhüllen« weiter vorn in diesem Kapitel erläutert hat. Session Beans bieten grobkörnige Schnittstellen zu Geschäftsdiensten. Legt man aber die Session Bean direkt für den Anwendungsclient frei, erzeugt man eine enge Kopplung zwischen dem Code des Anwendungsclients und der Session Bean.

Das Offenlegen der Session Bean für den Anwendungsclient dehnt die Gültigkeit der Session Bean-Aufrufe auf den gesamten Clientcode aus. Somit beeinflusst jede Änderung an der Session Bean-Schnittstelle jeden Punkt im Code des Anwendungsclients, wo der Aufruf der Session Bean erscheint. Der Code wird deshalb regelrecht unübersichtlich. Die Clients werden auch mit Ausnahmen auf Dienstebene konfrontiert, die im Zusammenhang mit Enterprise Beans auftreten. Dieser Effekt verstärkt sich noch, wenn man Anwendungen mit unterschiedlichen Typen von Clients hat, wobei jeder dieser Clients die Session Bean-Schnittstelle verwendet, um einen bestimmten Dienst abzurufen.

Vorgehen

- Für jede Session Bean, die direkt für die Clients über die Schicht hinweg offen gelegt ist, führen Sie einen Business Delegate ein.
  - Business Delegates sind reine Java-Klassen, die die Details der Geschäftsschicht kapseln und Ausnahmen auf der Dienstebene im Namen des Clients abfangen.
  - Siehe »Business Delegate« in Kapitel 8.
- Normalerweise implementieren Sie jeden Business Delegate, der sich mit seiner Session Bean befasst, als Fassade. Ein Business Delegate wird mit einer 1:1-Beziehung zu seiner Session Facade entworfen.
  - Business Delegates verringern die Kopplung zwischen der Clientschicht und den Geschäftsdiensten (Session Beans), indem sie die Implementierungsdetails verbergen.
  - Die Clients kommunizieren mit den Business Delegates, indem sie Methoden auf ihnen lokal aufrufen.
- Kapseln Sie den Code, der sich auf Suchdienste und Zwischenspeichern bezieht, in Business Delegates.
  - Business Delegates können einen Service Locator verwenden, um nach Geschäftsdiensten zu suchen.
  - Siehe »Service Locator« in Kapitel 8.

5.2.3 Session Beans zusammenfassen

Es bestehen 1:1-Zuordnungen zwischen Session Beans und Entity Beans.

Bilden Sie grobkörnige Geschäftsdienste auf Session Beans ab. Eliminieren oder kombinieren Sie Session Beans, die lediglich als Entity Bean-Proxies agieren, zu Session Beans, die grobkörnige Geschäftsdienste repräsentieren.

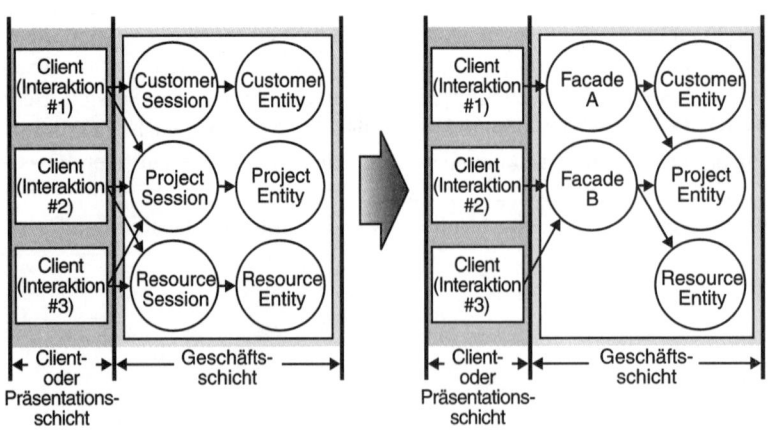

Abbildung 5.18: Session Beans zusammenfassen

J2EE-Refaktorisierungen

Motivation

Eine 1:1-Zuordnung einer Session Bean zu einer Entity Bean bringt keinerlei Nutzen. Derartige Zuordnungen führen nur eine Schicht von Session Beans ein, die als Proxies fungieren. Das passiert in der Regel, wenn Entwickler Session Beans erzeugen, die Entity Beans vorgelagert sind, statt grobkörnige Dienste zu repräsentieren.

Manche Designer interpretieren »Entitäten mit Sitzung einhüllen« so, dass jede Entity Bean durch ihre eigene Session Bean geschützt werden sollte. Diese Interpretation ist nicht richtig, weil sie dazu führt, Session Beans als Proxies statt als Fassaden zu entwerfen. Die Nachteile beim Offenlegen der Entity Beans für Clients hat der Abschnitt »Entitäten mit einer Sitzung einhüllen« weiter vorn in diesem Kapitel behandelt.

In Abbildung 5.18 bedienen sich verschiedene Clients unschiedlicher Interaktionen. Jede Interaktion erstreckt sich über eine oder mehrere Entity Beans. Bei einer 1:1-Zuordnung einer Session Bean zu einer Entity Bean muss der Client mit jeder Session Bean interagieren, die vor einer Entity Bean steht. Da die Session Bean praktisch ein Proxy für die Entität ist, ähnelt dieses Szenario dem direkten Offenlegen der Entity Bean für den Client.

Vorgehen

- Implementieren Sie Session Beans als Fassaden zu Entity Beans. Somit liefert jede Session Bean eine grobkörnige Dienstschnittstelle für die Clients.
- Fassen Sie feinkörnige Session Beans oder einen Satz von Session Beans, die als Proxies zu Entity Beans fungieren, in einer einzelnen Session Bean zusammen.
    - Session Beans repräsentieren grobkörnige Geschäftsdienste.
    - Entity Beans repräsentieren grobkörnige, persistente Daten, die in einer Transaktion eingeschlossen sind.
    - Siehe »Session Facade« in Kapitel 8.
- Fassen Sie einen Satz von verwandten Interaktionen, die sich über eine oder mehrere Entity Beans erstrecken, zu einer einzelnen Session Facade zusammen, statt jede Interaktion mit einer separaten Session Bean zu implementieren.
    - Dadurch verringert sich die Anzahl der Session Beans, die einen einheitlichen grobkörnigen Geschäftsdienstzugriff auf Entity Beans bereitstellen.
    - Die Anzahl der Session Facades ist von der Gruppierung der Interaktionen und nicht von der Anzahl der Entity Beans abhängig.

5.2.4 Bean-Kommunikation zwischen Entitäten eliminieren

Beziehungen zwischen Entitäten führen zu Overhead im Modell.

Verringern oder vermeiden Sie die Beziehungen zwischen Entity Beans, indem Sie eine grobkörnige Entity Bean (Composite Entity) mit abhängigen Objekten verwenden.

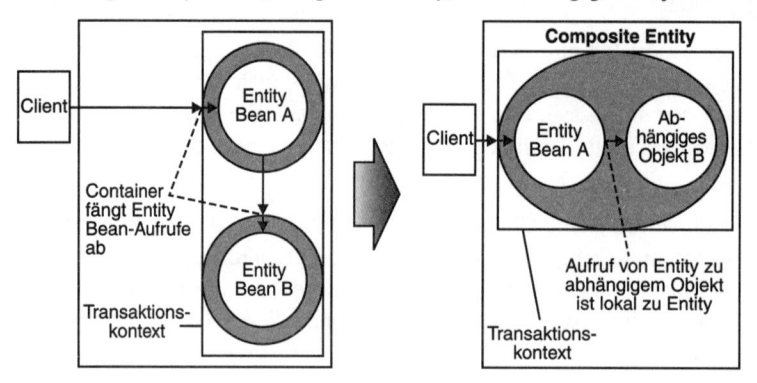

Abbildung 5.19: Bean-Kommunikation zwischen Entitäten eliminieren

Motivation

Entity Beans bedeuten beträchtlich mehr Overhead als reine Java-Objekte. Aufrufe von Entity Bean-Methoden sind remote und führen zu Netzwerk-Overhead. Außerdem müssen Entity Beans mit einer externen Datenquelle kommunizieren.

Selbst wenn sich zwei Entity Beans im selben Container befinden, ist die Semantik von entfernten Methodenaufrufen anzuwenden (der Container ist an der Kommunikation beteiligt), wenn die eine Entity Bean die andere aufruft. Manche Containerimplementierungen können derartige Aufrufe zwar optimieren, weil sie erkennen, dass der Aufruf von einem Objekt im selben Container stammt, allerdings ist das herstellerspezifisch und nicht garantiert.

Ein weiteres Problem besteht darin, dass die Entity Bean nicht in der Lage ist, eine Transaktion abzugrenzen. Beim Einsatz von Entity Beans sind nur Container-verwaltete Transaktionen zulässig. Das bedeutet, dass je nach Transaktionsattribut der Entity Bean-Methode der Container eine neue Transaktion beginnen, an der aktuellen Transaktion teilnehmen oder keines von beiden tun kann. Wenn ein Client eine Methode auf einer Entity Bean aufruft, umfasst die Transaktion die Kette der abhängigen Entity Beans und bindet sie in den Kontext der Transaktion ein. Dadurch geht der Durchsatz der Entity Beans als Ganzes zurück, weil jede Transaktion mehrere Entity Beans sperren könnte und möglicherweise eine Deadlock-Situation eintritt.

Vorgehen

- Entwerfen und implementieren Sie Entity Beans als grobkörnige Objekte mit Wurzelobjekt und abhängigen Objekten.
  - Überführen Sie eine Beziehung zwischen Entity Beans in eine Beziehung von einer Entity Bean zu einem abhängigen Objekt.

J2EE-Refaktorisierungen

- Abhängige Objekte sind keine Entity Beans, sondern Objekte, die in einer Entity Bean enthalten sind. Eine Beziehung zwischen einer Entity Bean und ihren abhängigen Objekten ist eine lokale Beziehung ohne Netzwerk-Overhead.
- Optimieren Sie Lade- und Speicheroperationen für zusammengesetzte Entitäten nach den Strategien *Lazy Loading* bzw. *Store Optimization* (Dirty Marker).
- Siehe »Composite Entity« in Kapitel 8.
* Extrahieren und verschieben Sie Geschäftslogik, die sich auf die Arbeit mit anderen Entitäten bezieht, aus der Entity Bean in eine Session Bean.
  - Verwenden Sie die Refaktorisierungen *Methode extrahieren* [Fowler] und/oder *Methode verschieben* [Fowler], um eine derartige Geschäftslogik in eine Session Bean zu verschieben, wobei Sie das Muster *Session Facade* anwenden.
  - Siehe »Session Facade« in Kapitel 8.

5.2.5 Geschäftslogik in Sitzung verschieben

Beziehungen zwischen Entitäten führen zu Overhead im Modell.

Kapseln Sie den Workflow, der sich auf Beziehungen zwischen Entity Beans bezieht, in einer Session Bean (Session Facade).

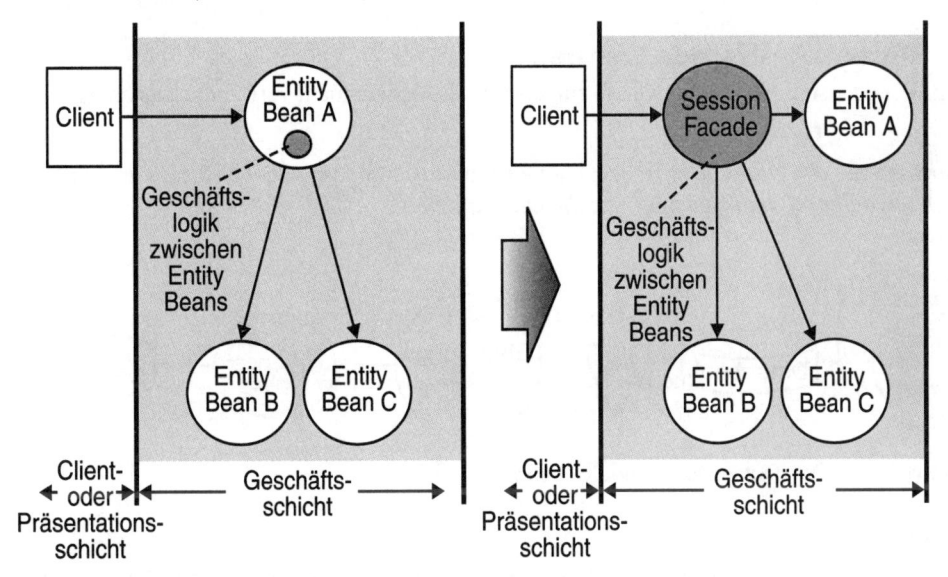

Abbildung 5.20: Geschäftslogik in eine Session Bean verschieben

Motivation

Im vorherigen Abschnitt »Bean-Kommunikation zwischen Entitäten eliminieren« haben wir die Probleme behandelt, die mit direkten Abhängigkeiten zwischen Entity Beans zusammenhängen. Das Problem ist, dass eine Entität Geschäftslogik enthalten kann, die mit anderen Entity Beans zu tun hat. Dadurch entstehen direkte oder indirekte Abhängigkeiten zu anderen Entity Beans. Die gleichen Probleme, wie sie der vorherige Abschnitt behandelt hat, treffen auch auf dieses Szenario zu.

Vorgehen

- Extrahieren und verschieben Sie Geschäftslogik, die sich auf die Arbeit mit anderen Entitäten bezieht, aus der Entity Bean in eine Session Bean.
    - Verwenden Sie die Refaktorisierungen *Methode extrahieren* [Fowler] und/oder *Methode verschieben* [Fowler], um derartige Geschäftslogik in eine Session Bean zu verschieben, und wenden Sie dafür das Muster *Session Facade* an.
    - Siehe »Session Facade« in Kapitel 8.
    - Siehe »Entitäten mit einer Sitzung einhüllen« weiter vorn in diesem Kapitel.

5.3 Allgemeine Refaktorisierungen

5.3.1 Datenzugriffscode trennen

Datenzugriffscode ist direkt in eine Klasse eingebettet, die andere nicht verwandte Zuständigkeiten besitzt.

Extrahieren Sie den Datenzugriffscode in eine neue Klasse und verschieben Sie die neue Klasse logisch und/oder physikalisch enger an die Datenquelle.

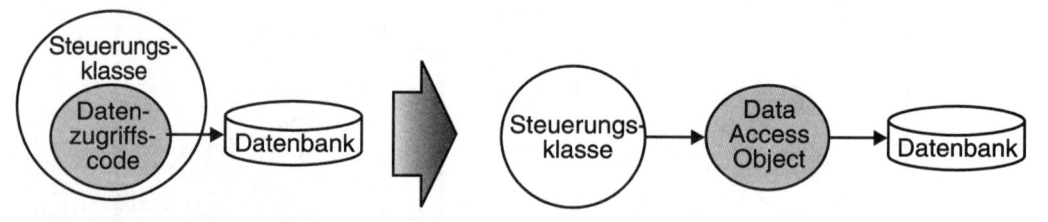

Abbildung 5.21: Den Datenzugriffscode abtrennen

Motivation

Erzeugen Sie klare Abstraktionen, erhöhen Sie den Zusammenhalt und verringern Sie die Kopplung. Damit verbessert sich die Modularität und Wiederverwendbarkeit.

J2EE-Refaktorisierungen

Vorgehen

- Identifizieren und extrahieren Sie die Datenzugriffslogik aus dem Controller-Objekt.
    - Verwenden Sie die Refaktorisierung *Klasse extrahieren* [Fowler], um eine neue Klasse zu erzeugen und den Datenzugriffscode aus der ursprünglichen Klasse in die neue Datenzugriffsklasse (DAO, Data Access Object) zu verschieben.
    - Binden Sie gegebenenfalls DAO in den Namen der neuen Klasse ein, um auf ihre Rolle als Datenzugriffsobjekt hinzuweisen.
    - Siehe »Data Access Object« in Kapitel 9.
- Verwenden Sie das neue DAO vom Controller aus, um auf Daten zuzugreifen.
- Weitere Informationen zur Aufteilung von Anwendungen finden Sie im Abschnitt »Architektur nach Schichten refaktorisieren« später in diesem Kapitel.

Beispiel

Im folgenden Beispiel ist der Code für den Zugriff auf bestimmte Benutzerinformationen in einem Servlet eingebettet. Wir ändern den Entwurf gemäß der ersten zwei Aufzählungspunkte, wie es Abbildung 5.22 zeigt.

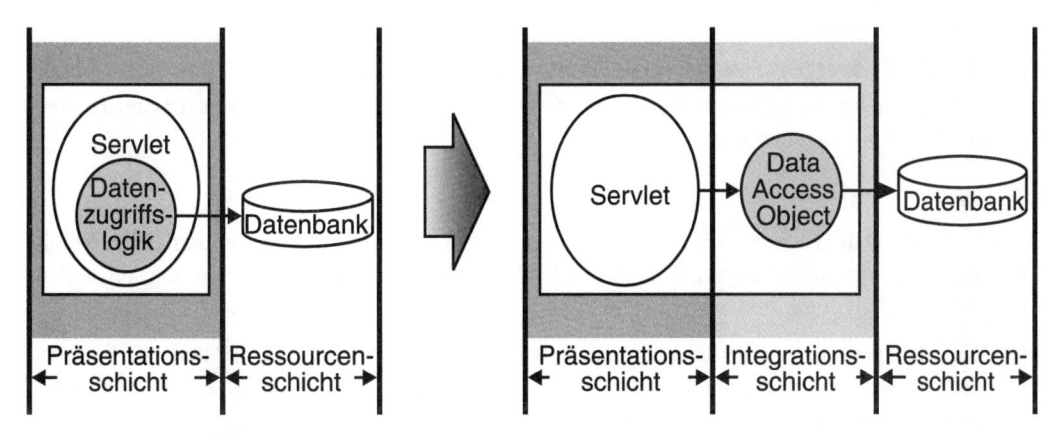

Abbildung 5.22: Datenzugriffscode trennen – Servlet-Beispiel

Wir haben jetzt zwei Klassen: eine für das Servlet, das als Controller fungiert, und die andere als neues Objekt namens UserDAO, das als Datenzugriffsobjekt dient, um auf Benutzerinformationen zuzugreifen. Das Objekt UserDAO kapselt den gesamten JDBC-Code und entkoppelt das Servlet von den Implementierungsdetails. Der Servlet-Code ist im Ergebnis wesentlich einfacher.

Sehen Sie sich nun ein anderes Beispiel an, bei dem die Persistenzlogik in eine Enterprise Bean mithilfe der Bean-verwalteten Persistenz eingebettet ist. Kombiniert man den Persistenzcode mit dem Code der Enterprise Bean, entsteht ein undurchsichtiger und eng gekoppelter Code. Ist der Persistenzcode Teil der Enterprise Bean, erfordert jede Änderung an der persistenten Speicherung eine

Anpassung im Persistenzcode der Bean. Eine derartige Kopplung wirkt sich ungünstig auf die Wartung des Enterprise Bean-Codes aus. Mithin haben wir hier ein weiteres Beispiel, wie diese Refaktorisierung helfen kann.

Wir wenden diese Refaktorisierung an und ändern den Entwurf entsprechend Abbildung 5.23 ab.

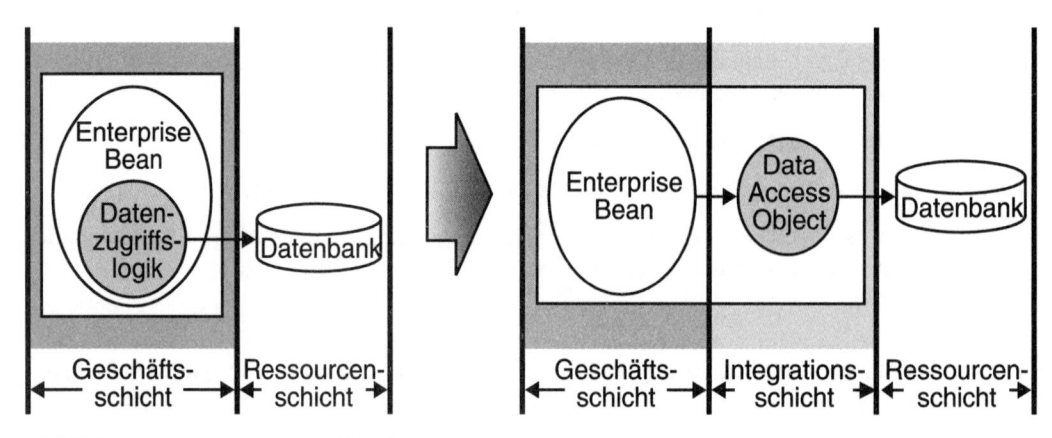

Abbildung 5.23: Datenzugriffscode trennen – Enterprise Bean-Beispiel

5.3.2 Architektur nach Schichten refaktorisieren

Wenn die Architektur komplexer wird, ist es erforderlich, die Lokalisierung der Datenzugriffs- und Verarbeitungslogik zu ändern.

Motivation

Der Abschnitt »Datenzugriffscode trennen« weiter vorn in diesem Kapitel demonstriert das Refaktorisieren der Datenzugriffslogik, während sich die hier behandelte Refaktorisierung auf andere Arten von Geschäftslogik in einer Anwendung bezieht.

Die J2EE-Plattform bietet eine klare Trennung der Aufgabenbereiche in die Rollen von Servlets, JSPs und EJB-Komponenten, um höchstmöglichen Nutzen hinsichtlich Skalierbarkeit, Flexibilität, Transaktionen, Sicherheit usw. zu erzielen.

Mit zunehmender Komplexität der Geschäftsanforderungen muss sich der Entwurf mehr den Fragen widmen, die mit Persistenz, Transaktionen, Sicherheit und Skalierbarkeit von Geschäftsdiensten zu tun haben. Wenn die Komplexität einen bestimmten Punkt erreicht hat, führt man Session Beans und Entity Beans ein, um eine zentralisierte Verarbeitung der Geschäftslogik für alle Clients bereitzustellen und die Vorteile des EJB-Containers zu nutzen.

J2EE-Refaktorisierungen

Verschieben Sie den Datenzugriffscode logisch und/oder physikalisch näher an die eigentliche Datenquelle. Nehmen Sie die Verarbeitungslogik aus den Client- und Präsentationsschichten heraus und verschieben Sie sie in die Geschäftsschicht.

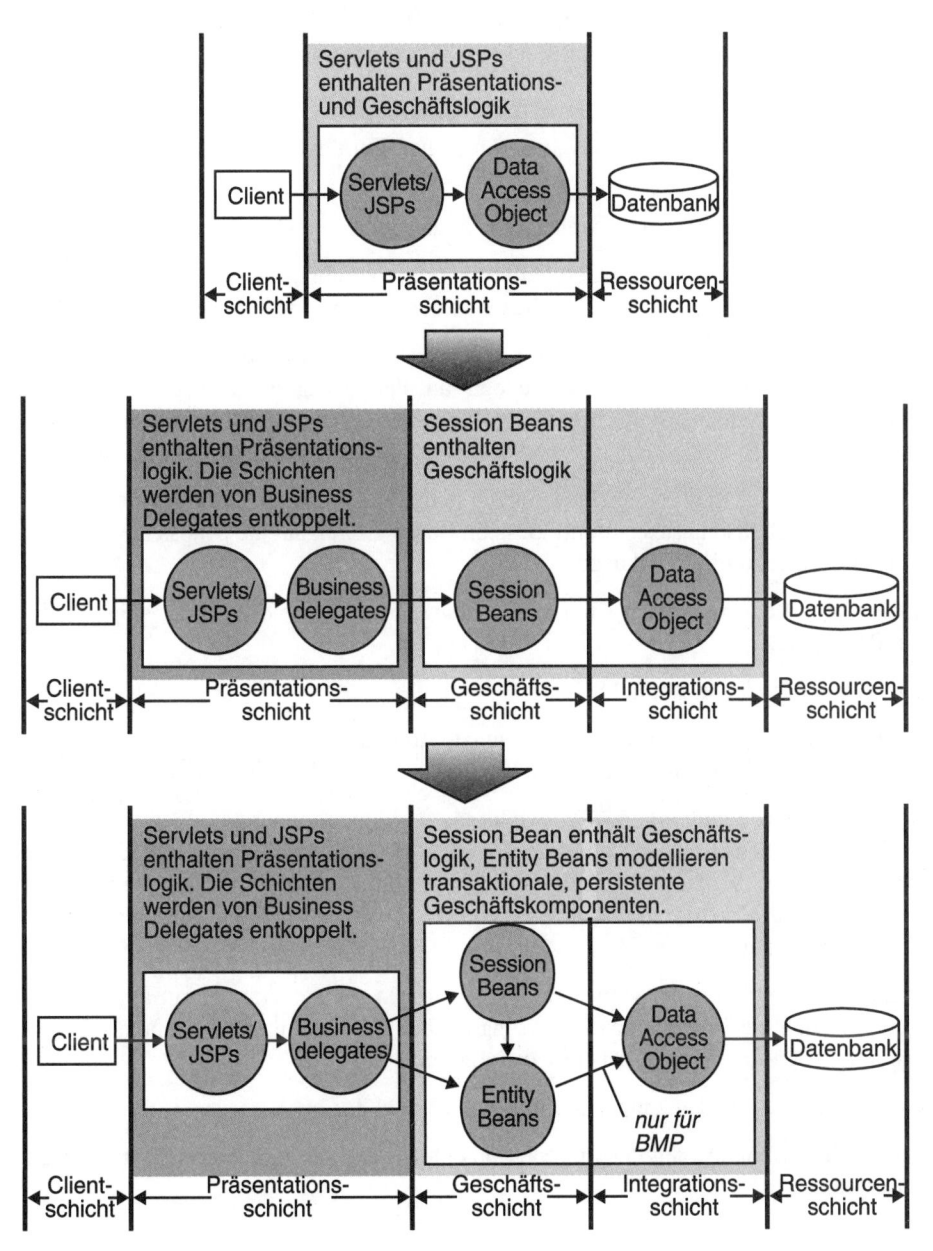

Abbildung 5.24: Architektur nach Schichten refaktorisieren

Manche Entwickler verwenden schwergewichtige Komponenten wie Enterprise Beans, ohne sich zu vergewissern, ob die Anwendungsanforderungen überhaupt diesen Einsatz rechtfertigen. Die Entscheidung für diese Komponenten ist unter anderem abhängig von komplizierteren Anwendungsanforderungen wie zum Beispiel Transaktionen, Sicherheit, Skalierbarkeit und verteilter Verarbeitung.

Vorgehen

- Lösen Sie den Datenzugriffscode aus den Steuerungs- und Entitätsobjekten heraus und schreiben Sie ihn in Datenzugriffsobjekte.
    - Siehe »Datenzugriffscode trennen« weiter vorn in diesem Kapitel.
- Trennen Sie die Präsentations- von der Geschäftsverarbeitung. Führen Sie Session Beans für die Geschäftsverarbeitung ein. Belassen Sie die Präsentationsverarbeitung in Servlets und JSPs.
    - Wenden Sie diesen Schritt an, wenn die Anwendungsanforderungen komplexer werden und wenn die Zusammenfassung von Geschäftslogik auf der Geschäftsschicht erforderlich ist, um denselben Geschäftsdienst für alle Clients anzubieten (d.h., nicht nur für die Präsentationsclients).
    - Diese Funktionalität lässt sich realisieren, indem man Session Beans als Verarbeitungskomponenten des Geschäftsdienstes einführt. Session Beans greifen auf die persistente Speicherung über die Datenzugriffsobjekte zu.
    - Container- oder Bean-verwaltete Transaktionsabgrenzung lässt sich zweckmäßig für die Session Beans nutzen.
    - Siehe »Session Facade« in Kapitel 8.
- Führen Sie Entity Beans ein, um gemeinsam genutzte, transaktionale, grobkörnige persistente Geschäftsobjekte zu modellieren. Wenn es die Umstände nicht rechtfertigen, Entity Beans einzusetzen, überspringen Sie diesen Schritt.
    - Führen Sie diesen Schritt durch, wenn die persistenten Geschäftskomponenten komplexer werden und Sie die Vorteile der Entity Beans einschließlich der Container-verwalteten Transaktionen und Container-verwalteten Persistenz (CMP, Container-managed persistence) nutzen möchten.
    - Entity Beans bieten Container-verwaltete Transaktionen für die Transaktionsabgrenzung. Dadurch lässt sich die Transaktionsabgrenzung deklarativ programmieren, ohne die Transaktionslogik in den Enterprise Beans fest zu codieren.
    - Siehe »Value Object« und »Composite Entity« in Kapitel 8.
- Entkoppeln Sie die Komponenten der Präsentationsschicht und der Geschäftsschicht mithilfe von Business Delegates.

J2EE-Refaktorisierungen

- Der Business Delegate entkoppelt die Komponenten der Präsentationsschicht von den Komponenten der Geschäftsschicht und verbirgt die Komplexität der Suche und andere Implementierungsdetails.
- Siehe »Business Delegate« in Kapitel 8.

5.3.3 Einen Verbindungspool verwenden

Datenbankverbindungen werden nicht gemeinsam genutzt. Stattdessen verwalten Clients ihre eigenen Verbindungen, um Datenbankaufrufe durchzuführen.

Verwenden Sie einen Verbindungspool, um mehrere Verbindungen vorab zu initialisieren und so die Skalierbarkeit und Leistung zu verbessern.

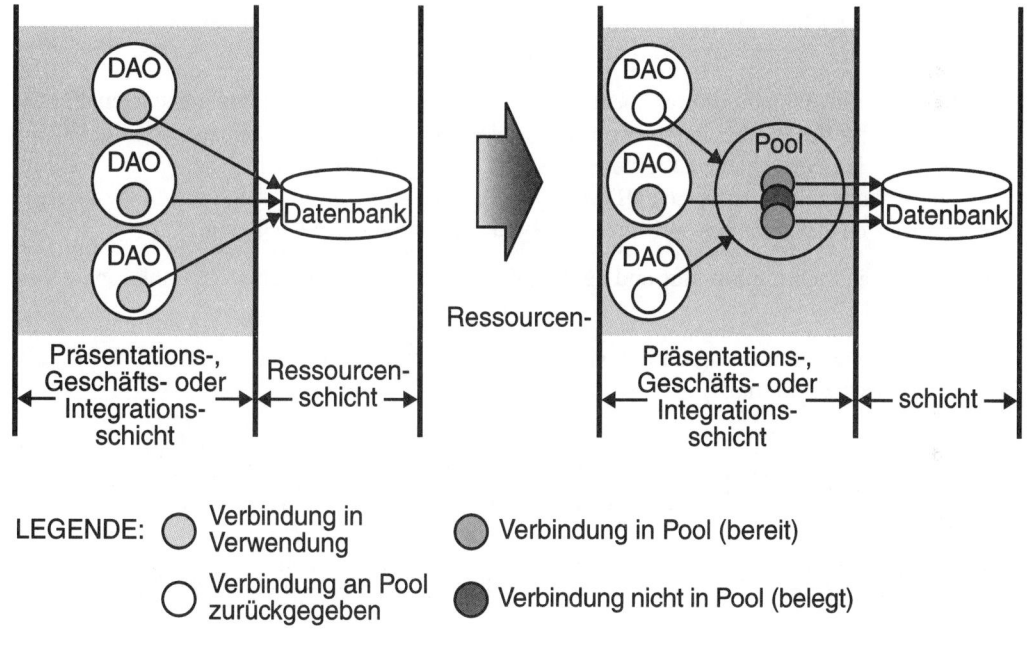

Abbildung 5.25: Einen Verbindungspool verwenden

Motivation

Das Öffnen einer Verbindung zu einer Datenbank ist eine ziemlich teure Operation, die Zeit und Ressourcen kostet. Davon sind sowohl die Leistung als auch die Skalierbarkeit betroffen. Da die Anzahl der Datenbankverbindungen begrenzt ist, wird die höchstmögliche Anzahl von Verbindungen viel früher als gewünscht erreicht sein, wenn jeder Client seine eigenen Verbindungen verwaltet.

Dieses Problem entsteht in der Präsentationsschicht bei Projekten, die die EJB-Technologie in mehreren Phasen einführen. In diesem Fall interagieren Komponenten in der Präsentationsschicht anfänglich direkt mit einer Datenbank. Später wird der Datenzugriffscode in die Geschäftsschicht verschoben und in einer EJB-Schicht gekapselt. Siehe »Datenzugriffscode trennen« und »Architektur nach Schichten refaktorisieren« weiter vorn in diesem Kapitel.

Vorgehen
- Erzeugen Sie eine Schnittstelle für die Verbindungsverwaltung, einschließlich der Methoden, die eine Verbindung abrufen und zurückgeben.
- Wenden Sie die Refaktorisierungen *Klasse extrahieren* [Fowler] und/oder *Methode verschieben* [Fowler] an, um den vorhandenen Code zum Abrufen einer Verbindung in eine Klasse zu verschieben, die die Schnittstelle zur Verbindungsverwaltung implementiert.
  - Die Stellen, an denen Sie den Verbindungscode herausgezogen haben, ergänzen Sie durch Aufrufe einer Instanz dieser neuen Klasse, d.h. durch `connectionMgr.getConnection()` und `connectionMgr.returnConnection(conn)`.
  - Beachten Sie, dass die JDBC-Spezifikation, Version 2, einen Standardmechanismus für die Einführung des Verbindungs-Poolings vorsieht. Falls dieser Mechanismus verfügbar ist, stellt er den empfohlenen Weg dar, um Verbindungs-Pooling zu realisieren. Die Verwaltungsschnittstelle hat in der JDBC-Spezifikation, Version 2, den Namen `javax.sql.DataSource` und stellt eine Fabrik für gepoolte Verbindungsobjekte bereit.
  - Derzeit sind nur die Struktur und die Schnittstelle standardisiert, aber die Funktionalität ist die gleiche.
  - Es ist zu empfehlen, das Pooling erst zu implementieren, wenn man die JDBC 2.0-`DataSource`-Fabrik nutzt.
- Modifizieren Sie die Implementierung der Methoden, die Verbindungen abrufen, in der Implementierung des Verbindungsmanagers, um bestimmte Verbindungsinstanzen vorab zu initialisieren und sie unter den Benutzern gemeinsam zu nutzen. Auf diese Weise wird das Pooling eingeführt.
  - Es gibt zahlreiche öffentlich zugängliche Implementierungen, unter denen Sie auswählen können.
  - Clients dieser Verbindungsmanagerinstanzen sind normalerweise Datenzugriffsobjekte. Siehe »Datenzugriffscode trennen« weiter vorn in diesem Kapitel.
  - Datenzugriffscode wandert im Laufe der Projektentwicklung logisch näher zur Datenbank. Siehe »Architektur nach Schichten refaktorisieren« weiter vorn in diesem Kapitel.

Teil 3: J2EE-Musterkatalog

Teil 3 besteht aus folgenden vier Kapiteln und einem Epilog:

- Kapitel 6: J2EE-Muster im Überblick
- Kapitel 7: Muster der Präsentationsschicht
- Kapitel 8: Muster der Geschäftsschicht
- Kapitel 9: Muster der Integrationsschicht
- Epilog: Angewandte J2EE-Muster

Kapitel 6 bringt einen Überblick über den J2EE-Musterkatalog und bespricht unsere Schichtenlösung. Das Kapitel ist ein Führer durch den Musterkatalog und beschreibt die Terminologie und UML-Stereotypen, die zur Beschreibung jedes Musters dienen. Das zur Dokumentation jedes Musters verwendete Schema wird ebenfalls definiert und erläutert. Zu den wichtigen Aspekten des Kapitels gehört die Behandlung der Beziehungen zwischen verschiedenen Mustern im Katalog – sowohl untereinander als auch mit Mustern, die in der Literatur angegeben sind, beispielsweise *Design Patterns* [GoF], *Patterns of Software Architecture*, Band 1 [POSA 1] und Band 2 [POSA 2]. Ein weiteres nützliches Instrument dieses Kapitels ist der J2EE-Muster-Wegweiser, der eine Tabelle von allgemeinen Anforderungen und Zuordnungen zu verschiedenen Mustern und Refaktorisierungen enthält.

Die Kapitel 7 bis 9 beschreiben die Muster im J2EE-Musterkatalog.

Kapitel 7 gibt sechs Muster für die Präsentationsschicht an, die sich mit den Technologien Servlets und JSP befassen.

Kapitel 8 stellt sieben Muster für die Geschäftsschicht vor, die sich auf die Technologien EJB, JDBC und JNDI beziehen.

Kapitel 9 zeigt zwei Muster in Verbindung mit den Technologien JDBC und JMS.

Der Epilog bespricht kurz die Musterauswahl und demonstriert den Einsatz an beispielhaften Anwendungsfällen. Außerdem wird vorgeführt, wie mehrere Muster zusammenwirken, um eine Lösung zu erhalten.

Kapitel **6**

J2EE-Muster im Überblick

- Konzept der Schichten
- J2EE-Muster
- Führer durch den Katalog
- J2EE-Musterbeziehungen
- Beziehungen zu bekannten Mustern
- Wegweiser durch die Muster

Die J2EE-Muster sind eine Sammlung von J2EE-basierten Lösungen für allgemeine Probleme. Sie spiegeln das kollektive Fachwissen und die Erfahrung von Java-Architekten beim Sun Java Center wider, die aus der erfolgreichen Durchführung zahlreicher J2EE-Projekte gewonnen wurden. Das Sun Java Center ist das Beraterunternehmen von Sun, das sich auf die architektonische Gestaltung von Lösungen für Kunden basierend auf der Java-Technologie konzentriert. Es hat von Anfang an architektonische Lösungen für die J2EE-Plattform entwickelt und dabei besonderes Augenmerk auf QoS-Eigenschaften wie Skalierbarkeit, Verfügbarkeit, Durchsatz, Sicherungsfähigkeit, Zuverlässigkeit und Flexibilität gerichtet.

Diese J2EE-Muster beschreiben typische Probleme, mit denen der Entwickler von Unternehmensanwendungen zu tun hat, und liefern Lösungen für diese Probleme. Wir haben diese Lösungen basierend auf unserer laufenden Arbeit mit zahlreichen J2EE-Kunden und im Austausch mit anderen Java-Architekten formuliert, die sich mit ähnlichen Problemen beschäftigen. Die Muster erfassen das Wesen dieser Lösungen und stellen die Verfeinerungen dieser Lösungen dar, die sich im Laufe der Zeit und aus kollektiver Erfahrung heraus entwickelt haben. Um es anders auszudrücken, sie ziehen den Kern jedes Problems heraus und bieten Lösungen an, die ein einsatzbereites Konzentrat aus Theorie und Praxis darstellen.

Unsere Arbeit hat sich auf den J2EE-Bereich konzentriert, insbesondere im Hinblick auf J2EE-Komponenten wie Enterprise Java Beans (EJB), Java Server Pages (JSP) und Servlets. Während unserer Arbeit mit J2EE-Kunden, die die verschiedenen Komponenten implementieren, haben wir die allgemeinen Probleme und schwierigen Bereiche herausgearbeitet, die eine gute Implementierung verhindern können. Wir haben auch effiziente Vorzugslösungen und Ansätze entwickelt, um die J2EE-Komponenten miteinander zu kombinieren.

Die hier vorgestellten Muster extrahieren diese »Vorzugslösungen« und präsentieren sie Ihnen in einer Weise, die Sie in die Lage versetzt, die Muster für Ihre konkrete Anwendung zu nutzen und an die eigenen Erfordernisse anzupassen. Die Muster drücken bewährte Verfahren klar und einfach aus. Sie erleichtern Ihnen, Entwürfe und Architekturen wiederzuverwenden. Kurz gesagt können Sie diese Muster verwenden, um Ihre J2EE-Systeme erfolgreich und schnell zu entwerfen.

Was ist ein Muster?

In Kapitel 1 haben wir erläutert, wie verschiedene Experten ein Muster definieren. Wir sind auch auf einige Fragen rund um Muster eingegangen und haben unter anderem die Vorteile von Mustern aufgezeigt. An dieser Stelle kommen wir im Rahmen des J2EE-Musterkatalogs darauf zurück.

Wie Kapitel 1 dargestellt hat, definieren manche Experten ein Muster als eine wiederkehrende *Lösung* für ein *Problem* in einem *Kontext*. Diese Begriffe – Kontext, Problem und Lösung – verdienen eine nähere Betrachtung. Erstens versteht man unter einem Kontext die Umgebung, die Situation oder die in Wechselbeziehung stehenden Bedingungen, untere denen etwas existiert. Zweitens ist ein Problem eine unerledigte Frage, etwas, das untersucht und gelöst werden muss. Normalerweise ist das Problem durch den Kontext, in dem es auftritt, eingegrenzt. Schließlich gibt die Lösung die Antwort auf das Problem in einem Kontext, die die Probleme lösen hilft.

J2EE-Muster im Überblick

Handelt es sich nun um ein Muster, wenn wir eine Lösung für ein Problem in einem Kontext haben? Nicht unbedingt. Zusätzlich ist die Eigenschaft der Wiederholung mit der Definition eines Musters zu verbinden. Das heißt, ein Muster ist nur nützlich, wenn es sich wiederholt anwenden lässt. Ist diese Definition ausreichend? Unter Umständen ja, vielleicht aber auch nicht. Es zeigt sich, dass das Konzept eines Musters ziemlich einfach ist, während die eigentliche Definition des Begriffs wesentlich komplizierter erscheint.

Wir verweisen auf die Bibliographie, sodass Sie tiefer in die Mustergeschichte eindringen und mehr über Muster auf anderen Gebieten lernen können. In unserem Katalog beschreiben wir ein Muster entsprechend seiner Haupteigenschaften: *Kontext*, *Problem* und *Lösung*. Dazu kommen andere wichtige Aspekte wie *Kräfte* und *Konsequenzen*. Der Abschnitt »Mustervorlage« später in diesem Kapitel erläutert diese Eigenschaften genauer.

Ein Muster identifizieren

Im Sun Java Center haben wir viele J2EE-Projekte behandelt und mit der Zeit festgestellt, dass ähnliche Probleme über diese Projekte hinweg immer wieder auftauchen. Außerdem haben wir gesehen, dass sich ähnliche Lösungen für diese Probleme herausbilden. Während die Implementierungsstrategien gewechselt haben, waren die Lösungen im Ganzen recht ähnlich. Wir wollen nun kurz unseren Prozess der Musteridentifizierung erläutern.

Wenn wir feststellen, dass ein Problem und seine Lösung wiederkehren, versuchen wir dessen Eigenschaften mithilfe der Mustervorlage zu identifizieren und zu dokumentieren. Zuerst sehen wir diese anfänglichen Dokumente als Musterkandidaten an. In den Musterkatalog nehmen wir Musterkandidaten allerdings erst dann auf, wenn wir ihre Nutzung mehrere Male in verschiedenartigen Projekten beobachten und dokumentieren können. Darüber hinaus unternehmen wir eine Mustergewinnung, indem wir nach Mustern in implementierten Lösungen suchen.

Als Teil der Musterbewertung verwenden wir die *Dreierregel* (Rule of Three), wie sie in der Mustergemeinde bekannt ist. Diese Regel ist eine Richtlinie, um einen Musterkandidaten in den Musterkatalog zu überführen. Gemäß dieser Regel bleibt eine Lösung ein Musterkandidat, bis er mindestens in drei verschiedenen Systemen verifiziert wurde. Sicherlich hat man mit derartigen Interpretationsregeln viel Spielraum, aber sie helfen, einen Kontext für die Musteridentifizierung zu schaffen.

Oftmals können ähnliche Lösungen ein und dasselbe Muster repräsentieren. Bei der Entscheidung, wie das Muster zu bilden ist, muss man vor allem betrachten, wie sich die Lösung am besten mitteilen lässt. Manchmal verbessert ein separater Name die Kommunikation unter den Entwicklern. In diesem Fall sollte man zwei ähnliche Lösungen als zwei verschiedene Muster dokumentieren. Andererseits kann es vorteilhafter sein, die Lösung zu vermitteln, indem man die ähnlichen Gedanken in einer Muster-/Strategiekombination herausfiltert.

Muster und Strategien im Vergleich

Als wir begonnen haben, die J2EE-Muster zu dokumentieren, haben wir uns dafür entschieden, die Muster auf einer relativ hohen Abstraktionsebene zu dokumentieren. Gleichzeitig umfasst jedes

Muster verschiedene Strategien, die Implementierungsdetails auf tieferer Ebene liefern. Über die Strategien dokumentiert jedes Muster eine Lösung auf mehreren Abstraktionsebenen. Wir hätten einige dieser Strategien als eigenständige Muster dokumentieren können; unserer Ansicht nach vermittelt aber die gewählte Vorlagenstruktur am deutlichsten die Beziehung der Strategien zur Musterstruktur auf höherer Ebene, in die sie eingeschlossen sind.

Während wir weiterhin lebhafte Debatten über die Konvertierung dieser Strategien zu Mustern führen, haben wir diese Entscheidungen zunächst erst einmal verschoben, weil wir glauben, dass die aktuelle Dokumentation klar scheint. Einige Punkte haben wir im Hinblick auf die Beziehung der Strategien zu diesen Mustern angemerkt:

- Die Muster existieren auf einer höheren Abstraktionsebene als die Strategien.
- Die Muster umfassen die empfehlenswertesten oder gebräuchlichsten Implementierungen als Strategien.
- Strategien bieten einen Ausgangspunkt, von dem aus man das jeweilige Muster erweitern kann. Entwickler entdecken und erfinden neue Wege, um die Muster zu implementieren. Dabei bringen sie neue Strategien für bereits eingeführte Muster hervor.
- Strategien fördern eine bessere Kommunikation, indem sie Namen für Aspekte der unteren Ebenen einer bestimmten Lösung angeben.

6.1 Konzept der Schichten

Da dieser Katalog Muster beschreibt, die Ihnen beim Erstellen von Anwendungen für die J2EE-Plattform helfen, und da eine J2EE-Plattform (und Anwendung) ein mehrschichtiges System ist, betrachten wir das System in Form von *Schichten*. Eine Schicht ist eine logische Gliederung der Trennung von Aufgabenbereichen im System. Jeder Schicht ist ihre eindeutige Zuständigkeit im System zugeordnet. Wir sehen jede Schicht als logisch von einer anderen Schicht getrennt an. Jede Schicht ist lose mit der angrenzenden Schicht gekoppelt. Das gesamte System stellen wir als Stapel von Schichten dar, wie es Abbildung 6.1 zeigt.

Clientschicht
Diese Schicht repräsentiert alle Geräte- oder Systemclients, die auf das System oder die Anwendung zugreifen. Ein Client kann ein Webbrowser, eine Java- oder andere Anwendung, ein Java-Applet, ein WAP-Telefon, eine Netzwerkanwendung oder ein heute noch unbekanntes Gerät sein. Selbst ein Batch-Prozess kommt infrage.

Präsentationsschicht
Diese Schicht kapselt die gesamte Präsentationslogik, die erforderlich ist, um den Client zu bedienen, der auf das System zugreift. Die Präsentationsschicht fängt die Clientanforderungen ab, bietet einen zentralen Anmeldepunkt, leitet die Sitzungsverwaltung, steuert den Zugriff auf Geschäftsdienste, konstruiert die Antworten und liefert die Antworten an den Client. In dieser Schicht residieren Servlets und JSPs. Beachten Sie, dass Servlets und JSPs keine Elemente der Benutzeroberfläche sind, sondern derartige Elemente produzieren.

J2EE-Muster im Überblick

Fünfschichtenmodell für logische Trennung von Zuständigkeiten

Clientschicht – Anwendungsclients, Applets, Anwendungen und andere grafische Benutzeroberflächen	Benutzerinteraktion, Benutzeroberfläche, Präsentation, Geräte
Präsentationsschicht – JSP, Servlets und andere Elemente der Benutzeroberfläche	Einmalanmeldung, Sitzungsverwaltung, Inhaltserstellung, -formatierung und -bereitstellung
Geschäftsschicht – EJBs und andere Geschäftsobjekte	Geschäftslogik, Transaktionen, Daten, Dienste
Integrationsschicht – JMS, JDBC, Connector-Komponenten und Legacy-Anwendungen	Ressourcenadapter, Legacy-Anwendungen, externe Systeme, Regelmodule, Workflow
Ressourcenschicht – Datenbanken, externe Systeme und Legacy-Ressourcen	Ressourcen, Daten und externe Dienste

J2EE-Musterkatalog beschäftigt sich mit diesen Schichten

Abbildung 6.1: Konzept der Schichten

Geschäftsschicht

Diese Schicht stellt die Geschäftsdienste bereit, die von den Anwendungsclients benötigt werden. Sie enthält die Geschäftsdaten und die Geschäftslogik. In der Regel ist der größte Teil der Geschäftsverarbeitung für die Anwendung in dieser Schicht konzentriert. Aufgrund von Legacy-Systemen kann ein Teil der Geschäftsverarbeitung auch in der Ressourcenschicht erscheinen. Enterprise Bean-Komponenten sind die übliche und bevorzugte Lösung, um Geschäftsobjekte in der Geschäftsschicht zu implementieren.

Integrationsschicht

Diese Schicht ist für die Kommunikation mit externen Ressourcen und Systemen wie zum Beispiel Datenspeichern und Legacy-Anwendungen zuständig. Die Geschäftsschicht ist mit der Integrationsschicht gekoppelt, sobald die Geschäftsobjekte Daten oder Dienste benötigen, die in der Ressourcenschicht residieren. Die Komponenten in dieser Schicht können JDBC, die J2EE-Connector-Technologie oder bestimmte proprietäre Middleware verwenden, um mit der Ressourcenschicht zu arbeiten.

Ressourcenschicht
Das ist die Schicht, die die Geschäftsdaten und externen Ressourcen (wie etwa Mainframes und Legacy-Systeme), B2B-Integrationssysteme sowie Dienste (wie zum Beispiel Kreditkartenautorisierung) enthält.

6.2 J2EE-Muster

Wir haben den Schichtenansatz gewählt, um die J2EE-Muster entsprechend ihrer Funktionalität einzuteilen, und unser Musterkatalog folgt diesem Konzept. Die Muster der Präsentationsschicht enthalten die Muster, die sich auf Servlets und die JSP-Technologie beziehen. Die Muster der Geschäftsschicht enthalten die Muster, die mit der EJB-Technologie zusammenhängen. In der Integrationsschicht sind die Muster zu finden, die sich auf JMS und JDBC beziehen. Siehe hierzu Abbildung 6.2 später in diesem Kapitel.

6.2.1 Muster der Präsentationsschicht

Tabelle 6.1 zeigt die Muster der Präsentationsschicht und gibt eine kurze Beschreibung zu jedem Muster an.

Name des Musters	Kurzbeschreibung
Intercepting Filter	Erleichtert die Vorverarbeitung und Nachbearbeitung einer Anforderung.
Front Controller	Liefert einen zentralisierten Controller, mit dem sich die Behandlung einer Anforderung verwalten lässt.
View Helper	Kapselt die Logik, die sich nicht auf die Formatierung der Darstellung bezieht, in Hilfskomponenten.
Composite View	Erzeugt eine Zusammenfassungsansicht aus elementaren Unterkomponenten.
Service to Worker	Kombiniert eine Dispatcher-Komponente mit den Mustern Front Controller und View Helper.
Dispatcher View	Kombiniert eine Dispatcher-Komponente mit den Mustern Front Controller und View Helper, wobei viele Aktivitäten auf die Ansichtsverarbeitung verschoben werden.

Tabelle 6.1: Muster der Präsentationsschicht

J2EE-Muster im Überblick

6.2.2 Muster der Geschäftsschicht

In Tabelle 6.2 finden Sie die Muster der Geschäftsschicht zusammen mit einer kurzen Beschreibung jedes Musters.

Name des Musters	Kurzbeschreibung
Business Delegate	Entkoppelt Präsentations- und Dienstschichten und liefert eine Fassaden- und Proxy-Schnittstelle für die Dienste.
Value Object (Wertobjekt)	Erleichtert den Datenaustausch zwischen Schichten, indem überflüssiger Netzwerkverkehr verringert wird.
Session Facade (Sitzungsfassade)	Verbirgt die Komplexität von Geschäftsobjekten; zentralisiert die Workflow-Bearbeitung.
Composite Entity (Zusammengesetzte Entität)	Stellt eine Vorzugslösung für den Entwurf von grobkörnigen Entity Beans dar, indem Objekte, die von darüber liegenden Objekten abhängig sind, in einer einzelnen Entity Bean gruppiert werden.
Value Object Assembler	Stellt ein zusammengesetztes Wertobjekt aus mehreren Datenquellen zusammen.
Value List Handler	Verwaltet die Ausführung von Abfragen, das Zwischenspeichern von Ergebnissen und die Verarbeitung von Ergebnissen.
Service Locator	Kapselt die Komplexität der Suche und Erstellung von Geschäftsdiensten; lokalisiert Fabriken für Geschäftsdienste.

Tabelle 6.2: Muster der Geschäftsschicht

6.2.3 Muster der Integrationsschicht

Tabelle 6.3 listet die Muster der Integrationsschicht auf und gibt eine kurze Beschreibung jedes Musters an.

Name des Musters	Kurzbeschreibung
Data Access Object (DAO, Datenzugriffsobjekt)	Abstrahiert Datenquellen; bietet transparenten Zugriff auf Daten.
Service Activator	Erleichtert die asynchrone Verarbeitung für EJB-Komponenten.

Tabelle 6.3: Muster der Integrationsschicht

6.3 Führer durch den Katalog

Damit Sie die J2EE-Muster im Katalog effektiv verstehen, schlagen wir vor, dass Sie sich zuerst mit diesem Abschnitt vertraut machen, bevor Sie sich den einzelnen Mustern zuwenden. Hier führen wir die Musterterminologie ein und erklären die Verwendung der Unified Modeling Language (UML), von Stereotypen und der Mustervorlage. Kurz gesagt erläutern wir, wie man diese Muster einsetzt. Wir geben auch einen Wegweiser mit den wichtigsten Routen zu den Mustern im Katalog an.

6.3.1 Terminologie

Mitspieler im Bereich der Unternehmensdatenverarbeitung und insbesondere Einrichtungen, die Java-basierte Systeme verwenden, haben in ihre Sprache eine Reihe von Begriffen und Akronymen aufgenommen. Während viele Leser mit diesen Begriffen vertraut sind, variiert manchmal deren Gebrauch von einem Schauplatz zu einem anderen. Um Missverständnisse zu vermeiden und die Dinge einheitlich zu halten, definieren wir in Tabelle 6.4, wie wir diese Begriffe und Akronyme verwenden.

Begriff	Beschreibung/Definition	Vorkommen
Abhängiges Objekt	Ein Objekt, das nicht selbstständig existiert und dessen Lebenszyklus durch ein anderes Objekt verwaltet wird.	Muster Composite Entity (Zusammengesetzte Entität)
Ansicht (View)	Die Ansicht verwaltet Grafik und Text, aus denen sich die Anzeige aufbaut. Sie interagiert mit den Hilfsobjekten, um Datenwerte zu holen, mit denen sie die Anzeige füllt. Außerdem kann sie Aktivitäten – wie etwa das Abrufen von Inhalten – an ihre Hilfsobjekte delegieren.	Muster der Präsentationsschicht
BMP (Bean Managed Persistence, Bean-verwaltete Persistenz)	Von der Bean verwaltete Persistenz: eine Strategie für Entity Beans, bei der der Bean-Entwickler die Persistenzlogik für Entity Beans implementiert.	Muster der Geschäftsschicht
Business Object (Geschäftsobjekt)	Ein Objekt, das Geschäftslogik und/oder Geschäftsdaten implementiert. Geschäftsdaten und Geschäftslogik sind in grobkörnigen so genannten Geschäftsobjekten implementiert. In J2EE sind Geschäftsobjekte als Session oder Entity Beans implementiert. In manchen Fällen kann ein Geschäftsobjekt ein beliebiges Java-Objekt sein, das einen bestimmten Dienst bereitstellt.	Muster der Geschäftsschicht
CMP (Container Managed Persistence, Container-verwaltete Persistenz)	Vom Container verwaltete Persistenz: eine Strategie für Entity Beans, wobei die Container-Dienste transparent die Persistenz von Entity Beans verwalten.	Muster der Geschäftsschicht
Composite (Kompositum)	Ein komplexes Objekt, das andere Objekte aufnimmt. Auch bezogen auf das Muster *Composite*, das im GoF-Buch beschrieben ist (sieheGoF weiter unten).	Composite View (Zusammengesetzte Ansicht), Composite Entity (Zusammengesetzte Entität)
Controller	Interagiert mit einem Client, steuert und verwaltet die Behandlung jeder Anforderung.	Muster der Präsentations- und Geschäftsschichten

Tabelle 6.4: Terminologie

J2EE-Muster im Überblick

Begriff	Beschreibung/Definition	Vorkommen
Data Access Object (DAO)	Ein Objekt, das den Zugriff auf Daten von einem persistenten Speicher oder einem externen System kapselt und abstrahiert. Derzeit sind Data Access Objects eng mit der von der Bean verwalteten Persistenz verwandt.	Muster der Geschäfts- und Integrationsschichten
Delegate	Ein Vertreter- oder Ersatzobjekt für eine andere Komponente; eine Zwischenschicht. Ein Delegate hat Eigenschaften eines Proxies und einer Fassade.	Muster Business Delegate und viele andere
Dispatcher	Zu den Zuständigkeiten eines Controllers gehört es unter anderem, eine geeignete Ansicht auszuwählen und ihr die Steuerung zu übergeben. Dieses Verhalten lässt sich in eine separate Komponente ausgliedern, die man als Dispatcher bezeichnet.	Dispatcher View (Dispatcheransicht), Service to Worker
Enterprise Bean	Bezieht sich auf eine Enterprise JavaBean-Komponente; kann eine Session Bean- oder Entity Bean-Instanz sein. Dieser Begriff bedeutet, dass die Bean-Instanz entweder eine Entity Bean oder eine Session Bean ist.	mehrfach in diesem Buch
Entity Bean	Meint eine Entity Bean an sich. Kann sich auch als Oberbegriff auf die Home-Schnittstelle der Entity Bean, ein Remote-Objekt, eine Bean-Implementierung und Primärschlüsselobjekte beziehen.	mehrfach in diesem Buch
Facade (Fassade)	Ein Muster, mit dem sich die zugrunde liegende Komplexität verbergen lässt; beschrieben im GoF-Buch.	Muster Session Facade (Sitzungsfassade)
Factory (Fabrik; Abstrakte Fabrik oder Fabrikmethode)	Im GoF-Buch beschriebene Muster, nach denen man Objekte oder Objektfamilien erstellt.	Muster der Geschäftsschicht: Data Access Object, Value Object
GoF	Gang of Four (Viererbande) – bezieht sich auf die Autoren des bekannten Buchs zu Entwurfsmustern *Design Patterns: Elements of Reusable Object-Oriented Software* von Erich Gamma, Richard Helm, Ralph Johnson und John Vlissides. [GoF].	mehrfach in diesem Buch

Tabelle 6.4: Terminologie (Forts.)

Begriff	Beschreibung/Definition	Vorkommen
Helper (Hilfsobjekt)	Unterstützt den Controller und/oder die Ansicht. Z.B. können der Controller und die Ansicht die folgenden Aufgaben an einen Helper delegieren: Inhalte abrufen, Gültigkeit prüfen, Modell speichern oder es für die Anzeige durch die Ansicht anpassen.	Muster der Präsentationsschicht, Business Delegate
Iterator	Ein Muster, das Zugriffsmethoden auf zugrunde liegende Auflistungen bereitstellt; beschrieben im GoF-Buch.	Value List Handler
Locator	Ein Objekt, das bei der Suche nach Diensten und Geschäftsobjekten hilft.	Muster Service Locator
Modell	Eine physikalische oder logische Repräsentation des Systems oder seiner Subsysteme.	Muster der Präsentations- und Geschäftsschichten
Persistenter Speicher	Repräsentiert persistente Speichersysteme wie RDBMS, ODBMS, Dateisysteme usw.	Muster der Geschäfts- und Integrationsschichten
Proxy	Ein Muster, das einen Platzhalter für ein anderes Objekt bereitstellt, um den Zugriff darauf zu steuern; beschrieben im GoF-Buch.	mehrfach in diesem Buch
Scriptlet	Anwendungslogik, die direkt in eine JSP eingebettet ist.	Muster der Präsentationsschicht
Session Bean	Bezieht sich auf zustandslose oder zustandsbehaftete Session Beans. Kann auch als Oberbegriff für das Home-Objekt der Session Bean, das Remote-Objekt und die Implementierung der Bean stehen.	Muster der Geschäftsschicht
Singleton	Ein Muster, das genau eine Instanz einer Klasse bereitstellt, wie es im GoF-Buch beschrieben ist.	mehrfach in diesem Buch
Unabhängiges Objekt	Ein Objekt, das selbstständig existieren und die Lebenszyklen seiner abhängigen Objekte verwalten kann.	Muster Composite Entity (Zusammengesetzte Entität)
Value Object (Wertobjekt)	Ein beliebiges Java-Objekt, das der Übertragung von Daten von einem Objekt oder einer Schicht zu einem/einer anderen dient. Es enthält gewöhnlich keine Geschäftsmethoden. Es lässt sich mit öffentlichen Attributen oder mit Get-Methoden zum Abrufen von Attributwerten entwerfen.	Muster der Geschäftsschicht
Vorlage (Template)	Vorlagentext bezieht sich auf den literalen Text, der in einer JSP-Ansicht gekapselt ist. Zusätzlich kann eine Vorlage auf ein bestimmtes Layout von Komponenten in einer Anzeige verweisen.	Muster der Präsentationsschicht

Tabelle 6.4: Terminologie (Forts.)

6.3.2 Einsatz von UML

Im Musterkatalog haben wir von UML ausgiebig Gebrauch gemacht. Das gilt vor allem für die folgenden Elemente:

- *Klassendiagramme*: Damit verdeutlichen wir die Struktur der Musterlösung und die Struktur der Implementierungsstrategien. Das Klassendiagramm liefert die statische Ansicht der Lösung.
- *Sequenz-*(oder *Interaktions-*)*diagramme*: Mit diesen Diagrammen zeigen wir die Interaktionen zwischen verschiedenen Teilnehmern in einer Lösung oder einer Strategie. Das Sequenzdiagramm liefert die dynamische Ansicht der Lösung.
- *Stereotypen*: Hiermit kennzeichnen wir verschiedene Typen von Objekten und Rollen in den Klassen- und Interaktionsdiagrammen. Tabelle 6.5 gibt die Stereotypen und ihre Bedeutung an.

Zu jedem Muster im Musterkatalog gehört ein Klassendiagramm, das die Struktur der Lösung zeigt, und ein Sequenzdiagramm, das die Interaktionen für das Muster darstellt. Außerdem verwenden Muster mit mehreren Strategien Klassen- und Sequenzdiagramme, um die einzelnen Strategien zu erklären.

Um mehr über UML zu lernen, sei auf die Bibliographie verwiesen.

UML-Stereotypen

Beim Lesen der Muster und ihrer Diagramme finden Sie bestimmte Stereotypen. Dabei handelt es sich um Begriffe, die von Entwicklern und Architekten geprägt oder verwendet werden. Wir haben diese Stereotypen geschaffen und angewendet, um die Diagramme in einer knappen und leicht verständlichen Weise präsentieren zu können.

Beachten Sie, dass sich Stereotypen auf die im vorherigen Abschnitt erläuterte Terminologie beziehen.

Stereotyp	Bedeutung
Ansicht (View)	Eine JavaServer Page; eine Ansicht ist normalerweise als JSP implementiert.
benutzerdefiniertes Tag (Custom Tag)	Benutzerdefinierte JSP-Tags dienen dazu, Hilfsobjekte zu implementieren, wie es z.B. JavaBeans sind. Ein Hilfsobjekt ist für Aktivitäten wie z.B. das Abrufen und die Anpassung von Daten für die Ansicht zuständig. Hilfsobjekte können Anforderungen nach Daten aus der Ansicht bedienen, indem sie einfachen Zugriff auf die Rohdaten bieten oder die Daten als Webinhalt formatieren.
EJB	Repräsentiert eine Enterprise Bean-Komponente; mit einem Geschäftsobjekt verbunden. Das ist eine Rolle, die gewöhnlich durch eine Session Bean oder Entity Bean erfüllt wird.
EntityEJB	Repräsentiert eine Entity Bean als Ganzes, ohne die Remote-Schnittstelle, die Home-Schnittstelle, die Implementierung oder den Primärschlüssel der Entity Bean zu spezifizieren.

Tabelle 6.5: UML-Stereotypen

Stereotyp	Bedeutung
SessionEJB	Repräsentiert eine Session Bean als Ganzes ohne die Remote-Schnittstelle, die Home-Schnittstelle oder die Implementierung der Session Bean zu spezifizieren.
Servlet	Ein Java-Servlet; ein Controller ist normalerweise als Servlet implementiert.
Singleton	Eine Klasse, die genau eine Instanz gemäß dem Muster Singleton hat.

Tabelle 6.5: UML-Stereotypen (Forts.)

6.3.3 Mustervorlage

Die J2EE-Muster sind alle entsprechend einer definierten Mustervorlage strukturiert. Die Mustervorlage besteht aus Abschnitten, die verschiedene Attribute für ein gegebenes Muster präsentieren. Beachten Sie auch, dass wir versucht haben, jedem J2EE-Muster einen aussagekräftigen Musternamen zu geben. Auch wenn es schwierig ist, ein einzelnes Muster vollständig durch seinen Namen zu beschreiben, sollen die Musternamen genügend Einblick in die Funktion des Musters bieten. Genau wie bei Namen im wirklichen Leben, beeinflussen die den Mustern zugeordneten Namen, wie der Leser das betreffende Muster interpretieren und schließlich verwenden wird.

Wir haben uns für eine Mustervorlage entschieden, die aus den folgenden Abschnitten besteht:

- *Kontext*: Legt die Umgebung fest, in der das Muster existiert.
- *Problem*: Beschreibt die Entwurfsprobleme, mit denen der Entwickler zu tun hat.
- *Kräfte*: Listet die Gründe und Motivationen auf, die das Problem und die Lösung beeinflussen. Die Liste der Kräfte betont die Gründe, warum man das Muster verwenden sollte, und liefert eine Begründung für den Einsatz des Musters.
- *Lösung*: Beschreibt den Lösungsansatz kurz und die Lösungselemente detailliert. Der Lösungsabschnitt enthält zwei Unterabschnitte:
  - *Struktur*: Verwendet UML-Klassendiagramme, um die grundlegende Struktur der Lösung zu zeigen. Die UML-Sequenzdiagramme in diesem Abschnitt geben die dynamischen Mechanismen der Lösung wieder. Außerdem ist eine detaillierte Erläuterung der Teilnehmer und Kollaborationen angegeben.
  - *Strategien*: Beschreibt verschiedene Wege, nach denen man ein Muster implementieren kann. Im Abschnitt »Muster und Strategien im Vergleich« weiter vorn in diesem Kapitel finden Sie nähere Informationen zu Strategien. Lässt sich eine Strategie mithilfe von Code demonstrieren, geben wir in diesem Abschnitt ein Codefragment an. Wenn der Code komplizierter ist und den Umfang eines Codefragments überschreitet, geben wir ihn im Abschnitt »Beispielcode« der Mustervorlage an.
- *Konsequenzen*: Hier beschreiben wir die Vor- und Nachteile des Musters. Im Allgemeinen konzentriert sich dieser Abschnitt auf die Ergebnisse beim Einsatz eines bestimmten Musters oder seiner Strategie und merkt die Für und Wider an, die aus der Anwendung des Musters resultieren können.

- *Beispielcode*: Dieser Abschnitt enthält Beispielimplementierungen und Codelistings für die Muster und die Strategien. Dieser Abschnitt wird optional verwendet, wenn sich die Codebeispiele im Abschnitt »Strategien« zweckmäßig unterbringen lassen.
- *Verwandte Muster*: Dieser Abschnitt listet andere relevante Muster im J2EE-Musterkatalog oder von anderen externen Quellen auf, beispielsweise aus dem GoF-Musterkatalog. Für jedes verwandte Muster gibt es hier eine kurze Beschreibung seiner Beziehung zum erläuterten Muster.

6.4 J2EE-Musterbeziehungen

Kürzlich hat eine Testgruppe von Architekten und Designern Bedenken angemeldet: Es scheint am Verständnis zu mangeln, wie man Muster in Kombination anwendet, um größere Lösungen zu bilden. Wir nähern uns diesem Problem mit einer auf höherer Ebene angesiedelten visuellen Darstellung von Mustern und ihren Beziehungen. Dieses Diagramm bezeichnet man als das J2EE-Musterbeziehungsdiagramm (siehe Abbildung 6.2). Im Epilog »Angewandte J2EE-Muster« erläutern wir beispielhafte Anwendungsfälle (Use-Cases), um zu demonstrieren, wie mehrere Muster zusammenwirken, um ein Muster-Framework zu bilden, mit dem ein Anwendungsfall realisiert wird.

Einzelne Muster bieten ihren Kontext, ihr Problem und ihre Lösung, wenn sie sich an einen konkreten Bedarf richten. Allerdings ist es erforderlich, einen Schritt zurückzugehen und sich das Gesamtbild vor Augen zu halten, um die Muster möglichst effizient einsetzen zu können. Ein Gesamtüberblick resultiert in einer besseren Umsetzung der Muster in einer J2EE-Anwendung.

Überdenken wir noch einmal das Zitat von Christopher Alexander aus Kapitel 1: Ein Muster existiert nicht in Abgeschiedenheit und braucht die Unterstützung von anderen Mustern, um sinnvoll und nützlich zu sein. Praktisch jedes Muster im Katalog hat eine Beziehung zu anderen Mustern. Wenn man eine Lösung entwirft und architektonisch umsetzt, hilft das Verständnis dieser Beziehung in der folgenden Weise:

- Man erkennt neue Probleme, die bei der Anwendung eines Musters zur Lösung des aktuellen Problems auftauchen können. Das ist der Dominoeffekt: Welche neuen Probleme entstehen, wenn man ein bestimmtes Muster in die Architektur einführt? Es ist unbedingt notwendig, diese Konflikte zu erkennen, bevor die Codierung des Programms beginnt.
- Man kann die Beziehungen der Muster überprüfen, um alternative Lösungen zu bestimmen. Nachdem mögliche Probleme erkannt wurden, geht man erneut die Beziehungen durch und sammelt alternative Lösungen. Vielleicht lassen sich die neuen Probleme lösen, indem man ein anderes Muster auswählt oder ein anderes Muster in Verbindung mit den bereits gewählten Mustern verwendet.

Abbildung 6.2 zeigt die Beziehungen zwischen den Mustern.

Intercepting Filter fangen einlaufende Anforderungen und ausgehende Antworten ab und wenden einen Filter an. Diese Filter kann man deklarativ hinzufügen und entfernen, sodass sie sich ohne weiteres in einer Vielfalt von Kombinationen anwenden lassen. Nachdem diese Vorverarbeitung und/oder Nachbearbeitung abgeschlossen ist, überträgt der letzte Filter in der Gruppe die Steuerung an das ursprüngliche Zielobjekt. Bei einer einlaufenden Anforderung ist das oftmals ein Front Controller, es kann aber auch eine Ansicht sein.

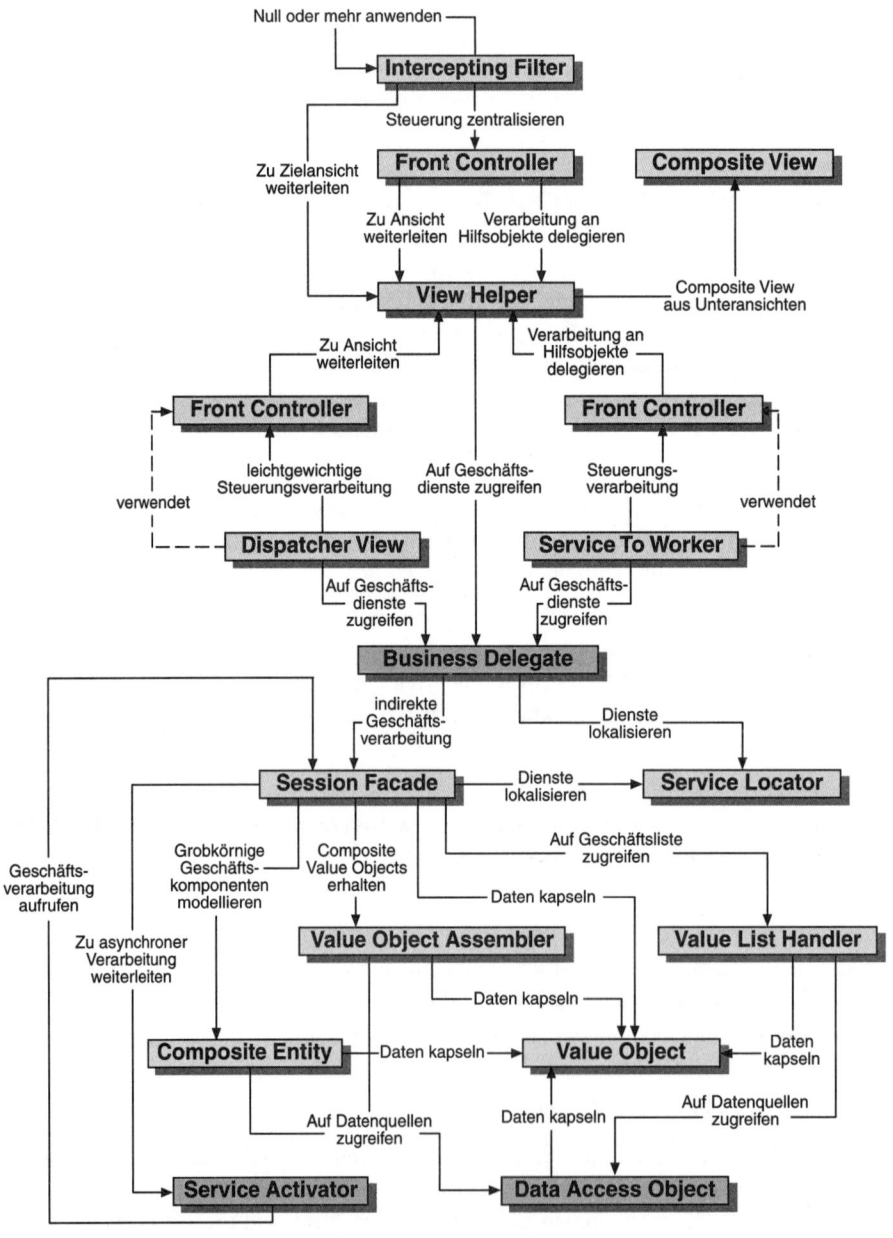

Abbildung 6.2: Beziehungen zwischen J2EE-Mustern

J2EE-Muster im Überblick

Front Controller ist ein Container, der die allgemeine Verarbeitungslogik aufnimmt, die in der Präsentationsschicht auftritt und die anderweitig irrtümlich in einer Ansicht platziert sein könnte. Ein Controller behandelt Anforderungen und verwaltet das Abrufen von Inhalten, die Sicherheit, die Ansichtsverwaltung und die Navigation, wobei er an eine Dispatcherkomponente delegiert, um zu einer Ansicht weiterzuleiten.

View Helper fördert die Trennung des Formatierungscodes von der übrigen Geschäftslogik. Es liegt nahe, in Hilfskomponenten die Logik zu kapseln, die sich auf das anfängliche Abrufen von Inhalten, die Gültigkeitsprüfung sowie die Anpassung und Formatierung des Modells bezieht. Die Ansichtskomponente kapselt dann nur noch die Präsentationsformatierung. Hilfskomponenten delegieren in der Regel die Geschäftsdienste über einen Business Delegate, während eine Ansicht aus mehreren Teilkomponenten bestehen kann, um ihre Vorlage zu erzeugen.

Composite View (zusammengesetzte Ansicht) schlägt die Bildung einer Ansicht aus zahlreichen elementaren Teilen vor. Mehrere kleinere Ansichten, die sowohl statisch als auch dynamisch sein können, werden zu einer einzigen Vorlage zusammengesetzt.

Business Delegate verringert die Kopplung zwischen Schichten und bietet einen Eintrittspunkt für den Zugriff auf Dienste, die von einer anderen Schicht bereitgestellt werden. Der Delegate kann auch Ergebnisse für häufige Anforderungen zwischenspeichern, um den Durchsatz zu verbessern. Ein Business Delegate verwendet in der Regel einen Service Locator, um Dienstobjekte zu suchen, beispielsweise ein EJB-Home-Objekt und eine JMS-Connection-Fabrik.

Die Muster *Service to Worker* und *Dispatcher View* stellen eine häufig verwendete Kombination von anderen Mustern aus dem Katalog dar. Die beiden Muster nutzen eine allgemeine Struktur gemeinsam, die aus einem Controller besteht, der mit Dispatcher, Ansichten und Hilfsobjekten arbeitet. Die Muster *Service to Worker* und *Dispatcher View* sind in Bezug auf die beteiligten Komponenten identisch, unterscheiden sich aber in der Aufteilung der Arbeit unter diesen Komponenten. Im Gegensatz zum Muster *Service to Worker* schlägt das Muster *Dispatcher View* vor, das Abrufen von Inhalten und die Fehlerbehandlung bis zur Verarbeitung der Ansicht aufzuschieben. Außerdem schlägt das Muster *Dispatcher View* vor, dass der Dispatcher eine eher untergeordnete Rolle in der Ansichtsverwaltung spielt, da ja die Auswahl der Ansicht normalerweise bereits in die Anforderung eingebunden ist.

Die *Session Facade* (Sitzungsfassade) bietet grobkörnige Dienste für die Clients, indem das Muster die komplexen Interaktionen zwischen den Geschäftsobjekten verbirgt. Die Session Facade kann sich auf das Muster *Service Locator* stützen, um Dienste zu suchen, und auch andere Muster verwenden, um ihre Dienste bereitzustellen: *Value Object*, *Value Object Assembler*, *Value List Handler*, *Service Activator* und *Data Access Object*.

Das Muster *Value Object* (Wertobjekt) bietet die besten Verfahren und Strategien, um Daten über Schichten hinweg auszutauschen (d.h., über Systemgrenzen hinweg). Dieses Muster versucht, den Netzwerk-Overhead zu verringern, indem es die Anzahl der Netzwerkaufrufe zum Holen von Daten aus der Geschäftsschicht minimiert.

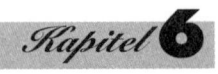

Der *Value Object Assembler* konstruiert ein zusammengesetztes Wertobjekt aus heterogenen Quellen. Bei diesen Quellen kann es sich um EJB-Komponenten, Data Access Objects oder andere beliebige Java-Objekte handeln. Dieses Muster bietet sich vor allem an, wenn der Client Daten für das Anwendungsmodell oder einen Teil des Modells abrufen muss.

Der *Value List Handler* verwendet das GoF-Iteratormuster, um Abfrageausführungs- und Verarbeitungsdienste bereitzustellen. Der Value List Handler kann auch die Ergebnisse zwischenspeichern und Teilmengen des Ergebnisses je nach Anforderung an die Clients zurückgeben. Nach diesem Muster lässt sich der Overhead vermeiden, der mit dem Suchen einer großen Anzahl von Entity Beans verbunden ist.

Das Muster *Composite Entity* (zusammengesetzte Entität) gruppiert abhängige Objekte in einer grobkörnigen Entity Bean. Entsprechend diesem Muster faßt man Objekte in einem Baum zusammen mit einem übergeordneten Objekt, das seine abhängigen Objekte verwaltet.

Das Muster *Service Activator* erlaubt die asynchrone Verarbeitung für Enterprise Bean-Komponenten. Die EJB-Spezifikation Version 2.0 definiert einen neuen Typ der Enterprise Bean, die so genannte *Message-Driven Bean* (nachrichtengesteuerte Bean), die eine ähnliche Funktionalität bereitstellt. Allerdings kann man dieses Muster in allen EJB-Anwendungen nutzen, die eine asynchrone Verarbeitung bei Enterprise Bean-Komponenten erfordern.

Das Muster *Data Access Object* (Datenzugriffsobjekt) bietet eine lockere Kopplung zwischen den Geschäfts- und Ressourcenschichten bei Enterprise Beans, die Bean-verwaltete Persistenz verwenden. Das Data Access Object fängt alle Zugriffe auf die Ressourcenschicht ab und bedient sie. Dabei werden die Implementierungsdetails der Ressourcenschichten für die Clients transparent gemacht. Die Daten in der Ressourcenschicht können sich in Datenbanksystemen, proprietären Systemen, anderen externen Systemen und Diensten befinden. Durch Einsatz dieses Musters kann man Anwendungen erstellen, die flexibler und portabler sind.

6.5 Beziehungen zu bekannten Mustern

Heutzutage ist eine Fülle von Dokumentationen zu Softwaremustern verfügbar. Die Muster in den verschiedenen Büchern weisen unterschiedliche Abstraktionsebenen auf. Es gibt Architektur-, Entwurfs-, Analyse- und Programmiermuster. Das bekannteste und einflussreichste Buch zu diesem Thema ist *Design Patterns: Elements of Reusable Object-Oriented Software*, [GoF], das auch als Buch der Gang of Four (Viererbande) oder kurz GoF-Buch bekannt ist. Die Muster im GoF-Buch beschreiben Expertenlösungen für den Objektentwurf.

Unser Musterkatalog enthält Muster, die die Struktur einer Anwendung beschreiben, und andere, die Entwurfselemente darstellen.

Allen Mustern im Katalog ist gemeinsam, dass sie die J2EE-Plattform unterstützen. In manchen Fällen basieren die Muster im Katalog auf einem in der Literatur beschriebenen Muster oder sind damit verwandt. In diesen Fällen teilen wir diese Beziehung mit, indem wir auf das existierende Muster im Namen des J2EE-Musters verweisen und/oder einen Verweis und ein Zitat im Abschnitt »Verwandte Muster« am Ende der betreffenden Musterbeschreibung angeben. Zum Beispiel basieren einige Muster auf GoF-Mustern, werden aber in einem J2EE-Kontext betrachtet. In diesen Fällen schließt der J2EE-Mustername den GoF-Musternamen ein und es findet sich außerdem ein Verweis auf das GoF-Muster im Abschnitt über verwandte Muster.

6.6 Wegweiser durch die Muster

Dieser Abschnitt bringt eine Liste allgemeiner Anforderungen, mit denen Architekten zu tun haben, wenn sie Lösungen mit der J2EE-Plattform erstellen. Wir präsentieren die Anforderung oder Motivation in einer kurzen Beschreibung, an die sich eine Liste mit einem oder mehreren Mustern anschließt, die sich dieser Anforderung widmen. Auch wenn die Liste der Anforderungen nicht erschöpfend ist, hoffen wir, dass sie Ihnen hilft, schnell die relevanten Muster je nach Ihren Bedürfnissen herauszuarbeiten.

Tabelle 6.6 zeigt die Funktionen, die normalerweise durch die Muster der Präsentationsschicht behandelt werden, und gibt an, welches Muster eine Lösung bietet.

	Fragestellung	Lösung durch folgendes Muster
Muster	Vorverarbeitung oder Nachbearbeitung von Anfragen	»Intercepting Filter« in Kapitel 7
Muster	Steuerung für Anforderungsbehandlung zentralisieren	»Front Controller« in Kapitel 7 »Intercepting Filter« in Kapitel 7
Muster	Protokollierung, Debugging oder ein anderes Verhalten hinzufügen, das für jede Anforderung abzuarbeiten ist	»Front Controller« in Kapitel 7 »Intercepting Filter« in Kapitel 7
Muster	Eine generische Befehlsschnittstelle erzeugen, um die Verarbeitung von einem Controller an Hilfskomponenten zu delegieren	»Front Controller« in Kapitel 7
Muster	Ob Ihr Controller als Servlet oder JSP zu implementieren ist	»Front Controller« in Kapitel 7
Muster	Erzeugen einer Ansicht aus mehreren Teilansichten	»Composite View« in Kapitel 7
Muster	Ob Ihre Ansicht als Servlet oder JSP zu implementieren ist	»View Helper« in Kapitel 7
Muster	Wie Ansicht und Modell aufzuteilen sind	»View Helper« in Kapitel 7
Muster	Wo die Formatierungslogik für präsentationsbezogene Daten zu kapseln ist	»View Helper« in Kapitel 7
Muster	Ob die Hilfskomponenten als JavaBeans oder benutzerdefinierte Tags zu implementieren sind	»View Helper« in Kapitel 7

Tabelle 6.6: Muster der Präsentationsschicht

	Fragestellung	Lösung durch folgendes Muster
Muster	Zusammenfassen mehrerer Präsentationsmuster	»Service to Worker« in Kapitel 7 »Dispatcher View« in Kapitel 7
Muster	Wo die Logik zur Verwaltung und Navigation der Ansicht zu kapseln ist, wozu auch die Auswahl einer Ansicht und die Weitergabe der Kontrolle zu ihr gehören	»Service to Worker« in Kapitel 7 »Dispatcher View« in Kapitel 7
Entwurf	Wo der Sitzungszustand zu speichern ist	»Sitzungszustand auf Client« in Kapitel 3, »Sitzungszustand in der Präsentationsschicht« in Kapitel 3 und »Zustand in der Geschäftsschicht speichern« in Kapitel 4
Entwurf/ Refaktorisierung	Clientzugriff auf eine bestimmte Ansicht oder Teilansicht steuern	»Den Clientzugriff steuern« in Kapitel 3
		»Ressourcen vor einem Client verbergen« in Kapitel 5
Entwurf/ Refaktorisierung	Den Anforderungsfluss in die Anwendung steuern	»Mehrfaches Absenden von Formularen« in Kapitel 3
		»Ein Synchronisationstoken einführen« in Kapitel 5
Entwurf/ Refaktorisierung	Doppeltes Formularversenden steuern	»Mehrfaches Absenden von Formularen« in Kapitel 3
		»Ein Synchronisationstoken einführen« in Kapitel 5
Entwurf	Entwurfsfragen bei Verwendung des JSP-Standardmechanismus zum automatischen Füllen von Eigenschaften via <jsp:setProperty>	»Hilfseigenschaften – Integrität und Konsistenz« in Kapitel 3
Refaktorisierung	Verringern der Kopplung zwischen Präsentationsschicht und Geschäftsschicht	»Präsentationsschicht-spezifische Details vor der Geschäftsschicht verbergen« in Kapitel 5, »Business Delegate einführen« in Kapitel 5
Refaktorisierung	Datenzugriffscode partitionieren	»Datenzugriffscode trennen« in Kapitel 5

Tabelle 6.6: Muster der Präsentationsschicht (Forts.)

Tabelle 6.7 zeigt die Funktionen, die von den Mustern der Geschäftsschicht behandelt werden, und gibt an, wo Sie das jeweilige Muster oder die Muster finden, die Lösungen liefern können.

J2EE-Muster im Überblick

	Fragestellung	Lösung durch folgendes Muster
Muster	Die Kopplung zwischen Präsentations- und Geschäftsschichten minimieren	»Business Delegate« in Kapitel 8
Muster	Geschäftsdienste für Clients zwischenspeichern	»Business Delegate« in Kapitel 8
Muster	Implementierungsdetails der Operationen Suchen/Erstellen/Zugriff von Geschäftsdiensten verbergen	»Business Delegate« in Kapitel 8 »Service Locator« in Kapitel 8
Muster	Hersteller- und Technologieabhängigkeiten für Dienstsuchen isolieren	»Service Locator« in Kapitel 8
Muster	Eine einheitliche Methode für Suchen und Erstellen von Geschäftsdiensten bereitstellen	»Service Locator« in Kapitel 8
Muster	Komplexität und Abhängigkeiten für die Enterprise Bean- und JMS-Komponentensuche verbergen	»Service Locator« in Kapitel 8
Muster	Daten zwischen Geschäftsobjekten und Clients über Schichten hinweg übertragen	»Value Object« in Kapitel 8
Muster	Doppelten Code zwischen Entity Beans und Wertobjektklassen minimieren	»Value Object« in Kapitel 8
Muster	Einfachere einheitliche Schnittstelle für Clients bereitstellen	»Business Delegate« in Kapitel 8
Muster	Entfernte Methodenaufrufe durch Bereitstellen von grobkörnigem Methodenzugriff auf Komponenten der Geschäftsebene verringern	»Session Facade« in Kapitel 8
Muster	Beziehungen zwischen Enterprise Bean-Komponenten verwalten und komplexe Interaktionen verbergen	»Session Facade« in Kapitel 8
Muster	Komponenten der Geschäftsschicht gegenüber direktem Offenlegen für Clients schützen	»Session Facade« in Kapitel 8 »Business Delegate« in Kapitel 8
Muster	Einheitlichen Zugriff auf Komponenten der Geschäftsebene bereitstellen	»Session Facade« in Kapitel 8
Muster	Komplexe Entity Beans entwerfen	»Composite Entity« in Kapitel 8
Muster	Grobkörnige Objekte und abhängige Objekte für den Entwurf von Entity Beans identifizieren	»Composite Entity« in Kapitel 8
Muster	Grobkörnige Entity Beans entwerfen	»Composite Entity« in Kapitel 8

Tabelle 6.7: Muster der Geschäftsschicht

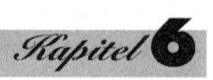

	Fragestellung	Lösung durch folgendes Muster
Muster	Abhängigkeit der Entity Bean-Clients vom Datenbankschema verringern oder vermeiden	»Composite Entity« in Kapitel 8
Muster	Beziehungen zwischen verschiedenen Entity Beans verringern oder vermeiden	»Composite Entity« in Kapitel 8 »Session Facade« in Kapitel 8
Muster	Anzahl der Entity Beans verringern und Wartungsfähigkeit verbessern	»Composite Entity« in Kapitel 8
Muster	Das Datenmodell für die Anwendung aus verschiedenen Komponenten der Geschäftsschicht abrufen	»Value Object Assembler« in Kapitel 8
Muster	Dynamische Konstruktion des Datenmodells	»Value Object Assembler« in Kapitel 8
Muster	Die Komplexität der Datenmodellkonstruktion vor den Clients verbergen	»Value Object Assembler« in Kapitel 8
Muster	Einrichtung zur Abfrage der Geschäftsschicht und Verarbeitung von Ergebnislisten bereitstellen	»Value List Handler« in Kapitel 8
Muster	Overhead beim Einsatz der Suchmethoden von Enterprise Beans minimieren	»Value List Handler« in Kapitel 8
Muster	Zwischenspeichern von Abfrageergebnissen für Clients auf der Serverseite mit Vorwärts-/Rückwärtsnavigation bereitstellen	»Value List Handler« in Kapitel 8
Entwurf	Session Beans als Fassade der Geschäftsschicht verwenden	»Session Beans als Fassade der Geschäftsschicht« in Kapitel 4
Entwurf	Vor- und Nachteile von zustandslosen und zustandsbehafteten Session Beans	»Session Bean – zustandslos und zustandsbehaftet« in Kapitel 4
Refaktorisierung	Entity Beans gegenüber direktem Clientzugriff schützen	»Entitäten mit einer Sitzung einhüllen« in Kapitel 5
Refaktorisierung	Geschäftsdienste kapseln, um die Implementierungsdetails der Geschäftsschicht zu verbergen	»Business Delegate einführen« in Kapitel 5
Entwurf	Geschäftslogik in Entity Beans codieren	»Geschäftslogik in Entity Beans« in Kapitel 4
Refaktorisierung		»Geschäftslogik in Sitzung verschieben« in Kapitel 5

Tabelle 6.7: Muster der Geschäftsschicht (Forts.)

J2EE-Muster im Überblick

	Fragestellung	Lösung durch folgendes Muster
Refaktorisierung	Session Beans als grobkörnige Geschäftsdienste bereitstellen	»Session Beans zusammenfassen« in Kapitel 5
		»Entitäten mit einer Sitzung einhüllen« in Kapitel 5
Refaktorisierung	Netzwerk- und Containeroverhead infolge Kommunikation zwischen verschiedenen Entity Beans minimieren und/oder eliminieren	»Bean-Kommunikation zwischen Entitäten eliminieren« in Kapitel 5
Refaktorisierung	Datenzugriffscode partitionieren	»Datenzugriffscode trennen« in Kapitel 5

Tabelle 6.7: Muster der Geschäftsschicht (Forts.)

Tabelle 6.8 zeigt die Funktionen, die normalerweise durch die Muster der Geschäftsschicht behandelt werden, und gibt an, welche Muster eine Lösung liefern.

	Fragestellung	Lösung durch folgendes Muster
Muster	Kopplung zwischen Geschäfts- und Ressourcenschichten minimieren	»Data Access Object« in Kapitel 9
Muster	Zugriff auf Ressourcenschichten zentralisieren	»Data Access Object« in Kapitel 9
Muster	Komplexität des Ressourcenzugriffs in Komponenten der Geschäftsschicht minimieren	»Data Access Object« in Kapitel 9
Muster	Asynchrone Verarbeitung für Komponenten von Enterprise Beans bereitstellen	»Service Activator« in Kapitel 9
Muster	Eine Nachricht an eine Enterprise Bean-Komponente senden	»Service Activator« in Kapitel 9

Tabelle 6.8: Muster der Integrationsschicht

6.7 Zusammenfassung

Bisher haben wir die grundlegenden Konzepte hinter den J2EE-Mustern gesehen, die Schichten für die Einteilung von Mustern kennen gelernt, die Beziehungen zwischen verschiedenen Mustern untersucht und einen Blick auf den Wegweiser geworfen, um Ihnen bei der Auswahl eines bestimmten Musters zu helfen. In den folgenden Kapiteln stellen wir die Muster einzeln vor – sortiert nach der Schicht, der die jeweiligen Muster zugeordnet sind.

Kapitel 7

Muster der Präsentationsschicht

- Intercepting Filter (Abfangfilter)
- Front Controller
- View Helper
- Composite View (Zusammengesetzte Ansicht)
- Service to Worker
- Dispatcher View

7.1 Intercepting Filter (Abfangfilter)

7.1.1 Kontext
Der Behandlungsmechanismus für Anforderungen in der Präsentationsschicht empfängt viele verschiedene Anforderungstypen, die unterschiedliche Arten der Verarbeitung verlangen. Manche Anforderungen werden einfach an die passende Behandlungskomponente weitergeleitet, während andere Anforderungen vor ihrer Weiterverarbeitung zu modifizieren, zu überprüfen oder zu dekomprimieren sind.

7.1.2 Problem
Es sind Vorverarbeitung und Nachbearbeitung einer Webanforderung und -antwort erforderlich.

Wenn eine Anforderung zu einer Webanwendung gelangt, muss sie oftmals vor der Hauptverarbeitungsstufe verschiedene Eingangstests absolvieren, die Antworten u.a. auf die folgenden Fragen geben sollen:

- Ist der Client authentifiziert worden?
- Verfügt der Client über eine gültige Sitzung?
- Stammt die IP-Adresse des Clients von einer vertrauten Netzwerkverbindung?
- Verletzt der Anforderungspfad irgendwelche Einschränkungen?
- Welche Verschlüsselung verwendet der Client, um die Daten zu senden?
- Unterstützen wir den Browsertyp des Clients?

Einige der Tests liefern Ja-/Nein-Aussagen, woraus sich ergibt, ob die Verarbeitung fortzusetzen ist. Andere Tests überführen den einlaufenden Datenstrom in eine Form, die für die Verarbeitung geeignet ist.

Die klassische Lösung besteht aus einer Reihe von Bedingungsprüfungen, wobei jeder gescheiterte Test zu einer Ablehnung bzw. einem Abbruch der Anforderung führt. Zwar sind hier verschachtelte if-else-Anweisungen üblich, aber diese Lösung führt zu unübersichtlichem Code und einem Programmierstil, der sich auf Kopieren-und-Einfügen-Operationen stützt, weil der Durchlauf durch die einzelnen Filter und die Realisierung der Filter selbst als Teil der Anwendung kompiliert wird.

Um dieses Problem flexibel und elegant zu lösen, braucht man einen einfachen Mechanismus, mit dem sich Verarbeitungskomponenten hinzufügen und entfernen lassen, wobei jede Komponente eine spezielle Filteraktion übernimmt.

7.1.3 Kräfte
- Allgemeine Verarbeitungsaufgaben, wie zum Beispiel die Prüfung des Datenverschlüsselungsschemas oder der Anmeldeinformationen über jede Anforderung, werden pro Anforderung durchgeführt.

Muster der Präsentationsschicht

- Gemeinsame Logik sollte zentralisiert werden.
- Dienste sollten sich leicht hinzufügen und entfernen lassen, ohne vorhandene Komponenten zu beeinflussen, sodass sie in verschiedenartigen Kombinationen verwendet werden können, beispielsweise:
    - Anmelden und Authentifizieren
    - Debuggen und Transformieren der Ausgabe für einen bestimmten Client
    - Dekomprimieren und Konvertieren des Eingabeverschlüsselungsschemas

7.1.4 Lösung

Erstellen Sie steckbare (austauschbare) Filter, um allgemeine Dienste in standardisierter Form zu verarbeiten, ohne den Kerncode der Anforderungsverarbeitung ändern zu müssen. Die Filter fangen einlaufende Anforderungen und ausgehende Antworten ab und erlauben somit die Vorverarbeitung und Nachbearbeitung. Wir können diese Filter elegant hinzufügen und entfernen, ohne den bestehenden Code ändern zu müssen.

In der Tat können wir die Hauptverarbeitung mit einer breiten Palette allgemeiner Dienste ausstatten – zum Beispiel für Sicherheit, Anmeldung oder Debugging. Die Filter sind Komponenten, die unabhängig vom Hauptanwendungscode arbeiten und sich deklarativ hinzufügen und entfernen lassen. Zum Beispiel kann man mithilfe einer Deployment-Konfigurationsdatei eine Filterkette einrichten. Dieselbe Konfigurationsdatei kann eine Zuordnung von speziellen URLs zu dieser Filterkette enthalten. Wenn ein Client eine Ressource anfordert, die dieser konfigurierten URL-Zuordnung entspricht, werden die einzelnen Filter in der Kette abgearbeitet, bevor die angeforderte Zielressource aktiviert wird.

Struktur

Abbildung 7.1 stellt das Klassendiagramm des Musters *Intercepting Filter* dar.

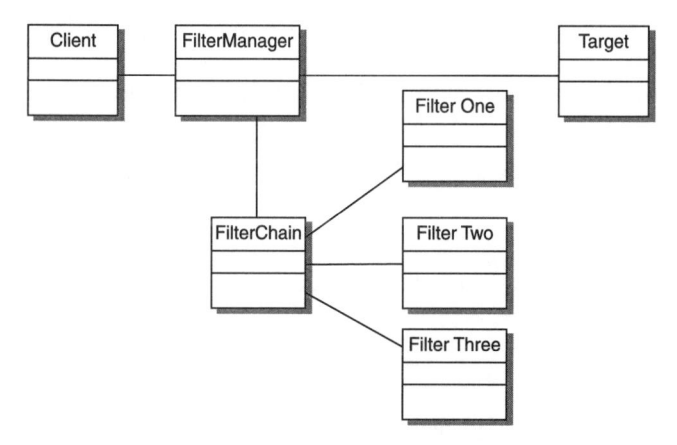

Abbildung 7.1: Klassendiagramm des Musters Intercepting Filter

Teilnehmer und Zuständigkeiten

Abbildung 7.2 zeigt das Sequenzdiagramm des Musters *Intercepting Filter*.

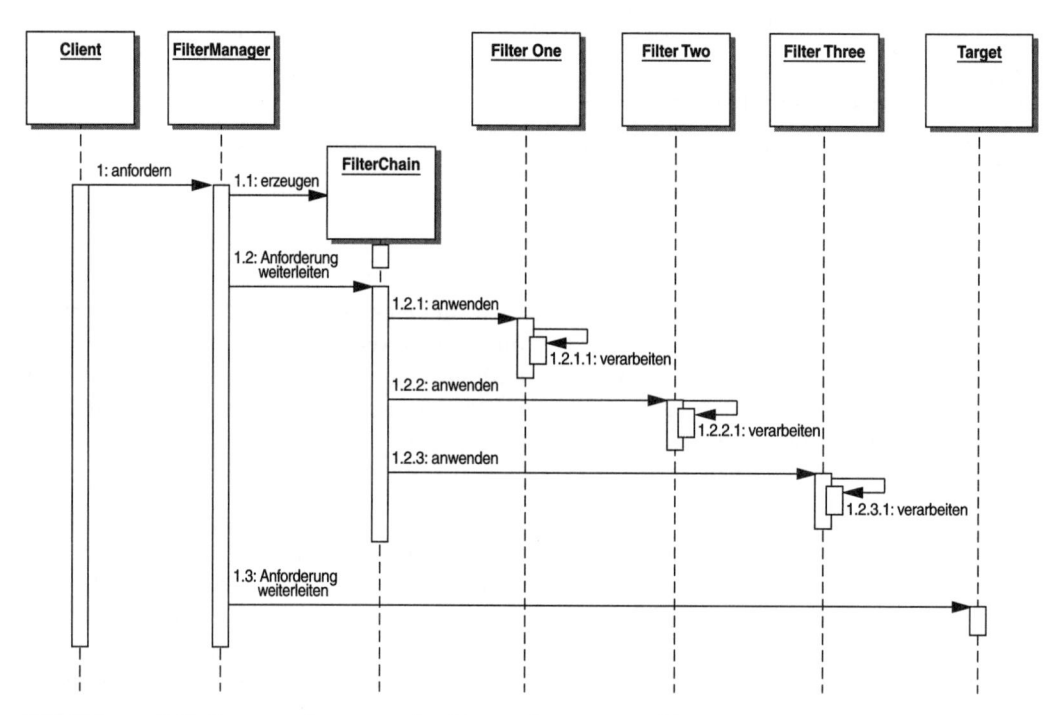

Abbildung 7.2: Sequenzdiagramm des Musters Intercepting Filter

FilterManager
Das `FilterManager`-Objekt verwaltet die Filterverarbeitung. Es erzeugt die Filterkette mit den passenden Filtern in der richtigen Reihenfolge und leitet die Verarbeitung ein.

FilterChain
Das Objekt `FilterChain` (Filterkette) ist eine geordnete Auflistung von unabhängigen Filtern.

Filter One, Filter Two, Filter Three
Das sind die einzelnen Filter, die einem Ziel zugeordnet werden. Die Filterkette koordiniert deren Verarbeitung.

Target
Das `Target`(Ziel)-Objekt ist die Ressource, die der Client angefordert hat.

Strategien

Benutzerdefinierte Filterstrategie
Filter werden über eine benutzerdefinierte Strategie implementiert, die der Entwickler definiert hat. Sie ist nicht so flexibel und leistungsfähig wie die bevorzugte Standardfilterstrategie, die der

Muster der Präsentationsschicht

nächste Abschnitt vorstellt und die nur in Containern zur Verfügung steht, die die Servlet-Spezifikation 2.3 unterstützen. Die benutzerdefinierte Filterstrategie ist deshalb weniger leistungsfähig, weil sie die Anforderungs- und Antwortobjekte nicht in einer standardisierten und portablen Weise einhüllen kann. Außerdem lässt sich das Anforderungsobjekt nicht modifizieren und man muss einen Zwischenspeichermechanismus vorsehen, wenn Filter den Ausgabestrom steuern sollen. Um die benutzerdefinierte Filterstrategie zu implementieren, kann der Entwickler das Muster *Decorator* (Dekorierer) [GoF] verwenden und die Filter als Hülle um die Kernlogik der Anforderungsverarbeitung legen. Beispielsweise kann ein Debugging-Filter einen Filter zur Authentifizierung einhüllen. Die Beispiele 7.1 und 7.2 zeigen, wie sich dieser Mechanismus per Programm erstellen lässt.

Beispiel 7.1: Einen Filter implementieren – Debuggingfilter

```
public class DebuggingFilter implements Processor {
  private Processor target;

  public DebuggingFilter(Processor myTarget) {
    target = myTarget;
  }

  public void execute(ServletRequest req,
  ServletResponse res) throws IOException,
    ServletException {
    // Hier Filterverarbeitung durchführen, z.B.
    // Anforderungsparameter anzeigen
    target.execute(req, res);
  }
}
```

Beispiel 7.2: Einen Filter implementieren – Kernverarbeitungseinheit

```
public class CoreProcessor implements Processor {
  private Processor target;
  public CoreProcessor()   {
    this(null);
  }

  public CoreProcessor(Processor myTarget)   {
    target = myTarget;
  }

  public void execute(ServletRequest req,
      ServletResponse res) throws IOException,
      ServletException   {
    // Hier Kernverarbeitung durchführen
```

    }
}

Im Servlet-Controller delegieren wir die Verarbeitung zu einer Methode namens `processRequest`, um einkommende Anforderungen zu behandeln, wie es Beispiel 7.3 zeigt.

Beispiel 7.3: Anforderungen behandeln

```
public void processRequest(ServletRequest req,
  ServletResponse res)
  throws IOException, ServletException {
  Processor processors = new DebuggingFilter(
    new AuthenticationFilter(new CoreProcessor()));
  processors.execute(req, res);

  // Dann zur nächsten Ressource weiterleiten, die evtl.
  // die anzuzeigende Ansicht ist
  dispatcher.dispatch(req, res);
}
```

Lediglich zu Demonstrationszwecken nehmen wir an, dass jede Verarbeitungskomponente bei ihrer Ausführung in die Standardausgabe schreibt. Beispiel 7.4 zeigt die mögliche Ausgabe der Ausführung.

Beispiel 7.4: Meldungen, die in die Standardausgabe geschrieben wurden

```
Debugging-Filter Vorverarbeitung abgeschlossen...
Authentifizierungs-Filter Verarbeitung abgeschlossen...
Kernverarbeitung abgeschlossen...
Debugging-Filter Nachbearbeitung abgeschlossen...
```

Eine Kette von Verarbeitungskomponenten wird nacheinander ausgeführt. Jede Verarbeitungskomponente mit Ausnahme der letzten in der Kette gilt als Filter. In der letzten Verarbeitungskomponente kapseln wir die Kernverarbeitung, die wir für jede Anforderung durchführen wollen. Mit diesem Entwurf müssen wir den Code in der Klasse `CoreProcessor` sowie in den einzelnen Filterklassen ändern, wenn wir die Art und Weise der Anforderungsbearbeitung modifizieren möchten.

Das Sequenzdiagramm in Abbildung 7.3 zeigt den Steuerungsfluss, wenn man den Filtercode der Beispiele 7.1 bis 7.3 verwendet.

Beachten Sie, dass bei einer Implementierung nach dem Muster *Decorator* jeder Filter den nächsten Filter über eine generische Schnittstelle direkt aufruft. Alternativ kann man diese Strategie mit einem Filtermanager und einer Filterkette realisieren. In diesem Fall koordinieren und verwalten diese beiden Komponenten die Filterverarbeitung und die einzelnen Filter kommunizieren nicht mehr direkt miteinander.

Muster der Präsentationsschicht

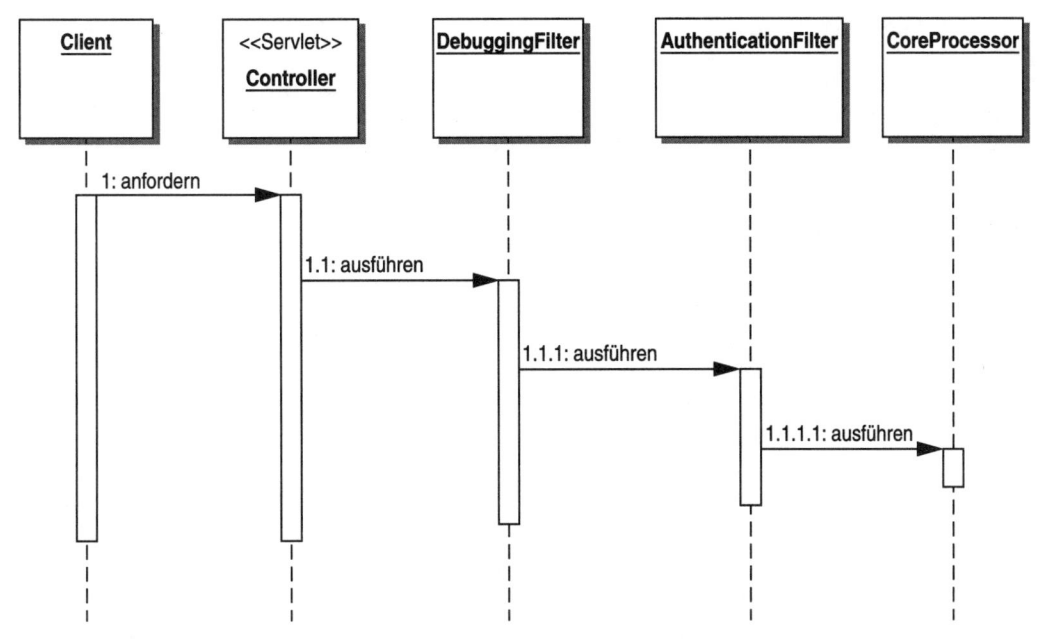

[Sequenzdiagramm: Client → Controller (1: anfordern) → DebuggingFilter (1.1: ausführen) → AuthenticationFilter (1.1.1: ausführen) → CoreProcessor (1.1.1.1: ausführen)]

Abbildung 7.3: Sequenzdiagramm für die benutzerdefinierte Filterstrategie mit Decorator-Implementierung

Dieser Entwurf ähnelt dem einer Servlet 2.3-kompatiblen Implementierung, auch wenn es sich immer noch um eine benutzerdefinierte Strategie handelt. Beispiel 7.5 gibt das Listing einer derartigen `FilterManager`-Klasse wieder; sie erzeugt eine `FilterChain` (Filterkette), die in Beispiel 7.6 angegeben ist. Die `FilterChain` fügt Filter in der richtigen Reihenfolge in die Kette ein (der Kürze wegen erfolgt das im Konstruktor von `FilterChain`, während man diesen Code normalerweise an der Stelle des Kommentars platzieren würde), verarbeitet die Filter und schließlich die Zielressource. Abbildung 7.4 zeigt ein Sequenzdiagramm für diesen Code.

Beispiel 7.5: FilterManager – benutzerdefinierte Filterstrategie

```
public class FilterManager {
  public void processFilter(Filter target,
    javax.servlet.http.HttpServletRequest request,
    javax.servlet.http.HttpServletResponse response)
    throws javax.servlet.ServletException,
      java.io.IOException {
    FilterChain filterChain = new FilterChain();

    // Der Filtermanager erstellt hier bei Bedarf
    // die Filterkette
```

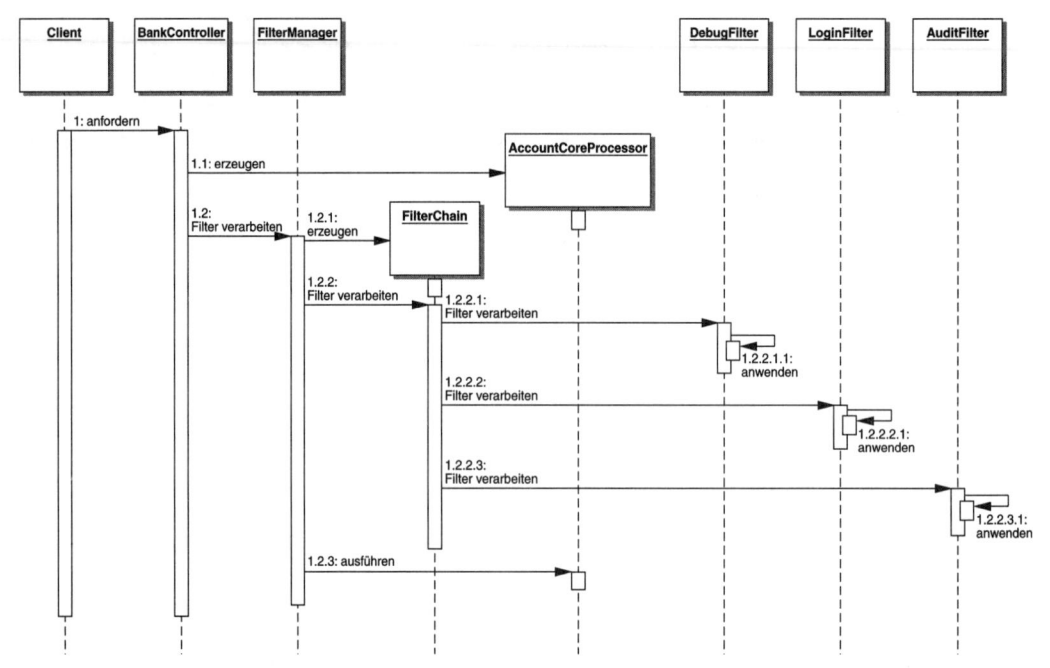

Abbildung 7.4: Sequenzdiagramm für die benutzerdefinierte Filterstrategie mit einer Nicht-Decorator-Implementierung

```
    // Pipe-Anforderung über Filterkette
    filterChain.processFilter(request, response);

    // Zielressource verarbeiten
    target.execute(request, response);
  }
}
```

Beispiel 7.6: FilterChain – benutzerdefinierte Filterstrategie

```
public class FilterChain {
  // Filterkette
  private Vector myFilters = new Vector();

  // Erzeugt neue FilterChain
  public FilterChain() {
    // Nur als Beispiel Standardfilterdienste einfügen.
    // Normalerweise geschieht das im FilterManager,
    // dient hier aber zur Demonstration.
    addFilter(new DebugFilter());
    addFilter(new LoginFilter());
```

Muster der Präsentationsschicht

```
   addFilter(new AuditFilter());
  }

  public void processFilter(
    javax.servlet.http.HttpServletRequest request,
    javax.servlet.http.HttpServletResponse response)
  throws javax.servlet.ServletException,
    java.io.IOException {
    Filter filter;

    // Filter anwenden
    Iterator filters = myFilters.iterator();
    while (filters.hasNext())
    {
      filter = (Filter)filters.next();
      // request und response an verschiedene
      // Filter übergeben
      filter.execute(request, response);
    }
  }

  public void addFilter(Filter filter) {
    myFilters.add(filter);
  }
}
```

Mit dieser Strategie lassen sich keine Filter erzeugen, die so flexibel und leistungsfähig sind, wir es wünschenswert wäre. Zum einen werden Filter per Programm hinzugefügt und entfernt. Zwar könnten wir einen proprietären Mechanismus schreiben, der das Hinzufügen und Entfernen von Filtern über eine Konfigurationsdatei behandelt, dennoch haben wir noch keine Möglichkeit, die Anforderungs- und Antwortobjekte einzuhüllen. Zum anderen lässt diese Strategie ohne einen ausgeklügelten Puffermechanismus keine flexible Nachbearbeitung zu.

Die Standardfilterstrategie bietet Lösungen für diese Probleme und stützt sich dabei auf Merkmale der Servlet-Spezifikation 2.3, die eine Standardlösung für das Filterdilemma beinhaltet.

Standardfilterstrategie
Gemäß Servlet-Spezifikation 2.3 werden die Filter deklarativ über einen Deployment-Deskriptor gesteuert. Diese Spezifikation beinhaltet auch einen Standardmechanismus, um Filterketten zu erstellen und Filter elegant in diese Ketten einzufügen und daraus zu entfernen. Filter sind um Schnittstellen herum aufgebaut und werden deklarativ hinzugefügt oder entfernt, indem man den Deployment-Deskriptor für eine Webanwendung modifiziert.

Unser Beispiel für diese Strategie erzeugt einen Filter, der Anforderungen eines beliebigen Codierungstyps (Encoding) vorverarbeitet, sodass sich jede Anforderung mit unserem Kerncode zur Anforderungsbehandlung in ähnlicher Weise bearbeiten lässt. Warum könnte das notwendig sein? HTML-Formulare, die einen Datei-Upload enthalten, verwenden einen anderen Codierungstyp als die meisten Formulare. Somit sind Formulardaten, die den Upload begleiten, nicht über einen einfachen Aufruf von `getParameter` zugänglich. Wir erstellen deshalb zwei Filter, die Anforderungen vorab verarbeiten und alle Codierungstypen in ein einheitliches Format übersetzen. Das Format wählen wir so, dass alle Formulardaten als Anforderungsattribute verfügbar sind.

Ein Filter behandelt die Standardcodierung des Typs `application/x-www-form-urlencoded` und der andere den weniger gebräuchlichen Typ `multipart/form-data`, der bei Formularen mit Uploads zu finden ist. Die Filter übersetzen alle Formulardaten in Anforderungsattribute, sodass der Kernmechanismus zur Anforderungsbehandlung mit jeder Anforderung in der gleichen Weise verfahren kann, statt sich mit speziellen Fallunterscheidungen für unterschiedliche Codierungsarten herumschlagen zu müssen.

Beispiel 7.8 zeigt einen Filter, der Anforderungen mithilfe des allgemeinen Formularcodierungsschemas `application` übersetzt. Der Filter in Beispiel 7.9 übersetzt Anforderungen, die das Formularcodierungsschema `multipart` verwenden. Der Code für diese Filter basiert auf der Servlet-Spezifikation 2.3. Außerdem existiert ein Basisfilter, von dem beide Filter abgeleitet sind (siehe den Abschnitt »Strategie mit Basisfilter (Base Filter)«). Der in Beispiel 7.7 dargestellte Basisfilter realisiert das Standardverhalten für die Callback-Methoden des Standardfilters.

Beispiel 7.7: Basisfilter – Standardfilterstrategie

```
public class BaseEncodeFilter implements
      javax.servlet.Filter {
  private javax.servlet.FilterConfig myFilterConfig;

  public BaseEncodeFilter() { }

  public void doFilter(
    javax.servlet.ServletRequest servletRequest,
    javax.servlet.ServletResponse servletResponse,
    javax.servlet.FilterChain filterChain)
  throws java.io.IOException,
    javax.servlet.ServletException {
    filterChain.doFilter(servletRequest,
        servletResponse);
  }

  public javax.servlet.FilterConfig getFilterConfig() {
    return myFilterConfig;
  }

  public void setFilterConfig(
    javax.servlet.FilterConfig filterConfig) {
      myFilterConfig = filterConfig;
  }
}
```

Muster der Präsentationsschicht

Beispiel 7.8: StandardEncodeFilter – Standardfilterstrategie

```java
public class StandardEncodeFilter
  extends BaseEncodeFilter {
  // Erzeugt neuen StandardEncodeFilter
  public StandardEncodeFilter() { }

  public void doFilter(javax.servlet.ServletRequest
    servletRequest,javax.servlet.ServletResponse
    servletResponse, javax.servlet.FilterChain
    filterChain)
  throws java.io.IOException,
    javax.servlet.ServletException {

    String contentType =
      servletRequest.getContentType();
    if ((contentType == null) ||
      contentType.equalsIgnoreCase(
        "application/x-www-form-urlencoded")) {
      translateParamsToAttributes(servletRequest,
        servletResponse);
    }

    filterChain.doFilter(servletRequest,
      servletResponse);
  }

  private void translateParamsToAttributes(
    ServletRequest request, ServletResponse response) {
    Enumeration paramNames =
      request.getParameterNames();

    while (paramNames.hasMoreElements()) {
      String paramName = (String)
        paramNames.nextElement();

      String [] values;

      values = request.getParameterValues(paramName);
      System.err.println("paramName = " + paramName);
      if (values.length == 1)
        request.setAttribute(paramName, values[0]);
      else
        request.setAttribute(paramName, values);
    }
  }
}
```

Beispiel 7.9: MultipartEncodeFilter – Standardfilterstrategie

```java
public class MultipartEncodeFilter extends
  BaseEncodeFilter {
  public MultipartEncodeFilter() { }
  public void doFilter(javax.servlet.ServletRequest
    servletRequest, javax.servlet.ServletResponse
    servletResponse, javax.servlet.FilterChain
    filterChain)
  throws java.io.IOException,
    javax.servlet.ServletException {
    String contentType =
      servletRequest.getContentType();
    // Diese Anforderung nur filtern, wenn es eine
    // multipart-Codierung ist
    if (contentType.startsWith(
          "multipart/form-data")){
      try {
        String uploadFolder =
          getFilterConfig().getInitParameter(
            "UploadFolder");
        if (uploadFolder == null) uploadFolder = ".";

        /** The MultipartRequest class is:
        * Copyright (C) 2001 by Jason Hunter
        * <jhunter@servlets.com>. All rights reserved.
        **/
        MultipartRequest multi = new
          MultipartRequest(servletRequest,
                           uploadFolder,
                           1 * 1024 * 1024 );
        Enumeration params =
          multi.getParameterNames();
        while (params.hasMoreElements()) {
          String name = (String)params.nextElement();
          String value = multi.getParameter(name);
          servletRequest.setAttribute(name, value);
        }

        Enumeration files = multi.getFileNames();
        while (files.hasMoreElements()) {
          String name = (String)files.nextElement();
          String filename =
            multi.getFilesystemName(name);
          String type = multi.getContentType(name);
          File f = multi.getFile(name);
          // Hier bei Bedarf etwas mit der
```

Muster der Präsentationsschicht

```
          // Datei unternehmen
        }
      }
      catch (IOException e)
      {
        LogManager.logMessage(
          "Fehler beim Laden oder Speichern der Datei "+ e);
      }
    } // end if
    filterChain.doFilter(servletRequest,
                         servletResponse);
  } // Ende der Methode doFilter()
}
```

Der folgende Auszug in Beispiel 7.10 stammt aus dem Deployment-Deskriptor für die Webanwendung, die dieses Beispiel enthält. Er zeigt, wie diese beiden Filter registriert und dann einer Ressource – in diesem Fall einem einfachen Test-Servlet – zugeordnet werden. Außerdem gibt Abbildung 7.5 das Sequenzdiagramm für dieses Beispiel an.

Beispiel 7.10: Deployment-Deskriptor – Standardfilterstrategie

```
.
.
.
<filter>
    <filter-name>StandardEncodeFilter</filter-name>
    <display-name>StandardEncodeFilter</display-name>
    <description></description>
    <filter-class> corepatterns.filters.encodefilter.
          StandardEncodeFilter</filter-class>
</filter>
<filter>
    <filter-name>MultipartEncodeFilter</filter-name>
    <display-name>MultipartEncodeFilter</display-name>
    <description></description>
    <filter-class>corepatterns.filters.encodefilter.
          MultipartEncodeFilter</filter-class>
    <init-param>
        <param-name>UploadFolder</param-name>
        <param-value>/home/files</param-value>
    </init-param>
</filter>
.
.
.
<filter-mapping>
```

```xml
    <filter-name>StandardEncodeFilter</filter-name>
    <url-pattern>/EncodeTestServlet</url-pattern>
</filter-mapping>
<filter-mapping>
    <filter-name>MultipartEncodeFilter</filter-name>
    <url-pattern>/EncodeTestServlet</url-pattern>
</filter-mapping>
.
.
.
```

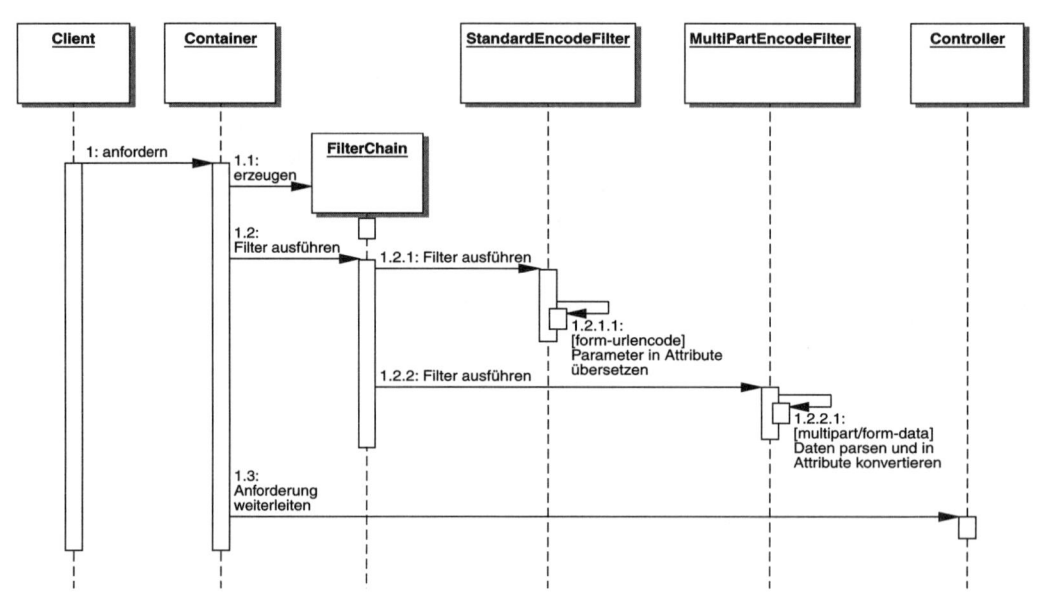

Abbildung 7.5: Sequenzdiagramm für den Intercepting Filter im Beispiel der Standardfilterstrategie zur Codierungsumwandlung

Die Filter StandardEncodeFilter und MultiPartEncodeFilter fangen die Steuerung ab, wenn ein Client eine Anforderung zum Controller-Servlet schickt. Der Container übernimmt die Rolle des Filtermanagers und leitet die Steuerung auf diese Filter um, indem er deren doFilter-Methoden aufruft. Nachdem ein Filter die Verarbeitung abgeschlossen hat, gibt er die Steuerung an die Filterkette (in der er enthalten ist) zurück, die daraufhin die Ausführung des nächsten Filters aktiviert. Nachdem beide Filter die Steuerung erhalten und wieder zurückgegeben haben, ist die eigentliche Zielressource – hier das Controller-Servlet – die nächste Komponente, die die Steuerung erhält.

Die entsprechend der Servlet-Spezifikation 2.3 unterstützten Filter erlauben auch das Einhüllen der Anforderungs- und Antwortobjekte. Dadurch lässt sich ein wesentlich leistungsfähigerer Mechanismus als bei der benutzerdefinierten Implementierung erstellen, wie sie die benutzerdefinierte Filterstrategie vorgeschlagen hat. Natürlich kann man eine hybride Lösung, die beide Strategien verbindet, ebenfalls benutzerdefiniert erstellen, aber ihr fehlt immer noch die Leistungsfähigkeit der Standardfilterstrategie, wie sie durch die Servlet-Spezifikation unterstützt wird.

Strategie mit Basisfilter (Base Filter)
Ein Basisfilter dient als allgemeine Superklasse für alle Filter. Gemeinsame Merkmale kann man im Basisfilter kapseln und zwischen allen Filtern gemeinsam nutzen. Zum Beispiel bietet sich ein Basisfilter an, um das Standardverhalten für die Callback-Methoden des Containers in der deklarierten Filterstrategie einzubinden. Beispiel 7.11 zeigt, wie man das realisieren kann.

Beispiel 7.11: Basisfilterstrategie

```
public class BaseEncodeFilter implements javax.servlet.Filter {
  private javax.servlet.FilterConfig myFilterConfig;

  public BaseEncodeFilter() {}

  public void doFilter(javax.servlet.ServletRequest
    servletRequest, javax.servlet.ServletResponse
    servletResponse, javax.servlet.FilterChain
    filterChain) throws java.io.IOException,
    javax.servlet.ServletException {

    filterChain.doFilter(servletRequest,
      servletResponse);
  }

  public javax.servlet.FilterConfig getFilterConfig() {
    return myFilterConfig;
  }

  public void setFilterConfig(javax.servlet.FilterConfig
    filterConfig) {
    myFilterConfig = filterConfig;
  }
}
```

Strategie mit Vorlagenfilter (Template Filter)
Verwendet man einen Basisfilter, von dem alle anderen erben (siehe »Strategie mit Basisfilter (Base Filter)« weiter vorn in diesem Kapitel), kann die Basisklasse die Funktionalität einer Vorlagenmethode bereitstellen [GoF]. In diesem Fall legt der Basisfilter die allgemeinen Schritte fest, die jeder Filter ausführen muss, wobei er die Einzelheiten, *wie* jeder Schritt zu erledigen ist, der einzelnen Filtersubklasse überlässt. In der Regel nimmt man dazu grobkörnig definierte Basismethoden, die jeder Vorlage einfach eine eingeschränkte Struktur auferlegen. Diese Strategie lässt sich auch mit jeder anderen Filterstrategie kombinieren. Die Listings in den Beispielen 7.12 und 7.13 zeigen, wie man diese Strategie bei der Strategie mit deklariertem Filter umsetzt.

Beispiel 7.12 zeigt eine Basisfilterklasse namens TemplateFilter.

Beispiel 7.12: Eine Strategie mit Vorlagenfilter verwenden

```
public abstract class TemplateFilter implements
  javax.servlet.Filter {
  private FilterConfig filterConfig;

  public void setFilterConfig(FilterConfig fc) {
    filterConfig=fc;
  }

  public FilterConfig getFilterConfig() {
    return filterConfig;
  }

  public void doFilter(ServletRequest request,
    ServletResponse response, FilterChain chain)
    throws IOException, ServletException {
    // Hier kann gemeinsame Verarbeitung für alle Filter erfolgen
    doPreProcessing(request, response, chain);

    // Hier kann gemeinsame Verarbeitung für alle Filter erfolgen
    doMainProcessing(request, response, chain);

    // Hier kann gemeinsame Verarbeitung für alle Filter erfolgen
    doPostProcessing(request, response, chain);

    // Hier kann gemeinsame Verarbeitung für alle Filter erfolgen

    // Steuerung an den nächsten Filter in der Kette oder an die
    // Zielressource übergeben
    chain.doFilter(request, response);
  }

  public void doPreProcessing(ServletRequest request,
    ServletResponse response, FilterChain chain) {
  }

  public void doPostProcessing(ServletRequest request,
    ServletResponse response, FilterChain chain) {
  }

  public abstract void doMainProcessing(ServletRequest
    request, ServletResponse response, FilterChain chain);
}
```

Muster der Präsentationsschicht

Mit dieser Klassendefinition für TemplateFilter wird jeder Filter als Subklasse implementiert, die nur die Methode doMainProcessing implementieren muss. Allerdings haben die Subklassen die Möglichkeit, bei Bedarf alle drei Methoden zu implementieren. Beispiel 7.13 zeigt eine Filtersubklasse, die die obligatorische Methode (wie sie unser Vorlagenfilter verlangt) und die optionale Vorverarbeitungsmethode implementiert. Abbildung 7.6 gibt ein Sequenzdiagramm für diese Strategie an.

Beispiel 7.13: Debuggingfilter

```
public class DebuggingFilter extends TemplateFilter {
  public void doPreProcessing(ServletRequest req,
    ServletResponse res, FilterChain chain) {
    // Hier Vorverarbeitung durchführen
  }

  public void doMainProcessing(ServletRequest req,
    ServletResponse res, FilterChain chain) {
    // Hier Hauptverarbeitung durchführen
  }
}
```

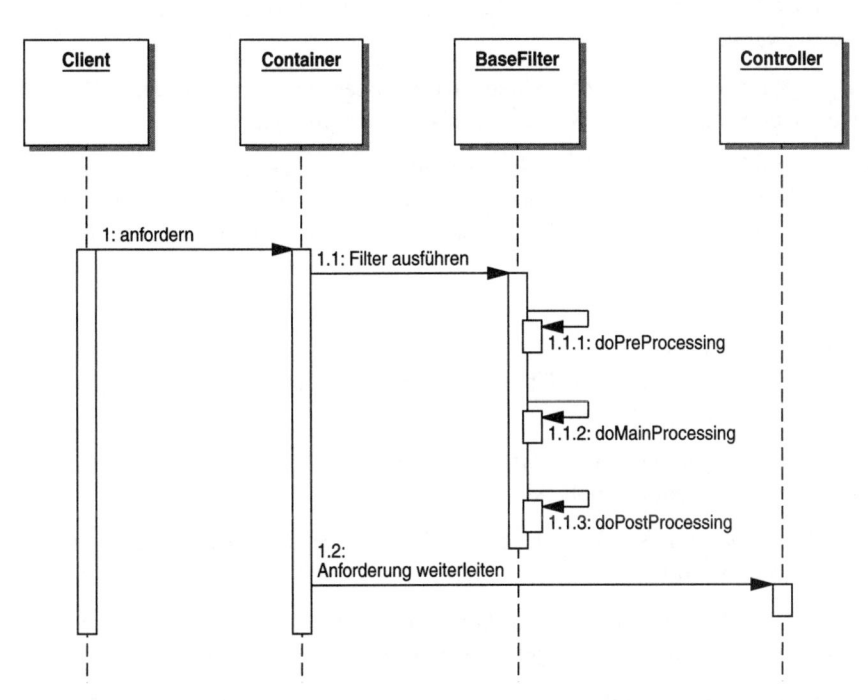

Abbildung 7.6: Sequenzdiagramm für Intercepting Filter nach der Vorlagenfilterstrategie

Gemäß Sequenzdiagramm in Abbildung 7.7 definieren Filtersubklassen wie DebuggingFilter spezielle Verarbeitungsschritte, indem sie die abstrakte Methode doMainProcessing und optional die Methoden doPreProcessing und doPostProcessing überschreiben. Der Vorlagenfilter legt also eine Art Schablone für die Verarbeitung jedes Filters fest und stellt auch einen Platz bereit, um den für jeden Filter gemeinsamen Code zu kapseln.

7.1.5 Konsequenzen

- *Zentralisiert die Steuerung mit lose gekoppelten Behandlungsroutinen*: Filter bieten in der Art eines Controllers einen zentralen Platz für die Verarbeitung über mehrere Anforderungen hinweg. Insbesondere eignen sich Filter, um Anforderungen und Antworten für die abschließende Behandlung durch eine Zielressource (zum Beispiel einen Controller) in eine gewünschte Form zu bringen. Außerdem fasst ein Controller oftmals mehrere und nicht miteinander verwandte allgemeine Dienste zusammen, beispielsweise Authentifizierung, Anmeldung, Verschlüsselung usw., während das Filtern eine weitaus losere Kopplung von Behandlungsroutinen erlaubt, die man obendrein in verschiedenen Kombinationen zusammenstellen kann.

- *Verbessert die Wiederverwendbarkeit*: Filter fördern eine saubere Gliederung von Anwendungen und unterstützen die Wiederverwendung. Diese steckbaren Abfangkomponenten (Interceptors) werden transparent zu dem vorhandenen Code hinzugefügt und daraus entfernt; aufgrund ihrer Standardschnittstelle arbeiten sie in jeder beliebigen Kombination und sind für wechselnde Präsentationen wiederverwendbar.

- *Deklarative und flexible Konfiguration*: Zahlreiche Dienste lassen sich in verschiedenen Anordnungen kombinieren, ohne dass man die Kerncodebasis neu kompilieren muss.

- *Die Gemeinsame Nutzung von Informationen ist nicht effizient*: Die gemeinsame Nutzung von Informationen zwischen Filtern kann ineffizient sein, da die Filter per Definition lose gekoppelt sind. Falls umfangreiche Informationen in mehreren Filtern gemeinsam zu nutzen sind, kann sich diese Lösung als relativ teuer erweisen.

7.1.6 Verwandte Muster

- *Front Controller*: Der Controller löst einige ähnliche Probleme, ist aber besser geeignet, um die Kernverarbeitung zu realisieren.

- *Decorator (Dekorierer) [GoF]*: Das Muster *Intercepting Filter* ist mit dem Muster *Decorator* verwandt, das dynamisch steckbare Hüllobjekte bereitstellt.

- *Template Method (Vorlagenmethode) [GoF]*: Nach dem Muster *Template Method* implementiert man die Strategie mit Vorlagenfilter.

- *Interceptor [POSA2]*: Das Muster *Intercepting Filter* ist mit dem Muster *Interceptor* verwandt, welches erlaubt, Dienste transparent hinzufügen und automatisch auslösen zu lassen.

- *Pipes und Filter [POSA1]*: Das Muster *Intercepting Filter* ist mit dem Muster *Pipes und Filter* verwandt.

7.2 Front Controller

7.2.1 Kontext
Der Behandlungsmechanismus für Anforderungen in der Präsentationsschicht muss die Verarbeitung jedes Benutzers über mehrere Anforderungen hinweg steuern und koordinieren. Derartige Kontrollmechanismen lassen sich sowohl zentralisiert als auch dezentralisiert verwalten.

7.2.2 Problem
Das System erfordert einen zentralisierten Zugriffspunkt für die Anforderungsbehandlung in der Präsentationsschicht, um die Integration von Systemdiensten, das Abrufen von Inhalten, die Ansichtsverwaltung und die Navigation zu unterstützen. Wenn der Benutzer auf die Ansicht direkt zugreift, ohne über einen zentralen Mechanismus zu gehen, können zwei Probleme auftreten:

- Jede Ansicht muss ihre eigenen Systemdienste bereitstellen, was oftmals zu doppeltem Code führt.
- Die Navigation bleibt den Ansichten überlassen. Dadurch können sich der Inhalt und die Navigation der Ansicht vermischen.

Die verteilte Steuerung ist darüber hinaus auch schwerer zu warten, da eventuelle Änderungen oftmals an vielen Stellen durchzuführen sind.

7.2.3 Kräfte
- Allgemeine Systemdienste werden pro Anforderung abgearbeitet. Zum Beispiel führt der Sicherheitsdienst die Authentifizierungs- und Autorisierungstests vollständig aus.
- Logik, die besser an einer zentralen Stelle aufgehoben wäre, findet sich stattdessen in zahlreichen Ansichten wieder.
- Es existieren mehrere Entscheidungspunkte für das Abrufen und die Manipulation von Daten.
- Ähnliche Geschäftsanforderungen werden von verschiedenen Ansichten bedient.
- Ein zentraler Kontaktpunkt für die Behandlung einer Anforderung kann nützlich sein, um beispielsweise den Weg eines Benutzers durch die Site zu steuern und zu protokollieren.
- Systemdienste und die Logik zur Ansichtsverwaltung sind relativ kompliziert.

7.2.4 Lösung
Verwenden Sie einen Controller als anfänglichen Kontaktpunkt für die Behandlung einer Anforderung. Der Controller verwaltet die Anforderungsbehandlung. Dazu gehört auch, dass er die Sicherheitsdienste wie Authentifizierung und Autorisierung aufruft, die Geschäftsverarbeitung delegiert, eine passende Ansicht auswählt, Fehler behandelt und Strategien zum Erstellen von Inhalten auswählt.

Der Controller bietet einen zentralen Einstiegspunkt, der die Behandlung von Webanforderungen steuert und verwaltet. Durch die Zentralisierung von Entscheidungspunkten und Steuerelementen hilft der Controller auch, den Umfang des in die JSP eingebetteten Java-Codes – die so genannten Scriptlets – zu reduzieren.

Wenn man die Steuerung im Controller zentralisiert und die Geschäftslogik in der Ansicht verringert, lässt sich der Code über mehrere Anforderungen hinweg wiederverwenden. Gegenüber der Alternative – Code in mehrere Ansichten einzubetten – ist diese Lösung vorzuziehen, denn die alternative Variante führt zu einer fehleranfälligen Umgebung, die durch Copy&Paste-Operationen »zusammengestrickt« wird.

Normalerweise stimmt sich ein Controller mit einer Dispatcherkomponente ab. Dispatcher sind für die Verwaltung und die Navigation der Ansicht zuständig. Folglich wählt ein Dispatcher die nächste Ansicht für den Benutzer aus und übergibt dieser Ressource die Steuerung. Dispatcher können direkt im Controller gekapselt oder in einer separaten Komponente realisiert sein.

Auch wenn das Muster *Front Controller* vorschlägt, die gesamte Anforderungsbehandlung zu zentralisieren, schränkt es die Anzahl der Behandlungsroutinen nicht im System ein, wie es bei einem Singleton der Fall ist. Eine Anwendung kann mehrere Controller in einem System verwenden und dabei jeden Controller einer Gruppe von gesonderten Diensten zuordnen.

Struktur
Abbildung 7.7 gibt das Klassendiagramm für das Muster *Front Controller* wieder.

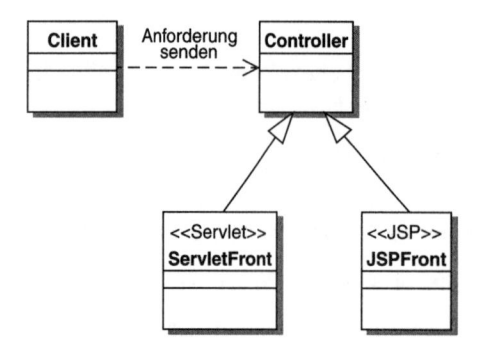

Abbildung 7.7: Klassendiagramm für das Muster Front Controller

Teilnehmer und Zuständigkeiten
Abbildung 7.8 zeigt das Sequenzdiagramm für das Muster *Front Controller*. Sie verdeutlicht, wie der Controller eine Anforderung behandelt.

Controller
Der Controller ist der anfängliche Kontaktpunkt für die Behandlung aller Anforderungen im System. Er kann die Verarbeitung zu einem Hilfsobjekt delegieren, um Authentifizierung und Autorisierung eines Benutzers durchführen zu lassen oder um das Laden und Aufbereiten von Modelldaten einzuleiten.

Muster der Präsentationsschicht 171

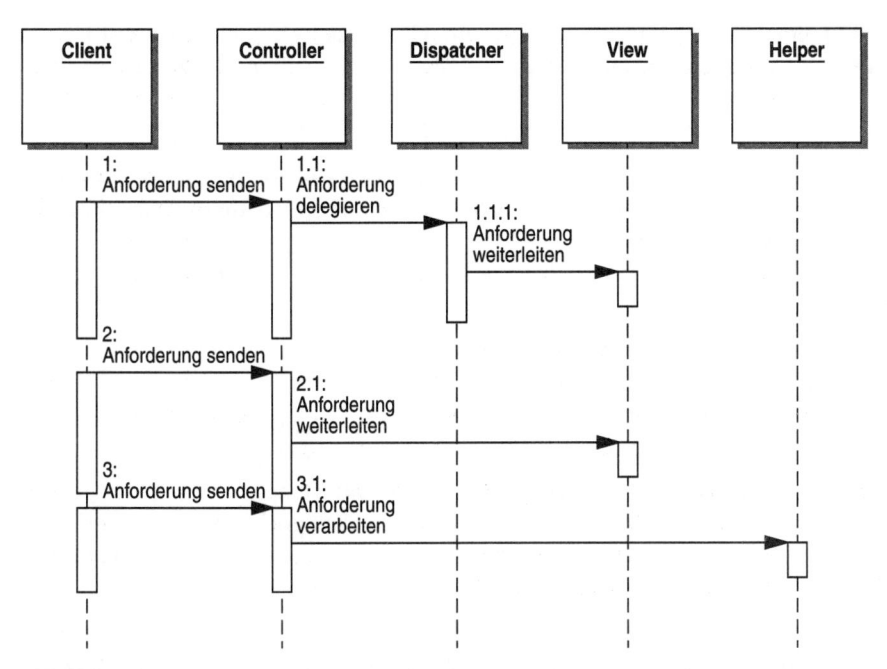

Abbildung 7.8: Sequenzdiagramm für das Muster Front Controller

Dispatcher
Ein Dispatcher ist zuständig für die Verwaltung und Navigation der Ansichten, er wählt die nächste für den Benutzer anzuzeigende Ansicht aus und stellt den Mechanismus bereit, um die Steuerung an diese Ressource zu übergeben.

Man kann einen Dispatcher in einem Controller kapseln oder auch als separate Komponente ausführen, die mit dem Controller zusammenarbeitet. Der Dispatcher realisiert entweder eine statische Weiterleitung zur Ansicht oder einen komplizierteren dynamischen Weiterleitungsmechanismus.

Der Dispatcher verwendet das (von der Servlet-Spezifikation unterstützte) `RequestDispatcher`-Objekt und kapselt die zusätzliche Verarbeitung.

Helper
Ein Hilfsobjekt (Helper) soll eine Ansicht oder einen Controller dabei unterstützen, ihre/seine Verarbeitungsaufgaben durchzuführen. Somit sind Hilfsobjekte für verschiedene Dinge zuständig. Unter anderem sammeln sie Daten, die die Ansicht benötigt, und speichern dieses Zwischenmodell – in diesem Fall bezeichnet man das Hilfsobjekt auch als Value Bean. Zusätzlich können Hilfsobjekte das Datenmodell für die Anzeige durch die Ansicht anpassen. Hilfsobjekte können Anforderungen nach Daten aus der Ansicht bedienen, indem sie einfach Zugriff auf die Rohdaten bieten oder die Daten als Webinhalt formatieren.

Eine Ansicht kann mit beliebig vielen Hilfsobjekten arbeiten, die normalerweise als JavaBeans (JSP 1.0+) oder benutzerdefinierte Tags (JSP 1.1+) implementiert sind. Außerdem kann ein Hilfsobjekt ein Command-Objekt repräsentieren, einen Delegate (siehe »Business Delegate« in Kapitel 8) oder einen XSL-Transformer, der zusammen mit einem Stylesheet das Modell in das geeignete Format konvertiert.

View
Eine Ansicht (View) zeigt Informationen für den Client an. Dazu ruft sie die Informationen aus einem Modell ab. Hilfsobjekte unterstützen die Ansichten, indem sie das zugrunde liegende Datenmodell für die Anzeige kapseln und anpassen.

Strategien
Es gibt mehrere Strategien, einen Controller zu implementieren.

Servlet Front-Strategie
Diese Strategie schlägt die Implementierung des Controllers als Servlet vor. Sie ist der JSP Front-Strategie vorzuziehen, auch wenn beide Strategien semantisch äquivalent sind. Der Controller verwaltet die Aspekte der Anforderungsbehandlung, die mit der Verarbeitung der Geschäftslogik und dem Steuerungsfluss zu tun haben. Zwar beziehen sich diese Zuständigkeiten auf die Anzeigeformatierung, sie sind aber logisch unabhängig davon und werden besser in einem Servlet statt in einer JSP gekapselt.

Die Servlet Front-Strategie kann einige Nachteile aufweisen. Insbesondere nutzt sie bestimmte Hilfsdienste der JSP-Laufzeitumgebung nicht aus, etwa die automatische Übernahme der Anforderungsparameter in Eigenschaften von Hilfsobjekten. Zum Glück fällt dieser Nachteil kaum ins Gewicht, weil man ähnliche allgemeine Hilfsdienste relativ leicht erstellen oder beschaffen kann. Außerdem ist es durchaus möglich, dass die Funktionalität bestimmter JSP-Hilfsdienste ohnehin als Standard-Servlets in eine zukünftige Version der Servlet-Spezifikation einfließt. Beispiel 7.14 zeigt den Code für eine Servlet Front-Strategie.

Beispiel 7.14: Beispielcode für die Servlet Front-Strategie

```
public class EmployeeController extends HttpServlet {
  // Das Servlet initialisieren.
  public void init(ServletConfig config) throws
    ServletException {
    super.init(config);
  }

  // Das Servlet abbauen.
  public void destroy() {
  }

  /** Verarbeitet Anforderungen für die bieden HTTP-Methoden
   * <code>GET</code> und <code>POST</code>.
   * @param request Servlet-Anforderung
   * @param response Servlet-Antwort
   */
```

Muster der Präsentationsschicht

```
protected void processRequest(HttpServletRequest
  request, HttpServletResponse response)
  throws ServletException, java.io.IOException {
  String page;

  /**ApplicationResources bietet eine einfache API,
   * um Konstanten und andere vorkonfigurierte Werte
   * abzurufen **/
  ApplicationResources resource =
    ApplicationResources.getInstance();
  try {

    // Mit einem Hilfsobjekt Parameter-spezifische
    // Informationen zusammenzustellen.
    RequestHelper helper = new
       RequestHelper(request);

    Command cmdHelper = helper.getCommand();

    // Command-Hilfsobjekt führt benutzerdefinierte Operation aus
    page = cmdHelper.execute(request, response);

  }
  catch (Exception e) {
    LogManager.logMessage(
      "EmployeeController:exception : " +
      e.getMessage());
    request.setAttribute(resource.getMessageAttr(),
      "Ausnahme aufgetreten: " + e.getMessage());
    page = resource.getErrorPage(e);
  }
  // Steuerung an Ansicht weitergeben
  dispatch(request, response, page);
}

/** Behandelt die HTTP-Methode <code>GET</code>.
 * @param request Servlet-Anforderung
 * @param response Servlet-Antwort
 */
protected void doGet(HttpServletRequest request,
  HttpServletResponse response)
  throws ServletException, java.io.IOException {
    processRequest(request, response);
}

/** Behandelt die HTTP-Methode <code>POST</code>.
 * @param request Servlet-Anforderung
```

```
  * @param response Servlet-Antwort
  */
 protected void doPost(HttpServletRequest request,
   HttpServletResponse response)
   throws ServletException, java.io.IOException {
     processRequest(request, response);
 }

 /** Gibt Kurzbeschreibung des Servlets zurück. */
 public String getServletInfo() {
   return "Beispiel für Front Controller-Muster" +
     " mit Servlet Front-Strategie";
 }

 protected void dispatch(HttpServletRequest request,
   HttpServletResponse response,
   String page)
 throws  javax.servlet.ServletException,
   java.io.IOException {
   RequestDispatcher dispatcher =
     getServletContext().getRequestDispatcher(page);
   dispatcher.forward(request, response);
 }
}
```

JSP Front-Strategie

Diese Strategie schlägt die Implementierung des Controllers als JSP vor. Wie bereits erwähnt, ist die Servlet Front-Strategie zu bevorzugen, auch wenn beide Strategien semantisch äquivalent sind. Da der Controller Verarbeitungsaufgaben wahrnimmt, die nicht spezifisch mit der Anzeigeformatierung zusammenhängen, wäre es ein Missgriff, diese Komponente als JSP zu implementieren.

Die Implementierung des Controllers als JSP ist auch aus einem anderen Grund nicht zu empfehlen: Ein Softwareentwickler muss in einer Seite mit Tags arbeiten, um die Behandlungslogik für die Anforderung zu modifizieren. Deshalb erscheint die JSP Front-Strategie einem Softwareentwickler normalerweise ziemlich umständlich, wenn er den Zyklus aus Codieren, Kompilieren, Testen und Debuggen durchläuft. Beispiel 7.15 zeigt den Code für eine JSP Front-Strategie.

Beispiel 7.15: Beispielcode für die JSP Front-Strategie

```
<%@ page contentType="text/html"%>
<%@ page import="corepatterns.util.*" %>
<html>
<head><title>JSP Front Controller</title></head>
<body>

<h3><center> Mitarbeiterprofil </h3>
```

Muster der Präsentationsschicht

```jsp
<%
/**Hier Steuerungslogik unterbringen...
  In diesem Codeblock rufen wir Mitarbeiterinformationen
  ab, kapseln sie mit einem Value Object und platzieren diese
  Bean im Gültigkeitsbereich der Anforderung mit dem Schlüssel
  "employee". Dieser Code wurde hier ausgelassen.

  Entweder leiten wir an diesem Punkt zu einer anderen JSP weiter
  oder erlauben einfach, dass die restlichen Teile des Scriptlet-
  Codes ausgeführt werden. **/
%>
  <jsp:useBean id="employee" scope="request"
    class="corepatterns.util.EmployeeVO"/>
<FORM method=POST >
<table width="60%">
<tr>
    <td>  Vorname: </td>
    <td>  <input type="text"
            name="<%=Constants.FLD_FIRSTNAME%>"
            value="<jsp:getProperty name="employee"
            property="firstName"/>"> </td>
</tr>
<tr>
    <td>  Nachname: </td>
    <td>  <input type="text"
            name="<%=Constants.FLD_LASTNAME%>"
            value="<jsp:getProperty name="employee"
            property="lastName"/>"></td>
</tr>
<tr>
    <td>  Personalnummer: </td>
    <td>  <input type="text"
            name="<%=Constants.FLD_EMPID%>"
            value="<jsp:getProperty name="employee"
            property="id"/>"> </td>
</tr>
<tr>
    <td>  <input type="submit"
            name="employee_profile"> </td>
    <td> </td>
</tr>
</table>
</FORM>

</body>
</html>
```

Command- und Controller-Strategie

Basierend auf dem Muster *Command* (Befehl) [GoF] schlägt die Command- und Controller-Strategie vor, eine generische Schnittstelle für die Hilfskomponenten, zu denen der Controller Zuständigkeiten delegieren kann, bereitzustellen und dabei die Kopplung unter diesen Komponenten zu minimieren (im Abschnitt »View Helper« später in diesem Kapitel finden Sie weitere Informationen zu Hilfskomponenten). Sollen diese Hilfsobjekte zusätzliche Aufgaben ausführen oder will man diese Aufgaben modifizieren, sind dazu keine Änderungen an der Schnittstelle zwischen dem Controller und den Hilfsobjekten erforderlich, sondern nur am Typ und/oder dem Inhalt der Befehle. Damit erhält der Entwickler einen flexiblen und leicht erweiterbaren Mechanismus, um die Anforderungsbehandlung seinen Bedürfnissen entsprechend zu gestalten. Da schließlich die Befehlsverarbeitung nicht mit dem Befehlsaufruf gekoppelt ist, kann man den Mechanismus der Befehlsverarbeitung mit verschiedenen Arten von Clients und nicht nur mit Webbrowsern wiederverwenden. Diese Strategie erleichtert es auch, zusammengesetzte Befehle zu erzeugen (siehe das Muster *Composite* [GoF]). Beispiel 7.16 zeigt entsprechenden Code, Abbildung 7.9 ein Sequenzdiagramm.

Beispiel 7.16: Beispielcode für die Command- und Controller-Strategie

```
/** Diese processRequest-Methode wird von den Methoden
  * doGet und doPost des Servlets aufgerufen. **/
protected void processRequest(HttpServletRequest request,
                              HttpServletResponse response)
   throws ServletException, java.io.IOException {

  String resultPage;
  try {
    RequestHelper helper = new RequestHelper(request);

    /** Die Methode getCommand() verwendet intern eine Fabrik,
      um Command-Objekte abzurufen:
      Command command = CommandFactory.create(
          request.getParameter("op"));
    **/
    Command command =  helper.getCommand();

    // Anforderung an ein Command-Hilfsobjekt delegieren
    resultPage = command.execute(request, response);
  }
  catch (Exception e) {
    LogManager.logMessage("EmployeeController",
      e.getMessage() );
    resultPage = ApplicationResources.getInstance().
                    getErrorPage(e);
  }

  dispatch(request, response, resultPage);
}
```

Muster der Präsentationsschicht

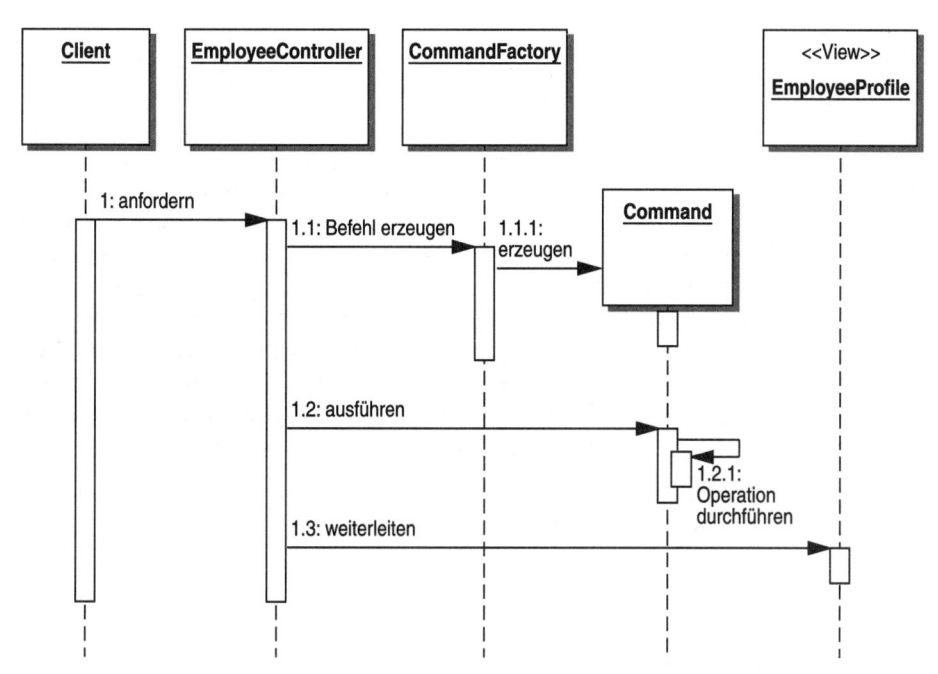

Abbildung 7.9: Sequenzdiagramm für die Command- und Controller-Strategie

Strategie der physikalischen Ressourcenzuordnung
Alle Anforderungen erfolgen mit spezifischen Ressourcennamen und nicht mit logischen Namen. Ein Beispiel ist folgender URL: *http://some.server.com/resource1.jsp*. Bei einem Controller kann ein URL beispielsweise *http://some.server.com/servlet/Controller* lauten. Die Strategie der logischen Ressourcenzuordnung ist normalerweise dieser Strategie vorzuziehen, weil sie wesentlich flexibler ist. Bei der Strategie der logischen Ressourcenzuordnung kann man Ressourcenzuordnungen deklarativ über eine Konfigurationsdatei ändern. Sie ist flexibler als die Strategie der physikalischen Ressourcenzuordnung, bei der Änderungen an jeder Ressource vorzunehmen sind, wenn man sie implementiert.

Strategie der logischen Ressourcenzuordnung
Anforderungen erfolgen mit logischen Ressourcennamen anstelle von physikalischen Namen. Die physikalische Ressource, auf die sich diese logischen Namen beziehen, lässt sich dann deklarativ modifizieren.

Zum Beispiel kann man den URL *http://some.server.com/process* wie folgt zuordnen:

```
process=resource1.jsp
```

oder

```
process=resource2.jsp
```

oder

```
process=servletController
```

Strategie der mehrfachen Ressourcenzuordnung
Die Strategie der mehrfachen Ressourcenzuordnung ist eigentlich eine Unterstrategie der logischen Ressourcenzuordnung. Sie ordnet nicht nur einen einzelnen logischen Namen, sondern eine ganze Gruppe von logischen Namen einer einzelnen physikalischen Ressource zu. Zum Beispiel kann man mit einem Platzhalter alle Anforderungen, die auf *.ctrl* enden, einer bestimmten Behandlungsroutine zuordnen.

Tabelle 7.1 zeigt, wie eine Anforderung und die Zuordnung aussehen können.

Anforderung	Zuordnung
http://some.server.com/action.ctrl	**.ctrl = servletController*

Tabelle 7.1: Beispiel für eine Anforderung und ihre Zuordnung

In der Tat stellen die JSP-Module mit dieser Strategie sicher, dass Anforderungen nach JSP-Ressourcen (d.h. Ressourcen, deren Namen mit *.jsp* enden) von einer bestimmten Behandlungsroutine verarbeitet werden.

In einer Anforderung kann man auch zusätzliche Informationen angeben, um weitere Details für diese logische Zuordnung zu nutzen (siehe Tabelle 7.2).

Anforderung	Zuordnung
http://some.server.com/profile.ctrl?usecase=create	**.ctrl = servletController*

Tabelle 7.2: Anforderung mit Zusatzinformationen und festgelegte Zuordnung

Diese Strategie ist vor allem dann sehr flexibel, wenn man Komponenten für die Behandlung von Anforderungen entwirft. Verbindet man sie mit anderen Strategien, wie zum Beispiel der Command- und Controller-Strategie, kann man ein leistungsfähiges Framework für die Behandlung von Anforderungen schaffen.

Nehmen wir einen Controller an, der alle Anforderungen behandelt, die wie oben beschrieben auf *.ctrl* enden. Weiterhin gehen wir davon aus, dass die linke Seite dieses durch Punkte getrennten Ressourcennamens (*profile* im obigen Beispiel) ein Teil des Namens eines Anwendungsfalles sei. Jetzt kombinieren wir diesen Namen mit dem Abfrageparameterwert (*create* im obigen Beispiel). Wir signalisieren unserer Anfragebehandlungsroutine, dass wir einen Anwendungsfall namens *create*

Muster der Präsentationsschicht

profile verarbeiten möchten. Unsere Mehrfachressourcenzuordnung sendet die Anforderung an unseren `servletController`, der Teil der in Tabelle 7.2 wiedergegebenen Zuordnung ist. Unser Controller erzeugt das passende `Command`-Objekt, wie es in der Command- und Controller-Strategie beschrieben ist. Woher kennt der Controller das `Command`-Objekt, zu dem er die Verarbeitung delegieren soll? Der Controller wertet die Zusatzinformationen im URL der Anforderung aus und delegiert die Verarbeitung zum `Command`-Objekt, das die Profilerstellung behandelt. Das kann ein `ProfileCommand`-Objekt sein, das Anforderungen nach Profilerstellung und -modifikation bedient, oder ein spezielleres `ProfileCreationCommand`-Objekt.

Strategie mit Dispatcher in Controller
Wenn die Funktionalität des Dispatchers nur gering ist, kann man sie in den Controller einschließen, wie es Abbildung 7.10 zeigt.

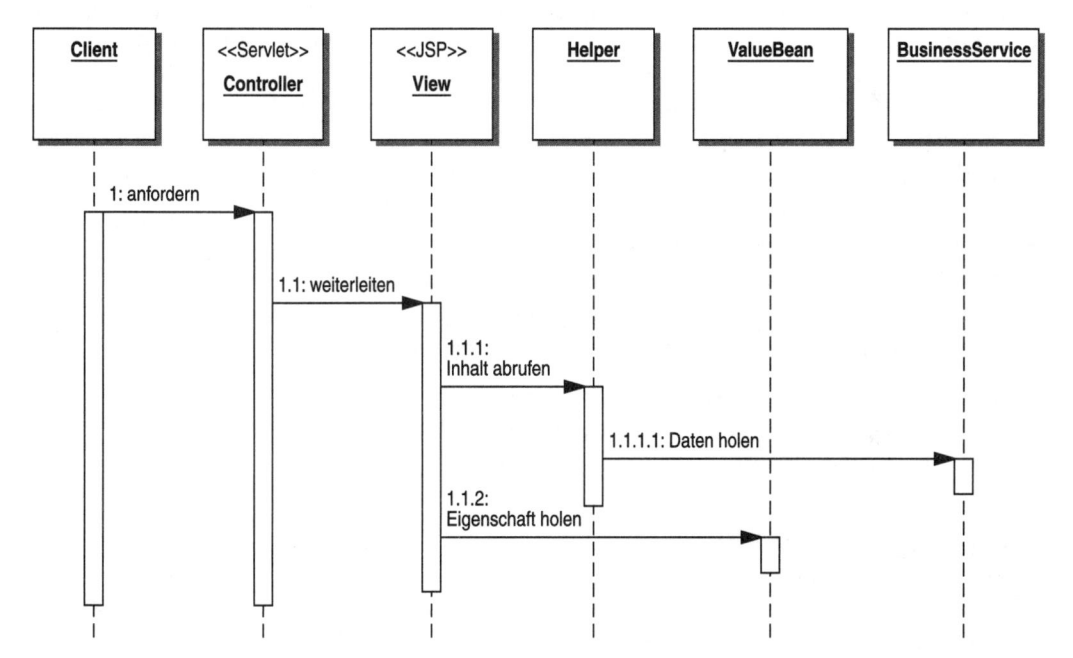

Abbildung 7.10: Sequenzdiagramm für einen Controller mit eingeschlossenem Dispatcher

Base Front-Strategie
In Kombination mit der Servlet Front-Strategie schlägt die Base Front-Strategie vor, eine Controller-Basisklasse zu implementieren, die von anderen Controllern erweitert werden kann. Der Base Front kann allgemeine und Standardimplementierungen enthalten, während es jeder Subklasse frei steht, diese Implementierung zu überschreiben. Nachteilig bei dieser Strategie ist, dass jede gemeinsam genutzte Superklasse zwar die Wiederverwendung und die gemeinsame Nutzung fördert, aber zu einer anfälligen Hierarchie führt, bei der notwendige Änderungen an einer Subklasse auf alle anderen Subklassen durchschlagen.

Strategie mit Filtercontroller
Filter bieten eine ähnliche Unterstützung für die zentralisierte Steuerung der Anforderungsverarbeitung (siehe »Intercepting Filter« weiter vorn in diesem Kapitel). Somit lassen sich einige Aspekte eines Controllers sinnvoll als Filter implementieren. Gleichzeitig haben Filter vor allem die Aufgabe, Anforderungen abzufangen und zu dekorieren, nicht jedoch, die Anforderungen zu verarbeiten oder Antworten zu generieren. Auch wenn sich die Zuständigkeiten überlappen, wie beispielsweise beim Verwalten der Anmeldung oder beim Debuggen, ergänzen sich die Komponenten, wenn man sie in der richtigen Weise einsetzt.

7.2.5 Konsequenzen

- *Zentralisiert die Steuerung*: Ein Controller bietet eine zentrale Stelle, um Systemdienste und Geschäftslogik über mehrere Anforderungen hinweg zu behandeln. Ein Controller verwaltet die Verarbeitung der Geschäftslogik und der Anforderungsbehandlung. Zentralisierter Zugriff auf eine Anwendung bedeutet, dass Anforderungen leicht zu verfolgen und zu protokollieren sind. Dennoch sollte man beachten, dass es bei einer zentralen Steuerung auch einen kritischen Punkt für Ausfälle (Single Point of Failure) einbringen kann. In der Praxis stellt das jedoch selten ein Problem dar, da in der Regel mehrere Controller entweder auf einem einzelnen Server oder in einem Cluster vorhanden sind.

- *Erlaubt eine bessere Verwaltung der Sicherheit*: Ein Controller zentralisiert die Steuerung und bietet damit einen Sperrpunkt für unerlaubte Zugriffsversuche auf die Webanwendung. Außerdem erfordert die Überwachung eines einzigen Eintrittspunkts in der Anwendung weniger Ressourcen, als Sicherheitsprüfungen, die über alle Seiten verteilt sind.

- *Verbessert die Wiederverwendbarkeit*: Ein Controller fördert die klare Gliederung der Anwendung und die Wiederverwendung, da der gemeinsame Code dieser Komponenten in einem Controller zusammengefasst ist oder durch einen Controller verwaltet wird.

7.2.6 Verwandte Muster

- *View Helper*: Das Muster *Front Controller* beschreibt in Verbindung mit dem Muster *View Helper*, wie sich gemeinsame Geschäftslogik aus der Ansicht ausklammern und ein zentraler Punkt der Steuerung und Weiterleitung einrichten lässt. Die Ablauflogik wird *nach vorn* in den Controller ausgelagert und der Datenbehandlungscode *zurück* in die Hilfsobjekte verschoben.

- *Intercepting Filter*: Sowohl *Intercepting Filter* als auch *Front Controller* beschreiben Möglichkeiten, wie man die Steuerung von bestimmten Arten der Anforderungsverarbeitung zentralisiert, wobei diese Muster verschiedene Lösungen für dieses Problem vorschlagen.

- *Dispatcher View und Service to Worker*: Die Muster *Dispatcher View* und *Service to Worker* stellen eine andere Möglichkeit dar, die Kombination aus den Mustern *View Helper* mit Dispatcher und *Front Controller* zu benennen. *Dispatcher View* und *Service to Worker* sind zwar strukturell gleich, beschreiben aber verschiedene Aufgabenverteilungen unter den Komponenten.

7.3 View Helper

7.3.1 Kontext
Das System erzeugt Präsentationsinhalte, die die Verarbeitung von dynamischen Geschäftsdaten erfordern.

7.3.2 Problem
Änderungen in der Präsentationsschicht treten häufig auf und sind sowohl schwierig zu entwickeln als auch zu warten, wenn die Logik für den Zugriff auf die Geschäftsdaten und die Anzeigeformatierung miteinander verflochten sind. Das System ist dadurch recht starr, kaum wiederzuverwenden und im Allgemeinen nur umständlich zu ändern.

Wenn man die Geschäfts- und Systemlogik mit der Ansichtsverarbeitung vermischt, geht das zu Lasten der Modularität und die Rollenverteilung zwischen den Teams zur Webproduktion und Softwareentwicklung lässt sich kaum noch trennen.

7.3.3 Kräfte
- Das Anpassen der Geschäftsdaten ist keine triviale Aufgabe.
- Bettet man die Geschäftslogik in die Ansicht ein, fördert man einen Programmierstil, der Codebausteine über Kopieren-und-Einfügen wiederverwendet. Daraus ergeben sich Wartungsprobleme und Fehler, weil ein Teil der Logik in derselben oder einer anderen Ansicht durch einfaches Duplizieren wiederverwendet wird.
- Es ist eine saubere Aufgabenteilung anzustreben, sodass die Rollen des Softwareentwicklers und Webproduzenten von verschiedenen Mitgliedern eines Entwicklerteams wahrgenommen werden können.
- Eine Ansicht wird im Allgemeinen verwendet, um auf eine bestimmte Geschäftsanforderung zu antworten.

7.3.4 Lösung
Eine Ansicht enthält Formatierungscode, der ihre Verarbeitungsaufgaben an ihre Hilfsklassen delegiert, die als JavaBeans oder benutzerdefinierte Tags implementiert sind. Hilfsklassen speichern auch das Zwischendatenmodell der Ansicht und dienen als Adapter für die Geschäftsdaten.

Es gibt mehrere Strategien, um die Ansichtskomponente zu implementieren. Die JSP View-Strategie schlägt vor, eine JSP als Ansichtskomponente zu verwenden. Das ist die bevorzugte und auch gebräuchlichste Strategie. Die andere Hauptstrategie ist die Servlet View-Strategie, die ein Servlet als Ansicht nutzt (Näheres hierzu im Abschnitt »Strategien«).

Wenn man die Geschäftslogik in einer Hilfsklasse kapselt, statt eine Ansicht zu verwenden, kann man eine Anwendung modular aufbauen und die Komponenten einfacher wiederverwenden. Mehrere Clients wie zum Beispiel Controller und Ansichten, können sich auf dieselbe Hilfsklasse stützen, um einen ähnlichen Modellzustand für die Präsentation in verschiedenen Formaten abzurufen und anzupassen. Die in eine Ansicht eingebettete Logik kann man nur wiederverwenden, indem man den Code kopiert und an einer anderen Stelle einfügt. Darüber hinaus lässt sich ein System mit doppeltem Code, den man auf diese Weise erzeugt hat, schwieriger warten, da derselbe Fehler möglicherweise an vielen Stellen zu korrigieren ist.

Falls der Scriptlet-Code in der JSP-Ansicht dominiert, ist das ein Anzeichen dafür, dass man dieses Muster auf vorhandenen Code anwenden sollte. Greift man auf dieses Muster zurück, besteht das vordringliche Ziel darin, die Geschäftslogik außerhalb der Ansicht unterzubringen. Bestimmte Logik ist dabei am besten in Hilfsobjekten aufgehoben, andere Logik platziert man vorzugsweise in einer zentralen Komponente, die vor den Ansichten und den Hilfsobjekten sitzt – dazu kann Logik gehören, die über mehrere Anforderungen gemeinsam abzuarbeiten ist, beispielsweise Authentifizierungstests oder Anmeldedienste. Mehr zu diesen Themen finden Sie in den Abschnitten »Intercepting Filter« und »Front Controller« weiter vorn in diesem Kapitel.

Wenn ein separater Controller in der Architektur nicht vorgesehen ist oder nicht alle Anforderungen behandelt, dann wird die Ansichtskomponente zum anfänglichen Kontaktpunkt für die Behandlung einiger Anforderungen. Dieses Szenario eignet sich vor allem für Anforderungen, die nur wenig Verarbeitungsaufwand erfordern. In der Regel tritt diese Situation bei Seiten auf, die auf statischen Informationen basieren, beispielsweise bei der ersten Seite einer ganzen Folge von Seiten, die dem Benutzer präsentiert werden, um einige Informationen abzufragen (siehe dazu den Abschnitt »Dispatcher View« später in diesem Kapitel). Außerdem findet man dieses Szenario in bestimmten Fällen, wenn ein Mechanismus verwendet wird, um zusammengesetzte Seiten zu erzeugen (siehe hierzu den Abschnitt »Composite View« später in diesem Kapitel).

Das Muster *View Helper* zeigt vor allem Wege auf, um die Zuständigkeiten einer Anwendung aufzuteilen. Verwandte Probleme, die die Weiterleitung von Clientanforderungen direkt zu einer Ansicht betreffen, behandelt der Abschnitt »Dispatcher View« später in diesem Kapitel.

Struktur

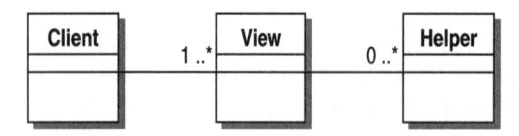

Abbildung 7.11: Klassendiagramm für das Muster View Helper

Teilnehmer und Zuständigkeiten

Abbildung 7.12 zeigt das Sequenzdiagramm für das Muster *View Helper*. In der Regel vermittelt ein Controller zwischen dem Client und der Ansicht. Manchmal ist jedoch kein Controller vorgesehen und die Ansicht wird zum anfänglichen Kontaktpunkt für die Behandlung der Anforderung. (Vergleiche hierzu das Muster *Dispatcher View*.)

Muster der Präsentationsschicht

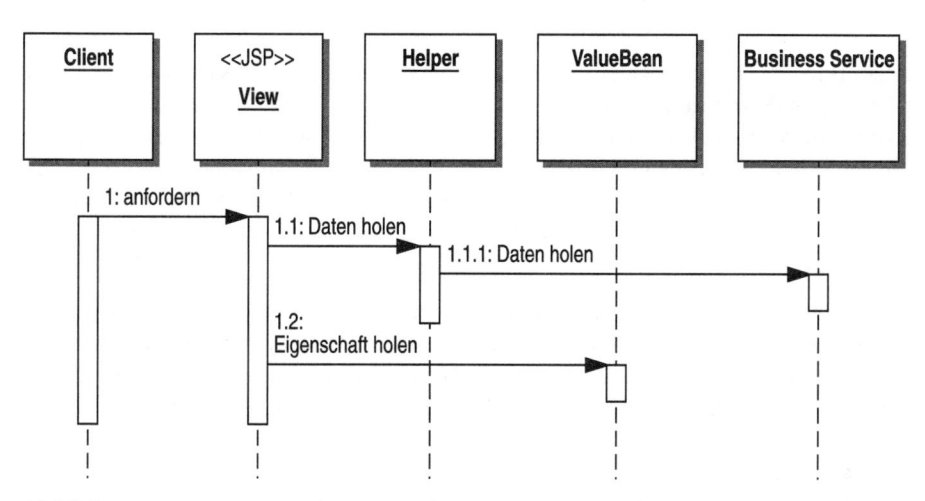

Abbildung 7.12: Sequenzdiagramm des Musters View Helper

Wie das Klassendiagramm zeigt, müssen einer Ansicht nicht unbedingt Hilfsobjekte zugeordnet sein. In diesem einfachen Beispielfall kann die Ansicht komplett statisch sein oder nur wenig Inline-Scriptcode enthalten. Dieses Szenario beschreibt das Sequenzdiagramm in Abbildung 7.13.

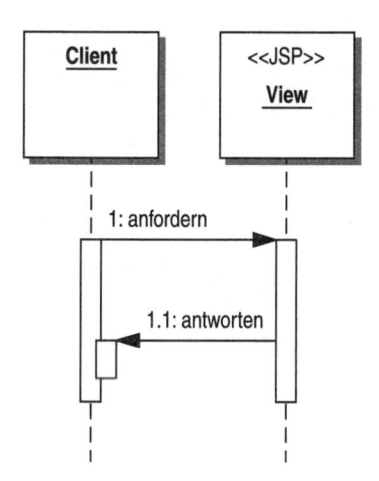

Abbildung 7.13: Einfaches Sequenzdiagramm für das Muster View Helper

View
Eine Ansicht repräsentiert Informationen für den Client und zeigt sie an. Informationen für eine dynamische Anzeige ruft die Ansicht aus einem Modell ab. Dabei greift sie auf Hilfsobjekte zurück, die ein Modell kapseln und für die Anzeige anpassen.

Helper
Ein Hilfsobjekt soll eine Ansicht oder einen Controller dabei unterstützen, ihre/seine Verarbeitungsaufgaben durchzuführen. Somit sind Hilfsobjekte für verschiedene Dinge zuständig. Unter anderem sammeln sie Daten, die die Ansicht benötigt, und speichern dieses Zwischenmodell – in diesem Fall bezeichnet man das Hilfsobjekt auch als Value Bean. Zusätzlich können Hilfsobjekte das Datenmodell für die Anzeige durch die Ansicht anpassen. Hilfsobjekte können Anforderungen nach Daten aus der Ansicht bedienen, indem sie einfach Zugriff auf die Rohdaten bieten oder die Daten als Webinhalt formatieren.

Eine Ansicht kann mit beliebig vielen Hilfsobjekten arbeiten, die normalerweise als JavaBeans (JSP 1.0+) und benutzerdefinierte Tags (JSP 1.1+) implementiert sind. Außerdem kann ein Hilfsobjekt ein Command-Objekt repräsentieren, einen Delegate (siehe »Business Delegate« in Kapitel 8) oder einen XSL-Transformer, der zusammen mit einem Stylesheet das Modell in das passende Format konvertiert.

ValueBean
Value Bean ist ein anderer Name für ein Hilfsobjekt, das den Zwischenmodellzustand für eine Ansicht aufnimmt. In einem typischen Fall, den auch das Sequenzdiagramm in Abbildung 7.12 zeigt, gibt der Geschäftsdienst eine Value Bean als Antwort auf eine Anforderung zurück. Hier erfüllt die ValueBean die Rolle eines Value Objects (siehe »Value Object« in Kapitel 8).

BusinessService
Der Geschäftsdienst (BusinessService-Objekt) ist eine Rolle, die den Dienst realisiert, auf den der Client zuzugreifen versucht. In der Regel erfolgt der Zugriff auf einen Geschäftsdienst über einen Business Delegate. Die Rolle des Business Delegates besteht darin, Steuerung und Schutz für den Geschäftsdienst bereitzustellen (siehe »Business Delegate« in Kapitel 8).

Strategien

JSP View-Strategie
Die JSP View-Strategie schlägt vor, eine JSP als Ansichtskomponente zu verwenden. Das ist die der Servlet View-Strategie vorzuziehende Strategie. Zwar ist sie semantisch äquivalent zur Servlet View-Strategie, es handelt sich aber um eine elegantere und gebräuchlichere Lösung. Ansichten gehören zur Domäne der Web-Designer, die Tags dem Java-Code vorziehen. Beispiel 7.17 demonstriert diese Strategie an einem Codefragment, das aus einer Quelldatei welcome.jsp stammt. Ein Servlet-Controller leitet die Verarbeitung zu dieser JSP weiter, nachdem er die JavaBean WelcomeHelper in den Gültigkeitsbereich der Anforderung gebracht hat.

Beispiel 7.17: Beispielcode für die JSP View-Strategie

```
<jsp:useBean id="welcomeHelper" scope="request"
    class="corepatterns.util.WelcomeHelper" />

<HTML>
<BODY bgcolor="FFFFFF">
```

```
<% if (welcomeHelper.nameExists())
{
%>
<center><H3> Willkommen <b>
<jsp:getProperty name="welcomeHelper" property="name" />
</b><br><br> </H3></center>
<%
}
%>

<H4><center>Willkommen auf unserer Site!</center></H4>

</BODY>
</HTML>
```

Die alternative Servlet View-Strategie wird normalerweise implementiert, indem man HTML-Tags direkt in den Java Servlet-Code einbettet. Wenn man Java-Code und Tags mischt, lassen sich die Benutzerrollen in einem Projekt nur schwer trennen und die Abhängigkeiten von denselben Ressourcen unter mehreren Mitgliedern von verschiedenen Teams nehmen zu. Arbeitet ein Programmierer an einer Vorlage, die unbekannten Code oder Tags enthält, steigt die Wahrscheinlichkeit, unbeabsichtigte Änderungen vorzunehmen, was zusätzliche Probleme in das System einbringen kann. Außerdem geht die Effizienz der Arbeitsumgebung zurück (zu viele Leute teilen sich dieselbe physikalische Ressource) und die Verwaltung des Quellcodes wird komplizierter. Diese Schwierigkeiten treten vor allem in größeren Unternehmensumgebungen auf, die kompliziertere Systemanforderungen haben und die mehrere Entwicklerteams beschäftigen. Bei kleinen Systemen mit einfachen Geschäftsanforderungen und wenigen Entwicklern sind solche Probleme eher unwahrscheinlich, weil derselbe Programmierer die oben erwähnten Rollen in Personalunion wahrnehmen kann. Man sollte aber daran denken, dass Projekte oftmals klein beginnen – mit einfachen Anforderungen und wenigen Entwicklern – und sich schließlich zu einem komplizierten Projekt ausweiten, das von den vorgeschlagenen Strategien profitiert.

Servlet View-Strategie
Die Servlet View-Strategie verwendet ein Servlet als Ansicht. Diese Strategie ist semantisch zur bevorzugten JSP View-Strategie äquivalent. Wie Beispiel 7.18 zeigt, ist jedoch die Servlet View-Strategie problematischer für Softwareentwicklungs- und Webproduktionsteams, weil sie Tags direkt in den Java-Code einbettet. Wenn Tags im Code eingebettet sind, lässt sich die Ansichtsvorlage schwerer aktualisieren und modifizieren.

Beispiel 7.18: Beispielcode für die Servlet View-Strategie

```
public class Controller extends HttpServlet {
  public void init(ServletConfig config) throws
    ServletException {
    super.init(config);
  }
```

```java
public void destroy() { }

/** Verarbeitet Anforderungen für die HTTP-Methoden
 * <code>GET</code> und <code>POST</code>.
 * @param request Servlet-Anforderung
 * @param response Servlet-Antwort
 */
protected void processRequest(HttpServletRequest
  request, HttpServletResponse response)
  throws ServletException, java.io.IOException {
  String title = "Servlet View-Strategie";
  try {
    response.setContentType("text/html");
    java.io.PrintWriter out = response.getWriter();
    out.println("<html><title>"+title+"</title>");
    out.println("<body>");
    out.println("<h2><center>Mitarbeiterliste</h2>");
    EmployeeDelegate delegate =
        new EmployeeDelegate();

    /** ApplicationResources bietet eine einfache API,
      * um Konstanten und andere vorkonfigurierte Werte
      * abzurufen **/
    Iterator employees = delegate.getEmployees(
        ApplicationResources.getInstance().
           getAllDepartments());
    out.println("<table border=2>");
    out.println("<tr><th>Vorname</th>" +
      "<th>Nachname</th>" +
        "<th>Bezeichnung</th><th>Id</th></tr>");
    while (employees.hasNext()) {
      out.println("<tr>");
      EmployeeVO emp = (EmployeeVO)employees.next();
      out.println("<td>"+emp.getFirstName()+
          "</td>");
      out.println("<td>"+emp.getLastName()+
          "</td>");
      out.println("<td>"+emp.getDesignation()+
          "</td>");
      out.println("<td>"+emp.getId()+"</td>");
      out.println("</tr>");
    }
    out.println("</table>");
    out.println("<br><br>");
    out.println("</body>");
    out.println("</html>");
    out.close();
```

Muster der Präsentationsschicht

```java
    }
    catch (Exception e) {
      LogManager.logMessage("Diese Ausnahme behandeln",
        e.getMessage() );
    }
  }

  /** Behandelt die HTTP-Methode <code>GET</code>.
   * @param request Servlet-Anforderung
   * @param response Servlet-Antwort
   */
  protected void doGet(HttpServletRequest request,
    HttpServletResponse response)
    throws ServletException, java.io.IOException {
        processRequest(request, response);
  }

  /** Behandelt die HTTP-Methode <code>POST</code>.
   * @param request Servlet-Anforderung
   * @param response Servlet-Antwort
   */
  protected void doPost(HttpServletRequest request,
    HttpServletResponse response)
    throws ServletException, java.io.IOException {
        processRequest(request, response);
  }

  /** Gibt Kurzbeschreibung des Servlets zurück. */
  public String getServletInfo() {
    return "Beispiel für Servlet View. " +
            "JSP View ist zu bevorzugen.";
  }

  /** Dispatcher-Methode **/
  protected void dispatch(HttpServletRequest request,
      HttpServletResponse response, String page)
  throws javax.servlet.ServletException,
      java.io.IOException {
    RequestDispatcher dispatcher =
      getServletContext().getRequestDispatcher(page);
    dispatcher.forward(request, response);
  }
}
```

Strategie mit JavaBean-Hilfsobjekten

Das Hilfsobjekt ist als JavaBean implementiert. Mit Hilfsobjekten lässt sich eine klare Trennung der Ansicht von der Geschäftsverarbeitung in einer Anwendung erreichen, da die Geschäftslogik aus der Ansicht ausgeklammert und in der Hilfskomponente realisiert wird. In diesem Fall ist die Geschäftslogik als JavaBean gekapselt, was das Abrufen von Inhalten unterstützt und es erlaubt, das von der Ansicht verwendete Modell anzupassen und zu speichern.

Die Strategie mit JavaBean-Hilfsobjekten erfordert weniger Vorbereitungsarbeit als die Strategie mit benutzerdefinierten Hilfstags, da sich JavaBeans einfacher konstruieren und in eine JSP-Umgebung integrieren lassen. Außerdem sind JavaBeans sogar Neueinsteigern verständlich. Diese Strategie lässt sich auch einfacher verwalten, da letztlich nur JavaBeans entstehen. Beispiel 7.19 zeigt den Code für eine derartige Strategie.

Beispiel 7.19: Codebeispiel für die Strategie mit JavaBean-Hilfsobjekten

```
<jsp:useBean id="welcomeHelper" scope="request"
  class="corepatterns.util.WelcomeHelper" />

<HTML>
<BODY bgcolor="FFFFFF">
<% if (welcomeHelper.nameExists())
{
%>
<center><H3> Willkommen <b>
<jsp:getProperty name="welcomeHelper" property="name" />
</b><br><br> </H3></center>
<%
}
%>

<H4><center>Willkommen auf unserer Site!</center></H4>

</BODY>
</HTML>
```

Strategie mit benutzerdefinierten Hilfstags

Das Hilfsobjekt ist als benutzerdefiniertes Tag implementiert (nur mit JSP 1.1+ möglich). Mit Hilfsobjekten lässt sich eine klare Trennung der Ansicht von der Geschäftsverarbeitung in einer Anwendung erreichen, da die Geschäftslogik aus der Ansicht ausgeklammert und in der Hilfskomponente realisiert wird. Hier ist die Geschäftslogik in einer benutzerdefinierten Tagkomponente gekapselt, was das Abrufen von Inhalten unterstützt und es erlaubt, das von der Ansicht verwendete Modell anzupassen.

Die Strategie mit benutzerdefinierten Hilfstags erfordert mehr Vorarbeit als die Strategie mit JavaBean-Hilfsobjekten, da die Entwicklung von benutzerdefinierten Tags verglichen mit der JavaBean-Entwicklung etwas komplizierter ist. Nicht nur der Entwicklungsprozess ist komplizier-

Muster der Präsentationsschicht

ter, sondern auch die Integration und Verwaltung der fertigen Tags. Um diese Strategie zu verwenden, ist die Umgebung mit zahlreichen generierten Elementen zu konfigurieren, einschließlich des Tags selbst, eines Deskriptors für die Tag-Bibliothek und der Konfigurationsdaten. Beispiel 7.20 zeigt einen Auszug aus einer JSP-Ansicht, die nach dieser Strategie arbeitet.

Beispiel 7.20: Beispielcode für die Strategie mit benutzerdefinierten Hilfstags

```
<%@ taglib uri="/web-INF/corepatternstaglibrary.tld"
   prefix="corepatterns" %>
<html>
<head><title>Mitarbeiterliste</title></head>
<body>

<div align="center">
<h3> Liste der Mitarbeiter in <corepatterns:department
   attribute="id"/> Abteilung - Strategie mit benutzer-
   definierten Hilfstags. </h3>
<table border="1" >
   <tr>
       <th> Vorname </th>
       <th> Nachname </th>
       <th> Bezeichnung </th>
       <th> Personalnummer </th>
       <th> Steuerklasse </th>
       <th> Leistungskennziffern </th>
       <th> Jahresgehalt </th>
   </tr>
   <corepatterns:employeelist id="employeelist_key">
   <tr>
       <td><corepatterns:employee
           attribute="FirstName"/></td>
       <td><corepatterns:employee
           attribute= "LastName"/></td>
       <td><corepatterns:employee
           attribute= "Designation"/></td>
       <td><corepatterns:employee
           attribute= "Id"/></td>
       <td><corepatterns:employee
           attribute="NoOfDeductibles"/></td>
       <td><corepatterns:employee
           attribute="PerformanceRemarks"/></td>
       <td><corepatterns:employee
           attribute="YearlySalary"/></td>
       <td>
   </tr>
   </corepatterns:employeelist>
```

```
</table>
</div>
</body>
</html>
```

Business Delegate als Strategie mit Hilfsobjekten
Hilfskomponenten führen oftmals verteilte Aufrufe zur Geschäftsschicht durch. Wir schlagen vor, die zugrunde liegenden Implementierungsdetails dieser Anforderung mit einem Business Delegate zu verbergen, sodass das Hilfsobjekt einfach einen Geschäftsdienst aufrufen kann, ohne die Details seiner physikalischen Implementierung und Weiterleitung kennen zu müssen (siehe »Business Delegate« in Kapitel 8).

Sowohl ein Hilfsobjekt als auch ein Business Delegate lassen sich als JavaBean implementieren. So kann man das Konzept der Hilfskomponente und des Business Delegate kombinieren und den Business Delegate als spezialisierten Typ eines Hilfsobjekts implementieren. Zwischen einem Hilfsobjekt und einem Business Delegate besteht dennoch folgender wesentlicher Unterschied: Eine Hilfskomponente liegt im Aufgabenbereich eines Entwicklers, der mit der Präsentationsschicht befasst ist, während für den Delegate normalerweise ein Entwickler zuständig ist, der an den Diensten in der Geschäftsschicht arbeitet. (Hinweis: Der Delegate kann auch als Teil eines Frameworks bereitgestellt werden.) Somit geht es in dieser Strategie sowohl darum, wer den Delegate tatsächlich schreibt, als auch wie er zu implementieren ist. Wenn sich die Entwicklerrollen etwas überlappen, dann sollte man die Strategie Business Delegate als Hilfsobjekt ins Auge fassen.

Beispiel 7.21: Beispielcode für die Strategie mit einem Business Delegate als Hilfsobjekt

```
/** Ein Servlet delegiert zu einem Command-Hilfsobjekt, wie
   es der folgende Auszug zeigt:**/
String resultPage = command.execute(request, response);

/**Das Command-Hilfsobjekt verwendet den Business Delegate,
   der einfach als ein anderes JavaBean-Hilfsobjekt implementiert
   ist, wie es der folgende Auszug zeigt:**/

AccountDelegate accountDelegate = new AccountDelegate();
```

Anmerkungen zu Hilfsobjekten

JavaBean-Hilfsobjekte eignen sich besonders, um das Abrufen von Inhalten sowie das Speichern und Anpassen des Modells für die Ansicht zu unterstützen. JavaBean-Hilfsobjekte verwendet man oftmals auch als Befehls(Command)-Objekte.

Benutzerdefinierte Hilfstags können wie JavaBean-Hilfsobjekte jede dieser Rollen erfüllen, außer dass sie nicht als Befehlsobjekt agieren können. Im Gegensatz zu JavaBean-Hilfsobjekten sind benutzerdefinierte Hilfstags ebenso geeignet, um den Fluss und den Durchlauf durch eine

Muster der Präsentationsschicht

Benutzerdefinierte Hilfstags können wie JavaBean-Hilfsobjekte jede dieser Rollen erfüllen, außer dass sie nicht als Befehlsobjekt agieren können. Im Gegensatz zu JavaBean-Hilfsobjekten sind benutzerdefinierte Hilfstags ebenso geeignet, um den Fluss und den Durchlauf durch eine Ansicht zu steuern. In diesem Fall kapseln benutzerdefinierte Hilfstags die Logik, die andernfalls direkt in die JSP als Scriptlet-Code eingebettet würde. Benutzerdefinierte Hilfstags setzt man vorzugsweise auch ein, um Rohdaten für die Anzeige zu formatieren. Ein benutzerdefiniertes Tag kann eine Auflistung von Ergebnissen durchlaufen, diese Ergebnisse in eine HTML-Tabelle formatieren und die Tabelle in eine JSP-Ansicht einbetten, ohne dass irgendwelcher Java-Scriptlet-Code erforderlich ist.

Sehen wir uns ein Beispiel an, in dem ein Webclient Kontoinformationen von einem System anfordert (siehe Abbildung 7.14). Das Diagramm zeigt fünf Hilfskomponenten. Die vier Java-Bean-Hilfskomponenten sind die Objekte `AccountCommand`, `Account`, `AccountDAO` und `AccountDetails`. Das einzige benutzerdefinierte Hilfstag ist das Objekt `TableFormatter`.

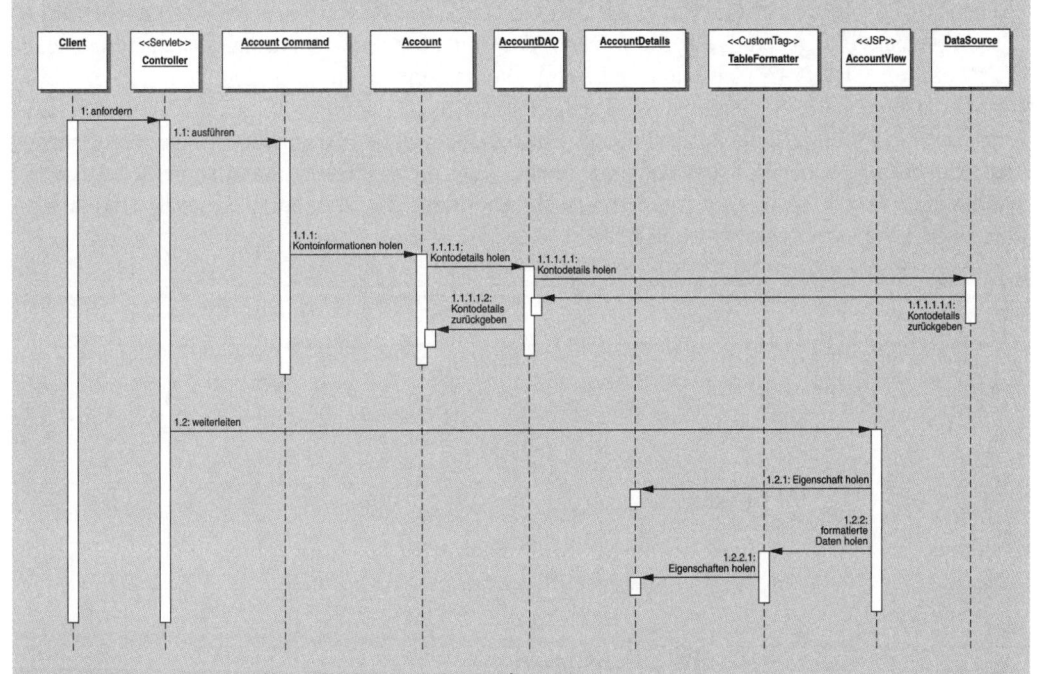

Abbildung 7.14: Hilfskomponenten verwenden

Der Controller behandelt die Anforderung. Er erzeugt oder sucht das passende Befehlsobjekt, das als JavaBean-Hilfskomponente implementiert ist. Hier ist es ein Befehlsobjekt, das Anforderungen nach Kontoinformationen verarbeitet. Der Controller ruft das `Command`-Objekt auf, das Informationen über das Konto von einem JavaBean-Objekt `Account` abruft. Das Objekt `Account` aktiviert den Geschäftsdienst und fragt nach diesen Details, die im Format eines als JavaBean implementierten Value Objects zurückgegeben werden (siehe »Value Object« in Kapitel 8).

Wie greift nun das Objekt Account auf die Geschäftsdienste zu? Untersuchen wir zwei Fälle, einen einfachen und einen komplizierteren. Stellen Sie sich für den einfachen Fall vor, dass ein Projekt phasenweise entwickelt wird und mit der Zeit Enterprise JavaBeans (EJB) in die Geschäftsschicht eingliedert. Nehmen wir momentan an, dass der Zugriff auf die Datenbank über JDBC-Aufrufe von der Präsentationsschicht erfolgt. In diesem Fall verwendet das Objekt Account ein Datenzugriffsobjekt (siehe »Data Access Object« in Kapitel 9) und verbirgt damit die zugrunde liegenden Details des Datenbankzugriffs. Das Datenzugriffsobjekt »weiß«, welche SQL-Abfragen notwendig sind, um die Informationen abzurufen. Diese Details sind für die übrige Anwendung nicht sichtbar. Dadurch verringert sich die Kopplung, die einzelnen Komponenten sind modularer und lassen sich besser wiederverwenden. Diesen Fall hat das vorherige Sequenzdiagramm beschrieben.

Wenn die Architektur komplizierter wird und man EJB in die Geschäftsschicht einführt, wird das Data Access Object durch einen Business Delegate ersetzt (siehe »Business Delegate« in Kapitel 8), den normalerweise Entwickler der Geschäftsdienste schreiben. Der Delegate verbirgt die Implementierungsdetails für das Suchen, das Aufrufen und die Ausnahmebehandlung der EJB vor ihren Clients. Er kann auch die Leistung verbessern, indem er Dienste für das Zwischenspeichern bereitstellt. Auch hier verringert das Objekt die Kopplung zwischen den Schichten und verbessert dabei die Wiederverwendbarkeit und Modularität der verschiedenartigen Komponenten. Unabhängig von der speziellen Implementierung dieses Objekts kann seine Schnittstelle während dieses Übergangs unverändert bleiben. Abbildung 7.15 beschreibt dieses Szenario nach dem Übergang zum Business Delegate.

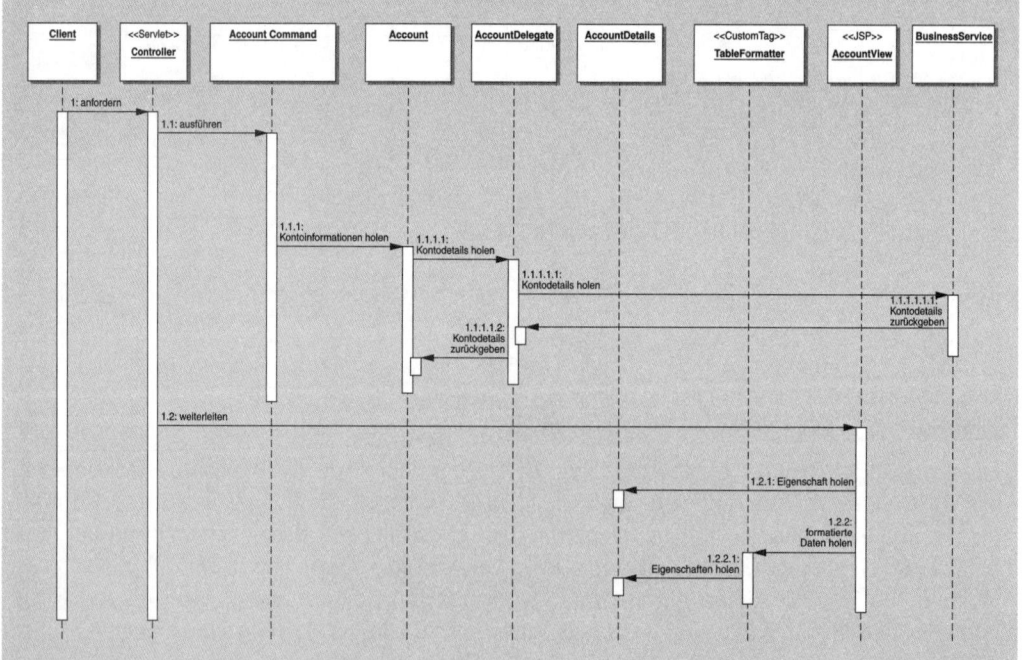

Abbildung 7.15: Zugriff auf Geschäftsdienste

Muster der Präsentationsschicht 193

Das Befehlsobjekt hat jetzt einen Handle auf das `AccountDetails`-Objekt und speichert ihn, bevor es die Steuerung an den Controller zurückgibt. Der Controller leitet die Steuerung zur geeigneten Ansicht namens `AccountView.jsp` weiter. Die Ansicht übernimmt dann eine Kombination von Rohdaten und formatierten Daten vom Hilfsobjekt `AccountDetails` bzw. `TableFormatter`. Das Hilfsobjekt `TableFormatter` ist als benutzerdefiniertes Tag implementiert, das die Rohdaten durchläuft und sie zur Anzeige in eine HTML-Tabelle formatiert. Wie bereits erwähnt erfordert diese Umwandlung keinen Scriptlet-Code in der Ansicht, der mit einer JavaBean-Hilfskomponente erforderlich wäre, um die gleiche Funktionalität zu realisieren.

Zusätzlich können das `Account`-Objekt oder das `AccountDetails`-Hilfsobjekt Komfortmethoden bereitstellen, um die Rohdaten in anderer Weise anzupassen. Auch wenn derartige Methoden keine HTML-Tags in die Daten einbringen, können sie unterschiedliche Kombinationen von Daten bereitstellen. Zum Beispiel lässt sich der vollständige Name des Benutzers in verschiedenen Formaten zurückgeben, etwa als »Nachname, Vorname« oder als »Vorname Nachname«.

Die fertiggestellte Ansicht wird dann für den Benutzer angezeigt.

Strategie mit Transformer-Hilfsobjekt
Das Hilfsobjekt ist als XSL-Transformer implementiert. Das ist besonders bei Modellen nützlich, die als strukturierte Tags (beispielsweise XML) entweder nativ in Legacy-Systemen oder über eine Form der Umwandlung existieren. Diese Strategie kann dazu beitragen, das Modell von der Ansicht zu trennen, da ein großer Teil der Ansichts-Tags in ein separates Stylesheet ausgeklammert werden muss.

Abbildung 7.16 zeigt eine mögliche Implementierung dieser Strategie.

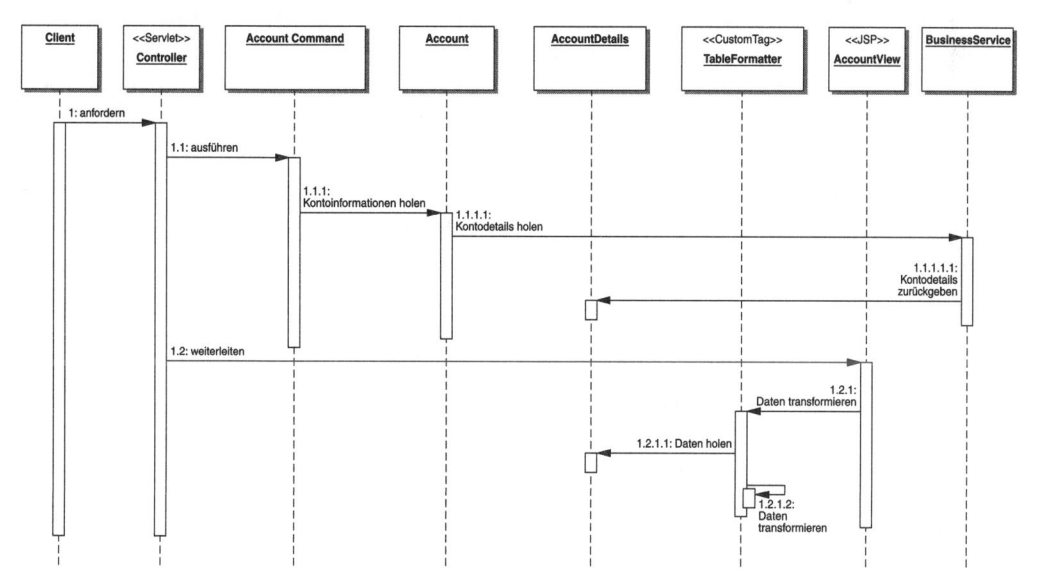

Abbildung 7.16: Sequenzdiagramm für die Strategie mit Transformer-Hilfsobjekt

Der Controller behandelt die Anforderung und ruft ein Befehlsobjekt auf, das als JavaBean-Hilfskomponente implementiert ist. Das Befehlsobjekt leitet das Abrufen der Account-Daten ein. Das Account-Objekt aktiviert den Geschäftsdienst, der die Daten in der Form eines als JavaBean implementierten Value Objects zurückgibt (siehe »Value Object« in Kapitel 8).

Nach dem Abrufen der Inhalte geht die Steuerung an das AccountView-Objekt über, das seinen benutzerdefinierten Tag-Transformer verwendet, um den Modellzustand zu manipulieren. Der Transformer stützt sich auf ein Stylesheet, das beschreibt, wie das Modell zu transformieren ist – d.h. normalerweise, wie es mit Tags zur Anzeige für den Client zu formatieren ist. Das Stylesheet wird gewöhnlich als statische Datei abgerufen, lässt sich aber auch dynamisch generieren.

Das folgende Codefragment zeigt, wie das benutzerdefinierte Hilfstag in AccountView aussehen kann:

```
<xsl:transform model="accounthelper"
  stylesheet="/transform/styles/basicaccount.xsl"/>
```

Die Integration von XSL und XML mit JSP entwickelt sich in dem Maße, in dem das Angebot ausgereifter Tag-Bibliotheken für diesen Bereich zunimmt. Derzeit ist diese Strategie jedoch nicht zu empfehlen, wenn man sich den halbfertigen Zustand der unterstützenden Bibliotheken ansieht und berücksichtigt, dass zusätzliche fundierte Kenntnisse erforderlich sind, um die Stylesheets zu generieren und zu warten.

7.3.5 Konsequenzen

- *Verbessert das Partitionieren, die Wiederverwendung und die Wartungsfähigkeit der Anwendung*: Mit Hilfsobjekten lässt sich in einer Anwendung eine saubere Trennung der Ansicht von der Geschäftsverarbeitung erreichen. Die Hilfskomponenten in Form von JavaBeans (JSP 1.0+) und benutzerdefinierten Tags (JSP 1.1+) erlauben es, die Geschäftslogik außerhalb der Ansicht zu kapseln. Andernfalls vermischt sich der Scriptlet-Code mit der JSP, was insbesondere in größeren Projekten lästig und unhandlich ist.

- Darüber hinaus kann man Geschäftslogik, die aus den JSPs ausgeklammert und in JavaBeans und benutzerdefinierten Tags implementiert ist, wiederverwenden, was doppelten Code vermeiden hilft und die Wartung erleichtert.

- *Verbessert die Trennung von Rollen*: Trennt man die Formatierungslogik von der Geschäftslogik der Anwendung, verringern sich die Abhängigkeiten von derselben Ressource, an der mehrere Programmierer in verschiedenen Rollen arbeiten. Beispielsweise kann ein Softwareentwickler Code besitzen, der in HTML-Tags eingebettet ist, während das Mitglied eines Teams von Webproduzenten das Seitenlayout modifizieren und Komponenten entwerfen muss, die mit Geschäftslogik durchsetzt sind. Höchstwahrscheinlich ist keiner der Programmierer, die diese Rollen wahrnehmen, mit den Implementierungsbesonderheiten in der Arbeit der jeweils anderen Gruppe vertraut, sodass die Wahrscheinlichkeit steigt, dass durch unbeabsichtigte Änderungen Fehler in das System eingebracht werden.

Muster der Präsentationsschicht

7.3.6 Verwandte Muster

- *Business Delegate*: Die Hilfskomponenten müssen auf die API der Geschäftsdienste zugreifen. Es ist ebenfalls wichtig, die Kopplung zwischen Hilfskomponenten in der Präsentationsschicht und Geschäftsdiensten in der Geschäftsschicht zu verringern. Hier empfiehlt sich ein Delegate, weil die Schichten physikalisch über ein Netzwerk verteilt sein können. Der Delegate verbirgt vor dem Client die zugrunde liegenden Details, die mit der Suche nach Geschäftsdiensten und dem Zugriff darauf zusammenhängen, und er kann auch eine Zwischenspeicherung realisieren, um den Netzwerkverkehr zu verringern.

- *Dispatcher View* und *Service to Worker*: Wenn man eine zentralisierte Steuerung braucht, um Probleme wie Sicherheit, Workflow-Verwaltung, Abrufen von Inhalten und Navigation zu behandeln, sollte man die Muster *Dispatcher View* oder *Service to Worker* in Betracht ziehen.

- *Front Controller*: Dieses Muster kombiniert man mit dem Muster *View Helper*, um das Muster *Dispatcher View* oder *Service to Worker* zu erzeugen.

7.4 Composite View (Zusammengesetzte Ansicht)

7.4.1 Kontext

Anspruchsvolle Webseiten präsentieren Inhalte aus mehreren Datenquellen – und zwar in mehreren Unteransichten, die jeweils eine einzelne Anzeigeseite umfassen. Außerdem tragen die unterschiedlichsten Leute mit verschiedenen Erfahrungsbereichen zur Entwicklung und Verwaltung dieser Webseiten bei.

7.4.2 Problem

Statt einen Mechanismus bereitzustellen, um modulare, elementare Teile einer Ansicht zu einem Ganzen zu kombinieren, erstellt man Seiten, indem man den Formatierungscode direkt in jede Ansicht einbettet.

Die Modifikation am Layout von mehreren Ansichten ist infolge des mehrfach vorhandenen Codes schwierig und fehlerträchtig.

7.4.3 Kräfte

- Elementare Teile des Ansichtsinhalts ändern sich häufig.

- Mehrere zusammengesetzte Ansichten verwenden ähnliche Unteransichten, beispielsweise eine Kundentabelle. Diese elementaren Bestandteile sind mit unterschiedlichem umgebenden Vorlagentext dekoriert oder sie erscheinen an einer anderen Stelle innerhalb der Seite.

- Layoutänderungen sind schwieriger zu verwalten und der Code ist schwerer zu warten, wenn die Unteransichten direkt in mehrere Ansichten eingebettet und dupliziert werden.

- Wenn man Vorlagentextabschnitte, die sich häufig ändern, direkt in Ansichten einbindet, kann sich das negativ auf die Verfügbarkeit und Administration des Systems auswirken. Gegebenenfalls muss man den Server neu starten, bevor Clients die Modifikationen oder Aktualisierungen an diesen Komponenten sehen.

7.4.4 Lösung

Verwenden Sie zusammengesetzte Ansichten, die aus mehreren elementaren Unteransichten bestehen. Jede Komponente der Vorlage lässt sich dynamisch in das Ganze einbinden und das Layout der Seite kann man unabhängig vom Inhalt verwalten.

Diese Lösung ermöglicht das Erstellen einer zusammengesetzten Ansicht, die modulare dynamische und statische Vorlagenfragmente einschließt und austauscht. Sie unterstützt die Wiederverwendung von elementaren Abschnitten der Ansicht, indem der modulare Entwurf gefördert wird. Mit einer zusammengesetzten Ansicht kann man Seiten generieren, deren Anzeigekomponenten sich in vielfältigster Weise kombinieren lassen. Zum Beispiel tritt dieses Szenario bei Portalsites auf, die auf einer Seite zahlreiche unabhängige Unteransichten einschließen, wie etwa Schlagzeilen, Wetterinformationen und Aktienkurse. Das Layout der Seite wird unabhängig vom Inhalt der Unteransichten verwaltet und modifiziert.

Ein anderer Vorteil dieses Musters besteht darin, dass Webentwickler das Layout einer Site als Prototyp erstellen und dabei in den einzelnen Vorlagenbereichen statische Inhalte platzieren können. Mit fortschreitender Entwicklung der Site ersetzt man diese Platzhalter durch die eigentlichen Inhalte.

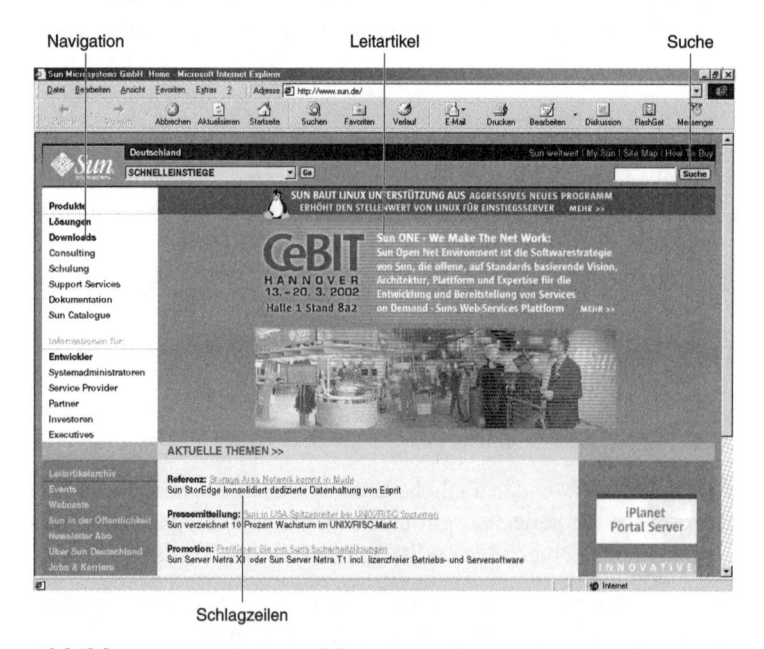

Abbildung 7.17: Eine modulare Seite, die aus den Bereichen Suche, Navigation, Leitartikel und Schlagzeilen besteht

Muster der Präsentationsschicht

Abbildung 7.17 zeigt einen Screenshot der Java-Homepage von Sun, *java.sun.com*. Hier lassen sich vier Regionen ausmachen: Navigation, Suche (Search), Leitartikel (Feature Story) und Schlagzeilen (Headlines). Auch wenn die Inhalte für jede dieser Unteransichtskomponenten aus verschiedenen Datenquellen stammen können, fügen sie sich nahtlos zusammen, um eine einzige zusammengesetzte Seite zu bilden.

Dieses Muster ist nicht ohne Nachteile zu haben. Als Kompromiss für die gewachsene Flexibilität muss man einen Overhead zur Laufzeit hinnehmen. Außerdem bringen die komplizierteren Layoutmechanismen einige Verwaltungs- und Entwicklungsprobleme, da mehr Elemente zu verwalten sind und man einige Umwege bei der Implementierung kennen muss.

Struktur

Abbildung 7.18 zeigt das Klassendiagramm für das Muster *Composite View*.

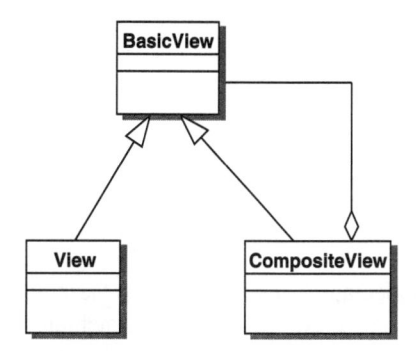

Abbildung 7.18: Klassendiagramm für das Muster Composite View

Teilnehmer und Zuständigkeiten

Abbildung 7.19 zeigt das Sequenzdiagramm für das Muster *Composite View*.

CompositeView

Eine Composite View ist eine Ansicht, die aus einer Zusammenfassung von mehreren Unteransichten besteht.

ViewManager

Der Ansichtsmanager (ViewManager) ist dafür zuständig, die einzelnen Teile der Vorlage in die zusammengesetzte Ansicht einzubinden. Er kann Teil eines JSP-Standardlaufzeitmoduls sein, in der Form des JSP-Standardtags include (`<jsp:include>`) vorliegen, in einer JavaBean-Hilfskomponente (ab JSP 1.0+) gekapselt oder als benutzerdefiniertes Hilfstag (JSP 1.1+) realisiert sein, um stabilere Funktionalität bereitzustellen.

Wenn man einen anderen Mechanismus als das Standardtag include verwendet, hat man den Vorteil, dass sich bedingt einzubindende Elemente leicht realisieren lassen. Zum Beispiel kann man bestimmte Vorlagenfragmente nur dann aufnehmen, wenn der Benutzer eine bestimmte Rolle innehat oder bestimmte Systembedingungen erfüllt sind.

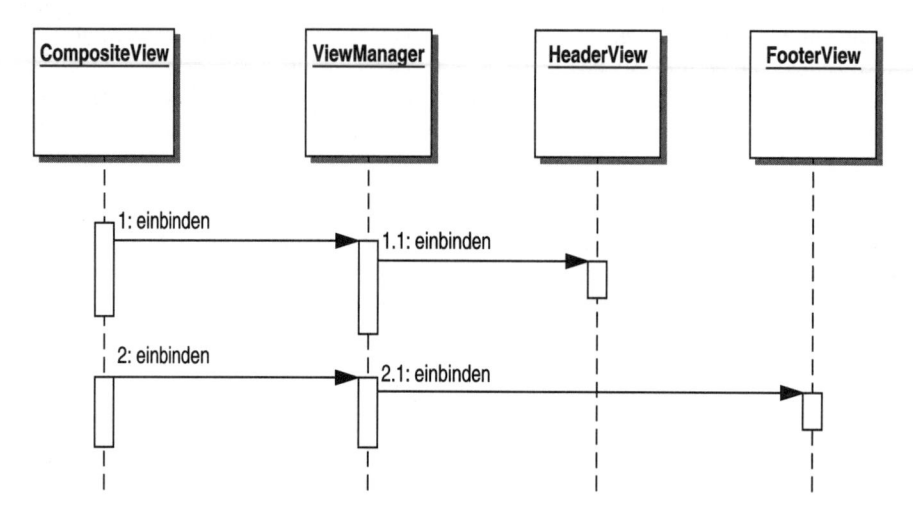

Abbildung 7.19: Sequenzdiagramm für das Muster Composite View

Darüber hinaus erlaubt die Verwendung einer Hilfskomponente als Ansichtsmanager eine intelligentere Steuerung der Seitenstruktur als Ganzes, was beim Erstellen von wiederverwendbaren Seitenlayouts nützlich ist.

Eingeschlossene Ansicht
Eine eingeschlossene Ansicht ist eine Unteransicht, die ein elementarer Teil einer größeren Gesamtsicht ist. Diese eingeschlossene Ansicht kann ihrerseits zusammengesetzt sein und aus mehreren Unteransichten bestehen.

Strategien

JSP View-Strategie
Siehe »JSP View-Strategie« weiter vorn in diesem Kapitel.

Servlet View-Strategie
Siehe »Servlet View-Strategie« weiter vorn in diesem Kapitel.

Strategie der Ansichtsverwaltung mit JavaBeans
Die Ansichtsverwaltung wird mithilfe von JavaBeans implementiert, wie es Beispiel 7.22 zeigt. Die Ansicht delegiert die Verarbeitung zur JavaBean, die die benutzerdefinierte Logik implementiert, um Ansichtslayout und Zusammensetzung zu steuern. Die Entscheidungen zum Seitenlayout lassen sich von Benutzerrollen oder Sicherheitsrichtlinien abhängig machen, sodass diese Strategie wesentlich leistungsfähiger ist als die Funktionalität mit dem JSP-Standardtag `include`. Die Strategie ist zwar der Strategie zur Ansichtsverwaltung mit benutzerdefinierten Tags semantisch äquivalent, jedoch nicht einmal annähernd so elegant, weil sie Scriptlet-Code in die Ansicht einführt.

Die Strategie zur Ansichtsverwaltung mit JavaBeans erfordert weniger Vorbereitungsarbeit als bei der bevorzugten Strategie zur Ansichtsverwaltung mit benutzerdefinierten Tags, da sich JavaBeans leichter konstruieren und in eine JSP-Umgebung integrieren lassen. Außerdem kommen auch Neu-

Muster der Präsentationsschicht

einsteiger mit JavaBeans zurecht. Diese Strategie lässt sich auch einfacher handhaben, da letztlich nur JavaBeans entstehen, die man verwalten und konfigurieren muss.

Beispiel 7.22: Strategie zur Ansichtsverwaltung mit JavaBeans

```jsp
<%@page
  import="corepatterns.compositeview.beanhelper.ContentHelper" %>

<% ContentHelper personalizer = new ContentHelper(request); %>


<table valign="top" cellpadding="30%"  width="100%">
    <% if (personalizer.hasWorldNewsInterest() ) { %>
        <tr>
            <td><jsp:getProperty name="feeder"
                property="worldNews"/></td>
        </tr>
        <%
        }
        if ( personalizer.hasCountryNewsInterest() ) {
        %>
        <tr>
            <td><jsp:getProperty name="feeder"
                property="countryNews"/></td>
        </tr>
        <%
        }

        if ( personalizer.hasCustomNewsInterest() ) {
        %>
        <tr>
            <td><jsp:getProperty name="feeder"
                property="customNews"/></td>
        </tr>
        <%
        }

        if ( personalizer.hasAstronomyInterest() ) {
        %>
        <tr>
            <td><jsp:getProperty name="feeder"
                property="astronomyNews"/></td>
        </tr>
        <%
        }
        %>
    </table>
```

Strategie der Ansichtsverwaltung mit Standardtags
Die Ansichtsverwaltung wird mithilfe von JSP-Standardtags – beispielsweise `<jsp:include>` – implementiert. Die Verwendung von Standardtags zur Verwaltung des Layouts und der Zusammensetzung der Ansichten ist eine leicht zu implementierende Strategie, bietet aber nicht die Leistung und Flexibilität der bevorzugten Strategie der Ansichtsverwaltung mit benutzerdefinierten Tags, da das Layout für einzelne Seiten in diese Seite eingebettet bleibt. Zwar lässt sich mit dieser Strategie der zugrunde liegende Inhalt dynamisch variieren, alle Site-weiten Layoutänderungen erfordern aber einzelne Modifikationen an zahlreichen JSPs. Beispiel 7.23 zeigt eine Realisierung dieser Strategie.

Beispiel 7.23: Strategie der Ansichtsverwaltung mit Standardtags

```
<html>
<body>
<jsp:include
  page="/jsp/CompositeView/javabean/banner.html" flush="true"/>
<table width="100%">
  <tr align="left" valign="middle">
    <td width="20%">
    <jsp:include
    page="/jsp/CompositeView/javabean/ProfilePane.jsp"
      flush="true"/>
    </td>
    <td width="70%" align="center">
    <jsp:include
      page="/jsp/CompositeView/javabean/mainpanel.jsp"
      flush="true"/>
    </td>
  </tr>
</table>
<jsp:include
  page="/jsp/CompositeView/javabean/footer.html"
    flush="true"/>
</body>
</html>
```

Wenn man eine zusammengesetzte Anzeige mit Standardtags erzeugt, kann man sowohl statische Inhalte – wie etwa eine HTML-Datei – als auch dynamische Inhalte – etwa eine JSP – einbinden. Außerdem lässt sich der Inhalt zur Übersetzungszeit oder zur Laufzeit einbinden. Wenn man den Inhalt zur Übersetzungszeit einbindet, dann bleibt die Seitenanzeige unverändert, bis die JSP erneut kompiliert wird. Erst dann sind die Modifikationen am eingebundenen Inhalt sichtbar. Mit anderen Worten wird das Layout der Seite jedes Mal konzipiert und generiert, wenn man die JSP erneut kompiliert. Beispiel 7.24 zeigt einen Auszug aus einer JSP, die auf diese Weise eine zusammengesetzte Seite generiert und dabei den Inhalt zur Übersetzungszeit mit der JSP-Standarddirektive `<%@ include %>` einbindet.

Muster der Präsentationsschicht

Das Einbinden von Inhalten zur Laufzeit bedeutet, dass Änderungen an den zugrunde liegenden Unteransichten in der zusammengesetzten Seite sichtbar werden, wenn ein Client das nächste Mal auf die Seite zugreift. Das ist wesentlich dynamischer und lässt sich mit dem JSP-Standardtag <jsp:include> erreichen, wie es Beispiel 7.25 zeigt. Natürlich ist diese Art der Ansichtserzeugung mit einem gewissen Laufzeit-Overhead verbunden, aber das ist der Preis für die gewachsene Flexibilität bei dynamischen Inhaltsänderungen.

Beispiel 7.24: Zusammengesetzte Ansicht mit Inhaltseinbindung zur Übersetzungszeit

```
<table border=1 valign="top" cellpadding="2%"
    width="100%">
    <tr>
        <td><%@ include file="news/worldnews.html" %> </td>
    </tr>
    <tr>
        <td><%@ include file="news/countrynews.html" %> </td>
    </tr>
    <tr>
        <td><%@ include file="news/customnews.html" %> </td>
    </tr>
    <tr>
        <td><%@ include file="news/astronomy.html" %> </td>
    </tr>
</table>
```

Beispiel 7.25: Zusammengesetzte Ansicht mit Inhaltseinbindung zur Laufzeit

```
<table border=1 valign="top" cellpadding="2%"  width="100%">
    <tr>
        <td><jsp:include page="news/worldnews.jsp"
            flush="true"/> </td>
    </tr>
    <tr>
        <td><jsp:include page="news/countrynews.jsp"
            flush="true"/> </td>
    </tr>
    <tr>
        <td><jsp:include page="news/customnews.jsp"
            flush="true"/> </td>
    </tr>
    <tr>
        <td><jsp:include page="news/astronomy.jsp"
            flush="true"/> </td>
    </tr>
</table>
```

Strategie der Ansichtsverwaltung mit benutzerdefinierten Tags
Die Ansichtsverwaltung wird mit benutzerdefinierten Tags implementiert (JSP 1.1+), d.h. mit der bevorzugten Strategie. Die in den Tagsteuerelementen implementierte Logik steuert das Ansichtslayout und die Zusammensetzung. Diese Tags sind wesentlich leistungsfähiger und flexibler als das JSP-Standardtag `include`, erfordern aber auch mehr Aufwand. Benutzerdefinierte Aktionen können das Seitenlayout und die Zusammensetzung zum Beispiel von Benutzerrollen oder Sicherheitsrichtlinien abhängig machen.

Der Einsatz dieser Strategie erfordert umfangreichere Vorbereitungsarbeiten als die anderen Strategien zur Ansichtsverwaltung, weil die Entwicklung von benutzerdefinierten Tags komplizierter ist als einfach JavaBeans oder Standardtags zu verwenden. Nicht nur der Entwicklungsprozess ist komplizierter, es ist auch schwieriger, die fertiggestellten Tags zu integrieren und zu verwalten. Bei dieser Strategie sind zahlreiche Elemente zu generieren – die Tags selbst, ein Bibliotheksdeskriptor und Konfigurationsdateien – und die Umgebung mit diesen Elementen zu konfigurieren.

Der folgende JSP-Auszug stammt aus Beispiel 7.26 und zeigt eine mögliche Implementierung dieser Strategie. Weitere Details können Sie dem Code von Beispiel 7.26 entnehmen.

```
<region:render
    template='/jsp/CompositeView/templates/portal.jsp'>

<region:put section='banner'
    content='/jsp/CompositeView/templates/banner.jsp' />

<region:put section='controlpanel' content=
    '/jsp/CompositeView/templates/ProfilePane.jsp' />

<region:put section='mainpanel' content=
    '/jsp/CompositeView/templates/mainpanel.jsp' />

<region:put section='footer' content=
    '/jsp/CompositeView/templates/footer.jsp' />
</region:render>
```

Strategie der Ansichtsverwaltung mit Transformer
Die Ansichtsverwaltung wird mithilfe eines XSL-Transformers implementiert. Diese Strategie kombiniert man in der Regel mit der Strategie zur Ansichtsverwaltung mit benutzerdefinierten Tags, wobei man benutzerdefinierte Tags verwendet, um die passenden Komponenten zu implementieren und die Steuerung dorthin zu delegieren. Diese Strategie kann helfen, das Modell von der Ansicht zu trennen, da ein großer Teil der Ansichts-Tags in ein separates Stylesheet ausgeklammert werden muss. Gleichzeitig sind Technologien involviert, die neue und tiefgreifende Kenntnisse erfordern, um sie korrekt zu implementieren – ein Problem, das diese Strategie für viele Umgebungen ungeeignet macht, wo diese Technologien noch nicht eingerichtet sind.

Muster der Präsentationsschicht

Der folgende Auszug zeigt, wie man mit einem benutzerdefinierten Tag aus einer JSP heraus ein Modell mithilfe eines Stylesheets und eines Transformers konvertiert:

```
<xsl:transform model="portfolioHelper"
  stylesheet="/transform/styles/generalPortfolio.xsl"/>
```

Strategie der frühen Ressourcenbindung
Das ist eine andere Bezeichnung für die Einbindung des Inhalts zur Übersetzungszeit, wie es die Strategie zur Ansichtsverwaltung mit Standardtags beschrieben und Beispiel 7.24 gezeigt hat. Diese Strategie ist geeignet, wenn eine relativ statische Vorlage zu aktualisieren und zu verwalten ist, und empfiehlt sich, wenn eine Ansicht Kopf- und Fußzeilen umfasst, die sich selten ändern.

Strategie der späten Ressourcenbindung
Das ist eine andere Bezeichnung für die Einbindung des Inhalts zur Laufzeit, wie es die Strategie zur Ansichtsverwaltung mit Standardtags beschrieben und Beispiel 7.25 gezeigt hat. Ein Hinweis sei angebracht: Wenn die zur Laufzeit eingebundene Unteransicht eine dynamische Ressource ist, beispielsweise eine JSP, dann kann diese Unteransicht ebenfalls eine zusammengesetzte Ansicht sein, die noch mehr Inhalte zur Laufzeit einbindet. Die Flexibilität derartiger verschachtelter zusammengesetzter Strukturen sollte man gegenüber dem Laufzeit-Overhead abwägen und unter dem Aspekt spezieller Projektanforderungen sehen.

7.4.5 Konsequenzen

- *Verbessert Modularität und Wiederverwendbarkeit:* Das Muster fördert den modularen Entwurf. Es ist möglich, elementare Teile einer Vorlage – beispielsweise eine Tabelle von Aktienkursen – in zahlreichen Ansichten wiederzuverwenden und diese wiederverwendeten Teile mit unterschiedlichen Informationen zu dekorieren. Dieses Muster erlaubt es, die Tabelle in ihr eigenes Modul zu verschieben und dieses einfach an den erforderlichen Stellen einzubinden. Diese Art des dynamischen Layouts und der dynamischen Zusammensetzung verringert doppelten Code, fördert die Wiederverwendung und verbessert die Wartungsfähigkeit.

- *Erweitert Flexibilität:* Eine intelligente Implementierung kann Fragmente einer Ansichtsvorlage basierend auf Laufzeitentscheidungen bedingt einbinden, zum Beispiel abhängig von einer Benutzerrolle oder von Sicherheitsrichtlinien.

- *Erweitert Wartungsfähigkeit und Verwaltungsfähigkeit:* Es ist wesentlich effizienter, Änderungen an Teilen einer Vorlage zu verwalten, wenn die Vorlage nicht direkt in den Ansichts-Tags codiert ist. Wenn man die betreffenden Teile von der Ansicht getrennt hält, ist es möglich, modulare Teile des Vorlageninhaltes unabhängig vom Vorlagenlayout zu ändern. Außerdem sind diese Änderungen je nach Implementierungsstrategie dem Client sofort zugänglich. Modifikationen am Layout einer Seite sind ebenfalls einfacher zu verwalten, da Änderungen an einer zentralen Stelle erfolgen.

- *Verringert Wartungsfähigkeit:* Die Zusammenfassung elementarer Teile der Anzeige, um eine einzige Ansicht zu erzeugen, birgt die Gefahr für Anzeigefehler, da die Unteransichten Seitenfragmente sind. Diese Beschränkung kann zu einem Verwaltungsproblem werden. Generiert beispielsweise eine JSP-Seite eine HTML-Seite mithilfe einer Hauptseite, die drei Unteransichten einschließt, und die Unteransichten enthalten jeweils die öffnenden und schließenden HTML-Tags (d.h. <HTML> und </HTML>), dann ist die zusammengesetzte Seite ungültig. Deshalb muss man sich beim Einsatz von Mustern darüber im Klaren sein, dass Unteransichten keine kompletten Ansichten darstellen dürfen. Die Tagnutzung ist genauestens zu beachten, damit sich gültige zusammengesetzte Ansichten erzeugen lassen. Daraus kann sich aber ein Verwaltungsproblem ergeben.

- *Auswirkung auf die Performanz:* Die Generierung einer Anzeige, die zahlreiche Unteransichten umfasst, kann den Durchsatz verringern. Bindet man Unteransichten zur Laufzeit ein, kommt es jedes Mal zu einer Verzögerung, wenn die Seite an den Client geschickt wird. In einer Umgebung mit strengen Dienstgütevereinbarungen, die bestimmte Reaktionszeiten verlangen, sind derartige Leistungseinbrüche nicht akzeptabel, auch wenn sie in der Regel kaum ins Gewicht fallen. Alternativ kann man die Unteransichten bereits zur Übersetzungszeit einbinden, auch wenn sich dadurch die Einschränkung ergibt, dass Änderungen an der Unteransicht erst nach dem Neuübersetzen sichtbar sind.

7.4.6 Beispielcode

Das Muster *Composite View* lässt sich mit einer Vielzahl von Strategien implementieren, wobei zu den bekanntesten die Strategie der Ansichtsverwaltung mit benutzerdefinierten Tags gehört. In der Tat sind derzeit mehrere benutzerdefinierte Tag-Bibliotheken verfügbar, um zusammengesetzte Ansichten zu implementieren, die das Layout vom Inhalt der Ansicht trennen und damit modulare und steckbare (austauschbare) Vorlagenunteransichten fördern.

Dieses Beispiel verwendet eine Vorlagenbibliothek, die David Geary geschrieben und im Detail in *Advanced JavaServer Pages* vorgestellt hat [Geary].

Die Vorlagenbibliothek beschreibt drei Basiskomponenten: *Abschnitte* (sections), *Regionen* (regions) und *Vorlagen* (templates).

- Ein Abschnitt ist eine wiederverwendbare Komponente, die HTML oder JSP wiedergibt (d.h. interpretiert und darstellt, engl.: render).
- Eine Region beschreibt Inhalte, indem sie Abschnitte definiert.
- Eine Vorlage steuert das Layout von Regionen und Abschnitten in einer wiedergegebenen Seite.

Eine Region lässt sich wie in Beispiel 7.26 gezeigt definieren und wiedergeben.

Beispiel 7.26: Eine Region und Abschnitte

```
<region:render template='portal.jsp'>
  <region:put section='banner' content = 'banner.jsp' />
  <region:put section = 'controlpanel' content =
      'ProfilePane.jsp' />
  <region:put section='mainpanel' content =
```

Muster der Präsentationsschicht

```
        'mainpanel.jsp' />
  <region:put section='footer' content='footer.jsp' />
</region:render>
```

Eine Region definiert ihren Inhalt, indem sie logische Abschnittsnamen bestimmten Teilen des Inhalts zuordnet, beispielsweise banner.jsp.

Das Layout für die Region und ihre Abschnitte definiert man in einer Vorlage, der jede Region zugeordnet wird. Hier ist die in Beispiel 7.27 definierte Vorlage mit portal.jsp benannt.

Beispiel 7.27: Vorlagendefinition

```
<region:render section='banner'/>
<table width="100%">
    <tr align="left" valign="middle">
       <td width="20%">
      <!-- menu region -->
      <region:render section='controlpanel' />
         </td>
         <td width="70%" align="center">
      <!-- contents -->
      <region:render section='mainpanel' />
         </td>
    </tr>
</table>
```

Eine Site mit zahlreichen Ansichten und einem einzigen einheitlichen Layout hat eine JSP mit dem Code, der ähnlich der Vorlagendefinition in Beispiel 7.27 aussieht, und viele JSPs, die ähnlich wie in Beispiel 7.26 aussehen und alternative Regionen und Abschnitte definieren.

Abschnitte sind JSP-Fragmente, die als Unteransichten verwendet werden, um eine Gesamtsicht entsprechend der Vorlagendefinition zu erzeugen. Beispiel 7.28 zeigt den Abschnitt banner.jsp.

Beispiel 7.28: Abschnitt mit Unteransicht banner.jsp

```
<table width="100%" bgcolor="#C0C0C0">
<tr align="left" valign="middle">
  <td width="100%">

  <TABLE ALIGN="left" BORDER=1 WIDTH="100%">
  <TR ALIGN="left" VALIGN="middle">
    <TD>Logo</TD>
    <TD><center>Sun Java Center</TD>
  </TR>
  </TABLE>
```

```
        </td>
    </tr>
</table>
```

Zusammengesetzte Ansichten stellen ein modulares, flexibles und erweiterbares Konzept dar, um JSP-Ansichten für J2EE-Anwendungen zu erstellen.

7.4.7 Verwandte Muster
- *View Helper*: Das Muster *Composite View* kann man als Ansicht im Muster *View Helper* verwenden.
- *Composite (Kompositum) [GoF]*: Das Muster *Composite View* basiert auf dem Muster *Composite*, das so genannte Part-Whole-Hierarchien[1] beschreibt, in denen ein zusammengesetztes Objekt aus zahlreichen Teilen besteht, die alle als logisch äquivalent behandelt werden.

7.5 Service to Worker

7.5.1 Kontext
Das System steuert den Ausführungsfluss und den Zugriff auf Geschäftsdaten, aus denen es den Präsentationsinhalt erzeugt.

Hinweis

Das Muster *Service to Worker* beschreibt wie das Muster *Dispatcher View* eine häufige Kombination von anderen Mustern aus dem Katalog. Diese beiden Makromuster beschreiben die Kombination eines Controllers und Dispatchers mit Ansichten und Hilfskomponenten. Abgesehen von dieser gemeinsamen Struktur heben sie verwandte aber unterschiedliche Nutzungsmuster hervor.

7.5.2 Problem
Das Problem ist eine Kombination der durch die Muster *Front Controller* und *View Helper* gelösten Probleme in der Präsentationsschicht. Es gibt keine zentrale Komponente, die den Zugriff steuert, Inhalte abruft oder Ansichten verwaltet; der Steuerungscode ist mehrfach vorhanden und über verschiedene Ansichten verteilt. Außerdem ist die Geschäftslogik und die Logik zur Formatierung der Präsentation über diese Ansichten verstreut, sodass das System inflexibel, kaum wiederzuverwenden und im Allgemeinen nur schwer zu ändern ist.

---

[1] Part-Whole-Hierarchien – Beziehungen zwischen Teilen und dem Ganzen, auch als Teil-Ganzes-Beziehungen bezeichnet

Muster der Präsentationsschicht

Die Vermischung der Geschäftslogik mit der Ansichtsverarbeitung reduziert auch die Modularität und führt zu einer schlechten Trennung der Rollen zwischen den Teams für Webproduktion und Softwareentwicklung.

7.5.3 Kräfte
- Authentifizierungs- und Autorisierungstests werden für jede Anforderung durchgeführt.
- In Ansichten sollte möglichst wenig Scriptlet-Code erscheinen.
- Geschäftslogik sollte in anderen Komponenten als der Ansicht gekapselt sein.
- Der Steuerungsfluss ist relativ kompliziert und basiert auf Werten aus dynamischen Inhalten.
- Die Logik der Ansichtsverwaltung ist relativ kompliziert, wobei mehrere Ansichten eventuell derselben Anforderung zugeordnet sind.

7.5.4 Lösung
Kombinieren Sie einen Controller und einen Dispatcher mit Ansichten und Hilfskomponenten (siehe »Front Controller« und »View Helper« weiter vorn in diesem Kapitel), um Clientanforderungen zu behandeln und eine dynamische Präsentation als Antwort vorzubereiten. Controller delegieren das Abrufen von Inhalten an Hilfskomponenten, die das Füllen des Zwischenmodells für die Ansicht verwalten. Ein Dispatcher ist für die Ansichtsverwaltung und Navigation zuständig und lässt sich entweder in einem Controller oder als separate Komponente kapseln.

Das Muster *Service to Worker* beschreibt die Kombination der Muster *Front Controller* und *View Helper* mit einer Dispatcherkomponente.

Auch wenn dieses Muster und das Muster *Dispatcher View* eine ähnliche Struktur beschreiben, schlagen die beiden Muster eine unterschiedliche Arbeitsteilung unter diesen Komponenten vor. In *Service to Worker* haben Controller und Dispatcher mehr Zuständigkeiten.

Da die Muster *Service to Worker* und *Dispatcher View* eine häufige Kombination von anderen Mustern aus dem Katalog darstellen, ist es gerechtfertigt, jedes Muster mit einem eigenen Namen zu versehen, um die effiziente Kommunikation unter den Entwicklern zu fördern. Im Gegensatz zum Muster *Service to Worker* schlägt das Muster *Dispatcher View* vor, das Abrufen von Inhalten auf den Zeitpunkt der Ansichtsverarbeitung zu verschieben.

Im Muster *Dispatcher View* spielt der Dispatcher normalerweise eine untergeordnete bis moderate Rolle in der Ansichtsverwaltung. Im Muster *Service to Worker* übernimmt der Dispatcher dagegen in der Regel mittlere bis große Rollen.

Der Dispatcher spielt nur eine untergeordnete Rolle, wenn keine äußeren Ressourcen genutzt werden, um die Ansicht auszuwählen. Die in der Anforderung gekapselten Informationen genügen, um die Ansicht zu bestimmen, zu der die Anforderung weiterzuleiten ist. Zum Beispiel:

```
http://some.server.com/servlet/Controller?next=login.jsp
```

In diesem Fall ist die Dispatcherkomponente lediglich dafür zuständig, die Verarbeitung zur Ansicht `login.jsp` weiterzuleiten.

Eine moderate Rolle spielt der Dispatcher zum Beispiel, wenn der Client eine Anforderung direkt an einen Controller schickt und die Anforderung einen Abfrageparameter enthält, der eine auszuführende Aktion beschreibt:

```
http://some.server.com/servlet/Controller?action=login
```

Die Dispatcherkomponente ist hier dafür zuständig, den logischen Namen `login` in den Ressourcennamen einer geeigneten Ansicht zu übersetzen – beispielsweise `login.jsp` – und die Verarbeitung zu dieser Ansicht weiterzuleiten. Um diese Übersetzung zu erreichen, kann der Dispatcher auf Ressourcen wie zum Beispiel eine XML-Konfigurationsdatei zugreifen, die die jeweilige Ansicht für die Anzeige spezifiziert.

Andererseits kann der Dispatcher im Muster *Service to Worker* wesentlich komplizierter sein. Der Dispatcher kann einen Geschäftsdienst aufrufen, um die passende Ansicht für die Anzeige zu ermitteln.

Die gemeinsame Struktur von *Service to Worker* und *Dispatcher View* besteht aus einem Controller, der mit einem Dispatcher, Ansichten und Hilfskomponenten arbeitet.

Struktur

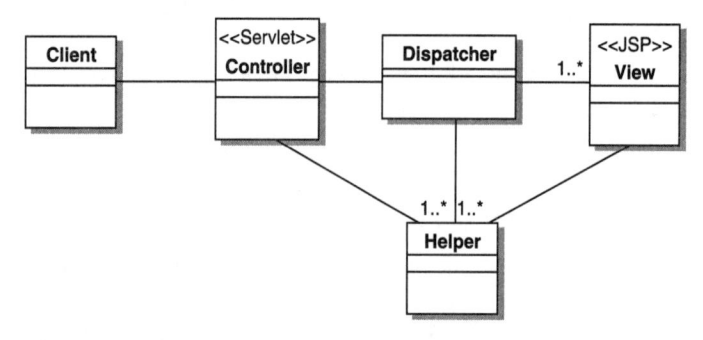

Abbildung 7.20: Klassendiagramm für das Muster Service to Worker

Teilnehmer und Zuständigkeiten

Wie bereits erwähnt, repräsentieren die Muster *Service to Worker* und *Dispatcher View* eine ähnliche Struktur. Der Hauptunterschied besteht darin, dass *Service to Worker* Architekturen mit mehr Verhalten »vorab« im Controller und Dispatcher beschreibt, während sich *Dispatcher View* mit Architekturen beschäftigt, bei denen das Verhalten eher auf den Zeitpunkt der Ansichtsverarbeitung verschoben ist. Folglich schlagen die beiden Muster ein Kontinuum vor, bei dem das Verhalten entweder näher am Beginn des Verarbeitungsflusses gekapselt oder mehr nach hinten verschoben ist.

Muster der Präsentationsschicht

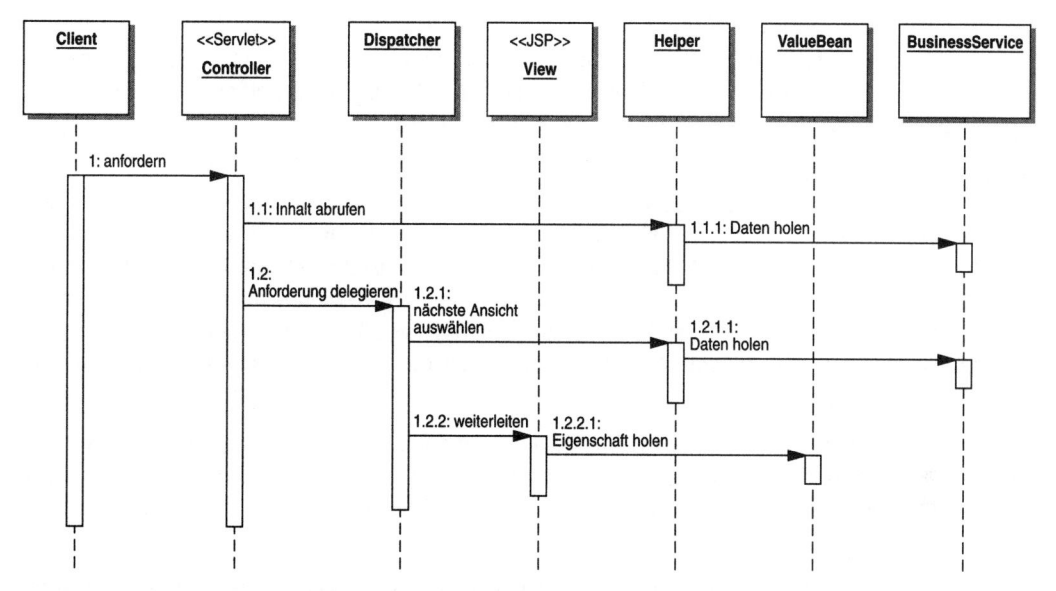

Abbildung 7.21: Sequenzdiagramm für das Muster Service to Worker

Controller
Der Controller ist normalerweise der anfängliche Kontaktpunkt für die Behandlung einer Anforderung. Er arbeitet mit einem Dispatcher, um die Verwaltung und Navigation der Ansichten zu realisieren. Der Controller verwaltet die Authentifizierung, die Autorisierung, das Abrufen von Inhalten, die Gültigkeitsprüfung und andere Aspekte der Behandlung von Anforderungen. Er delegiert die Verarbeitung zu Hilfskomponenten, die Teile dieser Arbeiten durchführen.

Dispatcher
Ein Dispatcher ist dafür zuständig, die Ansichten mit der zugehörigen Navigation zu verwalten, die nächste Ansicht für den Benutzer auszuwählen und den Mechanismus für die Weiterleitung der Steuerung zu dieser Ressource bereitzustellen.

Ein Dispatcher kann in einem Controller gekapselt sein (siehe »Front Controller« weiter vorn in diesem Kapitel) oder in einer separaten Komponente, die in Verbindung mit dem Controller arbeitet. Der Dispatcher kann die Steuerung statisch zur Ansicht weiterleiten oder einen komplizierteren dynamischen Mechanismus zur Weiterleitung bereitstellen.

Der Dispatcher verwendet das Objekt RequestDispatcher (in der Servlet-Spezifikation unterstützt), kapselt in der Regel aber auch zusätzliche Verarbeitungsaufgaben. Je mehr Zuständigkeiten diese Komponente kapselt, desto eher passt sie in das Muster *Service to Worker*. Wenn der Dispatcher dagegen eine eher untergeordnete Rolle spielt, ist er mehr dem Muster *Dispatcher View* zuzuordnen.

View
Eine Ansicht repräsentiert Informationen für den Client und zeigt sie an. Die für eine Anzeige verwendeten Informationen ruft die Ansicht aus einem Modell ab. Dabei greift sie auf Hilfsobjekte zurück, die ein Modell kapseln und für die Anzeige anpassen.

Helper
Ein Hilfsobjekt soll eine Ansicht oder einen Controller dabei unterstützen, ihre/seine Verarbeitungsaufgaben durchzuführen. Somit sind Hilfsobjekte für verschiedene Dinge zuständig. Unter anderem sammeln sie Daten, die die Ansicht benötigt, und speichern dieses Zwischenmodell – in diesem Fall bezeichnet man das Hilfsobjekt auch als Value Bean. Zusätzlich können Hilfsobjekte das Datenmodell für die Anzeige durch die Ansicht anpassen. Hilfsobjekte können Anforderungen nach Daten aus der Ansicht bedienen, indem sie einfach Zugriff auf die Rohdaten bieten oder die Daten als Webinhalt formatieren.

Eine Ansicht kann mit beliebig vielen Hilfsobjekten arbeiten, die normalerweise als JavaBeans (JSP 1.0+) und benutzerdefinierte Tags (JSP 1.1+) implementiert sind. Außerdem kann ein Hilfsobjekt ein Command-Objekt oder einen Delegate (siehe »Business Delegate« in Kapitel 8) repräsentieren.

ValueBean
Value Bean ist ein anderer Name für ein Hilfsobjekt, das den Zwischenmodellzustand für eine Ansicht aufnimmt. In einem typischen Fall, den auch das Sequenzdiagramm in Abbildung 7.12 zeigt, gibt der Geschäftsdienst eine Value Bean als Antwort auf eine Anforderung zurück. Hier erfüllt die ValueBean die Rolle eines Value Objects (siehe den Abschnitt »Value Object« in Kapitel 8).

BusinessService
Der Geschäftsdienst ist eine Rolle, die der Dienst realisiert, auf den der Client zuzugreifen versucht. In der Regel erfolgt der Zugriff auf einen Geschäftsdienst über einen Business Delegate. Die Rolle des Business Delegates besteht darin, Steuerung und Schutz für den Geschäftsdienst bereitzustellen (siehe den Abschnitt »Business Delegate« in Kapitel 8).

Strategien

Servlet Front-Strategie
Siehe »Servlet Front-Strategie« weiter vorn in diesem Kapitel.

JSP Front-Strategie
Siehe »JSP Front-Strategie« weiter vorn in diesem Kapitel.

JSP View-Strategie
Siehe »JSP View-Strategie« weiter vorn in diesem Kapitel.

Servlet View-Strategie
Siehe »Servlet View-Strategie« weiter vorn in diesem Kapitel.

Strategie mit JavaBean-Hilfsobjekten
Siehe »Strategie mit JavaBean-Hilfsobjekten« weiter vorn in diesem Kapitel.

Strategie mit benutzerdefinierten Hilfstags
Siehe »Strategie mit benutzerdefinierten Hilfstags« weiter vorn in diesem Kapitel.

Strategie mit Dispatcher in Controller
Siehe »Strategie mit Dispatcher in Controller« weiter vorn in diesem Kapitel.

Wie bereits erwähnt schlagen die Muster *Service to Worker* und *Dispatcher View* ein Kontinuum vor, in dem das Verhalten näher am Beginn des Verarbeitungsflusses gekapselt oder mehr nach hinten verschoben ist. Abbildung 7.22 beschreibt ein Szenario, in dem der Controller stark mit Vorausarbeit belastet wird, während die Funktionalität des Dispatchers nur gering ist.

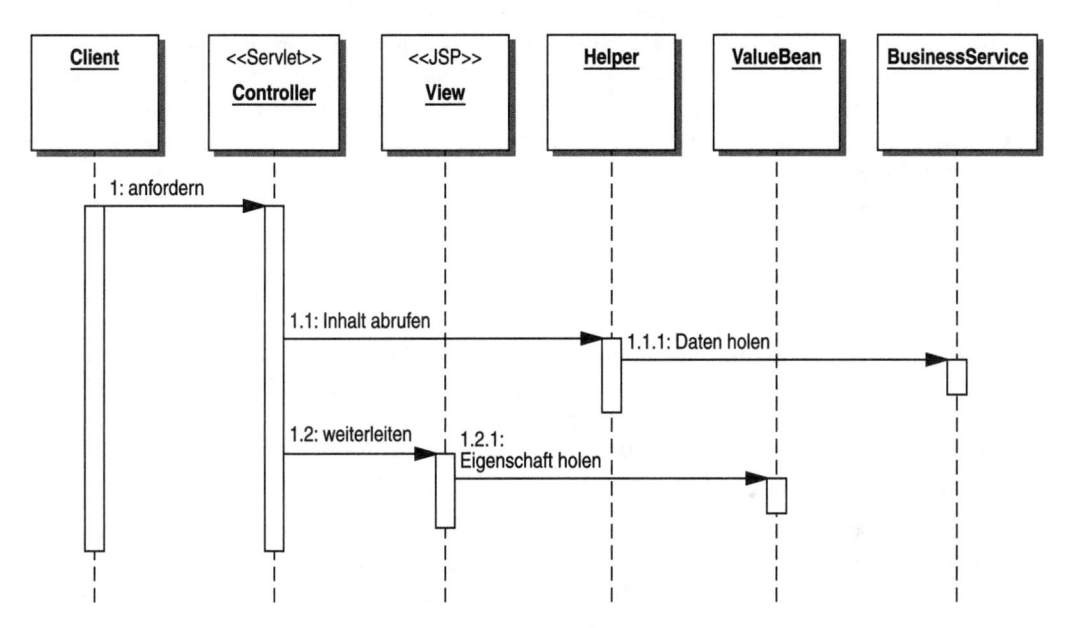

Abbildung 7.22: Den Dispatcher im Controller unterbringen

Strategie mit Transformer-Hilfsobjekt
Siehe »Strategie mit Transformer-Hilfsobjekt« weiter vorn in diesem Kapitel.

7.5.5 Konsequenzen

- *Zentralisiert Steuerung, verbessert Modularität und Wiederverwendbarkeit*: Dieses Muster schlägt vor, Systemdienste und Geschäftslogik über mehrere Anforderungen hinweg an einem zentralen Platz zu behandeln. Der Controller verwaltet die Verarbeitung der Geschäftslogik und der Anforderungsbehandlung. Dennoch sollte man beachten, dass es bei einer zentralen Steuerung auch einen kritischen Punkt für Ausfälle (Single Point of Failure) einbringen kann.

- Das Muster fördert außerdem eine saubere Gliederung der Anwendung und unterstützt die Wiederverwendung. Gemeinsamer Code wird in einen Controller verschoben und nach Bedarf wiederverwendet sowie in Hilfskomponenten verschoben, zu denen Controller und Ansichten die

Verarbeitung delegieren. Die verbesserte Modularität und Wiederverwendung verringert doppelten Code, was in der Regel auch eine Umgebung mit weniger Fehlern bedeutet.

- *Verbessert die Partitionierung der Anwendung*: Durch Hilfskomponenten lässt sich in einer Anwendung die Ansicht von der Geschäftsverarbeitung sauber trennen. Hilfskomponenten in Form von JavaBeans (JSP 1.0+) und benutzerdefinierten Tags (JSP 1.1+) erlauben es, die Geschäftslogik aus der JSP an eine zentrale Stelle auszulagern. Wenn die Geschäftslogik in einer JSP verbleibt, führen große Projekte zu umständlichem und unhandlichem Scriptlet-Code.

- *Verbessert die Trennung von Rollen*: Trennt man die Formatierungslogik von der Geschäftslogik der Anwendung, verringern sich die Abhängigkeiten von derselben Ressource, an der mehrere Programmierer in verschiedenen Rollen arbeiten. Beispielsweise kann ein Softwareentwickler Code besitzen, der in HTML-Tags eingebettet ist, während das Mitglied eines Teams von Webproduzenten das Seitenlayout modifizieren und Komponenten entwerfen muss, die mit Geschäftslogik durchsetzt sind. Höchstwahrscheinlich ist keiner der Programmierer, die diese Rollen wahrnehmen, mit den Implementierungsbesonderheiten in der Arbeit der jeweils anderen Gruppe vertraut, sodass die Wahrscheinlichkeit steigt, dass durch unbeabsichtigte Änderungen Fehler in das System eingebracht werden.

7.5.6 Beispielcode

Der folgende Beispielcode zeigt eine Implementierung des Musters *Service to Worker*. Er arbeitet mit einem Controller-Servlet, einem Command-Hilfsobjekt, einer Dispatcherkomponente und einer Ansicht. Die Implementierung besteht aus der Servlet Front-Strategie, Command- und Controller-Strategie, JSP View-Strategie und der Strategie mit JavaBean-Hilfsobjekten. Abbildung 7.23 zeigt einen Screenshot der resultierenden Anzeige.

Beispiel 7.29 zeigt das Controller-Servlet, das die Verarbeitung zu einem Befehlsobjekt delegiert (Command- und Controller-Strategie), um die Steuerungsverarbeitung zu realisieren. Das Befehlsobjekt erhält man über einen Fabrikaufruf, der den generischen Befehlstyp zurückgibt. Beispiel 7.30 zeigt eine Schnittstelle. Der Beispielcode verwendet einen LogManager, um Nachrichten zu protokollieren. In den Screenshots (Abbildungen 7.23 und 7.28) sind die zu Beispielzwecken angezeigten Nachrichten am unteren Rand der Seite zu sehen.

Beispiel 7.29: Controller-Servlet mit der Command- und Controller-Strategie

```
public class Controller extends HttpServlet {
  /** Verarbeitet Anforderungen für die beiden HTTP-Methoden
    * <code>GET</code> und <code>POST</code>.
    * @param request Servlet-Anforderung
    * @param response Servlet-Antwort
    */
  protected void processRequest(HttpServletRequest
    request, HttpServletResponse response)
    throws ServletException, java.io.IOException {
    String next;
```

Muster der Präsentationsschicht

```
try {
  // Musterinformationen protokollieren
  LogManager.recordStrategy(request,
    "Service To Worker",
    " ServletFront-Strategie;" +
    " JSPView-Strategie; JavaBean-Helper-Strategie");

  LogManager.logMessage(request, getSignature(),
    "Einlaufende Anforderung verarbeiten. ");

  // Mit einem Hilfsobjekt Parameter-spezifische
  // Informationen zusammenzustellen.
  RequestHelper helper = new
    RequestHelper(request, response);

  LogManager.logMessage(request, getSignature(),
      "Command-Hilfsobjekt abrufen");

  // Command-Objekt abrufen
  Command command = helper.getCommand();
  // Verarbeitung zum Command-Obj. delegieren, dabei
  // Anforderungs- u. Antwort-Objekte übergeben
  next = command.execute(helper);

  /** Wenn obiger Befehl einen Wert zurückgibt, leiten
    * wir vom Controller weiter. In diesem Beispiel verwendet
    * der Befehl jedoch eine separate Dispatcher-Komponente,
    * um eine Ansicht auszuwählen u. zu dieser weiterzuleiten.
    * Das Command-Objekt delegiert in seiner execute-Methode
    * (siehe oben) zu dieser Dispatcher-Komponente.
    * Um das Auslösen einer IllegalStateException aufgrund
    * eines wiederholten Aufrufs der forward-Methode des
    * Dispatchers nach vorausgegangenem abgeschlossenem
    * Aufruf der forward-Methode zu vermeiden, wird nicht
    * zu der zurückgegebenen Zielressource weitergeleitet. **/
}
catch (Exception e) {
  LogManager.logMessage(
    "EmployeeController(CommandStrategy)",
    e.getMessage() );

  /** ApplicationResources bietet eine einfache API,
    *  um Konstanten und andere vorkonfigurierte Werte
    *  abzurufen **/
  next = ApplicationResources.getInstance().
              getErrorPage(e);
  dispatch(request, response, next);
}
```

```java
  }

  /** Behandelt die HTTP-Methode <code>GET</code>.
   * @param request Servlet-Anforderung
   * @param response Servlet-Antwort
   */
  protected void doGet(HttpServletRequest request,
    HttpServletResponse response)
    throws ServletException, java.io.IOException {
      processRequest(request, response);
  }

  /** Behandelt die HTTP-Methode <code>POST</code>.
   * @param request Servlet-Anforderung
   * @param response Servlet-Antwort
   */
  protected void doPost(HttpServletRequest request,
    HttpServletResponse response)
throws ServletException, java.io.IOException {
      processRequest(request, response);
  }

  /** Gibt Kurzbeschreibung des Servlets zurück. */
  public String getServletInfo() {
    return getSignature();
  }

  /** Dispatcher-Methode */
  protected void dispatch(HttpServletRequest request,
    HttpServletResponse response,
    String page) throws javax.servlet.ServletException,
    java.io.IOException {
      RequestDispatcher dispatcher =
        getServletContext().getRequestDispatcher(page);
      dispatcher.forward(request, response);
  }

  public void init(ServletConfig config) throws
      ServletException {
    super.init(config);
  }

  public void destroy() { }

  private String getSignature() {
    return "ServiceToWorker-Controller";
  }
}
```

Muster der Präsentationsschicht

Beispiel 7.30: Command-Schnittstelle

```
public interface Command {
   public String execute(RequestHelper helper) throws
   javax.servlet.ServletException, java.io.IOException;
}
```

Jedes Command-Hilfsobjekt implementiert diese generische Schnittstelle, die ein Beispiel des GoF-Command-Musters ist. Das Command-Objekt ist eine Instanz der Klasse ViewAccountDetailsCommand, deren Code in Beispiel 7.31 wiedergegeben ist. Die Command-Instanz delegiert zu einer AccountingAdapter-Klasse, um einen Aufruf der Geschäftsschicht über einen Business Delegate durchzuführen. Die Adapterklasse ist in Beispiel 7.32 zu sehen. Sie bestimmt mit einer separaten Dispatcherkomponente die nächste Ansicht, zu der die Steuerung weiterzugeben ist, und leitet auch die Steuerung zu dieser Ansicht weiter.

Beispiel 7.31: Die Klasse ViewAccountDetailsCommand

```
public class ViewAccountDetailsCommand implements
  Command {
  public ViewAccountDetailsCommand() { }

  // Details der Kontobewegungen anzeigen
  public String execute(RequestHelper helper)
    throws javax.servlet.ServletException, java.io.IOException {
    /** Meldet dem Benutzer einen Systemfehler und
     *  ist normalerweise nicht zu sehen. Die Meldung sollte
     *  in einer Ressourcendatei gespeichert werden. **/
    String systemerror =
      "/jspdefaultprocessingerror.jsp";

    LogManager.logMessage(helper.getRequest(),
      "ViewAccountDetailsCommand",
      "Kontodetails von einem Adapterobjekt abrufen");

    /** Einen Adapter verwenden, um Daten vom Geschäftsdienst
     * abzurufen und sie in einem Anforderungsattribut zu
     * speichern.
     * Hinweis: Objekterstellung lässt sich über eine Fabrik
     * vermeiden, Objekt-Instantiierung wird hier aber zu
     * Beispielzwecken gezeigt. **/
    AccountingAdapter adapter = new
                      AccountingAdapter();
    adapter.setAccountInfo(helper);
```

```
      LogManager.logMessage(helper.getRequest(),
    "ViewAccountDetailsCommand", "Verarbeitung fertig");

      /** Hinweis: Objekterstellung lässt sich über eine Fabrik
        * vermeiden, Objekt-Instantiierung wird hier aber zu
        * Beispielzwecken gezeigt. **/
      Dispatcher dispatcher = new Dispatcher();
      dispatcher.dispatch(helper);
      /** Gibt String zurück, der von dem aufrufenden Controller-
        * Servlet normalerweise ignoriert wird.
        * Einige Befehle geben jedoch
        * einen String zurück, sodass hier der Rückgabewert
        * angegeben wird, um korrekt zu sein. **/
      return systemerror;
    }
}
```

Beispiel 7.32: Die Klasse AccountingAdapter

```
public class AccountingAdapter {
    public void setAccountInfo(
       RequestHelper requestHelper) {
         LogManager.logMessage(
           requestHelper.getRequest(),
           "Daten aus Geschäftsschicht abrufen");

         // Daten aus Geschäftsschicht über einen Delegate
         // abrufen. Der Kürze wegen ist kein try/catch-Block
         // angegeben.
         AccountDelegate delegate =
                 new AccountDelegate();
         AccountVO account =
           delegate.getAccount(
             requestHelper.getCustomerId(),
             requestHelper.getAccountKey());

         LogManager.logMessage(
           requestHelper.getRequest(),
    "Kontowertobjekt in Anforderungsattribut speichern ");

         // Daten mithilfe Anforderungsobjekt transportieren
         requestHelper.getRequest().setAttribute(
           "account", account);
    }
}
```

Muster der Präsentationsschicht

Der Aufruf des Geschäftsdienstes über den Delegate liefert ein `AccountValue`-Objekt, das der Adapter in einem Anforderungsattribut für die Ansicht speichert. Beispiel 7.33 zeigt die JSP `accountdetails.jsp`, zu der die Anforderung weitergeleitet wird. Das Value Object wird über das Standardtag `<jsp:useBean>` importiert. Der Zugriff auf die Objekteigenschaften erfolgt mit dem Standardtag `<jsp:getProperty>`. Die Ansicht verwendet auch eine sehr einfache zusammengesetzte Strategie, die die Unteransicht `trace.jsp` zur Übersetzungszeit einbindet. Diese Unteransicht zeigt lediglich zu Beispielwecken Protokollinformationen in der Anzeige an.

Beispiel 7.33: Ansicht – accountdetails.jsp

```
<html>
<head><title>AccountDetails</title></head>
<body>

<jsp:useBean id="account" scope="request"
  class="corepatterns.util.AccountVO" />


<h2><center> Kontodaten für <jsp:getProperty
  name="account" property="owner" />
</h2> <br><br>
<table border=3>
<tr>
<td>
Kontonummer:
</td>
<td>
<jsp:getProperty name="account" property="number" />
</td>
</tr>

<tr>
<td>
Kontotyp:
</td>
<td>
<jsp:getProperty name="account" property="type" />
</td>
</tr>

<tr>
<td>
Kontostand:
</td>
<td>
<jsp:getProperty name="account" property="balance" />
```

```
</td>
</tr>

<tr>
<td>
Überziehungskredit:
</td>
<td>
<jsp:getProperty name="account" property="overdraftLimit" />
</td>
</tr>

</table>


<br>
<br>

</center>
<%@ include file="/jsp/trace.jsp" %>
</body>
</html>
```

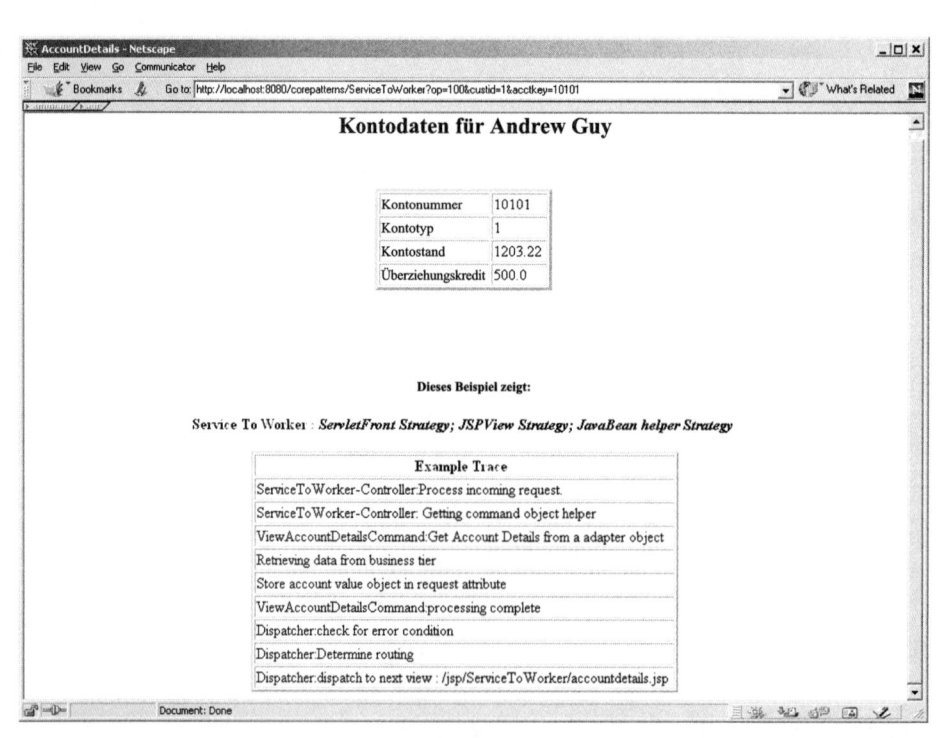

Abbildung 7.23: Das Beispiel Service to Worker

7.5.7 Verwandte Muster

- *Front Controller und View Helper*: Das Muster *Service to Worker* ergibt sich aus der Kombination des Musters *Front Controller* mit Dispatcher in Zusammenarbeit mit dem Muster *View Helper*.

- *Dispatcher View*: Das Muster *Dispatcher View* ist eine andere Bezeichnung für die Kombination des Musters *Front Controller* mit Dispatcher und dem Muster *View Helper*. Die Muster *Service to Worker* und *Dispatcher View* sind in Bezug auf die beteiligten Komponenten identisch, unterscheiden sich aber in der Aufteilung der Arbeit unter diesen Komponenten. Das Muster *Dispatcher View* schlägt vor, das Abrufen der Inhalte auf den Zeitpunkt der Ansichtsverarbeitung zu verschieben. Auch spielt der Dispatcher eine eher untergeordnete Rolle in der Ansichtsverwaltung, da die Auswahl der Ansicht normalerweise bereits in der Anforderung enthalten ist.

7.6 Dispatcher View

7.6.1 Kontext
Das System steuert den Ausführungsfluss und den Zugriff auf die Präsentationsverarbeitung, die für das Generieren von dynamischen Inhalten zuständig ist.

Hinweis

Das Muster *Dispatcher View* beschreibt wie das Muster *Service to Worker* eine häufige Kombination von anderen Mustern aus dem Katalog. Diese beiden Makromuster beschreiben die Kombination eines Controllers und Dispatchers mit Ansichten und Hilfskomponenten. Abgesehen von dieser gemeinsamen Struktur heben sie verwandte aber unterschiedliche Nutzungsmuster hervor.

7.6.2 Problem
Das Problem ist eine Kombination der durch die Muster *Front Controller* und *View Helper* gelösten Probleme in der Präsentationsschicht. Es gibt keine zentrale Komponente, die den Zugriff steuert, Inhalte abruft oder Ansichten verwaltet; der Steuerungscode ist mehrfach vorhanden und über verschiedene Ansichten verteilt. Außerdem ist die Geschäftslogik und die Logik zur Formatierung der Präsentation über diese Ansichten verstreut, sodass das System inflexibel, kaum wiederzuverwenden und im Allgemeinen nur schwer zu ändern ist.

Die Vermischung der Geschäftslogik mit der Ansichtsverarbeitung reduziert auch die Modularität und führt zu einer schlechten Trennung der Rollen zwischen den Teams zur Webproduktion und Softwareentwicklung.

7.6.3 Kräfte

- Authentifizierungs- und Autorisierungstests werden für jede Anforderung durchgeführt.
- In Ansichten sollte möglichst wenig Scriptlet-Code erscheinen.
- Geschäftslogik sollte in anderen Komponenten als der Ansicht gekapselt sein.
- Der Steuerungsfluss ist relativ einfach und basiert in der Regel auf Werten, die in der Anforderung gekapselt sind.
- Die Logik der Ansichtsverwaltung ist nicht allzu kompliziert.

7.6.4 Lösung

Kombinieren Sie einen Controller und einen Dispatcher mit Ansichten und Hilfskomponenten (siehe »Front Controller« und »View Helper« weiter vorn in diesem Kapitel), um Clientanforderungen zu behandeln und eine dynamische Präsentation als Antwort vorzubereiten. Controller delegieren das Abrufen von Inhalten nicht an Hilfskomponenten, da diese Aufgaben auf den Zeitpunkt der Ansichtsverarbeitung verschoben werden. Ein Dispatcher ist für die Ansichtsverwaltung und Navigation zuständig und lässt sich entweder in einem Controller, in einer Ansicht oder als separate Komponente kapseln.

Das Muster *Dispatcher View* beschreibt die Kombination der Muster *Front Controller* und *View Helper* mit einer Dispatcherkomponente.

Auch wenn dieses Muster und das Muster *Service to Worker* eine ähnliche Struktur beschreiben, schlagen die beiden Muster eine unterschiedliche Arbeitsteilung unter diesen Komponenten vor. Der Controller und der Dispatcher haben in der Regel untergeordnete Zuständigkeiten im Vergleich zum Muster *Service to Worker*, da die Vorverarbeitung und die Logik der Ansichtsverwaltung einfach sind. Wenn darüber hinaus eine zentralisierte Steuerung der zugrunde liegenden Ressourcen unnötig erscheint, kann man den Controller entfernen und den Dispatcher in eine Ansicht verschieben.

Da die Muster *Service to Worker* und *Dispatcher View* eine häufige Kombination von anderen Mustern aus dem Katalog darstellen, ist es gerechtfertigt, jedes Muster mit einem eigenen Namen zu versehen, um die effiziente Kommunikation unter den Entwicklern zu fördern. Im Gegensatz zum Muster *Service to Worker* schlägt das Muster *Dispatcher View* vor, das Abrufen von Inhalten auf den Zeitpunkt der Ansichtsverarbeitung zu verschieben.

Im Muster *Dispatcher View* spielt der Dispatcher normalerweise eine untergeordnete bis moderate Rolle in der Ansichtsverwaltung. Im Muster *Service to Worker* übernimmt der Dispatcher dagegen in der Regel eine mittlere bis große Rolle.

Der Dispatcher spielt nur eine untergeordnete Rolle, wenn keine äußeren Ressourcen genutzt werden, um die Ansicht auszuwählen. Die in der Anforderung gekapselten Informationen genügen, um die Ansicht zu bestimmen, zu der die Anforderung weiterzuleiten ist. Zum Beispiel:

```
http://some.server.com/servlet/Controller?next=login.jsp
```

Muster der Präsentationsschicht

In diesem Fall ist die Dispatcherkomponente lediglich dafür zuständig, die Verarbeitung zur Ansicht `login.jsp` weiterzuleiten.

Eine moderate Rolle spielt der Dispatcher zum Beispiel, wenn der Client eine Anforderung direkt an einen Controller schickt und die Anforderung einen Abfrageparameter enthält, der eine auszuführende Aktion beschreibt:

`http://some.server.com/servlet/Controller?action=login`

Die Dispatcherkomponente ist hier dafür zuständig, den logischen Namen `login` in den Ressourcennamen einer geeigneten Ansicht zu übersetzen – beispielsweise `login.jsp` – und die Verarbeitung zu dieser Ansicht weiterzuleiten. Um diese Übersetzung zu erreichen, kann der Dispatcher auf Ressourcen wie zum Beispiel eine XML-Konfigurationsdatei zugreifen, die die jeweilige Ansicht für die Anzeige spezifiziert.

Andererseits kann der Dispatcher im Muster *Service to Worker* wesentlich komplizierter sein. Der Dispatcher kann einen Geschäftsdienst aufrufen, um die passende Ansicht für die Anzeige zu ermitteln.

Wie schon erwähnt, besteht die gemeinsame Struktur dieser beiden Muster aus einem Controller, der mit einem Dispatcher, Ansichten und Hilfskomponenten arbeitet.

Struktur

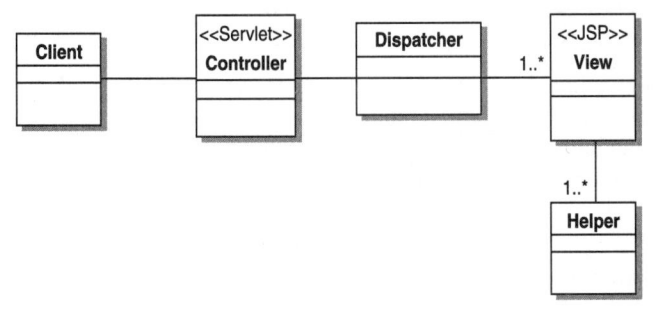

Abbildung 7.24: Klassendiagramm für das Muster Dispatcher View

Teilnehmer und Zuständigkeiten

Abbildung 7.25 zeigt das Sequenzdiagramm für das Muster *Dispatcher View*.

Auch wenn die Zuständigkeiten des Controllers auf Systemdienste wie Authentifizierung und Autorisierung eingeschränkt sind, ist es dennoch oftmals nützlich, diese Aspekte des Systems zu zentralisieren. Beachten Sie auch, dass der Dispatcher im Unterschied zum Muster *Service to Worker* keine Geschäftsdienste aufruft, um die Ansichtsverarbeitung durchzuführen.

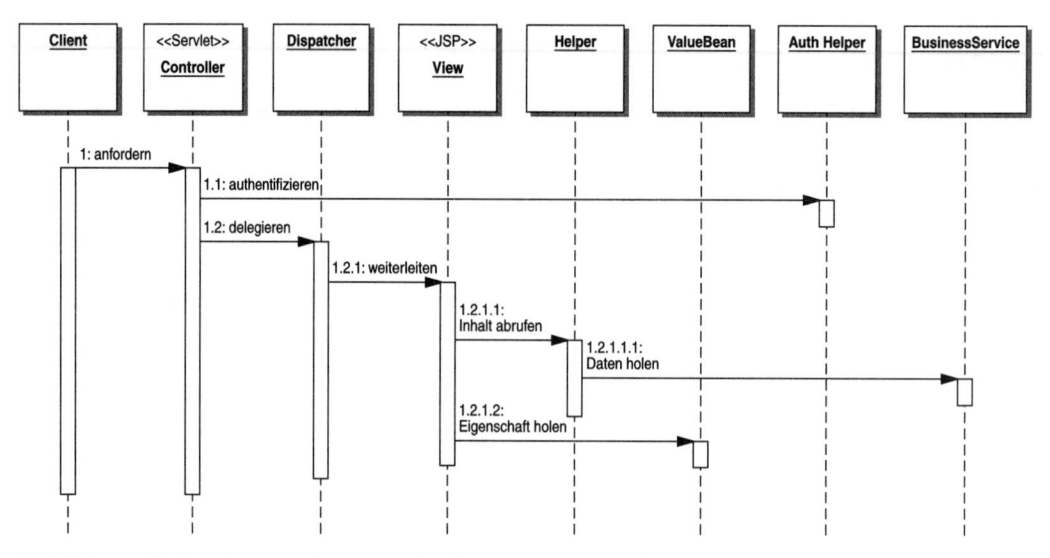

Abbildung 7.25: Sequenzdiagramm für das Muster Dispatcher View

Die Dispatcherfunktionalität lässt sich in einer eigenen Komponente kapseln. Wenn gleichzeitig der Dispatcher nur eine untergeordnete Rolle spielt, wie es dieses Muster beschreibt, bringt man die Dispatcherfunktionalität oftmals in einer anderen Komponente unter, etwa im Controller oder in der Ansicht (siehe »Strategie mit Dispatcher in Controller« weiter vorn in diesem Kapitel und »Strategie Dispatcher in Ansicht« später in diesem Kapitel).

In der Tat kann der Container die Funktionalität des Dispatchers realisieren, wenn keine zusätzliche Logik auf Anwendungsebene erforderlich ist. Ein Beispiel ist eine Ansicht namens main.jsp, die den Aliasnamen first erhält. Der Container verarbeitet die folgende Anforderung, übersetzt den Aliasnamen in den physikalischen Ressourcennamen und leitet die Verarbeitung direkt zu dieser Ressource weiter:

```
http://some.server.com/first --> /mywebapp/main.jsp
```

In diesem Fall bleibt das Muster *View Helper* übrig, wobei die Anforderung direkt durch die Ansicht behandelt wird. Da die Ansicht der anfängliche Kontaktpunkt für die Behandlung einer Anforderung ist, verwendet man in diesen Fällen normalerweise benutzerdefinierte Hilfstags, um die Geschäftsverarbeitung durchzuführen oder um diese Verarbeitung an andere Komponenten zu delegieren. Das Listing in Beispiel 7.35 im Abschnitt »Beispielcode« zeigt dazu eine Implementierung.

Somit beschreibt das Muster *Dispatcher View* ein Kontinuum von verwandten Szenarios, das aus einem dem Muster *Service to Worker* strukturell sehr ähnlichen Szenario in ein Szenario übergeht, das mehr dem Muster *View Helper* ähnelt.

Controller
Der Controller ist normalerweise der anfängliche Kontaktpunkt für die Behandlung einer Anforderung. Der Controller verwaltet die Authentifizierung und Autorisierung und delegiert die Verarbeitung an einen Dispatcher, der die Ansichtsverwaltung übernimmt.

Dispatcher
Ein Dispatcher ist dafür zuständig, die Ansichten mit der zugehörigen Navigation zu verwalten, die nächste Ansicht für den Benutzer auszuwählen und den Mechanismus für die Weiterleitung der Steuerung zu dieser Ressource bereitzustellen.

Ein Dispatcher kann in einem Controller gekapselt sein (siehe »Front Controller« weiter vorn in diesem Kapitel) oder in einer separaten Komponente, die in Verbindung mit dem Controller arbeitet. Der Dispatcher kann die Steuerung statisch zur Ansicht weiterleiten oder einen komplizierteren dynamischen Mechanismus zur Weiterleitung bereitstellen.

View
Eine Ansicht repräsentiert Informationen für den Client und zeigt sie an. Die für eine Anzeige verwendeten Informationen ruft die Ansicht aus einem Modell ab. Dabei greift sie auf Hilfsobjekte zurück, die ein Modell kapseln und für die Anzeige anpassen.

Helper
Ein Hilfsobjekt soll eine Ansicht oder einen Controller dabei unterstützen, ihre/seine Verarbeitungsaufgaben durchzuführen. Somit sind Hilfsobjekte für verschiedene Dinge zuständig. Unter anderem sammeln sie Daten, die die Ansicht benötigt, und speichern dieses Zwischenmodell – in diesem Fall bezeichnet man das Hilfsobjekt auch als Value Bean. Zusätzlich können Hilfsobjekte das Datenmodell für die Anzeige durch die Ansicht anpassen. Hilfsobjekte können Anforderungen nach Daten aus der Ansicht bedienen, indem sie einfach Zugriff auf die Rohdaten bieten oder die Daten als Webinhalt formatieren.

Eine Ansicht kann mit beliebig vielen Hilfsobjekten arbeiten, die normalerweise als JavaBeans (JSP 1.0+) und benutzerdefinierten Tags (JSP 1.1+) implementiert sind. Außerdem kann ein Hilfsobjekt ein Command-Objekt oder einen Delegate (siehe »Business Delegate« in Kapitel 8) repräsentieren.

ValueBean
Eine Value Bean ist ein anderer Name für eine Hilfsobjekt, das den Zwischenmodellzustand für eine Ansicht aufnimmt. In einem typischen Fall, den auch das Sequenzdiagramm in Abbildung 7.14 zeigt, gibt der Geschäftsdienst eine Value Bean als Antwort auf eine Anforderung zurück. Hier erfüllt die ValueBean die Rolle eines Value Objects (siehe »Value Object« in Kapitel 8).

BusinessService
Der Geschäftsdienst ist eine Rolle, die der Dienst realisiert, auf den der Client zuzugreifen versucht. In der Regel erfolgt der Zugriff auf einen Geschäftsdienst über einen Business Delegate. Die Rolle des Business Delegates besteht darin, Steuerung und Schutz für den Geschäftsdienst bereitzustellen (siehe »Business Delegate« in Kapitel 8).

Strategien

Servlet Front-Strategie
Siehe »Servlet Front-Strategie« weiter vorn in diesem Kapitel.

JSP Front-Strategie
Siehe »JSP Front-Strategie« weiter vorn in diesem Kapitel.

JSP View-Strategie
Siehe »JSP View-Strategie« weiter vorn in diesem Kapitel.

Servlet View-Strategie
Siehe »Servlet View-Strategie« weiter vorn in diesem Kapitel.

Strategie mit JavaBean-Hilfsobjekten
Siehe »Strategie mit JavaBean-Hilfsobjekten« weiter vorn in diesem Kapitel.

Strategie mit benutzerdefinierten Hilfstags
Siehe »Strategie mit benutzerdefinierten Hilfstags« weiter vorn in diesem Kapitel.

Strategie mit Dispatcher in Controller
Siehe »Strategie mit Dispatcher in Controller« weiter vorn in diesem Kapitel.

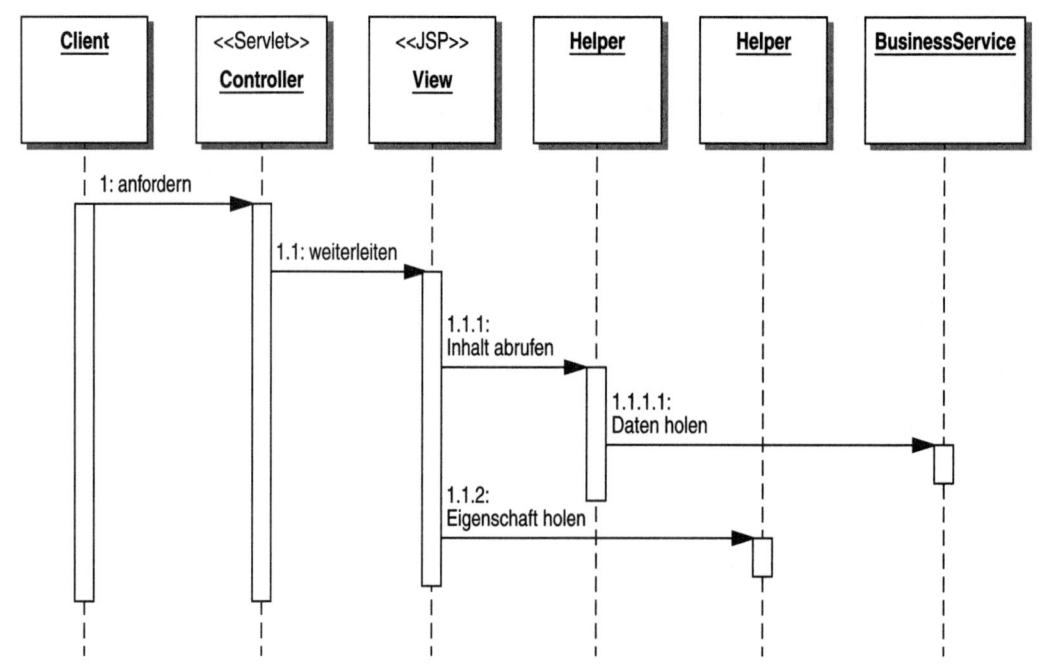

Abbildung 7.26: Die Strategie Dispatcher in Controller

Muster der Präsentationsschicht

Wie bereits erwähnt, schlagen die Muster *Service to Worker* und *Dispatcher View* ein Kontinuum vor, in dem das Verhalten bei *Service to Worker* näher am Beginn des Verarbeitungsflusses gekapselt oder bei *Dispatcher View* mehr nach hinten verschoben ist. Abbildung 7.26 zeigt die Interaktionen für diese Strategie.

Der Controller erzeugt kein explizites Dispatcherobjekt, sondern kümmert sich um die Weiterleitung der Verarbeitung an die Ansicht. Alternativ könnte man einen Dispatcher implementieren, zu dem der Controller die Weiterleitungsfunktion delegieren kann.

Strategie Dispatcher in Ansicht
Wenn man den Controller aufgrund seiner untergeordneten Rolle entfernt, lässt sich der Dispatcher in eine Ansicht verschieben. Dieser Entwurf kann in den Fällen nützlich sein, in denen es normalerweise nur eine Ansicht gibt, die einer bestimmten Anforderung zugeordnet ist, und eine sekundäre Ansicht nur gelegentlich verwendet wird. Zum Beispiel kann ein benutzerdefiniertes Hilfstag basierend auf bestimmten Informationen in der Anforderung oder in den Ergebnissen der Verarbeitung in einer Ansicht die Steuerung an eine sekundäre Ansicht übergeben. Dieser Fall tritt normalerweise ein, wenn eine Clientanforderung an eine bestimmte Ansicht gesendet und fast immer durch diese Ansicht bedient wird. Sehen Sie sich den Fall an, in dem der Benutzer noch nicht authentifiziert wurde, aber Zugriff auf eine der wenigen geschützten JSPs einer Site anfordert. Da die Site nur über einige wenige geschützte Seiten und kaum dynamische Inhalte verfügt, lässt sich die Authentifizierung innerhalb dieser JSPs durchführen, statt sie für die gesamte Site in einem zentralisierten Controller abzuwickeln.

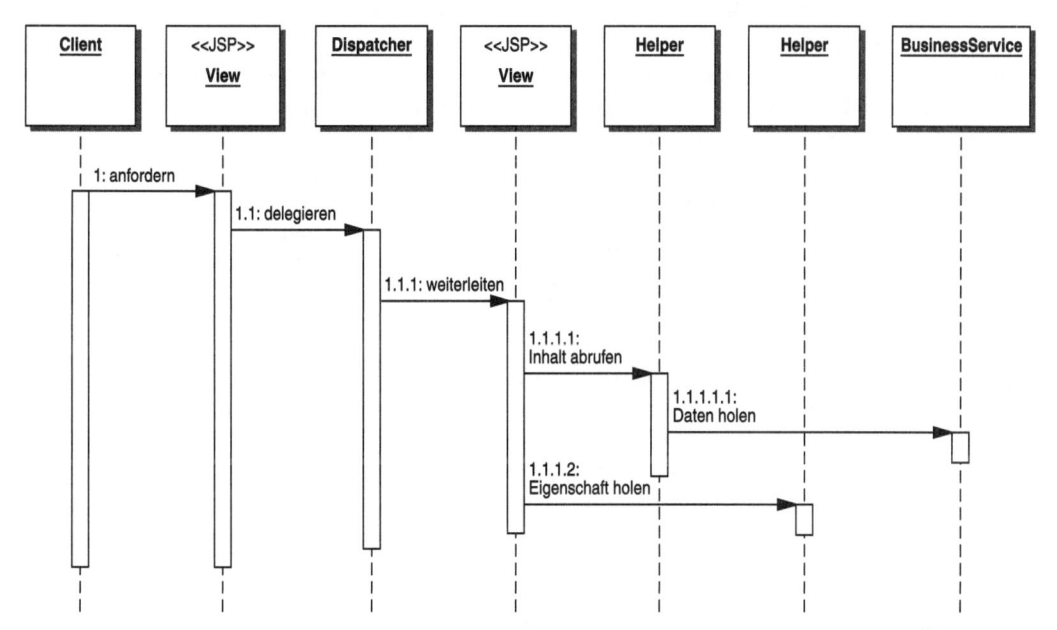

Abbildung 7.27: Strategie Dispatcher in Ansicht

Seiten mit erforderlicher Authentifizierung beinhalten ein benutzerdefiniertes Hilfstag am Beginn der Seite. Diese Hilfskomponente führt den Authentifizierungstest durch und zeigt die Seite entweder an oder leitet den Benutzer zu einer Authentifizierungsseite weiter. Abbildung 7.27 verdeutlicht dieses Szenario.

Strategie mit Transformer-Hilfsobjekt
Siehe »Strategie mit Transformer-Hilfsobjekt« weiter vorn in diesem Kapitel.

7.6.5 Konsequenzen

- *Zentralisiert Steuerung, verbessert Modularität und Wiederverwendbarkeit*: Die Steuerung wird für mehrere Anforderungen an einer zentralen Stelle behandelt. Von einem zentralen Punkt aus ist es einfacher, diese Aktivitäten zu verwalten und die Weiterleitung vorzunehmen, weil ein zentraler Zugriffspunkt bedeutet, dass sich Code über mehrere Anforderungen hinweg wiederverwenden lässt. Dadurch verringert sich der Umfang an doppeltem Code und die Wartung wird einfacher.

- *Verbessert Partitionierung der Anwendung*: Durch Hilfskomponenten lässt sich in einer Anwendung die Ansicht von der Geschäftsverarbeitung sauber trennen. Hilfskomponenten in Form von JavaBeans (JSP 1.0+) und benutzerdefinierten Tags (JSP 1.1+) erlauben es, die Geschäftslogik aus der JSP an eine zentrale Stelle auszulagern. Wenn die Geschäftslogik in einer JSP verbleibt, führen große Projekte zu umständlichem und unhandlichem Scriptlet-Code.

- *Verbessert die Trennung von Rollen*: Trennt man die Formatierungslogik von der Geschäftslogik der Anwendung, verringern sich die Abhängigkeiten von derselben Ressource, an der mehrere Programmierer in verschiedenen Rollen arbeiten. Beispielsweise kann ein Softwareentwickler Code besitzen, der in HTML-Tags eingebettet ist, während das Mitglied eines Teams von Webproduzenten das Seitenlayout modifizieren und Komponenten entwerfen muss, die mit Geschäftslogik durchsetzt sind. Höchstwahrscheinlich ist keiner der Programmierer, die diese Rollen wahrnehmen, mit den Implementierungsbesonderheiten in der Arbeit der jeweils anderen Gruppe vertraut, sodass die Wahrscheinlichkeit steigt, dass durch unbeabsichtigte Änderungen Fehler in das System eingebracht werden.

7.6.6 Beispielcode

Der folgende Beispielcode zeigt eine Implementierung des Musters *Dispatcher View*. Er arbeitet mit einem Controller-Servlet und einer Ansicht mit Hilfskomponenten, die als JavaBeans und benutzerdefinierte Tags realisiert sind. Die Implementierung besteht aus der Servlet Front-Strategie, der Strategie Dispatcher in Controller, der JSP View-Strategie und den Strategien mit Hilfsobjekten in Form von benutzerdefinierten Tags und JavaBeans. Außerdem wird eine einfache zusammengesetzte Ansicht verwendet. Abbildung 7.28 zeigt einen Screenshot der resultierenden Anzeige.

Beispiel 7.34 zeigt das Controller-Servlet, das einfach einen Authentifizierungstest durchführt und die Steuerung an die passende Ansicht weitergibt. Beachten Sie, dass der Controller die Verarbeitung nicht direkt zu einer Hilfskomponente delegiert, um Aufrufe der Geschäftsschicht über einen Delegate durchzuführen. Diese Zuständigkeiten werden in die Ansicht verschoben, die hier mit

Muster der Präsentationsschicht

accountdetails.jsp benannt und in Beispiel 7.35 wiedergegeben ist. Der Beispielcode verwendet einen LogManager, um Nachrichten zu protokollieren. In den Screenshots (Abbildungen 7.23 und 7.28) sind die zu Beispielzwecken angezeigten Nachrichten am unteren Rand der Seite zu sehen.

Beispiel 7.34: Dispatcher View Controller Servlet

```
public class Controller extends HttpServlet {

  /** Verarbeitet Anforderungen für die beiden HTTP-Methoden
   * <code>GET</code> und <code>POST</code>.
   * @param request Servlet-Anforderung
   * @param response Servlet-Antwort
   */
  protected void processRequest(HttpServletRequest
    request, HttpServletResponse response)
    throws ServletException, java.io.IOException {
    String nextview;
    try {
      LogManager.recordStrategy(request,
        "Dispatcher View",
        " Servlet Front-Strategie; " +
          "JSP View-Strategie; " +
          "Strategie mit benutzerdefinierten Hilfstags");
      LogManager.logMessage(request, getSignature(),
        "Einlaufende Anforderung verarbeiten. ");

      // Mit einem Hilfsobjekt Parameter-spezifische
      // Informationen zusammenzustellen.
      RequestHelper helper = new
          RequestHelper(request, response);
      LogManager.logMessage(request,
        getSignature(), " Authenticate user");

      Authenticator auth = new BasicAuthenticator();
      auth.authenticate(helper);

      // Starke Vereinfachung der Deutlichkeit wegen:
      // Normalerweise nimmt man an diesem Punkt eine
      // Zuordnung von logischen Namen zu Ressourcennamen vor.
      LogManager.logMessage(request, getSignature(),
        "Nächste Ansicht abrufen");
      nextview = request.getParameter("nextview");

      LogManager.logMessage(request, getSignature(),
        "Weiterleiten zur Ansicht: " + nextview);
    }
```

```java
  catch (Exception e) {
    LogManager.logMessage(
      "Ausnahme behandeln",
      e.getMessage() );
    /** ApplicationResources bietet eine einfache API,
      * um Konstanten und andere vorkonfigurierte Werte
      * abzurufen **/
    nextview = ApplicationResources.getInstance().
        getErrorPage(e);
  }
  dispatch(request, response, nextview);
}

/** Behandelt die HTTP-Methode <code>GET</code>.
  * @param request Servlet-Anforderung
  * @param response Servlet-Antwort
  */
protected void doGet(HttpServletRequest request,
  HttpServletResponse response)
throws ServletException, java.io.IOException {
  processRequest(request, response);
}

/** Behandelt die HTTP-Methode <code>POST</code>.
  * @param request Servlet-Anforderung
  * @param response Servlet-Antwort
  */
protected void doPost(HttpServletRequest request,
  HttpServletResponse response)
throws ServletException, java.io.IOException {
  processRequest(request, response);
}

/** Gibt Kurzbeschreibung des Servlets zurück. */
public String getServletInfo() {
    return getSignature();
}

public void init(ServletConfig config) throws
  ServletException {
  super.init(config);
}

public void destroy() { }

/**
  * dispatcher method
```

Muster der Präsentationsschicht

```
    */
  protected void dispatch(HttpServletRequest request,
    HttpServletResponse response, String page)
    throws javax.servlet.ServletException,
    java.io.IOException {
        RequestDispatcher dispatcher =
          getServletContext().
            getRequestDispatcher(page);
        dispatcher.forward(request, response);
  }

  private String getSignature() {
    return "DispatcherView-Controller";
  }
}
```

Beachten Sie, dass die Ansicht auf benutzerdefinierte Hilfstags zurückgreift, um das Abrufen der Inhalte zu verwalten, da der Controller diese Aufgabe noch nicht erledigt hat. Wenn man benutzerdefinierte Tags in dieser Weise einsetzt, werden sie in der Regel zu dünnen Fassaden für eigenständige Komponenten, zu denen sie die restliche Verarbeitung delegieren. Somit ist die allgemeine Verarbeitungslogik lose mit der Tag-Implementierung gekoppelt. Verwendet man keine benutzerdefinierten Tags bei *Dispatcher View*, landet gewöhnlich zu viel Code in der JSP – eine Situation, die man vermeiden sollte.

Beispiel 7.35: Ansicht – accountdetails.jsp

```
<%@ taglib uri="/web-INF/corepatternstaglibrary.tld"
  prefix="corepatterns" %>

<html>
<head><title>AccountDetails</title></head>
<body>

<corepatterns:AccountQuery
  queryParams="custid,acctkey" scope="request" />

<h2><center> Kontodaten für <corepatterns:Account
  attribute="owner" /></h2> <br><br>

<table border=3>
<tr>
  <td>Kontonummer:</td>
  <td><corepatterns:Account attribute="number" /></td>
</tr>

<tr>
```

```html
    <td>Kontotyp:</td>
    <td><corepatterns:Account attribute="type" /></td>
  </tr>

  <tr>
    <td>Kontostand:</td>
    <td><corepatterns:Account attribute="balance" /></td>
  </tr>

  <tr>
    <td> Überziehungskredit:</td>
    <td><corepatterns:Account attribute="overdraftLimit" /></td>
  </tr>
</table>
</corepatterns:AccountQuery>

<br>
<br>

</center>
<%@ include file="/jsp/trace.jsp" %>
</body>
</html>
```

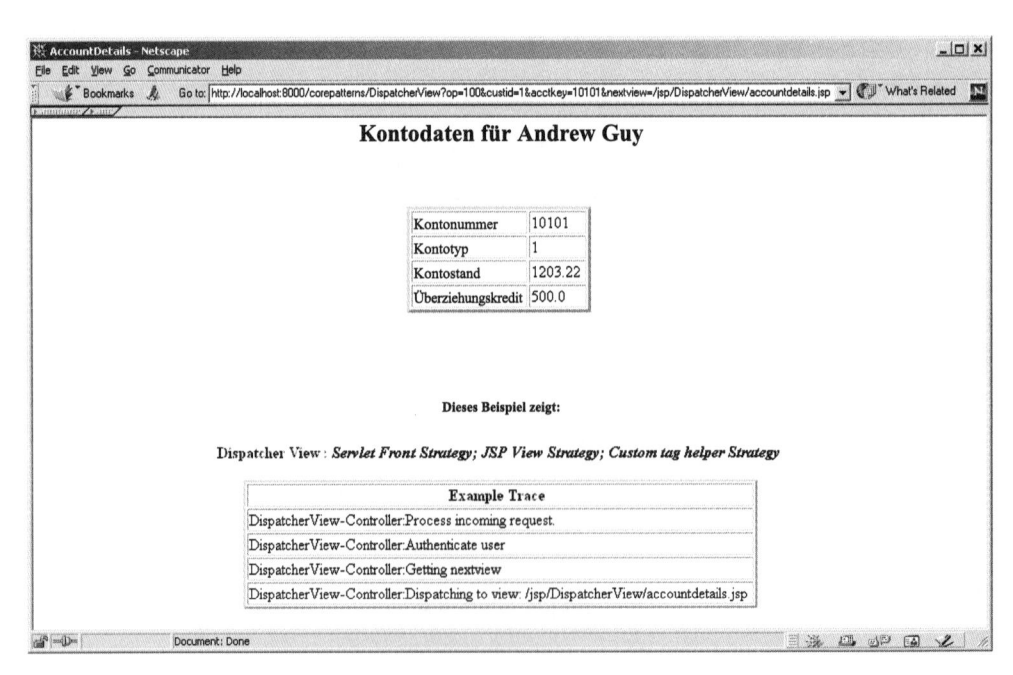

Abbildung 7.28: Das Beispiel Dispatcher View

7.6.7 Verwandte Muster

- *Front Controller*: Das Muster *Service to Worker* ergibt sich aus der Kombination des Musters *Front Controller* mit einem Dispatcher in Zusammenarbeit mit dem Muster *View Helper*.

- *View Helper*: Das Muster *Service to Worker* ergibt sich aus der Kombination des Musters *Front Controller* mit einem Dispatcher in Zusammenarbeit mit dem Muster *View Helper*.

- *Service to Worker*: Das Muster *Service to Worker* ist eine andere Bezeichnung für die Kombination des Musters *Front Controller* mit einem Dispatcher und dem Muster *View Helper*. Die Muster *Service to Worker* und *Dispatcher View* sind in Bezug auf die beteiligten Komponenten identisch, unterscheiden sich aber in der Aufteilung der Arbeit unter diesen Komponenten. Das Muster *Dispatcher View* schlägt vor, das Abrufen der Inhalte auf den Zeitpunkt der Ansichtsverarbeitung zu verschieben. Auch spielt der Dispatcher eine eher untergeordnete Rolle in der Ansichtsverwaltung, da die Auswahl der Ansicht normalerweise bereits in der Anforderung enthalten ist.

Kapitel 8

Muster der Geschäftsschicht

- Business Delegate
- Value Object (Wertobjekt)
- Session Facade (Sitzungsfassade)
- Composite Entity (Zusammengesetzte Entität)
- Value Object Assembler
- Value List Handler
- Service Locator

8.1 Business Delegate

8.1.1 Kontext
Ein mehrschichtiges, verteiltes System erfordert entfernte Methodenaufrufe, um Daten über Schichten hinweg zu senden und zu empfangen. Die Clients werden mit der Komplexität konfrontiert, die verteilte Komponenten mit sich bringen.

8.1.2 Problem
Komponenten der Präsentationsschicht interagieren direkt mit Geschäftsdiensten. Diese direkte Interaktion legt die zugrunde liegenden Implementierungsdetails der Geschäftsdienst-API für die Präsentationsschicht offen. Im Ergebnis sind die Komponenten der Präsentationsschicht gegenüber Implementierungsänderungen der Geschäftsdienste störanfällig: Wenn sich die Implementierung der Geschäftsdienste ändert, ist der in der Präsentationsschicht offen gelegte Implementierungscode ebenfalls zu ändern.

Zusätzlich kann der Netzwerkdurchsatz leiden, weil die Komponenten der Präsentationsschicht, die die Geschäftsdienst-API verwenden, zu viele Aufrufe über das Netzwerk durchführen. Das ist der Fall, wenn Komponenten der Präsentationsschicht die zugrunde liegende API direkt verwenden, d.h. ohne clientseitige Zwischenspeicherung oder Zusammenfassungsdienste.

Wenn die Dienst-APIs direkt für den Client offen gelegt sind, muss sich der Client schließlich auch mit den Netzwerkfragen befassen, die sich aus der verteilten Natur der EJB-Technologie ergeben.

8.1.3 Kräfte
- Clients der Präsentationsschicht müssen auf Geschäftsdienste zugreifen.

- Auf die Geschäftsdienste müssen verschiedenartige Clients zugreifen, beispielsweise Web- und Thick Clients.

- Geschäftsdienst-APIs können sich ändern, wenn sich die Geschäftsanforderungen weiterentwickeln.

- Es ist anzustreben, die Kopplung zwischen Clients der Präsentationsschicht und dem Geschäftsdienst zu minimieren und somit die zugrunde liegenden Implementierungsdetails des Dienstes wie zum Beispiel Suche und Zugriff zu verbergen.

- Clients müssen gegebenenfalls Informationen der Geschäftsdienste zwischenspeichern.

- Es ist anzustreben, den Netzwerkverkehr zwischen den Clients und den Geschäftsdiensten zu verringern.

8.1.4 Lösung

Verwenden Sie einen Business Delegate, um die Kopplung zwischen Clients der Präsentationsschicht und den Geschäftsdiensten zu verringern. Der Business Delegate verbirgt die zugrunde liegenden Implementierungsdetails des Geschäftsdienstes, wie zum Beispiel die Details der EJB-Architektur für Suche und Zugriff.

Der Business Delegate fungiert als clientseitige Geschäftsabstraktion; er abstrahiert die Implementierung der Geschäftsdienste und verbirgt sie somit. Mithilfe eines Business Delegates lässt sich die Kopplung zwischen Clients der Geschäftsschicht und den Geschäftsdiensten des Systems verringern. Je nach Implementierungsstrategie kann der Business Delegate die Clients gegenüber volatilen Implementierungen der Geschäftsdienst-API abschirmen. Oftmals sinkt dadurch auch die Anzahl der Änderungen, die am Clientcode der Präsentationsschicht vorzunehmen sind, wenn sich die Geschäftsdienst-API oder ihre zugrunde liegende Implementierung ändert.

Allerdings können Schnittstellenmethoden im Business Delegate trotzdem noch Modifikationen erfordern, wenn sich die zugrunde liegende Geschäftsdienst-API ändert. Jedoch ist es zweifellos wahrscheinlicher, dass Änderungen am Geschäftsdienst statt am Business Delegate vorzunehmen sind.

Oftmals sind Entwickler skeptisch, wenn ein Entwicklungsziel wie das Abstrahieren der Geschäftsschicht zusätzlichen Vorbereitungsaufwand bedingt, der sich erst später auszahlt. Dieses Muster bzw. seine Strategien bringen jedoch einen beträchtlichen Nutzen und verlangen dabei nur wenige Zusatzarbeiten im Voraus. Wichtig ist vor allem, dass sich die Details des zugrunde liegenden Dienstes verbergen lassen. Beispielsweise können Namens- und Suchdienste für den Client transparent werden. Der Business Delegate behandelt auch die Ausnahmen, die von den Geschäftsdiensten ausgelöst werden, wie zum Beispiel `java.rmi.Remote`-Ausnahmen, JMS-Ausnahmen usw. Der Business Delegate kann derartige Ausnahmen auf Dienstebene abfangen und stattdessen Ausnahmen auf Anwendungsebene generieren. Ausnahmen auf Anwendungsebene lassen sich durch die Clients einfacher behandeln und können obendrein benutzerfreundlich sein. Der Business Delegate kann auch alle Operationen transparent durchführen, die zur Wiederaufnahme oder Wiederherstellung nach einem Systemausfall notwendig sind, ohne dem Client das Problem aufzubürden – sofern das Problem überhaupt noch lösbar ist. Diese Gewinne dürften Grund genug sein, das Muster einzusetzen.

Ein weiterer Vorteil besteht darin, dass der Delegate die Ergebnisse und Verweise auf entfernte Geschäftsdienste zwischenspeichern kann. Die Performanz kann sich dadurch beträchtlich verbessern, da unnötige und möglicherweise teure Rundreisen durch das Netzwerk entfallen.

Ein Business Delegate verwendet eine Komponente namens *LookupService* (Suchdienst). Der Suchdienst ist dafür zuständig, die dem Suchcode des Geschäftsdienstes zugrunde liegenden Implementierungsdetails zu verbergen. Man kann den Suchdienst als Teil des Delegates schreiben, es empfiehlt sich aber, ihn als separate Komponente zu implementieren, wie es das Muster *Service Locator* (siehe »Service Locator« später in diesem Kapitel) umreißt.

Setzt man den Business Delegate mit einer Session Facade (Sitzungsfassade) ein, besteht zwischen beiden normalerweise eine 1:1-Beziehung, und zwar deshalb, weil Logik, die eventuell in einem

Business Delegate gekapselt ist und sich auf seine Interaktion mit mehreren Geschäftsdiensten bezieht (und dabei eine 1:n-Beziehung erzeugt), oftmals in eine Session Facade verschoben wird.

Schließlich ist zu beachten, dass sich nach diesem Muster auch die Kopplung zwischen anderen Schichten verringern lässt und nicht nur die zwischen Präsentations- und Geschäftsschicht.

Struktur

Abbildung 8.1 zeigt das Klassendiagramm für das Muster *Business Delegate*. Der Client fordert beim BusinessDelegate-Objekt den Zugriff auf den zugrunde liegenden Geschäftsdienst an. Das BusinessDelegate-Objekt verwendet ein LookupService-Objekt, um die erforderliche Business-Service-Komponente zu suchen.

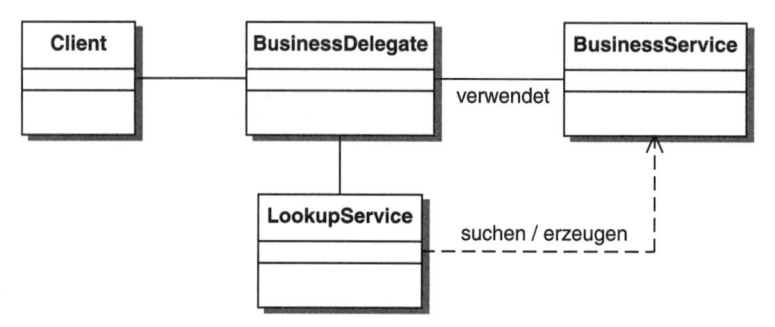

Abbildung 8.1: Klassendiagramm des Musters Business Delegate

Teilnehmer und Zuständigkeiten

Die Abbildungen 8.2 und 8.3 zeigen Sequenzdiagramme, die typische Interaktionen für das Muster *Business Delegate* verdeutlichen.

Das BusinessDelegate-Objekt verwendet ein LookupService-Objekt, um den Geschäftsdienst zu suchen. Der Geschäftsdienst ruft die Geschäftsmethoden im Namen des Clients auf. Die Methode GetID zeigt, dass das BusinessDelegate-Objekt eine String-Version des Handles (beispielsweise ein EJBHandle-Objekt) für den Geschäftsdienst abrufen und an den Client als String zurückgeben kann. Der Client kann später mit der String-Version des Handles die gleiche Verbindung zu dem Geschäftsdienst wiederherstellen, die er beim Erhalten des Handles verwendet hat. Dieses Verfahren vermeidet neue Suchoperationen, da es über den Handle möglich ist, die Verbindung zu seiner Instanz des Geschäftsdienstes wiederherzustellen. Beachten Sie, dass Handle-Objekte durch den Controller-Anbieter implementiert werden und deshalb zwischen Containern verschiedener Anbieter nicht portabel sind.

Das Sequenzdiagramm in Abbildung 8.3 zeigt, wie man ein BusinessService-Objekt (beispielsweise eine Session Bean oder Entity Bean) mithilfe seines Handles abrufen kann.

Muster der Geschäftsschicht

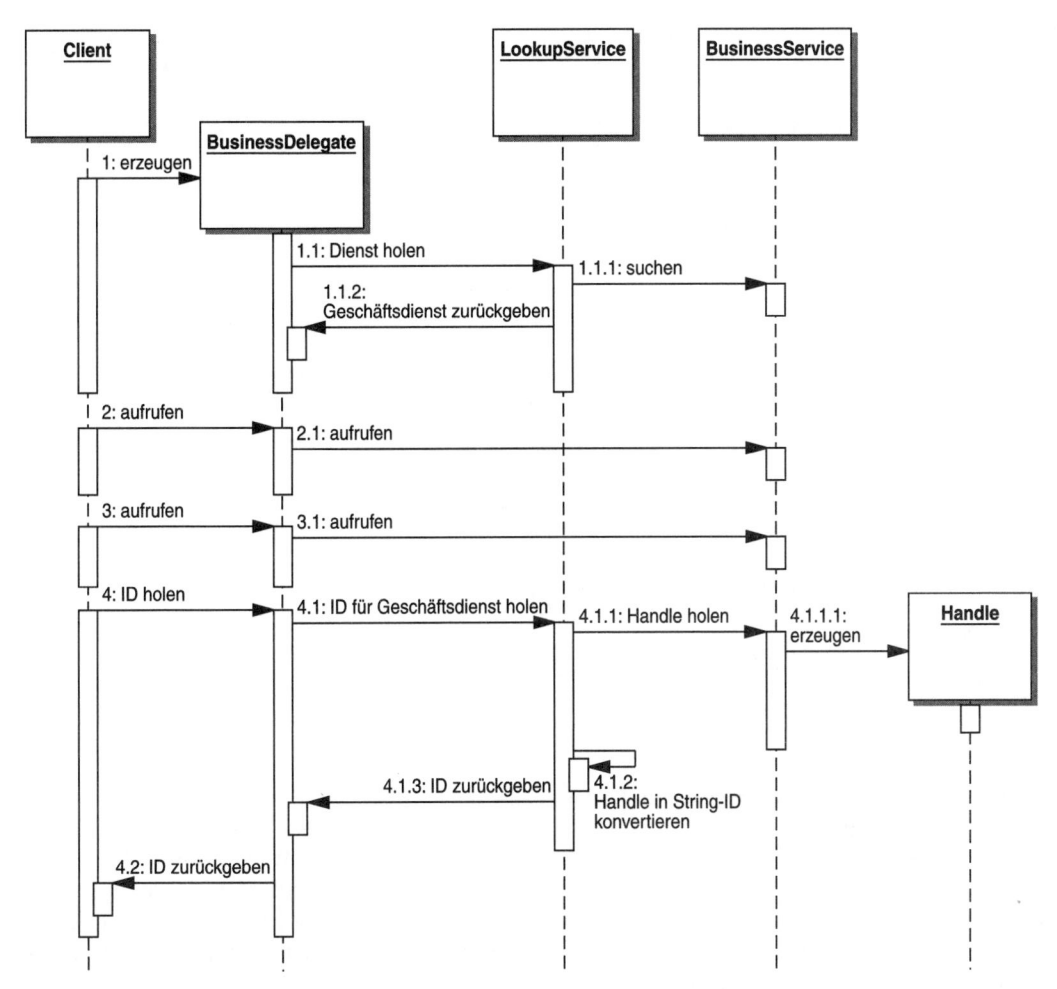

Abbildung 8.2: Sequenzdiagramm für das Muster Business Delegate

BusinessDelegate

Die Rolle des BusinessDelegate-Objekts besteht darin, Steuerung und Schutz für den Geschäftsdienst bereitzustellen. Das BusinessDelegate-Objekt kann zwei Arten von Konstruktoren für die Clients offen legen. Der eine Typ der Anforderung instantiiert die BusinessDelegate-Klasse ohne ID, während der andere die Klasse mit einer ID instantiiert, wobei ID eine String-Version der Referenz auf ein Remote-Objekt ist, beispielsweise ein EJBHome oder EJBObject.

Wenn man die Initialisierung ohne ID ausführt, fordert das BusinessDelegate-Objekt den Dienst vom Suchdienst (LookupService) an, der normalerweise als Service Locator (siehe »Service Locator« später in diesem Kapitel) implementiert ist und die Dienstfabrik (Service Factory) zurückgibt, zum Beispiel als EJBHome. Das BusinessDelegate-Objekt fordert an, dass die Dienstfabrik ein BusinessService-Objekt (beispielsweise eine Enterprise Bean) sucht, erzeugt oder entfernt.

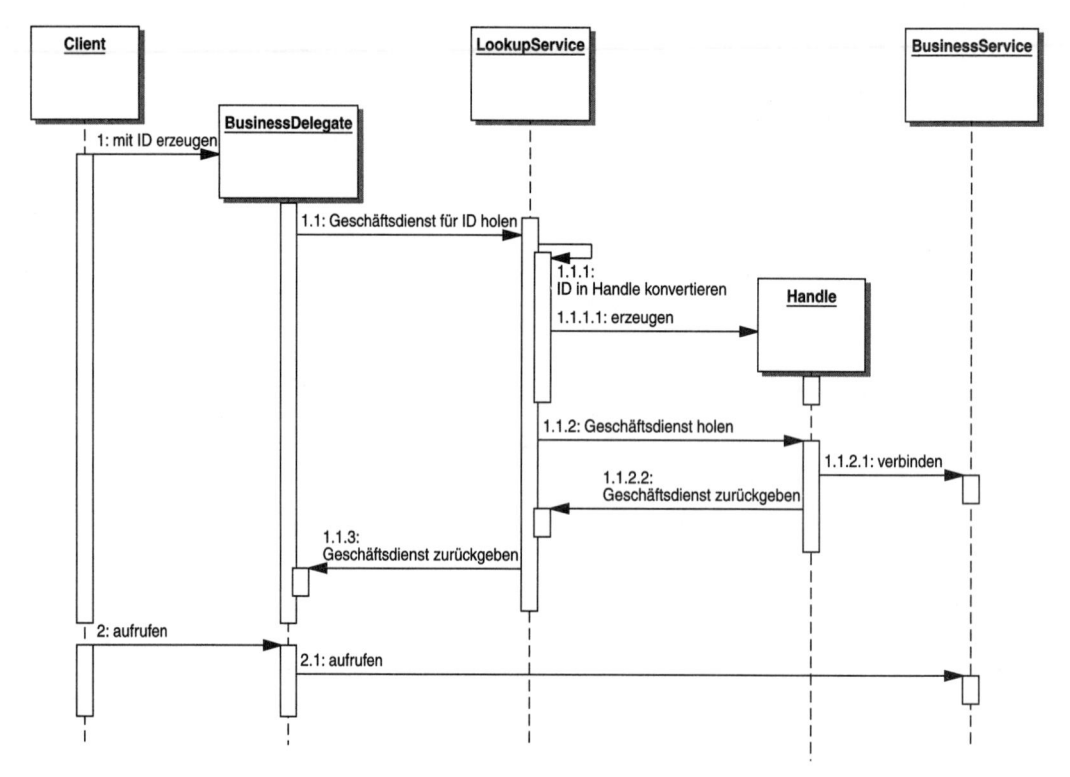

Abbildung 8.3: Sequenzdiagramm für BusinessDelegate mit ID

Bei der Initialisierung mit einem ID-String verwendet das BusinessDelegate-Objekt den ID-String, um die Verbindung zum BusinessService erneut herzustellen. Somit schirmt der BusinessDelegate den Client von den zugrunde liegenden Implementierungsdetails der Namens- und Suchdienste des BusinessService ab. Darüber hinaus ruft der Client der Präsentationsschicht niemals direkt eine entfernte BusinessSession-Methode auf, sondern verwendet stattdessen den BusinessDelegate.

LookupService
Das BusinessDelegate-Objekt verwendet das LookupService-Objekt, um das BusinessService-Objekt zu lokalisieren. Das LookupService-Objekt kapselt die Implementierungsdetails der BusinessService-Suche.

BusinessService
Das BusinessService-Objekt ist eine Komponente der Geschäftsschicht – etwa eine Enterprise Bean oder eine JMS-Komponente –, die den angeforderten Dienst für den Client bereitstellt.

Muster der Geschäftsschicht

Strategien

Strategie mit Delegate Proxy

Der Business Delegate legt eine Schnittstelle offen, die den Clients den Zugriff auf die zugrunde liegenden Methoden der Geschäftsdienst-API bietet. In dieser Strategie stellt ein Business Delegate die Proxy-Funktion bereit, um die Client-Methoden an die von ihm gekapselte Session Bean zu übergeben. Der Business Delegate kann zusätzlich alle notwendigen Daten zwischenspeichern, einschließlich der Remote-Referenzen auf die Home- oder Remote-Objekte der Session Bean. Somit sind weniger Suchvorgänge notwendig und die Leistung verbessert sich. Der Business Delegate kann auch mithilfe der Dienste eines Service Locators derartige Referenzen in String-Versionen (IDs) konvertieren und umgekehrt.

Der Abschnitt »Beispielcode« in der Besprechung dieses Musters zeigt eine Implementierung für diese Strategie.

Strategie mit Delegate Adapter

Der Business Delegate passt sich gut in eine B2B-Umgebung ein, wenn der Datenaustausch mit J2EE-Diensten erfolgt. Heterogene Systeme können XML als Integrationssprache verwenden. Integriert man ein System in ein anderes, ist in der Regel ein *Adapter* [GoF] erforderlich, um die beiden Systeme zu vereinen. Abbildung 8.4 zeigt ein Beispiel.

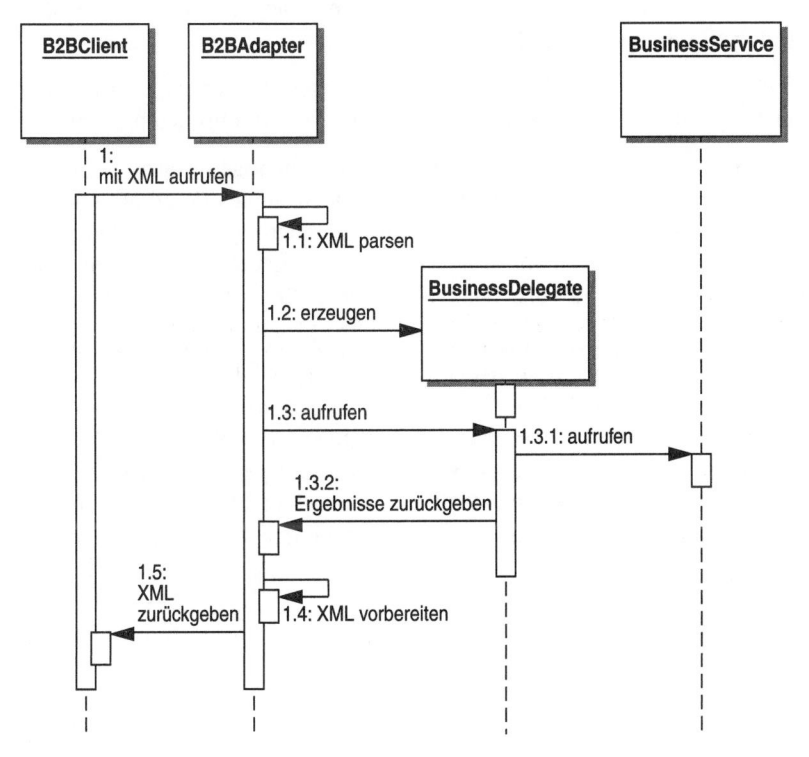

Abbildung 8.4: Das Muster Business Delegate mit einer Adapter-Strategie verwenden

8.1.5 Konsequenzen

- *Verringert die Kopplung, verbessert die Verwaltbarkeit*: Der Business Delegate reduziert die Kopplung zwischen der Präsentationsschicht und der Geschäftsschicht, indem er alle Implementierungsdetails der Geschäftsschicht verbirgt. Änderungen lassen sich einfacher verwalten, weil sie an einer Stelle – im Business Delegate – zentralisiert sind.

- *Übersetzt Ausnahmen der Geschäftsdienste*: Der Business Delegate ist dafür zuständig, alle Ausnahmen, die sich auf das Netzwerk oder die Infrastruktur beziehen, in Geschäftsausnahmen zu übersetzen und damit die Clients vor den zugrunde liegenden Implementierungsdetails abzuschirmen.

- *Implementiert die Wiederherstellung nach einem Systemausfall und einer Thread-Synchronisierung*: Der Business Delegate kann bei Ausfall eines Geschäftsdienstes eine automatische Wiederherstellung implementieren, ohne dem Client das Problem mitzuteilen. Verläuft die Wiederherstellung erfolgreich, ist es nicht erforderlich, den Client über den Ausfall zu informieren. Scheitert die Wiederherstellung, muss der Business Delegate dem Client eine entsprechende Nachricht schicken. Zusätzlich können die Methoden des Business Delegates bei Bedarf synchronisiert werden.

- *Legt eine einfachere und einheitliche Schnittstelle zur Geschäftsschicht offen*: Um die Clients besser zu bedienen, kann der Business Delegate eine Variante der Schnittstelle von den zugrunde liegenden Enterprise Beans bereitstellen.

- *Beeinflusst die Leistung*: Der Business Delegate kann Dienste zum Zwischenspeichern (und damit eine bessere Leistung) für die Geschäftsschicht bei häufigen Dienstanforderungen bieten.

- *Führt eine zusätzliche Schicht ein*: Der Business Delegate kann als unnötige Zusatzschicht zwischen dem Client und dem Dienst erscheinen, wodurch sich die Komplexität erhöht und die Flexibilität sinkt. Manchen Entwicklern erscheint es bei Implementierungen, die die Strategie *Delegate Proxy* verwenden, als zusätzlicher Aufwand, Business Delegates zu entwickeln. Normalerweise gleichen aber die Vorteile des Musters die Nachteile mehr als aus.

- *Verbirgt entfernte Operationen*: Auch wenn die lokale Transparenz zu den Vorzügen dieses Musters gehört, kann ein anderes Problem entstehen, wenn der Entwickler einen entfernten Dienst wie einen lokalen Dienst behandelt. Das ist zum Beispiel der Fall, wenn der Cliententwickler nicht versteht, dass der Business Delegate ein clientseitiger Proxy für einen entfernten Dienst ist. In der Regel führen Methodenaufrufe auf dem Business Delegate hinter den Kulissen zu entfernten Methodenaufrufen. Falls der Entwickler das nicht beachtet, könnte er dazu neigen, mehrere Methoden für eine einzelne Aufgabe aufzurufen, wodurch der Netzwerkverkehr zunimmt.

Muster der Geschäftsschicht

8.1.6 Beispielcode

Das Muster Business Delegate implementieren

Wir betrachten eine Anwendung für professionelle Dienstleistungen (PSA, Professional Services Application), bei der ein Client der Webschicht auf eine Session Bean zugreifen muss, die das Muster *Session Facade* implementiert. Das Muster *Business Delegate* lässt sich auf den Entwurf einer Delegate-Klasse ResourceDelegate anwenden. Diese Klasse kapselt alle komplexen Abläufe, die mit der Session Bean ResourceSession zu tun haben. Beispiel 8.1 zeigt die Implementierung der Klasse ResourceDelegate für dieses Szenario. Die korrespondierende Remote-Schnittstelle für die Session Facade-Bean ResourceSession ist in Beispiel 8.2 dargestellt.

Beispiel 8.1: Implementierung des Musters Business Delegate – die Klasse ResourceDelegate

```
// Importe
...

public class ResourceDelegate {

  // Remote-Referenz für Session Facade
  private ResourceSession session;

  // Klasse für Home-Objekt der Session Facade
  private static final Class homeClazz =
   corepatterns.apps.psa.ejb.ResourceSessionHome.class;

  // Standardkonstruktor. Sucht Home und verbindet zur
  // Session, indem eine neue erzeugt wird
  public ResourceDelegate() throws ResourceException {
    try {
      ResourceSessionHome home = (ResourceSessionHome)
        ServiceLocator.getInstance().getHome(
          "Resource", homeClazz);
      session = home.create();
    } catch(ServiceLocatorException ex) {
      // Service Locator-Ausnahme in
      // Anwendungsausnahme übersetzen
      throw new ResourceException(...);
    } catch(CreateException ex) {
      // Ausnahme bei Erzeugen der Sitzung in
      // Anwendungsausnahme übersetzen
      throw new ResourceException(...);
    } catch(RemoteException ex) {
      // Remote-Ausnahme in Anwendungsausnahme
      // übersetzen
      throw new ResourceException(...);
```

```java
  }
}

// Konstruktor, der eine ID (Handle-ID) akzeptiert
// und Verbindung zur vorherigen Session Bean wieder-
// herstellt, statt eine neue zu erzeugen
public BusinessDelegate(String id)
  throws ResourceException {
  super();
  reconnect(id);
}

// Gibt eine String-ID zurück, die der Client später verwenden
// kann, um sich erneut mit der Session Bean zu verbinden
public String getID() {
  try {
    return ServiceLocator.getId(session);
  } catch (Exception e) {
    // Eine Anwendungsausnahme auslösen
  }
}

// Methode zum Wiederverbinden mithilfe der String-ID
public void reconnect(String id)
  throws ResourceException {
  try {
    session = (ResourceSession)
          ServiceLocator.getService(id);
  } catch (RemoteException ex) {
    // Die Remote-Ausnahme in eine
    // Anwendungsausnahme übersetzen
    throw new ResourceException(...);
  }
}

// Die folgenden Geschäftsmethoden sind Proxies
// für die Session Facade. Tritt eine Dienst-
// ausnahme aus, konvertieren sie diese Methoden
// in Anwendungsausnahmen wie zum Beispiel
// ResourceException, SkillSetException, usw.

public ResourceVO setCurrentResource(
  String resourceId)
  throws ResourceException {
  try {
    return session.setCurrentResource(resourceId);
  } catch (RemoteException ex) {
```

Muster der Geschäftsschicht

```
      // Dienstausnahme in
      // Anwendungsausnahme übersetzen
      throw new ResourceException(...);
    }
  }

  public ResourceVO getResourceDetails()
    throws ResourceException {

    try {
      return session.getResourceDetails();
    } catch(RemoteException ex) {
      // Dienstausnahme in
      // Anwendungsausnahme übersetzen
      throw new ResourceException(...);
    }
  }

  public void setResourceDetails(ResourceVO vo)
    throws ResourceException {
    try {
      session.setResourceDetails(vo);
    } catch(RemoteException ex) {
      throw new ResourceException(...);
    }
  }

  public void addNewResource(ResourceVO vo)
    throws ResourceException {
    try {
      session.addResource(vo);
    } catch(RemoteException ex) {
      throw new ResourceException(...);
    }
  }

  // Alle anderen Proxy-Methoden zur Session Bean
  ...

}
```

Beispiel 8.2: Remote-Schnittstelle für die Klasse ResourceSession

```
// Importe
...
public interface ResourceSession extends EJBObject {
```

```java
public ResourceVO setCurrentResource(
  String resourceId) throws
  RemoteException, ResourceException;

public ResourceVO getResourceDetails()
    throws RemoteException, ResourceException;
public void setResourceDetails(ResourceVO resource)
    throws RemoteException, ResourceException;

public void addResource(ResourceVO resource)
    throws RemoteException, ResourceException;

public void removeResource()
    throws RemoteException, ResourceException;

// Methoden zur Verwaltung der Blockierungszeit
// der Ressource
public void addBlockoutTime(Collection blockoutTime)
    throws RemoteException, BlockoutTimeException;

public void updateBlockoutTime(
  Collection blockoutTime)
    throws RemoteException, BlockoutTimeException;

public void removeBlockoutTime(
  Collection blockoutTime)
    throws RemoteException, BlockoutTimeException;

public void removeAllBlockoutTime()
    throws RemoteException, BlockoutTimeException;

// Methoden für die Verwaltung der Fertigkeiten(Skills)
// der Ressource
public void addSkillSets(Collection skillSet)
    throws RemoteException, SkillSetException;

public void updateSkillSets(Collection skillSet)
    throws RemoteException, SkillSetException;

public void removeSkillSet(Collection skillSet)
    throws RemoteException, SkillSetException;

  ...
}
```

8.1.7 Verwandte Muster

- *Service Locator*: Dieses Muster lässt sich einsetzen, um den LookupService des Business Delegates zu erstellen und damit die Implementierungsdetails des Such- und Zugriffscodes eines Geschäftsdienstes zu verbergen.
- *Proxy [GoF]*: Ein Business Delegate kann als Proxy fungieren und damit einen Stellvertreter für Objekte in der Geschäftsschicht bereitstellen.
- *Adapter [GoF]*: Ein Business Delegate kann mithilfe des Musters *Adapter* die Kopplung für heterogene Systeme realisieren.
- *Broker [POSA1]*: Ein Business Delegate übernimmt die Rolle eines Brokers, um die Objekte der Geschäftsschicht von den Clients in anderen Schichten zu entkoppeln.

8.2 Value Object (Wertobjekt)

8.2.1 Kontext
Anwendungsclients müssen Daten mit Enterprise Beans austauschen.

8.2.2 Problem
J2EE-Anwendungen implementieren serverseitige Geschäftskomponenten als Session Beans und Entity Beans. Verschiedene Methoden, die von den Geschäftskomponenten offen gelegt werden, geben Daten an den Client zurück. Oftmals ruft der Client die Get-Methoden eines Geschäftsobjekts mehrmals auf, bis er alle gewünschten Attributwerte erhalten hat.

Session Beans repräsentieren die Geschäftsdienste und werden zwischen den Benutzern nicht gemeinsam genutzt. Eine Session Bean stellt grobkörnige Dienstmethoden bereit, wenn sie nach dem Muster *Session Facade* implementiert wird.

Entity Beans sind dagegen Objekte, die persistente Daten repräsentieren und für mehrere Benutzer und Transaktionen vorgesehen sind. Eine Entity Bean legt die Werte der Attribute offen, indem sie für jedes derartige Attribut eine Zugriffsmethode (auch als *Getter*- oder *Get-Methode* bezeichnet) bereitstellt.

Jeder Methodenaufruf auf ein Geschäftsdienstobjekt, sei es eine Entity Bean oder eine Session Bean, ist möglicherweise remote. Derartige Remote-Aufrufe greifen somit unabhängig von der Nähe des Clients zur Bean auf die Netzwerkschicht zu, was eine zusätzliche Netzwerkbelastung mit sich bringt. Methodenaufrufe von Enterprise Beans können in die Netzwerkschichten des Systems hineinreichen, selbst wenn sowohl der Client als auch der EJB-Container, der die Entity Bean enthält, auf derselben JVM, unter demselben Betriebssystem oder auf demselben physikalischen Computer laufen. Einige Anbieter können Mechanismen implementieren, um diesen Overhead zu vermindern, indem sie ein Konzept für direkte Zugriffe verwenden und das Netzwerk umgehen.

Mit zunehmender Nutzung dieser Remote-Methoden kann sich die Anwendungsleistung drastisch verschlechtern. Deshalb ist es nicht effizient, mehrere `Get`-Methoden für jeweils einen einzelnen Attributwert aufzurufen, um Datenwerte von einer Enterprise Bean zu erhalten.

8.2.3 Kräfte

- Der gesamte Zugriff auf eine Enterprise Bean wird über Remote-Schnittstellen zur Bean abgewickelt. Jeder Aufruf zu einer Enterprise Bean ist möglicherweise ein entfernter Methodenaufruf mit Netzwerk-Overhead.

- Anwendungen führen normalerweise häufiger Lesetransaktionen als Aktualisierungstransaktionen durch. Der Client fordert die Daten von der Geschäftsschicht an, um sie zu präsentieren, anzuzeigen oder in einer anderen Form nur lesend zu verarbeiten. Der Client aktualisiert die Daten in der Geschäftsschicht wesentlich seltener als er die Daten liest.

- Der Client fordert normalerweise Werte für mehrere Attribute oder abhängige Objekte von einer Enterprise Bean an und kann somit mehrere Remote-Aufrufe auslösen, um die erforderlichen Daten zu erhalten.

- Die Anzahl der Aufrufe, die der Client zur Enterprise Bean ausführt, beeinflusst den Netzwerkdurchsatz. Anwendungen mit starker Kommunikation zwischen Client- und Serverschichten bremsen oftmals den Netzwerkdurchsatz.

8.2.4 Lösung

Kapseln Sie die Geschäftsdaten in einem Value Object (Wertobjekt). Um das Value Object zu senden oder abzurufen, ist nur ein einziger Methodenaufruf notwendig. Wenn der Client Geschäftsdaten von der Enterprise Bean anfordert, kann die Enterprise Bean das Value Object konstruieren, es mit ihren Attributwerten füllen und es als Wert an den Client übergeben.

Clients fordern gewöhnlich mehr als einen Wert von einer Enterprise Bean an. Um die Anzahl der entfernten Aufrufe zu reduzieren und den damit verbundenen Overhead zu vermeiden, benutzt man am besten Value Objects, um die Daten von der Enterprise Bean zu ihrem Client zu transportieren.

Wenn eine Enterprise Bean ein Value Object verwendet, fordert es der Client mit einem einzigen entfernten Methodenaufruf zur Enterprise Bean an, statt mit vielen entfernten Methodenaufrufen die Attributwerte einzeln abzuholen. Die Enterprise Bean konstruiert dann eine neue Value Object-Instanz, kopiert Werte in das Objekt und gibt es an den Client zurück. Der Client empfängt das Value Object und kann dann Zugriffs(Getter)-Methoden auf dem Value Object aufrufen, um die einzelnen Attributwerte aus dem Value Object zu lesen. Es ist auch möglich, alle Attribute öffentlich zugänglich zu machen. Da das Value Object an den Client als Wert übergeben wird, sind alle Aufrufe zur Value Object-Instanz lokal (d.h. finden auf Clientseite statt) und stellen keine entfernten Methodenaufrufe dar.

Struktur

Abbildung 8.5 zeigt das Klassendiagramm, das das Muster *Value Object* in seiner einfachsten Form darstellt.

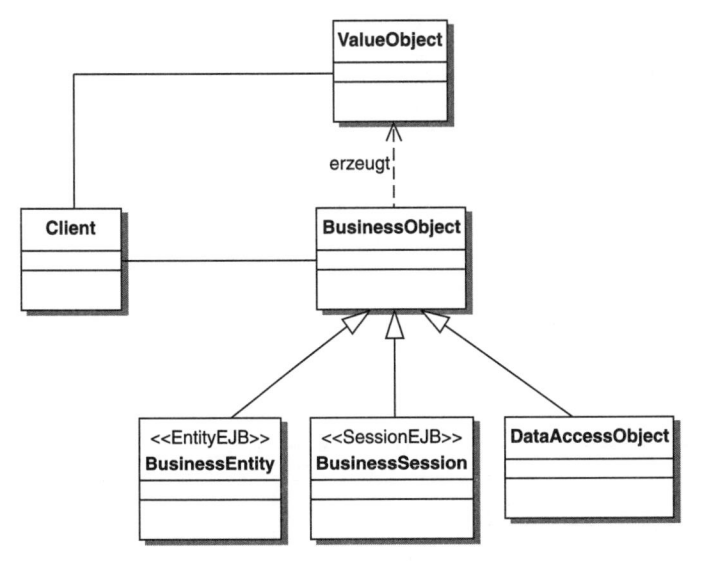

Abbildung 8.5: Klassendiagramm für das Muster Value Object

Wie dieses Klassendiagramm zeigt, wird das Value Object bei Bedarf durch die Enterprise Bean konstruiert und an den Remote-Client zurückgegeben. Allerdings kann das Muster *Value Object* je nach Anforderung verschiedene Strategien realisieren, auf die der Abschnitt »Strategien« näher eingeht.

Teilnehmer und Zuständigkeiten

Abbildung 8.6 gibt das Sequenzdiagramm an, das die Interaktionen für das Muster *Value Object* zeigt.

Client

Dieses Objekt repräsentiert den Client der Enterprise Bean. Der Client kann eine Endbenutzeranwendung sein, beispielsweise ein Rich Client, die für den direkten Zugriff auf die Enterprise Beans konzipiert ist. Der Client kann auch ein Business Delegate (siehe »Business Delegate« am Beginn dieses Kapitels) oder ein anderes BusinessObject-Objekt sein.

BusinessObject

Das BusinessObject-Objekt repräsentiert eine Rolle in diesem Muster, die von einer Session Bean, einer Entity Bean oder einem Data Access Object (DAO) wahrgenommen werden kann. Das BusinessObject ist dafür zuständig, das Value Object zu erstellen und es nach Anforderung an den Client zurückzugeben. Das BusinessObject kann auch Daten vom Client in der Form eines Value Objects empfangen und mit diesen Daten eine Aktualisierung vornehmen.

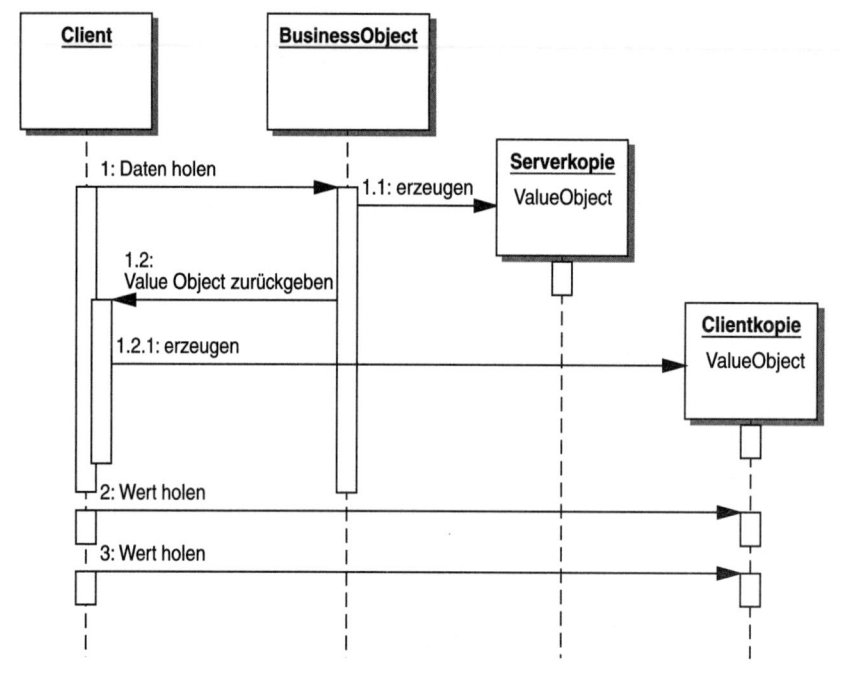

Abbildung 8.6: Sequenzdiagramm für das Muster Value Object

ValueObject

Das ValueObject-Objekt (Wertobjekt) ist ein beliebiges serialisierbares Java-Objekt, auf das als Value Object verwiesen wird. Eine Value Object-Klasse kann einen Konstruktor bereitstellen, der anhand der angeforderten Attribute das Value Object erzeugt. Der Konstruktor kann alle Attributwerte der Entity Bean akzeptieren, für die das Value Object vorgesehen ist. In der Regel sind die Elemente im Value Object als öffentlich (public) deklariert, um die sonst erforderlichen Get- und Set-Methoden zu vermeiden. Falls ein bestimmter Schutz notwendig ist, kann man die Mitglieder als geschützt (protected) oder privat (private) deklarieren und Methoden bereitstellen, um die betreffenden Werte zu lesen. Wenn keine Methoden vorhanden sind, um die Werte zu setzen, ist ein Value Object nach seiner Erstellung gegenüber Modifikationen geschützt. Ist nur für wenige Elemente eine Änderung erlaubt, um Aktualisierungen zu erleichtern, kann man Methoden zum Setzen der Werte bereitstellen. Somit hängt das Erstellen des Value Objects von den Anforderungen einer Anwendung ab. Es ist eine Frage des Entwurfs, ob die Attribute des Value Objects privat deklariert und über Get- und Set-Methoden zugänglich sind oder ob man alle Attribute als öffentlich deklariert.

Strategien

Die beiden ersten hier behandelten Strategien lassen sich anwenden, wenn die Enterprise Bean als Session Bean oder als Entity Bean implementiert ist. Es handelt sich hierbei um die *Strategie mit aktualisierbaren Value Objects* und die *Strategie mit mehreren Value Objects*.

Die folgenden Strategien sind nur anwendbar, wenn das BusinessObject-Objekt als Entity Bean implementiert ist: *Strategie, bei der die Entität vom Value Object erbt* und *Strategie mit Value Object-Fabrik*.

Strategie mit aktualisierbaren Value Objects
In dieser Strategie überträgt das Value Object nicht nur die Werte vom BusinessObject zum Client, sondern kann auch die vom Client angeforderten Änderungen zurück an das Geschäftsobjekt übertragen.

Das Klassendiagramm in Abbildung 8.7 zeigt die Beziehung zwischen dem BusinessObject und dem Value Object.

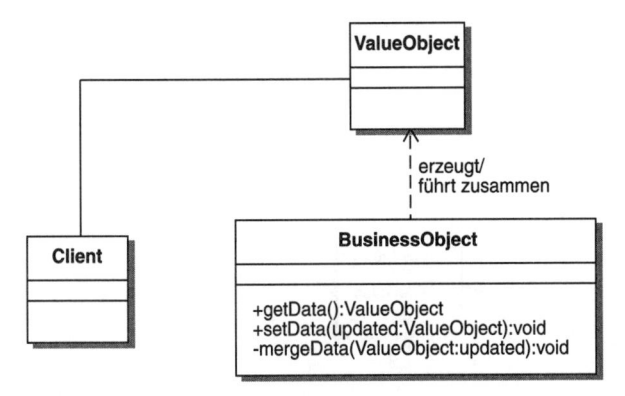

Abbildung 8.7: Klassendiagramm für die Strategie mit aktualisierbaren Value Objects

Das BusinessObject erzeugt das Value Object. Wie bereits erwähnt, muss ein Client nicht nur auf die BusinessObject-Werte zugreifen, um sie zu lesen, sondern auch, um sie zu modifizieren. Damit der Client die BusinessObject-Attributwerte ändern kann, muss das BusinessObject Mutatormethoden bereitstellen. Man bezeichnet Mutatormethoden auch als *Setters* oder *Set-Methoden*.

Statt feinkörnige Set-Methoden für jedes Attribut zu realisieren, was letztlich nur unnötigen Netzwerkverkehr verursacht, kann das BusinessObject-Objekt eine grobkörnige setData-Methode offen legen, die ein Value Object als Argument übernimmt. Das an diese Methode übergebene Value Object nimmt die vom Client aktualisierten Werte auf. Da das Value Object veränderbar sein muss, ist es erforderlich, dass die Value Object-Klasse Set-Methoden für jedes Attribut bereitstellt, das sich durch den Client verändern lässt. Die Set-Methoden für das Value Object können bei Bedarf Gültigkeitsprüfungen und Integritätstests auf Feldebene einschließen. Nachdem der Client ein Value Object vom BusinessObject erhalten hat, ruft der Client die notwendigen Set-Methoden lokal auf, um die Attributwerte zu ändern. Derartige lokale Änderungen haben erst dann eine Wirkung auf das BusinessObject, nachdem man die setData-Methode aufgerufen hat.

Die Methode setData serialisiert die Kopie des Value Objects vom Client und sendet sie an das BusinessObject. Das BusinessObject empfängt das modifizierte Value Object vom Client und übernimmt die Änderungen in seine eigenen Attribute. Die Übernahmeoperation kann den Entwurf des

BusinessObjects und des Value Objects komplizierter gestalten; der Abschnitt »Konsequenzen« geht auf diese möglichen Komplikationen ein. Die hier verwendete Strategie aktualisiert nur die Attribute, die sich geändert haben, und nicht alle Attribute. Wenn man ein Änderungsflag im Value Object vorsieht, kann man die zu aktualisierenden Attribute bestimmen, ohne sie direkt vergleichen zu müssen.

Auf den Entwurf in Verbindung mit aktualisierbaren Value Objects haben auch Elemente wie Aktualisierungsweitergabe, Synchronisierung und Versionskontrolle einen Einfluss.

Abbildung 8.8 zeigt das Sequenzdiagramm für die gesamte Interaktion der Aktualisierung.

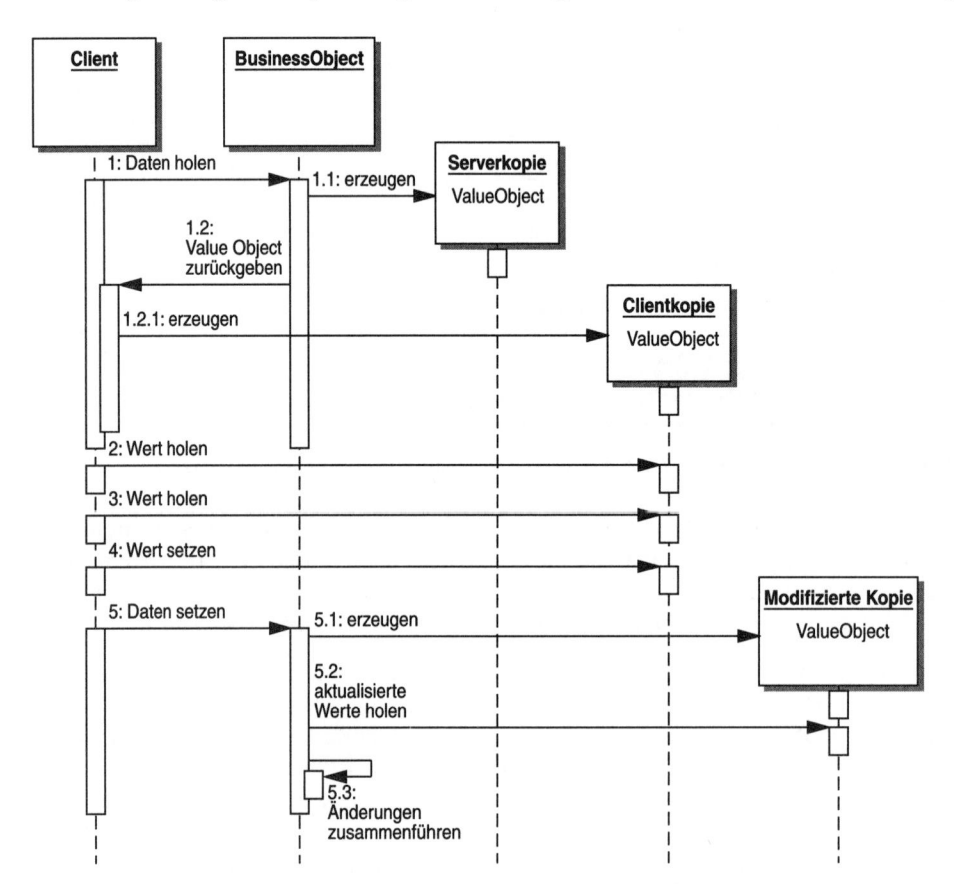

Abbildung 8.8: Sequenzdiagramm für die Strategie mit aktualisierbaren Value Objects

Strategie mit mehreren Value Objects

Manche Geschäftsobjekte einer Anwendung können sehr komplex sein. In derartigen Fällen ist es möglich, dass ein einzelnes Geschäftsobjekt je nach Clientanforderung unterschiedliche Value Objects produziert. Es gibt eine 1:n-Beziehung zwischen dem Geschäftsobjekt und den Value Objects, die es erzeugen kann. Unter diesen Umständen kann man diese Strategie in Betracht ziehen.

Muster der Geschäftsschicht

Wenn zum Beispiel das Geschäftsobjekt als Session Bean implementiert ist, wobei in der Regel das Muster *Session Facade* angewandt wird, kann die Bean mit verschiedenen anderen Geschäftsobjekten interagieren, um den Dienst bereitzustellen. Die Session Bean erstellt ihr Value Object aus verschiedenen Quellen. Wenn in ähnlicher Weise das BusinessObject als grobkörnige Entity Bean implementiert ist, wobei normalerweise das Muster *Composite Entity* (zusammengesetzte Entität) angewandt wird, hat die Entity Bean komplizierte Beziehungen mit zahlreichen abhängigen Objekten. In diesen beiden Fällen empfiehlt es sich, mit entsprechenden Mechanismen Value Objects zu produzieren, die tatsächlich Teile der zugrunde liegenden grobkörnigen Komponenten repräsentieren.

Zum Beispiel kann in einer Handelsanwendung eine Composite Entity, die ein Kundenportfolio repräsentiert, eine sehr grobkörnige komplexe Komponente sein und Value Objects produzieren, die Daten für Teile des Portfolios liefern, etwa Kundeninformationen, Listen des Aktienbesitzes usw. Ein ähnliches Beispiel ist eine Session Bean zur Kundenverwaltung, die Dienste bereitstellt, indem sie mit einer Reihe von anderen BusinessObject-Objekten und Komponenten interagiert. Die Bean zur Kundenverwaltung kann diskrete kleine Value Objects erzeugen, beispielsweise Kundenadresse, Kontaktliste usw., um Teile ihres Modells zu repräsentieren.

Für diese beiden Szenarios ist es möglich, die *Strategie mit mehreren Value Objects* anzuwenden, sodass die Geschäftskomponente – gleich ob Session Bean oder Entity Bean – mehrere Arten von Value Objects erzeugen kann. In dieser Strategie stellt die Geschäftsentität verschiedene Methoden bereit, um verschiedene Value Objects zu erzeugen. Jede derartige Methode erzeugt einen anderen Typ von Value Object und gibt ihn zurück. Abbildung 8.9 zeigt das Klassendiagramm für diese Strategie.

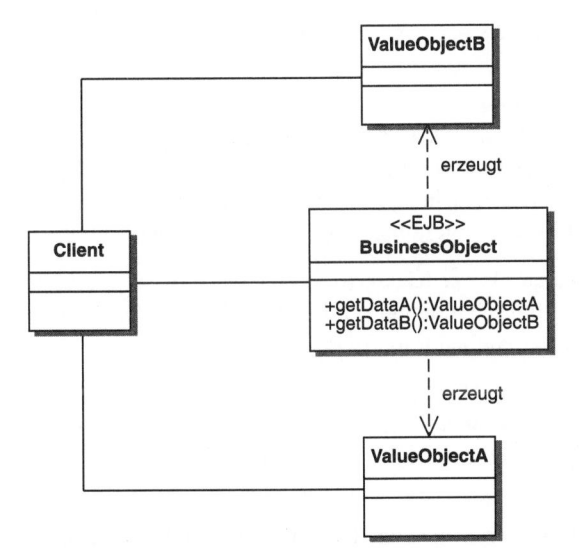

Abbildung 8.9: Klassendiagramm für die Strategie mit mehreren Value Objects

Wenn ein Client ein Value Object vom Typ `ValueObjectA` benötigt, ruft er die Methode `getDataA()` der Entität auf und fordert `ValueObjectA` an. Braucht er ein Value Object vom Typ `ValueObjectB`, ruft er die Methode `getDataB()` der Entität auf und fordert `ValueObjectB` an, usw. Dieses Vorgehen verdeutlicht das Sequenzdiagramm in Abbildung 8.10.

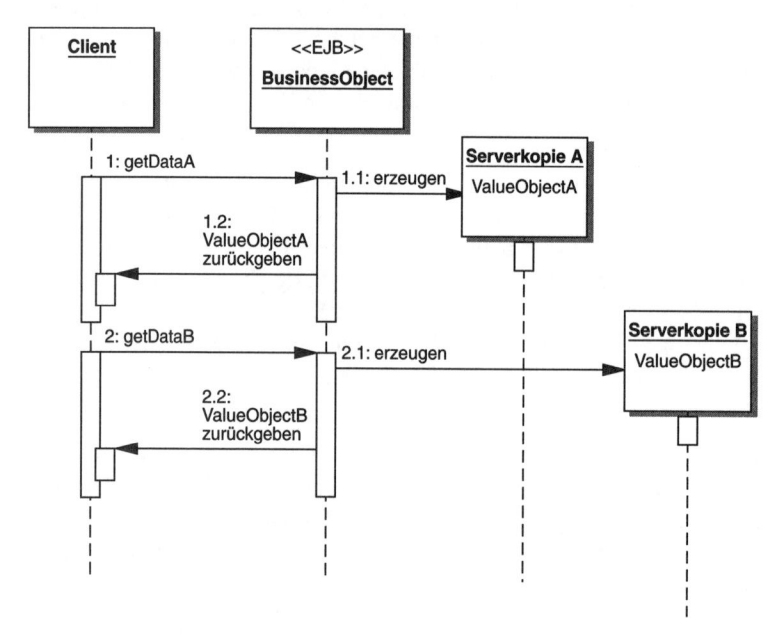

Abbildung 8.10: Sequenzdiagramm für die Strategie mit mehreren Value Objects

Strategie, bei der die Entität vom Value Object erbt

Wenn das `BusinessObject` als Entity Bean implementiert ist und die Clients normalerweise auf alle Daten der Entity Bean zugreifen müssen, dann haben sowohl die Entity Bean als auch das Value Object dieselben Attribute. Da in diesem Fall eine 1:1-Beziehung zwischen der Entity Bean und ihrem Value Object besteht, kann die Entity Bean mithilfe der Vererbung doppelten Code vermeiden.

In dieser Strategie erweitert die Entity die Value Object-Klasse (d.h. erbt von ihr). Die einzige Annahme besteht darin, dass die Entity Bean und das Value Object dieselben Attributdefinitionen gemeinsam nutzen. Abbildung 8.11 zeigt das Klassendiagramm für diese Strategie.

Das `ValueObject` implementiert eine oder mehrere `getData`-Methoden, wie sie der Abschnitt zur *Strategie mit mehreren Value Objects* behandelt hat. Wenn die Entität von dieser Value Object-Klasse erbt, ruft der Client eine geerbte `getData`-Methode auf der Entity Bean auf, um ein Value Object zu erhalten.

Somit vermeidet diese Strategie doppelten Code zwischen der Entität und dem Value Object. Außerdem lassen sich damit erforderliche Änderungen am Value Object verwalten, indem man die Änderung an der Value Object-Klasse isoliert und damit verhindert, dass die Änderungen auf die Entity Bean durchgreifen.

Muster der Geschäftsschicht

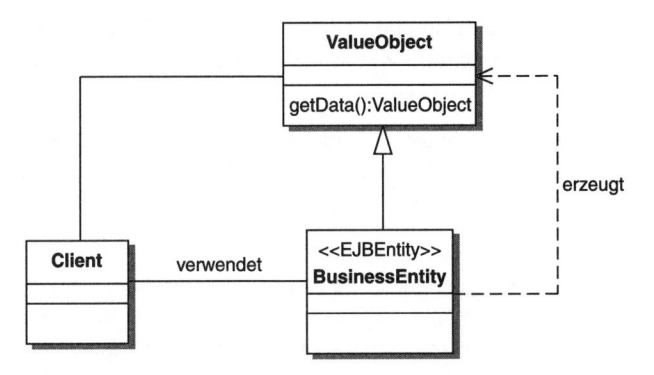

Abbildung 8.11: Klassendiagramm für die Strategie, bei der die Entität vom Value Object erbt

In Bezug auf die Vererbung hat diese Strategie einen Nachteil: Wenn das Value Object über Vererbung gemeinsam genutzt wird, dann beeinflussen Änderungen an dieser Value Object-Klasse alle seine Subklassen, wodurch sich eventuell andere Änderungen an der Hierarchie notwendig machen.

Das Sequenzdiagramm in Abbildung 8.12 demonstriert diese Strategie.

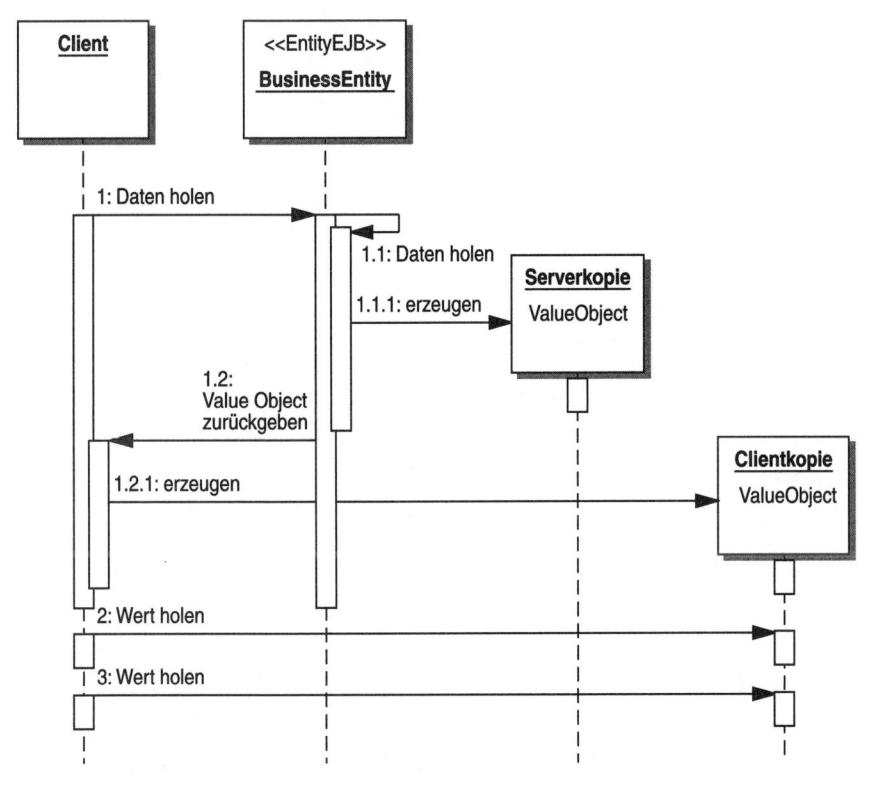

Abbildung 8.12: Sequenzdiagramm für die Strategie Entität erbt Value Object

Beispiel 8.10 (`ContactVO` – Value Object-Klasse) und Beispiel 8.11 (`ContactEntity` – Entity Bean-Klasse) zeigen eine Implementierung für die Strategie *Entität erbt Value Object*.

Strategie der Value Object-Fabrik

Die Strategie *Entität erbt vom Value Object* lässt sich erweitern, um mehrere Value Objects für eine Entity Bean zu unterstützen. Dazu bedient man sich einer Value Object-Fabrik, um Value Objects bei Bedarf mithilfe der Reflektion zu erzeugen. Das führt zu einer noch dynamischeren Strategie für das Erstellen von Value Objects.

Um das zu erreichen, definiert man für jeden zurückzugebenden Typ von Value Object eine andere Schnittstelle. Die Entity Bean-Implementierung der Value Object-Superklasse muss alle diese Schnittstellen implementieren. Darüber hinaus muss man eine separate Implementierungsklasse für jede definierte Schnittstelle erzeugen, wie es das Klassendiagramm für diese Strategie in Abbildung 8.13 zeigt.

Nachdem alle Schnittstellen definiert und implementiert sind, erzeugt man eine Methode in der `ValueObjectFactory`-Fabrik, die zwei Argumente übernimmt:

- die Instanz der Entity Bean, für die ein Value Object zu erzeugen ist,
- die Schnittstelle, die die Art des zu erzeugenden Value Objects identifiziert.

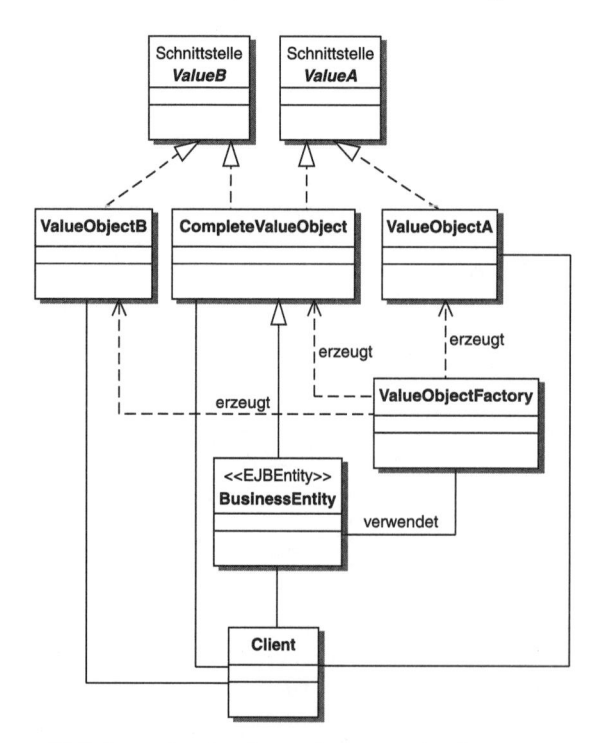

Abbildung 8.13: Klassendiagramm für die Strategie mit Value Object-Fabrik

Muster der Geschäftsschicht

Die `ValueObjectFactory`-Fabrik kann dann ein Objekt der richtigen Klasse instanziieren, seine Werte setzen und die neue erzeugte Value Object-Instanz zurückgeben.

Abbildung 8.14 zeigt das Sequenzdiagramm für diese Strategie.

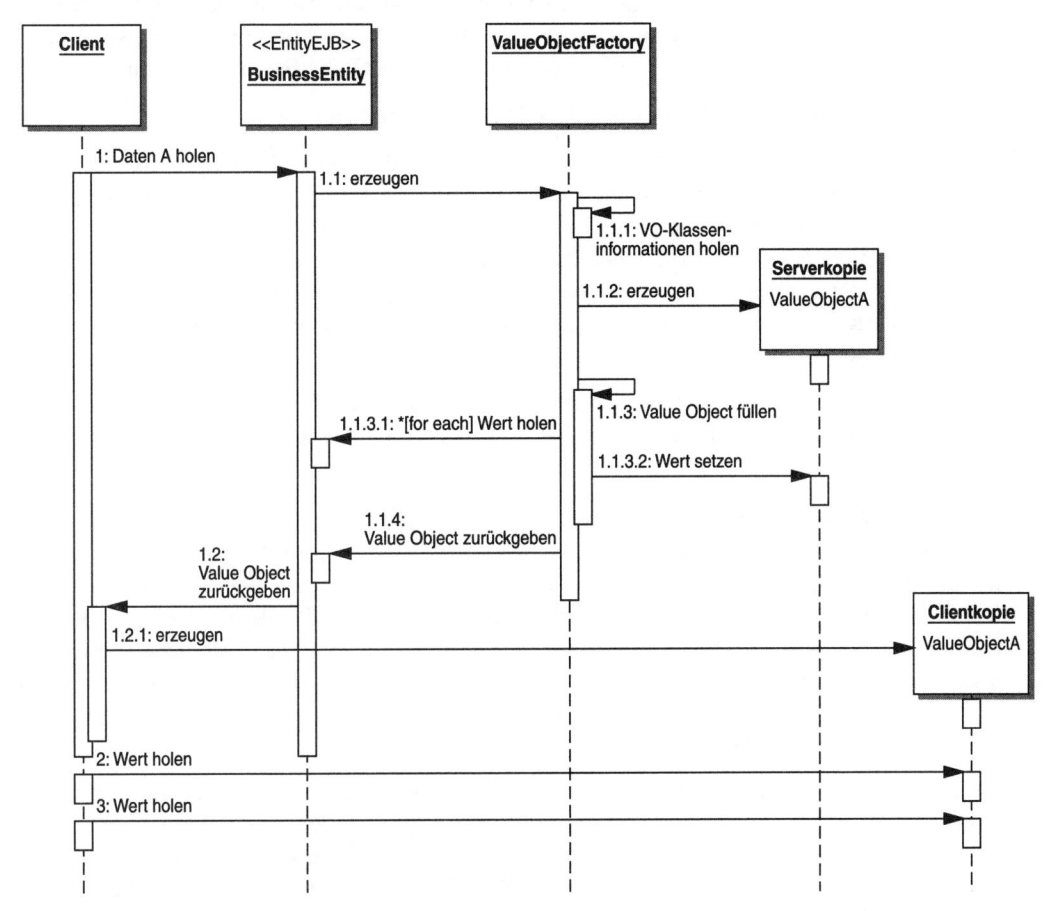

Abbildung 8.14: Sequenzdiagramm für die Strategie mit Value Object-Fabrik

Der Client fordert das Value Object von der `BusinessEntity` an. Die `BusinessEntity` übergibt die Klasse des angeforderten Value Objects an die `ValueObjectFactory`, die ein neues Value Object der übergebenen Klasse erzeugt. Die `ValueObjectFactory` verwendet den Mechanismus der Reflektion, um dynamisch die Klasseninformationen für die Value Object-Klasse zu holen und eine neue Value Object-Instanz zu erzeugen. Die `ValueObjectFactory` holt und setzt Werte aus bzw. in der `BusinessEntity` mithilfe dynamischer Aufrufe.

Der Abschnitt »Beispielcode« für »Die Strategie Value Object-Fabrik implementieren« später in diesem Kapitel zeigt eine Beispielimplementierung für diese Strategie.

Die Anwendung der Strategie mit Value Object-Fabrik hat folgende Vorteile:

Man muss weniger Code schreiben, um Value Objects zu erzeugen. Dieselbe Value Object-Fabrikklasse lässt sich durch verschiedene Enterprise Beans wiederverwenden. Wenn sich die Definition einer Value Object-Klasse ändert, behandelt die Value Object-Fabrik automatisch diese Änderung, ohne dass zusätzlicher Code erforderlich ist. Dadurch lässt sich das System einfacher warten und die Wahrscheinlichkeit für Fehler bei Änderungen in den Value Object-Definitionen sinkt.

Die Strategie mit Value Object-Fabrik hat folgende Konsequenzen:

Sie basiert auf der Tatsache, dass die Implementierung der Enterprise Bean vom fertigen Value Object erbt. Das fertige Value Object muss alle Schnittstellen implementieren, die für verschiedene Value Objects definiert sind, die die Entity Bean bereitzustellen hat. Damit diese Strategie funktioniert, sind bestimmte Namenskonventionen einzuhalten. Da Value Objects mithilfe der Reflektion dynamisch inspiziert und konstruiert werden, ist ein geringfügiger Leistungsverlust bei der Konstruktion zu verzeichnen. Im Hinblick auf die gesamte Zeit für den Datenaustausch ist ein derartiger Verlust vergleichsweise zu vernachlässigen.

Mit dieser Strategie ist ein Kompromiss verbunden: Man muss die Leistung und Flexibilität der Strategie gegenüber dem Overhead abwägen, der sich aus der Laufzeitreflektion ergibt.

8.2.5 Konsequenzen

- *Vereinfacht die Entity Bean und die Remote-Schnittstelle*: Die Entity Bean stellt eine getData-Methode bereit, um das Value Object mit den Attributwerten zu holen. Dadurch kann man vermeiden, mehrere Get-Methoden in der Bean zu implementieren und in der Remote-Schnittstelle der Bean zu definieren. Wenn die Entity Bean analog dazu eine setData-Methode bereitstellt, um die Attributwerte der Entity Bean mit einem einzigen Methodenaufruf zu aktualisieren, kann man vermeiden, mehrere Set-Methoden in der Bean zu implementieren und in der Remote-Schnittstelle der Bean zu definieren.

- *Überträgt mehr Daten in weniger Remote-Aufrufen*: Anstelle von mehreren Clientaufrufen über das Netzwerk, um die Attributwerte des BusinessObject-Objekts zu holen, kommt diese Lösung mit einem einzigen Methodenaufruf aus. Gleichzeitig liefert dieser eine Methodenaufruf mehr Daten an den Client zurück, als die einzelnen Zugriffsmethoden zusammengenommen. Wenn man dieses Muster einsetzen möchte, muss man die Vor- und Nachteile von weniger Netzwerkaufrufen gegenüber der Übertragung eines größeren Datenumfangs pro Aufruf abwägen. Alternativ kann man sowohl einzelne Zugriffsmethoden für die Attribute (feinkörnige Get- und Set-Methoden) als auch Value Object-Methoden (grobkörnige Get- und Set-Methoden) vorsehen. Der Entwickler kann sich dann die geeignete Technik je nach Anforderung aussuchen.

- *Verringert den Netzwerkverkehr*: Ein Value Object überträgt die Werte von der Entity Bean zum Client in einem einzigen entfernten Methodenaufruf. Das Value Object fungiert als Datenübermittler und vermindert die Anzahl der entfernt über das Netzwerk auszuführenden Methodenaufrufe, die erforderlich sind, um die Attributwerte von den Entity Beans zu lesen. Der geringere Umfang der Kommunikation der Anwendung führt zu einem besseren Netzwerkdurchsatz.

Muster der Geschäftsschicht

- *Verringert doppelten Code*: Mithilfe der Strategie *Entity erbt vom Value Object* und der Strategie *Value Object-Fabrik* kann man doppelten Code zwischen der Entität und ihrem Value Object verringern bzw. vermeiden. Bei der Strategie *Value Object-Fabrik* kann jedoch die Implementierung komplizierter sein. Außerdem sind mit dieser Strategie aufgrund der dynamischen Reflektion höhere Laufzeitkosten verbunden. In den meisten Fällen genügt die Strategie *Entität erbt vom Value Object* den Ansprüchen.

- *Kann veraltete Value Objects einführen*: Mit der Strategie *aktualisierbare Value Objects* kann der Client die lokale Kopie des Value Objects modifizieren. Nach ausgeführter Änderung kann der Client die Methode setData der Entität aufrufen und das modifizierte Value Object an die Entität übergeben. Die Entität empfängt die Änderungen und führt die neuen (modifizierten) Werte mit ihren Attributen zusammen. Allerdings kann es ein Problem mit veralteten Value Objects geben. Die Entität aktualisiert ihre Werte, berücksichtigt aber keine anderen Clients, die möglicherweise vorher dasselbe Value Object angefordert haben. Diese Clients können in ihrem lokalen Zwischenspeicher noch Value Object-Instanzen aufbewahren, die nicht mehr die aktuelle Kopie der Entitätsdaten widerspiegeln. Da die Entität diese Clients nicht kennt, lassen sich die aktualisierten Daten nicht zu den veralteten Objekten weiterleiten, die von anderen Clients abgerufen wurden.

- *Kann infolge der Synchronisierung und Versionskontrolle die Komplexität erhöhen*: Die Entität übernimmt die modifizierten Werte in ihre eigenen gespeicherten Werte, wenn sie ein veränderbares Value Object von einem Client erhält. Allerdings muss die Entität die Situation behandeln, in der zwei oder mehrere Clients gleichzeitig gegensätzliche Aktualisierungen an den Werten der Entität anfordern. Wenn derartige Aktualisierungen erlaubt sind, kann es zu Datenkonflikten kommen. Solche Konflikte lassen sich beispielsweise mithilfe der Versionskontrolle vermeiden. Die Entität kann ein zusätzliches Attribut mitführen, in dem sie eine Versionsnummer oder den Zeitpunkt der letzten Änderung verzeichnet. Die Versionsnummer oder den Zeitstempel kopiert die Entity Bean in das Value Object. Eine Aktualisierungstransaktion kann anhand des Attributs mit der Versionsnummer oder dem Zeitstempel Konflikte auflösen. Wenn ein Client ein veraltetes Value Object gespeichert hat und die Entität zu aktualisieren versucht, kann die Entität die abgelaufene Versionsnummer oder den Zeitstempel im Value Object erkennen und den Client über diese Fehlerbedingung unterrichten. Der Client muss dann das neueste Value Object abrufen und die Aktualisierung erneut versuchen. In extremen Fällen kann das zum »Hungertod« des Clients führen – eventuell kann der Client seine Aktualisierungen überhaupt nicht mehr durchführen.

- *Konkurrierender Zugriff und Transaktionen*: Wenn zwei oder mehrere Clients gleichzeitig auf das BusinessObject zugreifen, wendet der Container die Transaktionssemantik der EJB-Architektur an. Wenn im Deployment-Deskriptor einer Enterprise Bean die Transaktionsisolationsstufe auf TRANSACTION_SERIALIZED gesetzt ist, stellt der Container den höchsten Schutz für die Transaktion bereit und sichert ihre Integrität. Nehmen wir beispielsweise an, dass der Workflow für die erste Transaktion ein Value Object holt und im weiteren Verlauf nacheinander BusinessObject-Attribute ändert. Da die zweite Transaktion gegenüber seriellen Transaktionen isoliert ist, erhält sie das Value Object mit den richtigen (den zuletzt aktualisierten) Werten. Bei Transaktionen mit einer geringeren Isolationsstufe als TRANSACTION_SERIALIZED ist der Schutz dagegen weniger streng, wodurch inkonsistente Daten in den konkurrierend abgerufenen Value Objects entstehen können. Außerdem muss man sich mit Problemen der Synchronisierung, veralteten Objekten und der Versionskontrolle beschäftigen.

8.2.6 Beispielcode

Das Muster Value Object implementieren

Sehen wir uns nun ein Beispiel an, bei dem ein Geschäftsobjekt namens Project als Entity Bean modelliert und implementiert ist. Die Entity Bean Project muss Daten an ihre Clients in einem Value Object senden, wenn der Client ihre Methode getProjectData aufruft. Beispiel 8.3 zeigt die Value Object-Klasse ProjectVO.

Beispiel 8.3: Das Muster Value Object implementieren – Value Object-Klasse

```
// Value Object, das die Details für Project aufnimmt
public class ProjectVO implements java.io.Serializable {
    public String projectId;
    public String projectName;
    public String managerId;
    public String customerId;
    public Date startDate;
    public Date endDate;
    public boolean started;
    public boolean completed;
    public boolean accepted;
    public Date acceptedDate;
    public String projectDescription;
    public String projectStatus;

    // Value Object-Konstruktoren...
}
```

Beispiel 8.4 zeigt den Code für die Entity Bean, die dieses Value Object verwendet.

Beispiel 8.4: Das Muster Value Object implementieren – Entity Bean-Klasse

```
...
public class ProjectEntity implements EntityBean {
    private EntityContext context;
    public String projectId;
    public String projectName;
    public String managerId;
    public String customerId;
    public Date startDate;
```

Muster der Geschäftsschicht

```
public Date endDate;
public boolean started;
public boolean completed;
public boolean accepted;
public Date acceptedDate;
public String projectDescription;
public String projectStatus;
private boolean closed;

// Andere Attribute...
private ArrayList commitments;
...

// Methode, um Value Object für Project-Daten zu holen
public ProjectVO getProjectData() {
  return createProjectVO();
}

// Methode, um ein neues Value Object zu erzeugen
// und Daten aus der Entity Bean in das Value Object
// zu kopieren
private ProjectVO createProjectVO() {
    ProjectVO proj = new ProjectVO();
    proj.projectId = projectId;
    proj.projectName = projectName;
    proj.managerId = managerId;
    proj.startDate = startDate;
    proj.endDate = endDate;
    proj.customerId = customerId;
    proj.projectDescription = projectDescription;
    proj.projectStatus = projectStatus;
    proj.started = started;
    proj.completed = completed;
    proj.accepted = accepted;
    proj.acceptedDate = acceptedDate;
    return proj;
  }
  ...
}
```

Die Strategie mit aktualisierbaren Value Objects implementieren

Beispiel 8.4 lässt sich erweitern, um die Strategie *aktualisierbare Value Objects* zu implementieren. In diesem Fall kann die Entity Bean eine Methode setProjectData bereitstellen, der man ein Value Object mit den aktualisierten Daten übergibt, um die um die Entity Bean zu aktualisieren. Beispiel 8.5 zeigt den Code für diese Strategie.

Beispiel 8.5: Die Strategie mit aktualisierbaren Value Objects implementieren

```
...
public class ProjectEntity implements EntityBean {
   private EntityContext context;
   ...
   // Attribute und andere Methoden wie in Beispiel 8.4
   ...

   // Methode, um Entitätswerte mit einem Value Object zu setzen
   public void setProjectData(ProjectVO updatedProj) {
     mergeProjectData(updatedProj);
   }

   // Methode, um Werte aus dem Value Object mit den Attributen
   // der Entity Bean zusammenzuführen
   private void mergeProjectData(ProjectVO updatedProj) {
     // Hier kann Versionskontrolle notwendig sein,
     // bevor Änderungen übernommen werden, damit
     // Aktualisierungen von anderen Clients nicht verloren
     // gehen
     projectId = updatedProj.projectId;
     projectName = updatedProj.projectName;
     managerId = updatedProj.managerId;
     startDate = updatedProj.startDate;
     endDate = updatedProj.endDate;
     customerId = updatedProj.customerId;
     projectDescription =
         updatedProj.projectDescription;
     projectStatus = updatedProj.projectStatus;
     started = updatedProj.started;
     completed = updatedProj.completed;
     accepted = updatedProj.accepted;
     acceptedDate = updatedProj.acceptedDate;
   }
   ...
}
```

Die Strategie mit mehreren Value Objects implementieren

Sehen wir uns nun ein Beispiel an, in dem Clients auf eine Ressourcen-Entity Bean zugreifen, um unterschiedliche Value Objects anzufordern. Der erste Typ des Value Objects, ResourceVO, dient dazu, Daten für eine kleine Menge von Attributen zu übertragen. Mit dem zweiten Typ des Value Objects, ResourceDetailsVO, werden Daten für eine größere Menge von Attributen übertragen. Der Client kann das erste Value Object verwenden, wenn er nur die grundlegendsten Daten benötigt, die dieses Value Object repräsentiert. Benötigt er detaillierte Informationen, kann er auf das zweite Objekt zurückgreifen. Diese Strategie lässt sich auch anwenden, um zwei oder mehrere Value

Muster der Geschäftsschicht

Objects mit unterschiedlichen Daten zu erzeugen und nicht nur wie hier gezeigt eine Teilmenge oder Obermenge der Daten.

Die Beispiele 8.6 und 8.7 zeigen den Code für die beiden Value Objects. Beispiel 8.8 gibt den Code für die Entity Bean an, die diese Value Objects produziert. Schließlich enthält Beispiel 8.9 den Client der Entity Bean.

Beispiel 8.6: Strategie mit mehreren Value Objects – ResourceVO

```
// ResourceVO: Diese Klasse nimmt grundlegende
// Informationen über die Ressource auf
public class ResourceVO implements
   java.io.Serializable {
   public String resourceId;
   public String lastName;
   public String firstName;
   public String department;
   public String grade;
   ...
}
```

Beispiel 8.7: Strategie mit mehreren Value Objects – ResourceDetailsVO

```
// ResourceDetailsVO: Diese Klasse nimmt detaillierte
// Informationen über die Ressource auf
public class ResourceDetailsVO implements
   java.io.Serializable {
   public String resourceId;
   public String lastName;
   public String firstName;
   public String department;
   public String grade;
   // Andere Daten...
   public Collection commitments;
   public Collection blockoutTimes;
   public Collection skillSets;
}
```

Beispiel 8.8: Strategie mit mehreren Value Objects – Ressourcen-Entity Bean

```
// Importe
...
public class ResourceEntity implements EntityBean {
   // Entity Bean-Attribute
   ...
```

```
// Entity Bean-Geschäftsmethoden
...

// Mehrfach-Value Object-Methode: ResourceVO holen
public ResourceVO getResourceData() {

  // Neue ResourceVO-Instanz erzeugen und
  // Attributwerte von Entity Bean in Value Object kopieren
  ...
  return createResourceVO();
}

// Mehrfach-Value Object-Methode: ResourceDetailsVO
// holen
public ResourceDetailsVO getResourceDetailsData() {

  // Neue ResourceDetailsVO-Instanz erzeugen und
  // Attributwerte von Entity Bean in Value Object kopieren
  ...
  return createResourceDetailsVO();
}

// Andere Entity Bean-Methoden
...
}
```

Beispiel 8.9: Strategie mit mehreren Value Objects – Entity Bean-Client

```
...
private ResourceEntity resourceEntity;
private static final Class homeClazz =
  corepatterns.apps.psa.ejb.ResourceEntityHome.class;
...
try {
  ResourceEntityHome home =
    (ResourceEntityHome)
      ServiceLocator.getInstance().getHome(
          "Resource", homeClazz);
      resourceEntity = home.findByPrimaryKey(
                          resourceId);
} catch(ServiceLocatorException ex) {
  // Service Locator-Ausnahme in
  // Anwendungsausnahme übersetzen
  throw new ResourceException(...);
} catch(FinderException ex) {
  // Die Entity Bean-Finder-Ausnahme in
  // Anwendungsausnahme übersetzen
```

Muster der Geschäftsschicht

```
    throw new ResourceException(...);
} catch(RemoteException ex) {
    // Die Remote-Ausnahme in
    // Anwendungsausnahme übersetzen
    throw new ResourceException(...);
}
...
// Grundlegende Resource-Daten abrufen
ResourceVO vo = resourceEntity.getResourceData();
...
// Detaillierte Resource-Daten abrufen
ResourceDetailsVO =
    resourceEntity.getResourceDetailsData();
...
```

Die Strategie *Entität erbt vom Value Object* implementieren

Im nächsten Beispiel erbt eine Entity Bean ContactEntity alle ihre Eigenschaften von einem Value Object ContactVO. Der Code in Beispiel 8.10 für eine derartige Value Object-Klasse ContactVO verdeutlicht diese Strategie. Beispiel 8.11 zeigt den Code der Entity Bean für diese Musterstrategie.

Beispiel 8.10: Strategie, bei der die Entität vom Value Object erbt – Value Object-Klasse

```
// Das ist die Value Object-Klasse, von der die Entity Bean
// erbt
public class ContactVO
    implements java.io.Serializable {

  // Öffentliche Elemente
  public String firstName;
  public String lastName;
  public String address;
  // Standardkonstruktor
  public ContactVO() {}

  // Konstruktor, der alle Werte übernimmt
  public ContactVO(String firstName,
    String lastName, String address){
      init(firstName, lastName, address);
  }

  // Konstruktor, um ein neues Value Object basierend
  // auf einer vorhandenen Value Object-Instanz zu erzeugen
  public ContactVO(ContactVO contact) {
    init (contact.firstName,
      contact.lastName, contact.address);
  }
```

```
// Methode, um alle Werte zu setzen
public void init(String firstName, String
            lastName, String address) {
  this.firstName = firstName;
  this.lastName = lastName;
  this.address = address;
}

// Ein neues Value Object erzeugen
public ContactVO getData() {
  return new ContactVO(this);
}
}
```

Beispiel 8.11: Strategie, bei der die Entität vom Value Object erbt – Entity Bean-Klasse

```
public class ContactEntity extends ContactVO
  implements javax.ejb.EntityBean {
  ...
  // Der Client ruft die Methode getData auf der
  // ContactEntity-Bean-Instanz auf.
  // getData() wird vom Value Object geerbt und gibt
  // das ContactVO-Value Object zurück
  ...
}
```

Die Strategie Value Object-Fabrik implementieren

Beispiel 8.12 demonstriert die Strategie *Value Object-Fabrik*. Die Entity Bean erweitert ein fertiges Value Object namens CustomerContactVO. Das Value Object CustomerContactVO implementiert die beiden Schnittstellen Customer und Contact. Das Value Object CustomerVO implementiert die Schnittstelle Customer und das Value Object ContactVO die Schnittstelle Contact.

Beispiel 8.12: Strategie mit Value Object-Fabrik – Value Objects und Schnittstellen

```
public interface Contact
  extends java.io.Serializable {
  public String getFirstName();
  public String getLastName();
  public String getContactAddress();
  public void setFirstName(String firstName);
  public void setLastName(String lastName);
  public void setContactAddress(String address);
}

public class ContactVO implements Contact {
  // Elementattribute
```

```
  public String firstName;
  public String lastName;
  public String contactAddress;

  // Get-/Set-Methoden für Contact-Schnittstelle
  // hier implementieren.
  ...
}
public interface Customer
  extends java.io.Serializable {
  public String getCustomerName();
  public String getCustomerAddress();
  public void setCustomerName(String customerName);
  public void setCustomerAddress(String
      customerAddress);
}

public class CustomerVO implements Customer {
  public String customerName;
  public String customerAddress;

  // Get-/Set-Methoden für Customer-Schnittstelle
  // hier implementieren.
  ...
}

public class CustomerContactVO implements Customer,
  Contact {
  public String firstName;
  public String lastName;
  public String contactAddress;
  public String customerName;
  public String customerAddress;

  // Get-/Set-Methoden für Customer- und Contact-
  // Schnittstellen hier implementieren.
  ...
}
```

Beispiel 8.13 zeigt den Code der Entity Bean, um die drei verschiedenen Value Objects zu holen.

Beispiel 8.13: Strategie mit Value Object-Fabrik – Entity Bean-Klasse

```
public class CustomerContactEntity extends
  CustomerContactVO implements javax.ejb.EntityBean {
```

```
  // Andere Entity Bean-Methoden implementieren,
  // hier nicht dargestellt

  // Konstante definieren, um Klassennamen für das fertige
  // Value Object aufzunehmen. Das ist erforderlich wegen
  // ValueObjectFactory.createValueObject(...)
  public static final String COMPLETE_VO_CLASSNAME =
      "CustomerContactVO";

  // Methode, um CustomerContactVO-Value Object zurückzugeben
  public CustomerContactVO getCustomerContact() {
    return (CustomerContactVO)
      ValueObjectFactory.createValueObject(
        this, "CustomerContactVO",
        COMPLETE_VO_CLASSNAME);
  }

// Methode, um CustomerVO-Value Object zurückzugeben
public CustomerVO getCustomer() {
   return (CustomerVO)
     ValueObjectFactory.createValueObject(
       this, "CustomerVO",
         COMPLETE_VO_CLASSNAME);
 }

  // Methode, um ContactVO-Value Object zurückzugeben
  public ContactVO getContact() {
    return (ContactVO)
      ValueObjectFactory.createValueObject(
        this, "ContactVO",
        COMPLETE_VO_CLASSNAME);
  }

  // Andere Entity Bean-Geschäftsmethoden
  ...
}
```

In Beispiel 8.14 finden Sie den Code für die Klasse ValueObjectFactory.

Beispiel 8.14: Strategie mit Value Object-Fabrik – Fabrikklasse

```
import java.util.HashMap;
import java.lang.*;

/**
 * Die Fabrikklasse, die ein Value Object für eine gegebene
```

Muster der Geschäftsschicht

```java
 * EJB erzeugt.
 */
public class ValueObjectFactory {

/**
 * Mithilfe einer HashMap die Klasseninformationen für
 * Value Object-Klassen zwischenspeichern
 */
private static HashMap classDataInfo = new HashMap();

/**
 * Ein Value Object für das gegebene Objekt erzeugen. Das
 * gegebene Objekt muss eine EJB-Implementierung sein und eine
 * Superklasse haben, die als Klasse für das Value Object der
 * Entity Bean agiert. Nur die in dieser Superklasse definierten
 * Felder werden in das Value Object kopiert.
 */
public static java.io.Serializable
  createValueObject(Object ejb,
    String whichVOType,
    String completeVOType) {
      try {
      // Klassendaten für den kompletten Value Object-Typ
      // holen
      ClassData cData = getClassData (completeVOType);

      // Klassendaten für den angeforderten Value Object-Typ holen
      ClassData voCData = getClassData (whichVOType);

      // Das Value Object des angeforderten Value Object-Typs
      // erzeugen...
      java.lang.Object whichVO =
         Class.forName(whichVOType).newInstance();

      // Die Value Object-Felder für das angeforderte Value Object
      // aus den ClassData für das angeforderte Value Object holen
      java.lang.reflect.Field[] voFields =
                voCData.arrFields;

      // Alle Felder für das komplette Value Object aus den
      // ClassData für das komplette Value Object holen
      java.lang.reflect.Field[] beanFields =
                cData.arrFields;

      // Die gemeinsamen Felder aus dem kompletten Value Object
      // in die Felder des angeforderten Value Objects kopieren
      for (int i = 0; i < voFields.length; i++) {
```

```java
      try {
        String voFieldName = voFields[i].getName();
        for (int j=0; j < beanFields.length; j++) {
          // Wenn Feldnamen gleich sind, Wert kopieren
          if ( voFieldName.equals(
               beanFields[j].getName())) {
            // Wert aus dem korrespondierendem Feld der Bean-
            // Instanz in das schon erzeugte neue Value Object
            // kopieren
            voFields[i].set(whichVO,
                beanFields[j].get(ejb));
            break;
          }
        }
      } catch (Exception e) {
        // Ausnahmen behandeln, die von Reflektions-
        // Methoden ausgelöst werden können...
      }
    }
    // Das angeforderte Value Object zurückgeben
    return (java.io.Serializable)whichVO;
  } catch (Exception ex) {
    // Hier alle Ausnahmen behandeln...
  }
  return null;
}

/**
 * Ein ClassData-Objekt zurückgeben, das die benötigten
 * Informationen enthält, um ein Value Object der gegebenen
 * Klasse zu erzeugen. Diese Informationen werden nur einmal von
 * von der Klasse mithilfe der Reflektion gelesen. Danach werden
 * sie der HashMap classDataInfo entnommen.
 */
private static ClassData getClassData(String className){

  ClassData cData =
    (ClassData)classDataInfo.get(className);

  try {
    if (cData == null) {
      // Klasse des gegebenen Objekts und des zu erzeugenden
      // Value Objects holen
      java.lang.reflect.Field[] arrFields ;
      java.lang.Class ejbVOClass =
          Class.forName(className);
```

```
      // Die zu kopierenden Felder bestimmen
      arrFields = ejbVOClass.getDeclaredFields();

      cData = new ClassData(ejbVOClass, arrFields);
      classDataInfo.put(className, cData);
    }
  } catch (Exception e) {
    // Hier Ausnahmen behandeln...
  }
  return cData;
  }
}

/**
 * Innere Klasse, die Klassendaten für die
 * Value Object-Klassen enthält
 */
class ClassData {
  // Value Object-Klasse
  public Class     clsValueObject;

  // Value Object-Felder
  public java.lang.reflect.Field[] arrFields;

  // Konstruktor
  public ClassData(Class cls,
      java.lang.reflect.Field[] fields) {
    clsValueObject = cls;
    arrFields = fields;
  }
}
```

8.2.7 Verwandte Muster

- *Session Facade (Sitzungsfassade)*: Die Session Facade, die die Geschäftsschnittstelle für Clients von J2EE-Anwendungen bildet, verwendet häufig Value Objects als Austauschmechanismus mit den beteiligten Entity Beans. Wenn die Fassade als Proxy für den zugrunde liegenden Geschäftsdienst agiert, lässt sich das von den Entity Beans erhaltene Value Object an den Client übergeben.

- *Value Object Assembler*: Das Muster *Value Object Assembler* erstellt Composite Value Objects (zusammengesetzte Wertobjekte) aus verschiedenen Datenquellen. Die Datenquellen sind in der Regel Session Beans oder Entity Beans, die angefordert werden können, um ihre Daten dem Value Object Assembler als Value Objects bereitzustellen. Diese Value Objects bilden Bestandteile des zusammengesetzten Objekts, das der Value Object Assembler erstellt.

- *Value List Handler*: Dieses Muster stellt Listen von Value Objects bereit, die dynamisch durch Zugriff auf den persistenten Speicher zum Zeitpunkt der Anforderung konstruiert werden.
- *Composite Entity*: Das Muster *Value Object* entspricht dem Erfordernis, Daten von Geschäftsobjekten über Schichten hinweg zu holen. Das ist sicherlich ein Aspekt der Entwurfsbetrachtungen für Entity Beans. Das Muster *Composite Entity* behandelt Probleme, die beim Entwurf von grobkörnigen Entity Beans auftreten. Es richtet sich an komplexe Anforderungen und behandelt andere Faktoren und Fragen, die den Entwurf von Entity Beans betreffen.

8.3 Session Facade (Sitzungsfassade)

8.3.1 Kontext

Enterprise Beans kapseln Geschäftslogik und Geschäftsdaten. Außerdem legen sie ihre Schnittstellen für die Clientschicht offen und damit auch die Komplexität der verteilten Dienste.

8.3.2 Problem

In einer mehrschichtigen J2EE-Anwendungsumgebung treten Probleme auf durch:

- enge Kopplung, die zu direkter Abhängigkeit zwischen Clients und Geschäftsobjekten führt,
- zu viele Methodenaufrufe zwischen Client und Server, woraus Performanzprobleme im Netzwerk resultieren,
- Fehlen einer einheitlichen Clientzugriffsstrategie, sodass Geschäftsobjekte zur missbräuchlichen Benutzung offen gelegt sind.

Eine mehrschichtige J2EE-Anwendung hat zahlreiche serverseitige Objekte, die als Enterprise Beans implementiert sind. Außerdem können verschiedene andere Objekte Dienste und/oder Daten bereitstellen. Alle diese Objekte fasst man unter dem Begriff *Geschäftsobjekte* zusammen, da sie Geschäftsdaten und Geschäftslogik kapseln.

J2EE-Anwendungen implementieren Geschäftsobjekte, die Verarbeitungsdienste als Session Beans bereitstellen. Grobkörnige Geschäftsobjekte, die eine Objektansicht der persistenten Speicherung repräsentieren und durch mehrere Benutzer gemeinsam genutzt werden, sind normalerweise als Entity Beans implementiert.

Anwendungsclients müssen auf Geschäftsobjekte zugreifen, um ihre Aufgaben wahrzunehmen und die Benutzeranforderungen zu erfüllen. Clients können direkt mit diesen Geschäftsobjekten interagieren, weil ihnen die Schnittstellen der Geschäftsobjekte zugänglich sind. Wenn Sie Geschäftsobjekte für den Client offen legen, muss der Client die Objektbeziehungen für die Geschäftsdaten verstehen und dafür verantwortlich zeichnen. Außerdem muss er in der Lage sein, den Ablauf der Geschäftsverarbeitung zu behandeln.

Allerdings führt die direkte Interaktion zwischen dem Client und den Geschäftsobjekten zur engen Kopplung zwischen beiden, und das macht den Client direkt abhängig von der Implementierung der

Muster der Geschäftsschicht

Geschäftsobjekte. Direkte Abhängigkeit bedeutet, dass der Client die komplexen Interaktionen in Bezug auf Suchen und Erstellen von Geschäftsobjekten repräsentieren und implementieren muss, die Beziehungen zwischen den teilnehmenden Geschäftsobjekten zu verwalten hat und darüber hinaus die Zuständigkeiten der Transaktionsabgrenzung kennen muss.

Mit wachsenden Clientanforderungen wird auch die Interaktion zwischen verschiedenen Geschäftsobjekten komplizierter. Der Client wird größer und komplexer, um diese Anforderungen zu erfüllen. Damit ist er empfindlicher gegenüber Änderungen in der Geschäftsobjektschicht; außerdem wird der Client unnötigerweise mit der zugrunde liegenden Komplexität des Systems konfrontiert.

Enge Kopplung zwischen Objekten kann auch entstehen, wenn Objekte ihre Beziehungen untereinander selbst verwalten. Oftmals ist nicht klar, wo die Beziehungen verwaltet werden. Das führt zu komplizierten Beziehungen zwischen Geschäftsobjekten und zu starren Anwendungen. Derartige Anwendungen lassen sich schlechter handhaben, wenn Änderungen erforderlich sind.

Beim Zugriff auf die Enterprise Beans interagieren Clients mit Remote-Objekten. Wenn der Client direkt mit allen beteiligten Geschäftsobjekten kommuniziert, kann es zu Durchsatzproblemen im Netzwerk kommen. Werden Enterprise Beans aufgerufen, stellt jeder Clientaufruf möglicherweise einen entfernten Methodenaufruf dar. Jeder Zugriff auf das Geschäftsobjekt ist relativ feinkörnig. Nimmt in diesem Szenario die Anzahl der Teilnehmer zu, erhöht sich auch die Anzahl derartiger entfernter Methodenaufrufe. Die Folge davon ist eine verstärkte Kommunikation zwischen dem Client und den serverseitigen Geschäftsobjekten. Die Netzwerkperformanz für die Anwendung geht zurück, weil die häufigen Aufrufe von entfernten Methoden den Umfang der Interaktion über die Netzwerkschicht erhöhen.

Außerdem entsteht ein Problem, wenn ein Client direkt mit den Geschäftsobjekten interagiert. Da die Geschäftsobjekte direkt für die Clients offen gelegt sind, gibt es keine einheitliche Strategie, um auf die Geschäftsobjekte zuzugreifen. Ohne eine derartige einheitliche Zugriffsstrategie sind die Geschäftsobjekte den Clients direkt zugänglich, sodass eine konsistente Nutzung nicht gesichert ist.

8.3.3 Kräfte

- Stellen Sie eine einfachere Schnittstelle für die Clients bereit, indem Sie alle komplexen Interaktionen zwischen Geschäftskomponenten verbergen.

- Verringern Sie die Anzahl der Geschäftsobjekte, die dem Client über die Dienstschicht und das Netzwerk offen gelegt werden.

- Verbergen Sie vor dem Client die zugrunde liegenden Interaktionen und gegenseitigen Abhängigkeiten zwischen den Geschäftskomponenten. Dadurch erreicht man eine bessere Verwaltbarkeit, Zentralisierung der Interaktionen (Zuständigkeit), größere Flexibilität und bessere Möglichkeiten, mit Änderungen fertig zu werden.

- Stellen Sie eine grobkörnige Dienstebene bereit, um die Geschäftsobjektimplementierung von der Geschäftsdienstabstraktion zu trennen.

- Vermeiden Sie es, die zugrunde liegenden Geschäftsobjekte direkt für den Client offen zu legen, um enge Kopplung zwischen den beiden Schichten minimal zu halten.

8.3.4 Lösung

Verwenden Sie eine Session Bean als Fassade, um die Komplexität der Interaktionen zwischen den Geschäftsobjekten zu kapseln, die an einem Workflow beteiligt sind. Die Session Facade verwaltet die Geschäftsobjekte und bietet den Clients eine einheitliche grobkörnige Dienstzugriffsschicht.

Die Session Facade abstrahiert die zugrunde liegenden Interaktionen zwischen den Geschäftsobjekten und bietet eine Dienstschicht, die nur die erforderlichen Schnittstellen offen legt. Somit verbirgt sie die komplexen Interaktionen zwischen den Teilnehmern vor der Sicht des Clients. Die Session Facade verwaltet die Interaktionen zwischen den Geschäftsdaten und den Geschäftsdienstobjekten, die in den Workflow einbezogen sind, und kapselt die mit den Anforderungen verbundene Geschäftslogik ab. Somit verwaltet die Session Bean (die die Session Facade repräsentiert) die Beziehungen zwischen Geschäftsobjekten. Die Session Bean verwaltet auch den Lebenszyklus dieser Teilnehmer, indem sie sie je nach Workflow erzeugt, sucht, modifiziert und löscht. In einer komplexen Anwendung kann die Session Facade diese Verwaltung des Lebenszyklus an ein separates Objekt delegieren. Um beispielsweise den Lebenszyklus der teilnehmenden Session und Entity Beans zu verwalten, kann die Session Facade diese Arbeit an ein Service Locator-Objekt delegieren (siehe »Service Locator« später in diesem Kapitel).

Es ist wichtig, die Beziehungen zwischen Geschäftsobjekten zu untersuchen. Manche Beziehungen zwischen Geschäftsobjekten sind transient, d.h. dass sich eine solche Beziehung nur auf die jeweilige Interaktion oder das Szenario anwenden lässt. Andere Beziehungen können beständiger sein. Transiente Beziehungen stellt man sich am besten als Workflow in einer Fassade vor, wobei die Fassade die Beziehungen zwischen den Geschäftsobjekten verwaltet. Permanente Beziehungen zwischen Geschäftsobjekten sollte man daraufhin untersuchen, welches Geschäftsobjekt (falls nicht beide Objekte) die Beziehung verwaltet.

Anwendungsfälle und Session Facades

Wie kann man nun die Session Facades durch die Untersuchung von Anwendungsfällen identifizieren? Ordnet man jedem Anwendungsfall eine Session Facade zu, erhält man zu viele Session Facades. Das vereitelt die Absicht, weniger grobkörnige Session Beans zu haben. Wenn Sie die Session Facades während der Modellierung ableiten, sollten Sie stattdessen versuchen, sie entsprechend einer logischen Unterteilung in weniger Session Beans zusammenzufassen.

Zum Beispiel kann man in einer Bankenanwendung die Interaktionen in Bezug auf die Verwaltung eines Kontos in einer einzelnen Fassade gruppieren. Die Anwendungsfälle *Neues Konto erstellen*, *Kontoinformationen ändern*, *Kontoinformationen anzeigen* usw. haben alle mit dem grobkörnigen Objekt `Account` (Konto) zu tun. Es empfiehlt sich nicht, für jeden Anwendungsfall eine Session Bean-Fassade zu erstellen. Folglich kann man die erforderlichen Funktionen, um diese verwandten Anwendungsfälle zu unterstützen, in einer einzigen Session Facade namens `AccountSessionFacade` gruppieren.

Muster der Geschäftsschicht

In diesem Fall wird die Session Facade zu einem sehr grobkörnigen Controller mit sehr allgemeinen Methoden, die jede Interaktion unterstützen können (d.h., createNewAccount, changeAccount, getAccount). Deshalb empfehlen wir, Session Facades zu entwerfen, um eine Gruppe der verwandten Interaktionen in einer einzigen Session Facade zusammenzufassen. Das führt zu weniger Session Facades für die Anwendung und nutzt die Vorteile des Musters Session Facade.

Struktur

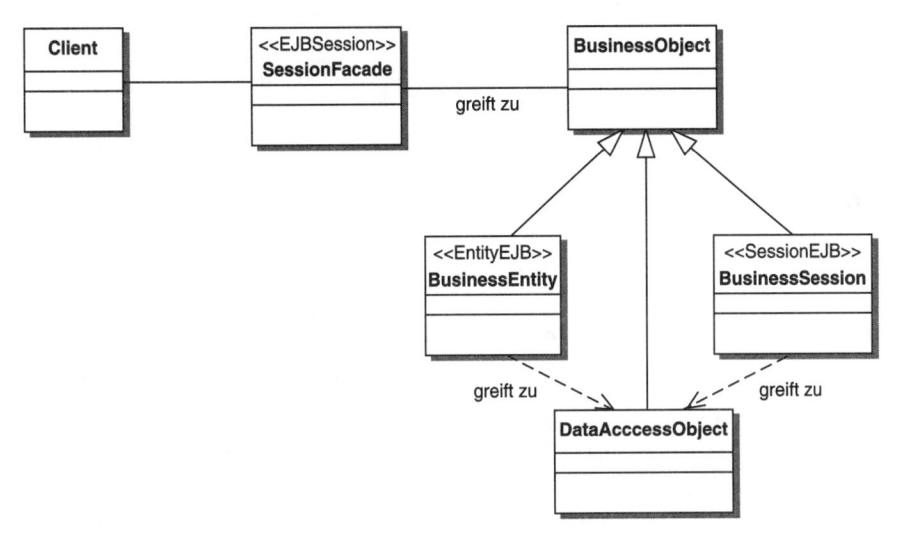

Abbildung 8.15: Klassendiagramm für das Muster Session Facade

Teilnehmer und Kollaborationen

Das Sequenzdiagramm in Abbildung 8.16 zeigt die Interaktionen einer Session Facade mit zwei Entity Beans, einer Session Bean und einem Data Access Object (DAO), die alle als Teilnehmer fungieren, um die Anforderung des Clients zu bedienen.

Client
Dieses Objekt repräsentiert den Client der Session Facade, der auf den Geschäftsdienst zugreifen muss. Dieser Client kann eine andere Session Bean (Session Facade) in derselben Geschäftsschicht sein oder ein Business Delegate (siehe »Business Delegate« am Anfang dieses Kapitels) in einer anderen Schicht.

SessionFacade
Das Objekt SessionFacade ist als Session Bean implementiert. Das SessionFacade-Objekt verwaltet die Beziehungen zwischen zahlreichen BusinessObject-Objekten und stellt für den Client eine Abstraktion auf höherer Ebene dar. Das SessionFacade-Objekt bietet grobkörnigen Zugriff auf das teilnehmende BusinessObject, der durch den Aufruf Invoke zur Session Bean dargestellt ist.

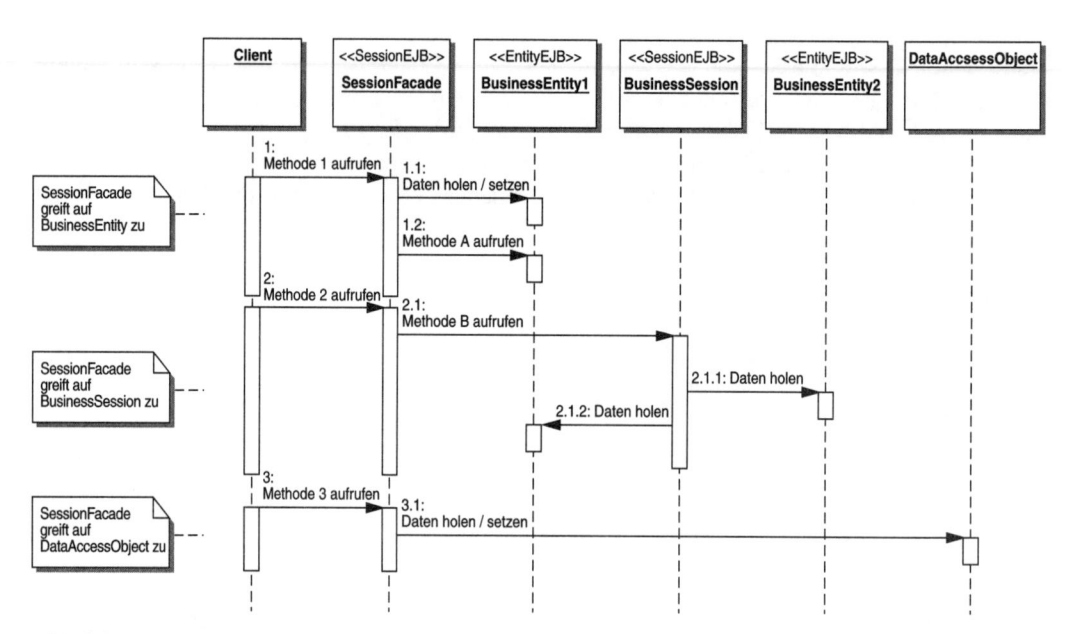

Abbildung 8.16: Sequenzdiagramm für das Muster Session Facade

BusinessObject
Das `BusinessObject` ist ein Rollenobjekt, das die Anwendung verschiedener Strategien unterstützt und beispielsweise als Session Bean, Entity Bean und Data Access Object ausgeführt sein kann (siehe den nächsten Abschnitt »Strategien«). Ein `BusinessObject` stellt im Klassendiagramm Daten und/oder einen bestimmten Dienst dar. Das `SessionFacade`-Objekt steht mit mehreren `BusinessObject`-Instanzen in Wechselwirkung, um den Dienst bereitzustellen.

Strategien
Die Session Facade ist ein Controller-Objekt der Geschäftsschicht, das die Interaktionen zwischen dem Client und den beteiligten Geschäftsdaten und Geschäftsdienstobjekten steuert. Eine komplexe Anwendung umfasst gegebenenfalls zahlreiche Session Facades, die zwischen dem Client und diesen Objekten vermitteln können. Wo sich eine Session Facade tatsächlich anbietet, können Sie herausfinden, indem Sie die Clientanforderungen und Interaktionen untersuchen, die normalerweise in Anwendungsfällen und Szenarios dokumentiert sind. Diese Analyse versetzt Sie in die Lage, eine Controller-Schicht – bestehend aus Session Facades – herauszuarbeiten, die als Fassade für diese Szenarios fungieren kann.

Dieser Abschnitt erläutert verschiedene Strategien für die Implementierung einer Session Facade.

Session Facade-Strategien

Strategie mit zustandsloser Session Facade

Wenn Sie die Session Facade implementieren, müssen Sie zuerst entscheiden, ob die Session Bean für die Fassade eine zustandslose oder eine zustandsbehaftete Session Bean ist. Stützen Sie diese Entscheidung auf den Geschäftsvorgang, den die Session Facade modelliert.

Ein Geschäftsprozess, der nur einen Methodenaufruf benötigt, um den Dienst zu realisieren, ist kein dialogorientierter Geschäftsprozess. Derartige Prozesse implementiert man zweckmäßigerweise als zustandslose Bean.

Anhand einer sorgfältigen Untersuchung der Anwendungsfälle und Szenarios kann man die Definitionen der Session Facade bestimmen. Wenn der Anwendungsfall nicht dialogorientiert ist, dann leitet der Client den Anwendungsfall ein und verwendet dafür eine einzige Methode in der Session Facade. Wenn die Methode beendet ist, schließt der Anwendungsfall ebenfalls ab. Es ist nicht notwendig, den Konversationszustand zwischen einem Methodenaufruf und dem nächsten zu speichern. In diesem Szenario lässt sich die Session Facade als zustandslose Session Bean implementieren.

Strategie mit zustandsbehafteter Session Facade

Ein Geschäftsprozess, der mehrere Methodenaufrufe benötigt, um den Dienst zu realisieren, ist ein dialogorientierter Geschäftsprozess. Der Konversationszustand ist zwischen den einzelnen Client-Methodenaufrufen zu speichern. In diesem Szenario kann eine zustandsbehaftete Session Bean eine geeignetere Lösung darstellen, um die Session Facade zu implementieren.

Sowohl bei der Strategie mit zustandsloser Session Facade als auch bei der Strategie mit zustandsbehafteter Session Facade lässt sich die Rolle des Geschäftsobjekts auf verschiedene Weise realisieren. Wir werden das gleich erläutern.

Strategien für Geschäftsobjekte

Ein Geschäftsobjekt kann man als Session Bean, Entity Bean, Data Access Object oder reguläres Java-Objekt implementieren. Die folgenden Strategien beschreiben die jeweiligen Möglichkeiten.

Strategie mit Session Bean

Das Geschäftsobjekt kann man als Session Bean implementieren. Die Session Bean stellt normalerweise einen Geschäftsdienst bereit und liefert in bestimmten Fällen auch Geschäftsdaten. Wenn eine derartige Session Bean auf die Daten zugreifen muss, kann sie die Daten mithilfe eines DAO manipulieren. Die Session Facade kann eine oder mehrere derartiger dienstorientierter oder datenorientierter Session Beans, die als Geschäftsobjekte fungieren, kapseln.

Strategie mit Entity Bean

Eine Session Facade ist insbesondere dann sinnvoll, wenn Geschäftsobjekte durch Entity Beans repräsentiert werden. Wenn mehrere Entity Beans im Anwendungsfall beteiligt sind, ist es nicht notwendig, alle Entity Beans für den Client offen zu legen. Stattdessen kann die Session Facade diese Entity Beans einhüllen und eine grobkörnige Methode bereitstellen, um die erforderliche Geschäftsfunktion durchzuführen. Auf diese Weise werden die komplexen Interaktionen der Entity Bean verborgen.

Strategie mit Data Access Object
Die Session Facade kann die Geschäftsdaten direkt mit einem oder mehreren Data Access Objects darstellen. Das kommt vor allem dann infrage, wenn die Anwendung so einfach ist, dass sie keine Entity Beans benötigt, oder wenn die Architektur der Anwendung nur auf Session Beans beruht und keine Entity Beans verwendet. Der Einsatz von Data Access Objects innerhalb von Session Beans bildet teilweise den persistenten Charakter der Entity Beans nach.

Die Anwendung benötigt eventuell Dienste, die ein beliebiges Java-Objekt bereitstellt (d.h. ein Objekt, das weder eine Enterprise Bean noch ein DAO ist, obgleich man ein DAO als eine Art beliebiges Java-Objekt ansehen kann). In derartigen Fällen greift die Session Facade auf dieses beliebige Java-Objekt zu, um die notwendige Funktionalität bereitzustellen.

8.3.5 Konsequenzen

- *Führt eine Controller-Schicht in die Geschäftsschicht ein*: Wie die Modellanalyse zeigt, können Session Facades eine Steuerungsschicht zwischen Clients und der Geschäftsschicht repräsentieren. Eine Session Facade umfasst die Interaktionen zwischen dem Client und den Geschäftskomponenten. In einer ausgeklügelten Anwendung kann man zahlreiche Session Facades identifizieren, die zwischen dem Client und den beteiligten Objekten der Geschäftsschicht vermitteln. Bei einfacheren Anwendungen sieht es so aus, dass eine Session Facade kaum einen Nutzen bringt, da sie größtenteils als Proxy für Clientanforderungen nach einer einzigen Geschäftskomponente fungiert. Wenn jedoch die Anwendungen im Laufe der Zeit komplexer werden, zahlt sich eine von vornherein eingesetzte Session Facade auf einer späteren Stufe aus.

- *Legt eine einheitliche Schnittstelle offen*: Die zugrunde liegenden Interaktionen zwischen den Geschäftskomponenten können sehr kompliziert sein. Ein Muster *Session Facade* abstrahiert diese Komplexität und bietet dem Client eine einfachere Schnittstelle, die leicht zu verstehen und einzusetzen ist. Durch Anwendung einer Session Facade kann man eine Dienstschicht entwerfen, die einfachere Schnittstellen für das System als Ganzes offen legt. Somit bietet eine Fassade eine einheitliche grobkörnige Zugriffsschicht für alle Arten von Clients und kann die zugrunde liegenden beteiligten Geschäftskomponenten schützen und verbergen.

- *Verringert die Kopplung, erhöht die Verwaltbarkeit*: Mithilfe einer Session Facade lassen sich die Geschäftsobjekte von den Clients entkoppeln, wodurch sich die enge Kopplung und die Abhängigkeit des Clients von den Geschäftsobjekten verringert. Es ist besser, mit einer Session Facade den Workflow unter den Geschäftsobjekten zu verwalten, als gegenseitige Abhängigkeiten zwischen den Geschäftsobjekten einzurichten. Ein Geschäftsobjekt sollte nur für sich selbst verantwortlich sein, d.h. seine Daten und Logik selbst verwalten. Interaktionen zwischen Geschäftsobjekten lassen sich zu einem Workflow in einer Fassade abstrahieren. Man erreicht damit eine bessere Verwaltbarkeit, zentralisierte Interaktionen (Zuständigkeiten und Workflow) und erhöhte Flexibilität. Außerdem ist es einfacher, Änderungen durchzuführen.

- Wenn man den Workflow in eine Session Facade verlagert, *vermeidet* man *die direkte Abhängigkeit des Clients von den beteiligten Objekten und fördert einen flexibleren Entwurf*. Auch wenn Änderungen an den Teilnehmern Änderungen in der Session Facade nach sich ziehen können, sind derartige Änderungen leichter durchzuführen, wenn man den Workflow in der Fassade zentralisiert. Man ändert dann nur die Session Facade, statt alle Clients ändern zu müssen. Außerdem vereinfacht sich der Clientcode, weil er jetzt die Zuständigkeit für den Workflow an die Session Facade delegiert. Der Client verwaltet die komplizierten Interaktionen des Workflows zwischen Geschäftsobjekten nicht mehr und nimmt auch von den Abhängigkeiten zwischen Geschäftsobjekten keine Notiz.

- *Verbessert die Leistung, reduziert die Anzahl feinkörniger Methoden*: Die Session Facade wirkt sich auch auf die Leistung aus. Sie verringert den Netzwerkverkehr zwischen dem Client und dem Server, weil jetzt keine direkte Interaktion zwischen dem Client und den Geschäftsdaten sowie den Geschäftsdienstobjekten mehr stattfindet. Stattdessen leitet die Session Facade alle Interaktionen entsprechend einem grobkörnigen Modell weiter. Die Session Facade und ihre Teilnehmer stehen enger zueinander, sodass die Fassade die Interaktionen zwischen den beteiligten Objekten effizienter verwalten kann. Der gesamte Datentransfer und alle Methodenaufrufe von der Fassade zu den Teilnehmern finden vermutlich auf einem relativ schnellen Netzwerk statt. Die Netzwerkleistung lässt sich weiter optimieren, um den maximalen Durchsatz zu erreichen, indem man möglichst das Muster *Value Object* für die beteiligten Objekte anwendet.

- *Stellt grobkörnigen Zugriff bereit*: Eine Session Facade soll eine sehr grobkörnige Abstraktion des Workflows sein. Somit ist es nicht angebracht, je eine Session Facade pro Entity Bean-Interaktion vorzusehen, weil das eher einer feinkörnigen Abstraktion als einer grobkörnigen entspricht. Analysieren Sie die Interaktion zwischen dem Client und den Anwendungsdiensten, wobei Sie mithilfe von Anwendungsfällen und Szenarios die Granularität der Fassade bestimmen. Ermitteln Sie die optimale Granularität der Session Facade für die Anwendung, indem Sie die Anwendung in logische Teilsysteme gliedern und eine Session Facade für jedes Teilsystem bereitstellen. Wenn man jedoch nur eine einzige Session Facade für das gesamte System realisiert, kann das zu einer sehr großen Session Facade führen, die durch ihre zahlreichen Methoden nicht mehr effizient ist. Eine einzige Session Facade kann für sehr einfache Anwendungen genügen, die keine Teilsysteme rechtfertigen.

- *Zentralisiert die Sicherheitsverwaltung*: Sicherheitsrichtlinien für die Anwendung lassen sich auf der Ebene der Session Facade verwalten, da es sich hierbei um die Schicht handelt, die den Clients präsentiert wird. Durch den grobkörnigen Zugriff der Session Facade ist es leichter und für die Verwaltung günstiger, Sicherheitsrichtlinien auf dieser Ebene zu definieren, als auf der Ebene der beteiligten Geschäftskomponenten. Geschäftskomponenten bieten feinkörnige Kontrollpunkte. Es ist einfacher, die Sicherheit für Session Facades zu verwalten, als grobkörnigen Zugriff bereitzustellen, weil es vergleichsweise weniger grobkörnige Methoden gibt, für die die Sicherheit zu verwalten ist.

- *Zentralisiert die Transaktionssteuerung*: Da die Session Facade den Workflow für die Anwendungsfälle repräsentiert, ist es logischer, die Transaktionsverwaltung auf der Ebene der Session Facade anzuwenden. Die zentrale Transaktionssteuerung hat ähnliche Vorteile wie die zentrale Sicherheitsverwaltung. Die Fassade bietet einen zentralen Platz, um die Transaktionssteuerung nach einem grobkörnigen Modell zu verwalten und zu definieren. Es bedeutet wesentlich mehr Aufwand, die Transaktionssteuerung einzeln auf den beteiligten Geschäftskomponenten zu realisieren, insbesondere weil sie feinkörniger als die Fassade sind. Außerdem muss sich der

Client mit der Abgrenzung der Transaktion befassen, wenn man auf die Session Facade verzichtet und stattdessen den Client direkt auf die Enterprise Beans zugreifen lässt. Dadurch können unerwünschte Ergebnisse entstehen.

- *Legt weniger Remote-Schnittstellen für die Clients offen*: Clients, die direkt mit den Geschäftsdaten und den Geschäftsdienstobjekten interagieren, bewirken eine Zunahme des Datenverkehrs zwischen Client und Server. Verstärkte Kommunikation kann den Netzwerkdurchsatz mindern. Der gesamte Zugriff auf das Geschäftsobjekt muss über die höhere Abstraktionsebene laufen, die durch eine Fassade dargestellt wird. Da die Fassade einen grobkörnigen Zugriffsmechanismus für die Geschäftskomponenten präsentiert, verringert sich die Anzahl der Geschäftskomponenten, die für den Client zugänglich sind. Infolge des eingeschränkten Umfangs der Interaktionen zwischen den Clients und der Session Facade verglichen mit der direkten Interaktion des Clients mit den einzelnen Geschäftskomponenten verengt sich somit der Bereich, durch den die Anwendungsleistung absinken kann.

8.3.6 Beispielcode

Die Session Facade implementieren

Sehen Sie sich eine Anwendung für professionelle Dienstleistungen (PSA, Professional Services Application) an, bei der der Workflow in Bezug auf die Entity Beans (wie Projekt, Ressource) in `ProjectResourceManagerSession` gekapselt und nach dem Muster Session Facade implementiert ist. Beispiel 8.15 zeigt die Interaktion mit Ressourcen- und Projekt-Entity Beans sowie anderen Geschäftskomponenten wie Value List Handlers (siehe »Value List Handler« später in diesem Kapitel).

Beispiel 8.15: Session Facade implementieren – Session Bean

```
package corepatterns.apps.psa.ejb;

import java.util.*;
import java.rmi.RemoteException;
import javax.ejb.*;
import javax.naming.*;
import corepatterns.apps.psa.core.*;
import corepatterns.util.ServiceLocator;
import corepatterns.util.ServiceLocatorException;

// Hinweis: Alle try/catch-Details der Kürze wegen nicht gezeigt.

public class ProjectResourceManagerSession
  implements SessionBean {

  private SessionContext context;
```

Muster der Geschäftsschicht

```
// Remote-Referenz für die Entity Beans, die durch
// diese Fassade gekapselt werden
private Resource resourceEntity = null;
private Project projectEntity = null;
...

// Standarderstellung
public void ejbCreate()
throws CreateException {
}

// create-Methode, um diese Fassade zu erzeugen und
// mithilfe von Primärschlüsselwerten
// Verbindungen zu den erforderlichen Entity Beans
// einzurichten
public void ejbCreate(
  String resourceId, String projectId, ...)
throws CreateException, ResourceException {

  try {
    // Entity Beans lokalisieren u. Verbindung herstellen
    connectToEntities(resourceId, projectId, ...);
  } catch(...) {
    // Ausnahmen behandeln
  }
}

// Methode, um die Session Facade zu ihren Entity Beans
// mithilfe der Primärschlüsselwerte zu verbinden
private void connectToEntities (
  String resourceId, String projectId, ...)
throws ResourceException {
  resourceEntity = getResourceEntity(resourceId);
  projectEntity = getProjectEntity(projectId);
  ...
}

// Methode, um die Verbindung der Session Facade mithilfe
// von Primärschlüsselwerten zu einer anderen Gruppe von
// Entity Beans erneut herzustellen
public resetEntities(String resourceId,
  String projectId, ...)
throws PSAException {

  connectToEntities(resourceId, projectId, ...);
}
```

```java
// Private Methode, um das Home-Objekt für Resource zu
// zu erhalten
private ResourceHome getResourceHome()
throws ServiceLocatorException {
  return ServiceLocator.getInstance().getHome(
      "ResourceEntity", ResourceHome.class);
}

// Private Methode, um das Home-Objekt für Project
// zu erhalten
private ProjectHome getProjectHome()
throws ServiceLocatorException {
  return ServiceLocator.getInstance().getHome(
      "ProjectEntity", ProjectHome.class);
}

// Private Methode, um Resource-Entität zu erhalten
private Resource getResourceEntity(
    String resourceId) throws ResourceException {
  try {
    ResourceHome home = getResourceHome();
    return (Resource)
      home.findByPrimaryKey(resourceId);
  } catch(...) {
    // Ausnahmen behandeln
  }
}

// Private methode, um Project-Entität zu erhalten
private Project getProjectEntity(String projectId)
throws ProjectException {
  // Ähnlich zu getResourceEntity
  ...
}

// Methode, um den Workflow zu kapseln, der sich
// auf die Zuweisung einer Ressource zu einem Projekt bezieht.
// Arbeitet mit Project- und Resource-Entity Beans
public void assignResourceToProject(int numHours)
throws PSAException {

  try {
    if ((projectEntity == null) ||
        (resourceEntity == null)) {

      // SessionFacade nicht mit Entitäten verbunden
      throw new PSAException(...);
```

Muster der Geschäftsschicht

```
      }

      // Resource-Daten holen
      ResourceVO resourceVO =
          resourceEntity.getResourceData();

      // Project-Data holen
      ProjectVO projectVO =
        projectEntity.getProjectData();
      // Zuerst Resource zu Project hinzufügen
      projectEntity.addResource(resourceVO);
      // Eine neue Bindung für das Project erzeugen
      CommitmentVO commitment = new
        CommitmentVO(...);

      // Die Bindung zur Resource hinzufügen
      projectEntity.addCommitment(commitment);

  } catch(...) {
    // Ausnahmen behandeln
  }
}

// In ähnlicher Weise andere Geschäftsmethoden implementieren,
// um verschiedene Anwendungsfälle/Interaktionen zu unterstützen
public void unassignResourceFromProject()
throws PSAException {
  ...
}

// Methoden, die mit ResourceEntity arbeiten
public ResourceVO getResourceData()
throws ResourceException {
  ...
}

// Resource-Entity Bean aktualisieren
public void setResourceData(ResourceVO resource)
throws ResourceException {
  ...
}

// Neue Resource-Entity bean erzeugen
public ResourceVO createNewResource(ResourceVO
  resource) throws ResourceException {
  ...
}
```

```java
// Methoden zur Verwaltung der Blockierungszeit für die
// Ressource
public void addBlockoutTime(Collection blockoutTime)
throws RemoteException,BlockoutTimeException {
   ...
}

public void updateBlockoutTime(
  Collection blockoutTime)
  throws RemoteException, BlockoutTimeException {
   ...
}

public Collection getResourceCommitments()
throws RemoteException, ResourceException {
   ...
}

// Methoden, die mit ProjectEntity arbeiten
public ProjectVO getProjectData()
throws ProjectException {
   ...
}

// Project-Entity Bean aktualisieren
public void setProjectData(ProjectVO project)
throws ProjectException {
   ...
}

// Neue Project-Entity bean erzeugen
public ProjectVO createNewProject(ProjectVO project)
throws ProjectException {
   ...
}

...

// Beispiele für andere Session Facade-Methoden

// Diese Methode realisiert einen Proxy für einen Aufruf eines
// Value Object Assemblers, um ein Composite Value Object zu
// erhalten.
// Siehe das Muster Value Object Assembler
public ProjectCVO getProjectDetailsData()
throws PSAException {
  try {
```

Muster der Geschäftsschicht

```
      ProjectVOAHome projectVOAHome = (ProjectVOAHome)
        ServiceLocator.getInstance().getHome(
          "ProjectVOA", ProjectVOAHome.class);
      // Value Object Assembler-Session Bean
      ProjectVOA projectVOA =
          projectVOAHome.create(...);
      return projectVOA.getData(...);
    } catch (...) {
        // Ausnahmen behandeln / auslösen
    }
}

// Diese Methode realisiert einen Proxy für einen Aufruf eines
// ValueListHandlers, um eine Liste von Projekten zu erhalten
// Siehe das Muster Value List Handler
public Collection getProjectsList(Date start,
Date end) throws PSAException {
    try {
      ProjectListHandlerHome projectVLHHome =
        (ProjectVLHHome)
          ServiceLocator.getInstance().getHome(
            "ProjectListHandler",
            ProjectVLHHome.class);
      // Value List Handler-Session Bean
      ProjectListHandler projectListHandler =
        projectVLHHome.create();
      return projectListHandler.getProjects(
                  start, end);
    } catch (...) {
        // Ausnahmen behandeln / auslösen
    }
}

...

public void ejbActivate() {
  ...
}

public void ejbPassivate() {
  context = null;
}

public void setSessionContext(SessionContext ctx) {
      this.context = ctx;
}
```

```java
  public void ejbRemove() {
     ...
  }
}
```

Beispiel 8.16 zeigt den Code der Remote-Schnittstelle für die Session Facade.

Beispiel 8.16: Session Facade implementieren – Remote-Schnittstelle

```java
package corepatterns.apps.psa.ejb;

import java.rmi.RemoteException;
import javax.ejb.*;
import corepatterns.apps.psa.core.*;

// Hinweis: Alle try/catch-Details der Kürze wegen nicht gezeigt.

public interface ProjectResourceManager
  extends EJBObject {

  public resetEntities(String resourceId,
  String projectId, ...)
  throws RemoteException, ResourceException ;

  public void assignResourceToProject(int numHours)
  throws RemoteException, ResourceException ;

  public void unassignResourceFromProject()
  throws RemoteException, ResourceException ;

  ...

  public ResourceVO getResourceData()
  throws RemoteException, ResourceException ;

  public void setResourceData(ResourceVO resource)
  throws RemoteException, ResourceException ;

  public ResourceVO createNewResource(ResourceVO resource)
  throws ResourceException ;

  public void addBlockoutTime(Collection blockoutTime)
  throws RemoteException,BlockoutTimeException ;

  public void updateBlockoutTime(Collection blockoutTime)
  throws RemoteException,BlockoutTimeException ;
```

Muster der Geschäftsschicht

```
    public Collection getResourceCommitments()
    throws RemoteException, ResourceException;

    public ProjectVO getProjectData()
    throws RemoteException, ProjectException ;

    public void setProjectData(ProjectVO project)
    throws RemoteException, ProjectException ;

    public ProjectVO createNewProject(ProjectVO project)
    throws RemoteException, ProjectException ;

    ...

    public ProjectCVO getProjectDetailsData()
    throws RemoteException, PSAException ;

    public Collection getProjectsList(Date start,
    Date end) throws RemoteException, PSAException ;

    ...

}
```

Die Home-Schnittstelle für die Session Facade ist in Beispiel 8.17 wiedergegeben.

Beispiel 8.17: Session Facade implementieren – Home-Schnittstelle

```
package corepatterns.apps.psa.ejb;

import javax.ejb.EJBHome;
import java.rmi.RemoteException;
import corepatterns.apps.psa.core.ResourceException;
import javax.ejb.*;

public interface ProjectResourceManagerHome
extends EJBHome {

    public ProjectResourceManager create()
            throws RemoteException,CreateException;
    public ProjectResourceManager create(String
        resourceId, String projectId, ...)
            throws RemoteException,CreateException;
}
```

8.3.7 Verwandte Muster

- *Facade (Fassade) [GoF]:* Die *Session Facade* basiert auf dem Entwurfsmuster *Facade*.
- *Data Access Object (DAO, Datenzugriffsobjekt):* Zu den Strategien für die Geschäftskomponente im Muster *Session Facade* gehört die Verwendung des Data Access Objects, zum Beispiel in einfacheren Anwendungen, die so entworfen sind, dass sie Session Beans und DAOs anstelle von Entity Beans verwenden.
- *Service Locator:* Die Session Facade ist ein grobkörniges Objekt, das die Kapselung des Workflows erlaubt, indem sie die Interaktionen mit Geschäftsdaten und Geschäftsdatenobjekten verwaltet. Geschäftsdatenobjekte können Entity Beans oder DAOs sein und die Geschäftsdienstobjekte können als Session Beans und andere Objekte realisiert sein, die den Dienst bereitstellen. Die Session Facade kann das Muster *Service Locator* verwenden, um komplexen Code zu verringern und die vom Service Locator gebotenen Vorteile zu nutzen.
- *Business Delegate:* Der Business Delegate verwendet die Session Facade, wenn der Client Zugriff auf Geschäftsdienste anfordert. Der Business Delegate fungiert als Proxy oder passt die Clientanforderung an eine Session Facade an, die den angeforderten Dienst bereitstellt.
- *Broker [POSA1]:* Die Session Facade übernimmt die Rolle eines Brokers, um die Entity Beans von ihren Clients zu entkoppeln.

8.4 Composite Entity (Zusammengesetzte Entität)

8.4.1 Kontext

Entity Beans sind nicht dafür vorgesehen, jedes persistente Objekt im Objektmodell zu repräsentieren, sondern eignen sich besser für grobkörnige persistente Geschäftsobjekte.

8.4.2 Problem

In einer J2EE-Anwendung greifen Clients (Anwendungen, JSPs, Servlets, JavaBeans) auf Entity Beans über ihre Remote-Schnittstellen zu. Somit wird jeder Clientaufruf möglicherweise durch Netzwerk-Stubs und -Gerüste weitergeleitet, selbst wenn sich der Client und die Enterprise Bean in derselben JVM befinden, unter demselben Betriebssystem laufen oder auf demselben Computer installiert sind. Sind Entity Beans als feinkörnige Objekte angelegt, rufen die Clients gewöhnlich mehr einzelne Entity Bean-Methoden auf, was in einem hohen Netzwerk-Overhead resultiert.

Entity Beans repräsentieren verteilte persistente Geschäftsobjekte. Ob man eine Anwendung entwickelt oder auf die J2EE-Plattform migriert, in jedem Fall ist die Objektgranularität sehr wichtig, wenn man entscheiden muss, was als Entity Bean zu implementieren ist. Entity Beans sollten grobkörnige Geschäftsobjekte darstellen, etwa solche, die kompliziertere Operationen jenseits von einfachem Lesen und Schreiben von Feldwerten ausführen. Diese grobkörnigen Objekte haben normalerweise abhängige Objekte. Ein abhängiges Objekt ist ein Objekt, das keinen echten Bedeutungsbereich hat, wenn es nicht mit seinem übergeordneten grobkörnigen Objekt verbunden ist.

Ein wiederkehrendes Problem ist die direkte Zuordnung des Objektmodells auf ein EJB-Modell (insbesondere Entity Beans). Dadurch entsteht eine Beziehung zwischen den Entity Bean-Objekten ohne Beachtung von grobkörnigen vs. feinkörnigen (oder abhängigen) Objekten. Es lässt sich nicht ohne weiteres festlegen, was grobkörnig und was feinkörnig sein soll. Am besten kann man das über die Modellierung von Beziehungen in UML-Modellen vornehmen.

Es gibt eine Reihe von Bereichen, die durch den Entwurfsansatz mit feinkörnigen Entity Beans beeinflusst werden:

- *Entitätsbeziehungen:* Die direkte Zuordnung eines Objektmodells zu einem EJB-Modell berücksichtigt den Einfluss der Beziehungen zwischen den Objekten nicht. Die Beziehungen zwischen den Objekten werden direkt in Beziehungen zwischen Entity Beans übertragen. Im Ergebnis kann eine Entity Bean eine entfernte Referenz auf eine andere Entity Bean enthalten oder aufnehmen. Allerdings sind bei der Verwaltung von entfernten Referenzen auf verteilte Objekte andere Verfahren und eine andere Semantik beteiligt, als bei der Verwaltung von Referenzen auf lokale Objekte. Es wird nicht nur der Code komplizierter, es verringert sich auch die Flexibilität, weil die Entity Bean anzupassen ist, wenn sich irgendwelche Beziehungen zu ihr ändern.

- Es ist auch nicht garantiert, dass die Entity Bean-Referenzen auf andere Entity Beans die ganze Zeit über gültig bleiben. Derartige Referenzen werden dynamisch mithilfe des Home-Objekts der Entität und dem Primärschlüssel für diese Entity Bean-Instanz eingerichtet. Daraus ergibt sich ein hoher zusätzlicher Wartungsaufwand, um die Gültigkeit für jede derartige Referenz von einer Entity Bean zu einer anderen zu prüfen.

- *Verwaltbarkeit:* Implementiert man feinkörnige Objekte als Entity Beans, erhält man eine große Anzahl von Entity Beans im System. Eine Entity Bean wird mithilfe mehrerer Klassen definiert. Für jede Entity Bean-Komponente muss der Entwickler Klassen für die Home-Schnittstelle, die Remote-Schnittstelle, die Bean-Implementierung und den primären Schlüssel bereitstellen.

- Zusätzlich kann der Container Klassen generieren, um die Entity Bean-Implementierung zu unterstützen. Beim Erstellen der Bean werden diese Klassen als reale Objekte im Container realisiert. Kurz gesagt erzeugt der Container eine Reihe von Objekten, um jede Entity Bean-Instanz zu unterstützen. Durch eine große Anzahl von Entity Beans muss das Entwicklerteam mehr Klassen und Code verwalten. Außerdem entsteht im Container eine große Anzahl von Objekten. Das kann sich negativ auf die Anwendungsleistung auswirken.

- *Netzwerkperformanz:* Bei feinkörnigen Entity Beans bestehen normalerweise mehr Beziehungen zwischen den Entity Beans. Entity Beans sind verteilte Objekte. Wenn eine Entity Bean eine Methode in einer anderen Entity Bean aufruft, behandelt der Container den Aufruf möglicherweise als entfernten Aufruf, selbst wenn sich beide Entity Beans im selben Container oder derselben JVM befinden. Nimmt die Anzahl der Beziehungen zwischen den Entity Beans zu, verringert sich die Skalierbarkeit des Systems infolge des starken Netzwerk-Overheads.

- *Abhängigkeit vom Datenbankschema:* Bei feinkörnigen Entity Beans repräsentiert jede Entity Bean gewöhnlich eine einzelne Zeile in einer Datenbank. Das ist keine passende Anwendung des Entity Bean-Entwurfs, da sich Entity Beans eher für grobkörnige Komponenten eignen. Die

Implementierung einer feinkörnigen Entity Bean ist in der Regel eine direkte Repräsentation des zugrunde liegenden Datenbankschemas im Entity Bean-Entwurf. Wenn Clients diese feinkörnigen Entity Beans verwenden, arbeiten sie praktisch auf der Zeilenebene in der Datenbank, da jede Entity Bean letztendlich eine einzelne Datenbankzeile darstellt. Aus diesem Grund werden die Clients vom Datenbankschema abhängig. Ändert sich das Datenbankschema, sind die Definitionen der Entity Bean ebenfalls zu ändern. Da außerdem die Clients mit der gleichen Granularität arbeiten, müssen sie diese Änderung verfolgen und darauf reagieren. Durch diese Schemaabhängigkeit geht die Flexibilität verloren und der Aufwand für die Wartung ist größer, falls Schemaänderungen erforderlich sind.

- *Objektgranularität (grobkörnig gegenüber feinkörnig):* Die Objektgranularität beeinflusst den Datentransfer zwischen der Enterprise Bean und dem Client. In den meisten Anwendungen brauchen Clients aus einer Tabelle normalerweise einen größeren Datenblock und nicht nur eine oder zwei Zeilen. In derartigen Fällen bedeutet die Implementierung jeder dieser feinkörnigen Objekte als Entity Bean, dass der Client die Beziehungen zwischen allen diesen feinkörnigen Objekten verwalten muss. Je nach den angeforderten Daten muss der Client viele Suchoperationen nach einer Reihe von Entity Beans durchführen, um die angeforderten Informationen zu erhalten.

8.4.3 Kräfte

- Entity Beans werden vorzugsweise als grobkörnige Objekte implementiert, weil mit jeder Entity Bean ein hoher Overhead verbunden ist. Die Implementierung jeder Entity Bean besteht aus mehreren Objekten, wie zum Beispiel EJB-Home-Objekt, Remote-Objekt, Bean-Implementierung und Primärschlüssel, deren Verwaltung die Containerdienste übernehmen.

- Anwendungen, die das Datenbankschema direkt auf Entity Beans abbilden (wobei je eine Instanz der Entity Bean eine Tabellenzeile repräsentiert), führen in der Regel zu einer großen Anzahl feinkörniger Entity Beans. Es ist anzustreben, die Entity Beans grobkörnig zu halten und die Anzahl der Entity Beans in der Anwendung zu verringern.

- Wird das Objektmodell direkt auf das EJB-Modell abgebildet, entstehen feinkörnige Entity Beans, die gewöhnlich dem Datenbankschema zugeordnet sind. Diese Zuordnung zwischen Entity Bean und Datenbankzeile verursacht Probleme in Bezug auf Leistung, Verwaltbarkeit, Sicherheit und Transaktionsbehandlung. Beziehungen zwischen Tabellen werden als Beziehungen zwischen Entity Beans implementiert. Das bedeutet, dass Entity Beans Referenzen auf andere Entity Beans aufnehmen, um die feinkörnigen Beziehungen zu implementieren. Es ist sehr teuer, die Beziehungen zwischen den Beans zu verwalten, weil diese Beziehungen mithilfe der Home-Objekte der Entity Beans und der Primärschlüssel der Enterprise Beans dynamisch einzurichten sind.

- Clients brauchen die Implementierung des Datenbankschemas nicht zu kennen, um die Entity Beans zu verwenden und zu unterstützen. Mit feinkörnigen Entity Beans erfolgt die Zuordnung gewöhnlich so, dass jede Instanz einer Entity Bean auf eine einzelne Zeile in der Datenbank abgebildet wird. Diese feinkörnige Zuordnung erzeugt Abhängigkeiten zwischen dem Client und dem zugrunde liegenden Datenbankschema, da sich die Clients mit den feinkörnigen Beans befassen müssen, die praktisch eine direkte Repräsentation des zugrunde liegenden Schemas sind. Dadurch entsteht eine enge Kopplung zwischen dem Datenbankschema und den Entity Beans. Eine Änderung am Schema zieht eine entsprechende Änderung an der Entity Bean und darüber hinaus an den Clients nach sich.

- Der Datenverkehr der Anwendungen nimmt zu, weil die feinkörnigen Entity Beans untereinander kommunizieren müssen. Übermäßige Kommunikation zwischen Entity Beans bewirkt oftmals einen Leistungsengpass. Jeder Aufruf einer Entity Bean-Methode findet über eine Netzwerkschicht statt, selbst wenn sich der Aufrufer im selben Adressraum wie die aufgerufene Bean befindet (d.h., sowohl der Client – oder die aufrufende Bean – als auch die aufgerufene Entity Bean im selben Container enthalten sind). Obwohl bestimmte Container-Anbieter Optimierungen für dieses Szenario implementiert haben, kann sich der Entwickler nicht bei allen Containern auf eine derartige Optimierung verlassen.

- Zwischen dem Client und den Entity Beans kann zusätzlicher Datenverkehr auftreten, weil der Client gegebenenfalls mit vielen feinkörnigen Entity Beans kommunizieren muss, um eine Anforderung zu erfüllen. Es ist anzustreben, die Kommunikation zwischen den Entity Beans untereinander sowie den zusätzlichen Datenverkehr zwischen dem Client und der Entity Bean-Schicht zu verringern.

8.4.4 Lösung

Verwenden Sie das Muster Composite Entity, um eine Gruppe von miteinander in Beziehung stehenden persistenten Objekten zu modellieren, zu repräsentieren und zu verwalten, statt sie als einzelne feinkörnige Entity Beans darzustellen. Eine Composite Entity Bean repräsentiert einen Graph von Objekten.

Um diese Lösung zu verstehen, definieren wir zuerst, was mit persistenten Objekten gemeint ist, und gehen dann auf deren Beziehungen ein.

Ein persistentes Objekt ist ein Objekt, das in einem bestimmten Datenspeicher abgelegt ist. Mehrere Clients nutzen normalerweise persistente Objekte gemeinsam. Man kann persistente Objekte in zwei Kategorien einteilen: grobkörnige Objekte und abhängige Objekte.

Ein grobkörniges Objekt ist eigenständig. Es hat seinen eigenen Lebenszyklus und verwaltet Beziehungen zu anderen Objekten. Jedes grobkörnige Objekt kann ein oder mehrere andere Objekte referenzieren oder enthalten. Die grobkörnigen Objekte verwalten normalerweise die Lebenszyklen dieser anderen Objekte, welche man folglich als abhängige Objekte bezeichnet. Ein abhängiges Objekt kann ein einfaches selbstständiges Objekt sein oder seinerseits andere abhängige Objekte enthalten.

Der Lebenszyklus eines abhängigen Objekts ist eng an den Lebenszyklus des grobkörnigen Objekts gekoppelt. Ein Client kann nur indirekt über das grobkörnige Objekt auf ein abhängiges Objekt zugreifen. Das heißt, dass abhängige Objekte nicht direkt für die Clients offen gelegt sind, weil sie von ihren übergeordneten (grobkörnigen) Objekten verwaltet werden. Abhängige Objekte können nicht eigenständig existieren, sondern brauchen immer ihr grobkörniges (oder übergeordnetes) Objekt, um ihre Existenz zu rechtfertigen.

Normalerweise lässt sich die Beziehung zwischen einem grobkörnigen Objekt und seinen abhängigen Objekten als Baum darstellen. Das grobkörnige Objekt bildet die Wurzel des Baums (den Wurzelknoten). Jedes abhängige Objekt kann ein eigenständiges abhängiges Objekt (ein Blattknoten) sein, das dem grobkörnigen Objekt untergeordnet ist. Für das abhängige Objekt kann auch eine Eltern-Kind-Beziehung mit anderen abhängigen Objekten bestehen, sodass das abhängige Objekt in diesem Fall einen Zweigknoten darstellt.

Eine zusammengesetzte Entity Bean kann ein grobkörniges Objekt mitsamt seinen abhängigen Objekten repräsentieren. Die Aggregation kombiniert persistente Objekte, die miteinander in Beziehung stehen, zu einer einzigen Entity Bean und verringert daher drastisch die Anzahl der Entity Beans, die für die Anwendung erforderlich sind. Letztlich erhält man eine sehr grobkörnige Entity Bean, die die Vorteile von Entity Beans besser nutzen kann als feinkörnige Entity Beans.

Ohne das Konzept der zusammengesetzten Entität neigt man dazu, jedes grobkörnige und abhängige Objekt als separate Entity Bean anzusehen, was zu einer großen Anzahl von Entity Beans führen würde.

Struktur

Von den vielen Strategien, nach denen sich das Muster *Composite Entity* implementieren lässt, betrachten wir als Erstes eine Strategie, deren Klassendiagramm in Abbildung 8.17 dargestellt ist. Hier enthält die Composite Entity das grobkörnige Objekt, das seinerseits abhängige Objekte beinhaltet.

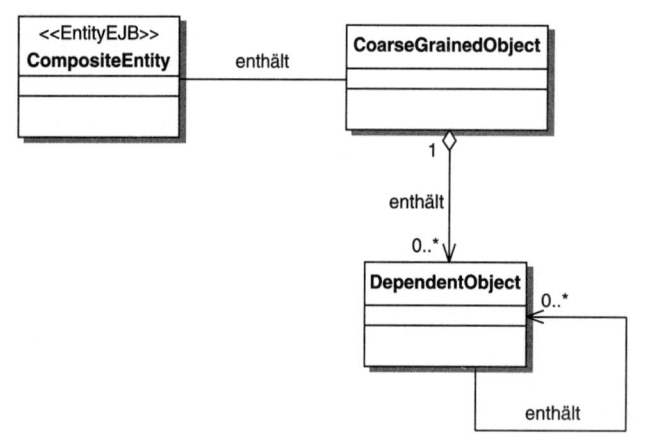

Abbildung 8.17: Klassendiagramm für die Composite Entity

Das Sequenzdiagramm in Abbildung 8.18 gibt die Interaktionen für dieses Muster an.

Muster der Geschäftsschicht

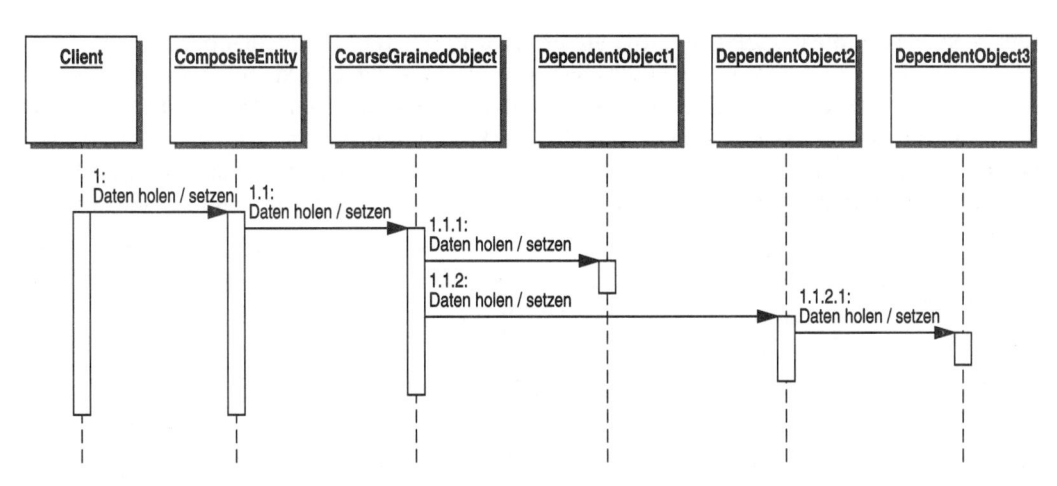

Abbildung 8.18: Sequenzdiagramm für das Muster Composite Entity

Teilnehmer und Zuständigkeiten

CompositeEntity
Das Objekt `CompositeEntity` ist die grobkörnige Entity Bean. `CompositeEntity` kann das grobkörnige Objekt darstellen oder eine Referenz auf ein grobkörniges Objekt aufnehmen. Der Abschnitt »Strategien« erläutert die verschiedenen Implementierungsstrategien für eine Composite Entity.

CoarseGrainedObject (Grobkörniges Objekt)
Ein grobkörniges Objekt ist ein Objekt mit eigenem Lebenszyklus, das seine eigenen Beziehungen zu anderen Objekten verwaltet. Bei einem grobkörnigen Objekt kann es sich um ein Java-Objekt handeln, das in der zusammengesetzten Entität enthalten ist. Auch die Composite Entity selbst kann das grobkörnige Objekt sein, das die abhängigen Objekte aufnimmt. Diese Strategien erläutert der Abschnitt »Strategien« später in diesem Kapitel.

DependentObject1, DependentObject2 und DependentObject3
Ein abhängiges Objekt (`DependentObject`) ist ein Objekt, das vom grobkörnigen Objekt abhängig ist und seinen Lebenszyklus durch das grobkörnige Objekt verwalten lässt. Ein abhängiges Objekt kann andere abhängige Objekte enthalten; folglich kann innerhalb der zusammengesetzten Entität ein Objektbaum entstehen.

Strategien

Dieser Abschnitt erläutert verschiedene Strategien zur Implementierung einer zusammengesetzten Entität. Die Strategien berücksichtigen Alternativen und Optionen für persistente Objekte (grobkörnig und abhängig) und die Verwendung von Value Objects.

Strategie, bei der die Composite Entity ein grobkörniges Objekt enthält
In dieser Strategie enthält die Composite Entity das grobkörnige Objekt. Das grobkörnige Objekt unterhält weiterhin Beziehungen zu seinen abhängigen Objekten. Der Strukturabschnitt zu diesem Muster beschreibt dies als Hauptstrategie.

Strategie, bei der die Composite Entity ein grobkörniges Objekt implementiert
In dieser Strategie ist die Composite Entity selbst das grobkörnige Objekt und verfügt über dessen Attribute und Methoden. Die abhängigen Objekte sind Attribute der zusammengesetzten Entität. Da die Composite Entity das grobkörnige Objekt ist, drückt die Entity Bean alle Beziehungen zwischen den grobkörnigen Objekten und den abhängigen Objekten aus und verwaltet sie. Abbildung 8.19 zeigt das Klassendiagramm für diese Strategie. Das zugehörige Sequenzdiagramm sehen Sie in Abbildung 8.20.

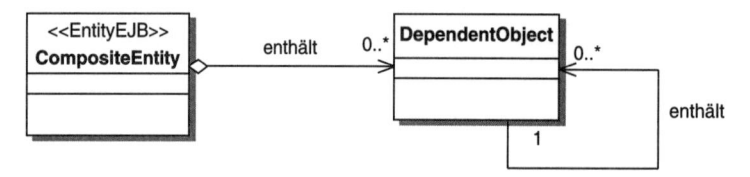

Abbildung 8.19: Klassendiagramm für die Strategie »Composite Entity implementiert grobkörniges Objekt«

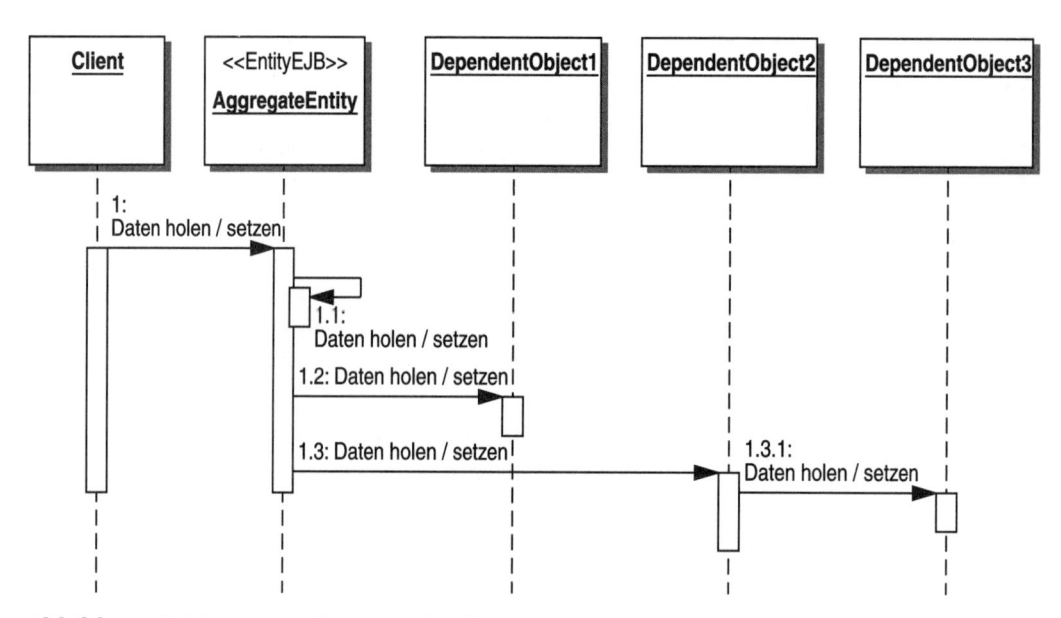

Abbildung 8.20: Sequenzdiagramm für die Strategie »Composite Entity implementiert grobkörniges Objekt«

Strategie Lazy Loading
Der Objektbaum einer Composite Entity kann viele Ebenen umfassen. Wenn der EJB-Container die Methode `ejbLoad` der Composite Entity aufruft und daraufhin alle abhängigen Objekte zu laden sind, kann das sehr lange dauern und beträchtliche Ressourcen verbrauchen. Dieser Vorgang lässt sich optimieren, indem man eine Lazy Loading-Strategie (»faules Laden«) für das Laden der abhängigen Objekte verwendet. Beim Aufruf der Methode `ejbLoad` werden zuerst nur diejenigen abhän-

gigen Objekte geladen, die für die Clients der Composite Entity am wichtigsten sind. Wenn ein Client später auf ein Objekt zugreift, das noch nicht aus der Datenbank geladen wurde, kann die Composite Entity ein Laden auf Anforderung realisieren. Sollten einige abhängige Objekte nicht erforderlich sein, werden sie bei der Initialisierung nicht geladen. Benötigt der Client jedoch diese abhängigen Objekte im Verlauf der Sitzung, kann sie die Composite Entity zu diesem Zeitpunkt nachladen. Nachdem ein abhängiges Objekt geladen ist, müssen nachfolgende Containeraufrufe von ejbLoad diese abhängigen Objekte in das erneute Laden einschließen, um die Änderungen mit der persistenten Speicherung zu synchronisieren.

Strategie mit Speicheroptimierung (Dirty Marker)
Bei der von der Bean verwalteten Persistenz tritt häufig ein Problem auf, wenn der vollständige Objektgraph während einer ejbStore-Operation persistent gespeichert wird. Da der EJB-Container nicht feststellen kann, welche Daten sich in der Entity Bean und ihren abhängigen Objekten geändert haben, muss der Entwickler bestimmen, welche Daten wie persistent zu speichern sind. Einige EJB-Container bieten eine Funktion, mit der sich ermitteln lässt, welche Objekte im Graph der Composite Entity aufgrund einer vorherigen Aktualisierung zu speichern sind. Dazu müssen die Entwickler eine spezielle Methode, wie zum Beispiel isDirty, in den abhängigen Objekten implementieren. Der Container ruft diese Methode auf und kann damit prüfen, ob das Objekt seit der letzten ejbStore-Operation aktualisiert worden ist.

Als generische Lösung kann man eine Schnittstelle DirtyMarker verwenden, wie es das Klassendiagramm in Abbildung 8.21 zeigt. Das Konzept beruht darauf, die abhängigen Objekte die Schnittstelle DirtyMarker implementieren zu lassen, um dem Aufrufer (normalerweise der Methode ejbStore) mitzuteilen, ob sich der Zustand des abhängigen Objekts geändert hat. Auf diese Weise kann der Aufrufer entscheiden, ob er die Daten für die darauf folgende Speicherung abruft. Das Sequenzdiagramm in Abbildung 8.22 zeigt eine Beispielinteraktion für diese Strategie.

Der Client aktualisiert die Composite Entity, was in einer Änderung von DependentObject3 resultiert. Der Zugriff auf DependentObject3 erfolgt über sein übergeordnetes Objekt DependentObject2. Die Composite Entity ist das übergeordnete Objekt von DependentObject2. Im Rahmen dieser Aktualisierung wird die Methode setDirty im Objekt DependentObject3 aufgerufen. Wenn der Container später die Methode ejbStore auf dieser Instanz der Composite Entity aufruft, kann die Methode ejbStore prüfen, welche abhängigen Objekte sich geändert haben, und die betreffenden Änderungen selektiv in der Datenbank speichern. Verläuft das Speichern erfolgreich, werden die Änderungsmarkierungen zurückgesetzt.

Die DirtyMarker-Schnittstelle kann auch Methoden enthalten, die andere Formen des persistenten Zustands des abhängigen Objekts feststellen. Wenn beispielsweise ein neues abhängiges Objekt in die Composite Entity aufgenommen wird, sollte die Methode ejbStore erkennen können, welche Operation zu verwenden ist – in diesem Fall hat sich das abhängige Objekt nicht geändert, sondern ist ein neues Objekt. Indem man die DirtyMarker-Schnittstelle um eine Methode isNew erweitert, kann die Methode ejbStore eine Einfügeoperation anstelle einer Aktualisierungsoperation aufrufen. Analog dazu lässt sich eine Methode isDeleted vorsehen, sodass die Methode ejbStore gegebenenfalls die Löschoperation aufrufen kann.

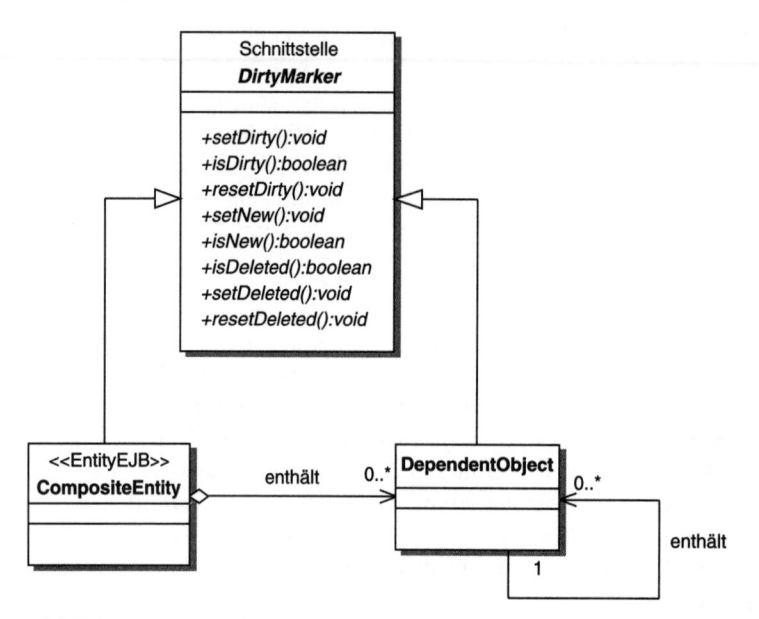

Abbildung 8.21: Klassendiagramm für die Strategie zur Speicheroptimierung

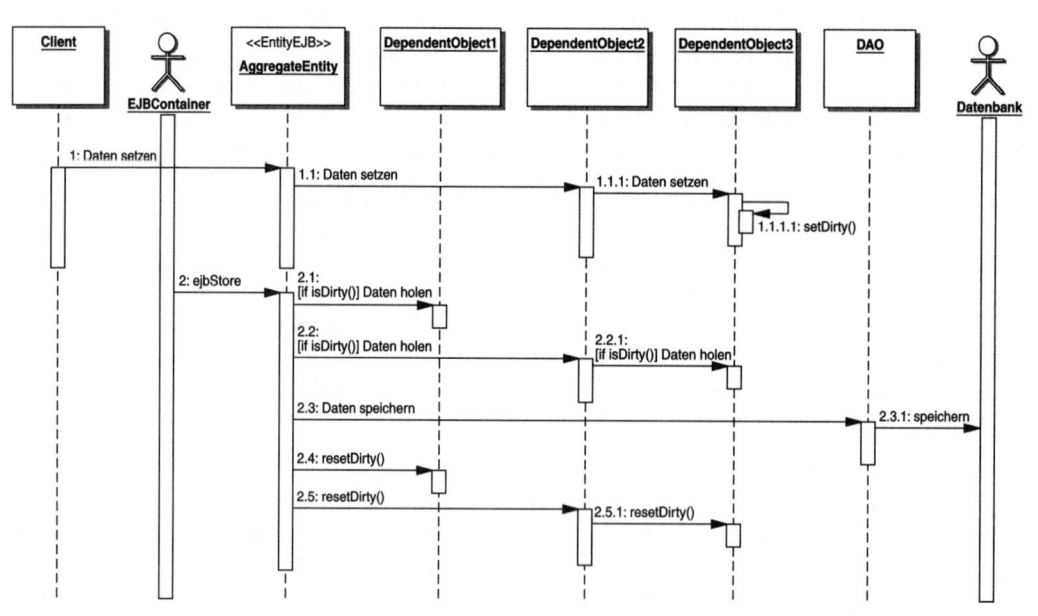

Abbildung 8.22: Sequenzdiagramm für die Strategie zur Speicheroptimierung

Finden Aufrufe der Methode `ejbStore` ohne zwischenzeitliche Aktualisierungen an der Composite Entity statt, wurden keine abhängigen Objekte aktualisiert.

Muster der Geschäftsschicht

Diese Strategie vermeidet umfangreiche Zusatzoperationen, die den ganzen Graph der abhängigen Objekte in der Datenbank speichern, sobald der Container die Methode `ejbStore` aufruft.

Hinweis

Die EJB-Spezifikation 2.0 beinhaltet die Strategien zum Optimieren der Lade- und Speicheroperationen. Man kann diese Strategien aber auch in Implementierungen vor EJB 2.0 verwenden.

Strategie mit Composite Value Object

Mit einer Composite Entity kann ein Client alle angeforderten Informationen in nur einem einzigen entfernten Methodenaufruf erhalten. Da die Composite Entity sowohl das grobkörnige Objekt implementiert bzw. aufnimmt als auch die Hierarchie (oder den Baum) der abhängigen Objekte enthält, kann sie das angeforderte Value Object erzeugen und es an den Client zurückgeben. Dazu wendet sie das Muster *Value Object* an (siehe den Abschnitt »Value Object (Wertobjekt)« weiter vorn in diesem Kapitel). Abbildung 8.23 zeigt das Sequenzdiagramm für diese Strategie.

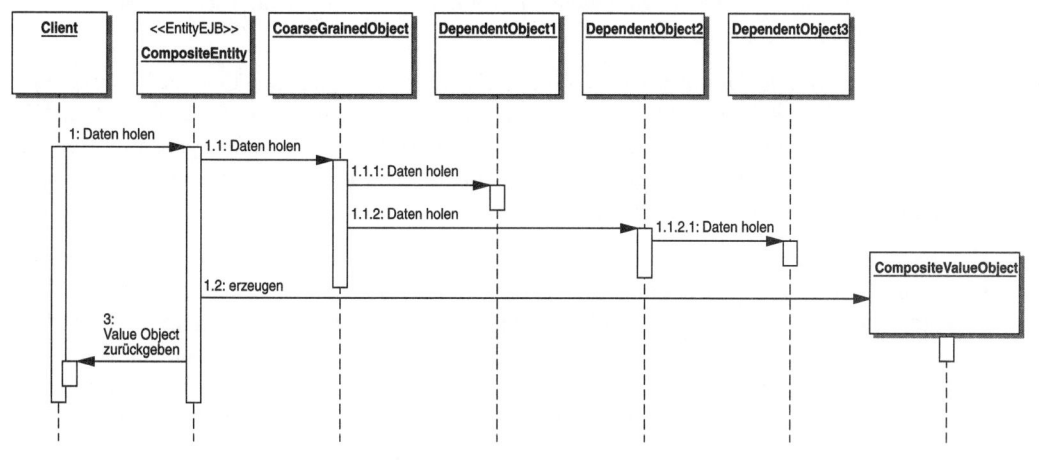

Abbildung 8.23: Sequenzdiagramm für die Strategie mit Composite Value Object

Das Value Object kann ein einfaches Objekt oder ein zusammengesetztes Objekt mit Unterobjekten (ein Graph) sein, je nach den Daten, die der Client anfordert. Das Value Object ist serialisierbar und wird als Wert an den Client übergeben. Das Value Object fungiert nur als Datenübertragungsobjekt; es hat keine Zuständigkeiten in Bezug auf Sicherheit, Transaktionen und Geschäftslogik. Das Value Object packt alle Informationen in ein Objekt, sodass die Informationen mit nur einem Remote-Aufruf statt vieler Remote-Aufrufe erhalten werden. Nachdem der Client das Value Object empfangen hat, laufen alle weiteren Aufrufe vom Client zum Value Object lokal zum Client ab.

Aus diesen Darstellungen geht hervor, wie die Entität alle ihre Daten in einem Composite Value Object verpacken und sie an den Client zurückgeben kann. Allerdings erlaubt diese Strategie auch, dass die Entity Bean nur die angeforderten Daten an den Client zurückgibt. Wenn der Client nur von einer Teilmenge der abhängigen Objekte Daten benötigt, kann das zurückgegebene Composite Value Object Daten enthalten, die nur von den erforderlichen Teilen stammen und nicht von allen abhängigen Objekten. Das wäre eine Anwendung der Strategie »Mehrere Value Objects« des Musters *Value Object* (siehe »Value Object (Wertobjekt)« weiter vorn in diesem Kapitel).

8.4.5 Konsequenzen

- *Eliminiert Beziehungen zwischen Entitäten:* Nach dem Muster *Composite Entity* sind die abhängigen Objekte in einer einzigen Entity Bean zusammengefasst, wodurch alle Beziehungen zwischen Entity Beans untereinander entfallen. Dieses Muster bietet eine zentrale Stelle, um sowohl die Beziehungen als auch die Objekthierarchie zu verwalten.

- *Verbessert die Verwaltbarkeit durch eine geringere Anzahl von Entity Beans:* Wie bereits erwähnt, muss man viele Klassen entwickeln und verwalten, wenn man persistente Objekte als feinkörnige Entity Beans implementiert. Mit einer Composite Entity reduziert sich die Anzahl der EJB-Klassen und der Codeumfang; die Verwaltung wird leichter. Das Muster verbessert die Verwaltbarkeit der Anwendung, weil weniger grobkörnige Komponenten statt vieler feinkörniger Komponenten vorhanden sind.

- *Verbessert Netzwerkperformanz:* Die Zusammenfassung der abhängigen Objekte verbessert die Gesamtleistung, weil kein feinkörniger Datenaustausch zwischen den abhängigen Objekten über das Netzwerk notwendig ist. Falls jedes abhängige Objekt als feinkörnige Entity Bean realisiert ist, schlägt sich das aufgrund der Kommunikation zwischen den einzelnen Entity Beans in einem riesigen Netzwerk-Overhead nieder.

- *Verringert die Abhängigkeit vom Datenbankschema:* Die Anwendung des Musters *Composite Entity* führt zu grobkörnigen Entity-Bean-Implementierungen. Das Datenbankschema bleibt gegenüber den Clients verborgen, da die Zuordnung der Entity Bean zum Schema nur innerhalb der grobkörnigen Entity Bean erfolgt. Änderungen am Datenbankschema, können zwar Änderungen an den Composite Entity Beans erforderlich machen, die Clients spüren jedoch nichts davon, weil die Composite Entity Beans das Schema nicht nach außen hin offen legen.

- *Erhöht die Objektgranularität:* Beim Muster *Composite Entity* sucht der Client gewöhnlich nur nach einer einzigen Entität statt nach einer großen Anzahl von feinkörnigen Entity Beans. Der Client fordert die Daten von der Composite Entity an. Die Composite Entity kann ein Composite Value Object erzeugen, das alle Daten aus der Entity Bean enthält, und das Value Object an den Client zurückgeben, wofür insgesamt nur ein einziger entfernter Methodenaufruf notwendig ist. Dadurch verringert sich der Datenverkehr zwischen dem Client und der Geschäftsschicht.

- *Erleichtert das Erstellen von Composite Value Objects:* Nach dieser Strategie verringert sich der Datenverkehr zwischen dem Client und der Entity Bean, da die Composite Entity ein Composite Value Object in serialisierter Form an den Client senden kann. Obwohl das Value Object alle Daten in einem einzigen entfernten Aufruf zurückgibt, ist der Umfang der zurückgegebenen

Muster der Geschäftsschicht

Daten mit diesem einen Aufruf wesentlich größer als bei separaten Remote-Aufrufen, die einzelne Entity Bean-Eigenschaften abrufen. Dieser Kompromiss ist vertretbar, wenn das Ziel darin besteht, wiederholte Remote-Aufrufe und mehrfache Suchoperationen zu vermeiden.

- *Overhead bei Graphen von abhängigen Objekten in mehreren Ebenen:* Wenn sich der von der Composite Entity verwaltete Graph der abhängigen Objekte über viele Ebenen erstreckt, steigt der Overhead für das Laden und Speichern der abhängigen Objekte. Mit den Optimierungsstrategien zum Laden und Speichern lässt sich zwar dieser Overhead verringern, aber dann ist zusätzlich auf geänderte Objekte zu prüfen, um die angeforderten Objekte zu speichern und zu laden.

8.4.6 Beispielcode

Sehen Sie sich eine Anwendung für professionelle Dienstleistungen (PSA) an, bei der ein Geschäftsobjekt Resource nach dem Muster *Aggregate Entity* implementiert ist. Das Resource-Objekt repräsentiert die Mitarbeiterressource, die Projekten zugeordnet ist. Jedes Resource-Objekt kann über die folgenden abhängigen Objekte verfügen:

- BlockOutTime: Dieses abhängige Objekt repräsentiert den Zeitraum, in dem das Resource-Objekt wegen Training, Urlaub, Freizeit usw. nicht verfügbar ist. Da jede Ressource mehrere Blockierungszeiten haben kann, ist die Beziehung zwischen Resource und BlockOutTime eine 1:n-Beziehung.

- SkillSet: Dieses abhängige Objekt repräsentiert die Fertigkeiten, die eine Ressource besitzt. Ja jede Ressource mehrere Fertigkeiten haben kann, ist die Beziehung zwischen Resource und SkillSet eine 1:n-Beziehung.

Das Muster Composite Entity implementieren

Das Muster für das Geschäftsobjekt Resource ist als Composite Entity (ResourceEntity) implementiert, wie es Beispiel 8.18 zeigt. Die 1:n-Beziehung mit ihren abhängigen Objekten (BlockOutTime und SkillSet) ist mithilfe von Auflistungen implementiert.

Beispiel 8.18: Entity implementiert grobkörniges Objekt

```
package corepatterns.apps.psa.ejb;

import corepatterns.apps.psa.core.*;
import corepatterns.apps.psa.dao.*;
import java.sql.*;
import javax.sql.*;
import java.util.*;
import javax.ejb.*;
import javax.naming.*;

public class ResourceEntity implements EntityBean {
  public String employeeId;
```

```
public String lastName;
public String firstName;
public String departmentId;
public String practiceGroup;
public String title;
public String grade;
public String email;
public String phone;
public String cell;
public String pager;
public String managerId;

// Auflistung von abhängigen BlockOutTime-Objekten
public Collection blockoutTimes;

// Auflistung von abhängigen SkillSet-Objekten
public Collection skillSets;

...

private EntityContext context;

// Implementierung von Entity Bean-Methoden
public String ejbCreate(ResourceVO resource)
throws CreateException {
  try {
    this.employeeId = resource.employeeId;
    setResourceData(resource);
    getResourceDAO().create(resource);
  } catch(Exception ex) {
    throw new EJBException("Grund:" + ...);
  }
  return this.employeeId;
}

public String ejbFindByPrimaryKey(String primaryKey) throws
FinderException {
  boolean result;
  try {
    ResourceDAO resourceDAO = getResourceDAO();
    result =
      resourceDAO.selectByPrimaryKey(primaryKey);
  } catch(Exception ex) {
    throw new EJBException("Grund:" + ...);
  }
  if(result) {
    return primaryKey;
```

```
    }
  else {
    throw new ObjectNotFoundException(...);
  }
}

public void ejbRemove() {
  try {
    // Abhängige Objekte entfernen
    if(this.skillSets != null) {

      SkillSetDAO skillSetDAO = getSkillSetDAO();
      skillSetDAO.setResourceID(employeeId);
      skillSetDAO.deleteAll();
      skillSets = null;
    }
    if(this.blockoutTime != null) {
      BlockOutTimeDAO blockouttimeDAO =
          getBlockOutTimeDAO();
      blockouttimeDAO.setResourceID(employeeId);
      blockouttimeDAO.deleteAll();
      blockOutTimes = null;
    }

    // Ressource aus persistentem Speicher entfernen
    ResourceDAO resourceDAO = new
      ResourceDAO(employeeId);
    resourceDAO.delete();
  } catch(ResourceException ex) {
    throw new EJBException("Grund:"+...);
  } catch(BlockOutTimeException ex) {
    throw new EJBException("Grund:"+...);
  } catch(SkillSetException ex) {
    throw new EJBException("Grund:" + ...);
  } catch(Exception exception) {
    ...
  }
}

public void setEntityContext(EntityContext context) {
  this.context = context;
}

public void unsetEntityContext() {
  context = null;
}
```

```java
public void ejbActivate() {
  employeeId = (String)context.getPrimaryKey();
}

public void ejbPassivate() {
  employeeId = null;
}

public void ejbLoad() {
  try {
    // Ressourcen-Info laden
    ResourceDAO resourceDAO = getResourceDAO();
    setResourceData((ResourceVO)
      resourceDAO.load(employeeId));

    // Bei Bedarf andere abhängige Objekte laden
    ...
  } catch(Exception ex) {
    throw new EJBException("Grund:" + ...);
  }
}

public void ejbStore() {
  try {
    // Ressourcen-Info speichern
    getResourceDAO().update(getResourceData());

    // Abhängige Objekte je nach Erfordernis speichern
    ...
  } catch(SkillSetException ex) {
    throw new EJBException("Grund:" + ...);
  } catch(BlockOutTimeException ex) {
    throw new EJBException("Grund:" + ...);
  }
  ...
}
public void ejbPostCreate(ResourceVO resource) {
}

// Methode, um Value Object Resource zu holen
public ResourceVO getResourceVO() {
  // Ein neues Value Object Resource erzeugen
  ResourceVO resourceVO = new
      ResourceVO(employeeId);

  // Alle Werte kopieren
  resourceVO.lastName = lastName;
```

Muster der Geschäftsschicht

```java
    resourceVO.firstName = firstName;
    resourceVO.departmentId = departmentId;
    ...
    return resourceVO;
}

public void setResourceData(ResourceVO resourceVO) {
    // Werte aus Value Object in Entity Bean kopieren
    employeeId = resourceVO.employeeId;
    lastName = resourceVO.lastName;
    ...
}

// Methode, um abhängige Objekte zu holen
public Collection getSkillSetsData() {
    // skillSets zuerst laden, falls noch nicht geladen.
    // Siehe Implementierung der Lazy Load-Strategie.

    return skillSets;
}
...

// Andere Get-/Set-Methoden nach Bedarf laden
...

// Entity Bean-Geschäftsmethoden
public void addBlockOutTimes(Collection moreBOTs)
throws BlockOutTimeException {
    // Hinweis: moreBOTs ist eine Auflistung von
    // BlockOutTimeVO-Objekten
    try {
        Iterator moreIter = moreBOTs.iterator();
        while(moreIter.hasNext()) {
            BlockOutTimeVO botVO = (BlockOutTimeVO)
                        moreIter.next();
            if (! (blockOutTimeExists(botVO))) {
                // BlockOutTimeVO in Auflistung hinzufügen
                botVO.setNew();
                blockOutTime.add(botVO);
            } else {
                // BlockOutTimeVO bereits vorhanden, Hinzufügen nicht
                // möglich
                throw new BlockOutTimeException(...);
            }
        }
    } catch(Exception exception) {
        throw new EJBException(...);
```

```java
    }
  }

  public void addSkillSet(Collection moreSkills)
  throws SkillSetException {
    // Ähnlich zur addBlockOutTime()-Implementierung
    ...
  }

  ...

  public void updateBlockOutTime(Collection updBOTs)
  throws BlockOutTimeException {
    try {
      Iterator updIter = updBOTs.iterator();
      while (updIter.hasNext()) {
        BlockOutTimeVO botVO = (BlockOutTimeVO)
          updIter.next();
        Iterator botIter = blockOutTimes.iterator();
        while (botIter.hasNext()) {
          BlockOutTimeVO existingBOT =
            (BlockOutTimeVO) botIter.next();
          // Schlüsselwerte vergleichen, um BlockOutTime
          // zu lokalisieren
          if (existingBOT.equals(botVO)) {
            // BlockOutTime in Auflistung gefunden
            // Altes BlockOutTimeVO durch neues ersetzen
            botVO.setDirty(); // modifiziertes altes abhängiges,
            botVO.resetNew(); // kein neues abhängiges Objekt
            existingBOT = botVO;
          }
        }
      }
    } catch (Exception exc) {
      throw new EJBException(...);
    }
  }

  public void updateSkillSet(Collection updSkills)
  throws CommitmentException {
    // Ähnlich zu updateBlockOutTime...
    ...
  }

  ...

}
```

Muster der Geschäftsschicht

Die Strategie Lazy Loading implementieren

Wenn der Container die Composite Entity erstmals in der Methode ejbLoad lädt, nehmen wir an, dass nur die Ressourcendaten zu laden sind. Dazu gehören alle Attribute, die in der ResourceEntity-Bean aufgelistet sind, außer den abhängigen Objektsammlungen. Die abhängigen Objekte brauchen somit nur dann geladen zu werden, wenn der Client eine Geschäftsmethode aufruft, die das Laden dieser abhängigen Objekte erfordert. Bei darauf folgenden Aufrufen muss die Methode ejbLoad die auf diese Weise geladenen abhängigen Objekte verfolgen und sie in das erneute Laden einschließen.

Beispiel 8.19 zeigt die relevanten Methoden aus der Klasse ResourceEntity.

Beispiel 8.19: Die Strategie Lazy Loading implementieren

```
...
public Collection getSkillSetsData() {
throws SkillSetException {
  checkSkillSetLoad();
  return skillSets;
}

private void checkSkillSetLoad()
throws SkillSetException {
  try {
    // Lazy Load-Strategie...Laden auf Anforderung
    if (skillSets == null)
      skillSets =
        getSkillSetDAO(resourceId).loadAll();
  } catch(Exception exception) {
    // Keine Fertigkeiten, eine Ausnahme auslösen
    throw new SkillSetException(...);
  }
}

...

public void ejbLoad() {
  try {
    // Ressourcen-Info laden
    ResourceDAO resourceDAO = new
      ResourceDAO(employeeId);
    setResourceData((ResourceVO)resourceDAO.load());

    // Wenn die lazy geladenen Objekte bereits
    // geladen sind, müssen sie erneut geladen werden.
    // Wenn sie noch nicht geladen sind, nicht hier
    // laden...Lazy Load lädt sie später.
    if (skillSets != null) {
```

```
        reloadSkillSets();
      }
      if (blockOutTimes != null) {
        reloadBlockOutTimes();
      }
      ...
      throw new EJBException("Grund:"+...);
    }
  }
```

...

Die Strategie zur Speicheroptimierung (Dirty Marker) implementieren

Um die Strategie Speicheroptimierung zu verwenden, müssen die abhängigen Objekte die Schnittstelle `DirtyMarker` implementiert haben, die in Beispiel 8.20 dargestellt ist. Beispiel 8.21 zeigt die Methode `ejbStore`, die eine Optimierung nach dieser Strategie realisiert.

Beispiel 8.20: Die vom abhängigen Objekt SkillSet implementierte Schnittstelle DirtyMarker

```
public class SkillSetVO implements DirtyMarker, java.io.Serializable {
  private String skillName;
  private String expertiseLevel;
  private String info;
  ...

  // Flag für Änderung (Dirty Flag)
  private boolean dirty = false;

  // Flag für neues Objekt
  private boolean isnew = true;

  // Flag für gelöschtes Objekt
  private boolean deleted = false;

  public SkillSetVO(...) {
    // Initialisierung
    ...
    // Ist neues Value Object
    setNew();
  }

  // Get-/Set- und andere Methoden für SkillSet
  // Alle Set- und Änderungsmethoden müssen
  // setDirty() aufrufen
  public setSkillName(String newSkillName) {
```

Muster der Geschäftsschicht

```
    skillName = newSkillName;
    setDirty();
  }
  ...

  // DirtyMarker-Methoden nur für modifizierte
  // Value Objects verwendet
  public void setDirty() {
    dirty = true;
  }
  public void resetDirty() {
    dirty = false;
  }
  public boolean isDirty() {
    return dirty;
  }

  // Nur für neue Value Objects verwendet
  public void setNew() {
    isnew = true;
  }
  public void resetNew() {
    isnew = false;
  }
  public boolean isNew() {
    return isnew;
  }

  // Nur für gelöschte Objekte verwendet
  public void setDeleted() {
    deleted = true;
  }
  public boolean isDeleted() {
    return deleted;
  }
  public void resetDeleted() {
    deleted = false;
  }

}
```

Beispiel 8.21: Speicheroptimierung implementieren

```
...

public void ejbStore() {
  try {
    // Obligatorische Daten laden
    getResourceDAO().update(getResourceData());

    // Speicheroptimierung für abhängige Objekte
    // Änderung prüfen und speichern
    // Bindungen prüfen und speichern
    if (skillSets != null) {
      // DAO für Speicheroperation holen
      SkillSetDAO skillSetDAO = getSkillSetDAO();
      Iterator skillIter = skillSet.iterator();
      while(skillIter.hasNext()) {
        SkillSetVO skill =
          (SkillSetVO) skillIter.next();
        if (skill.isNew()) {
          // Das ist ein neues abhängiges Objekt,
          // also einfügen
          skillSetDAO.insert(skill);
          skill.resetNew();
          skill.resetDirty();
        }
        else if (skill.isDeleted()) {
          // Skill löschen
          skillSetDAO.delete(skill);
          // Aus Liste der abhängigen Objekte entfernen
          skillSets.remove(skill);
        }
        else if (skill.isDirty()) {
          // Skill speichern, wurde geändert
          skillSetDAO.update(skill);
          // Gespeichert, Flag für Änderung zurücksetzen.
          skill.resetDirty();
          skill.resetNew();
        }
      }
    }

    // In gleicher Weise Speicheroptimierung für
    // andere abhängige Objekte implementieren, z.B.:

    // BlockOutTime, ...
    ...
```

```
    } catch(SkillSetException ex) {
      throw new EJBException("Grund:"+...);
    } catch(BlockOutTimeException ex) {
      throw new EJBException("Grund:"+...);
    } catch(CommitmentException ex) {
      throw new EJBException("Grund:"+...);
    }
  }
```

...

Die Strategie Composite Value Object implementieren

Sehen wir uns nun die Anforderung an, bei der der Client alle Daten von der ResourceEntity erhalten muss und nicht nur einen Teil davon. Hierfür eignet sich die Strategie Composite Value Object, wie es Beispiel 8.22 zeigt.

Beispiel 8.22: Die Strategie Composite Value Object implementieren

```
public class ResourceCompositeVO {
  private ResourceVO resourceData;
  private Collection skillSets;
  private Collection blockOutTimes;

  // Value Object-Konstruktoren
  ...

  // Get-/Set-Methoden
  ...
}
```

Die in Beispiel 8.23 dargestellte Methode getResourceDetailsData des Objekts ResourceEntity gibt das Composite Value Object ResourceCompositeVO zurück.

Beispiel 8.23: Das Composite Value Object erzeugen

```
...
public ResourceCompositeVO getResourceDetailsData() {
  ResourceCompositeVO compositeVO =
    new ResourceCompositeVO (getResourceData(),
        getSkillsData(), getBlockOutTimesData());
  return compositeVO;
}
...
```

8.4.7 Verwandte Muster

- *Value Object:* Das Muster *Composite Entity* verwendet das Muster *Value Object*, um das an den Client zurückzugebende Value Object zu erzeugen. Das Muster *Value Object* dient dazu, den Baum – oder Teile des Baums – des grobkörnigen Objekts und der abhängigen Objekte je nach Anforderung zu serialisieren.

- *Session Facade:* Wenn abhängige Objekte vornehmlich Entity Beans statt beliebige Java-Objekte sind, versuchen Sie, das Muster *Session Facade* zu verwenden, um die Beziehungen zwischen den Entity Beans zu verwalten.

- *Value Object Assembler:* Wenn ein Composite Value Object von der Composite Entity zu holen ist (siehe »Erleichtert das Erstellen von Composite Value Objects« im Abschnitt »Konsequenzen«), ähnelt dieses Muster dem Muster *Value Object Assembler*. In diesem Fall sind jedoch die Datenquellen für alle Value Objects in der Zusammensetzung Teile der Composite Entity selbst, während die Datenquellen beim Value Object Assembler verschiedene Entity Beans, Session Beans, Data Access Objects, Java-Objekte usw. sein können.

Entity Bean als abhängiges Objekt: Fragen und Empfehlungen

Normalerweise entwerfen wir abhängige Objekte als Java-Objekte, die eine direkte Beziehung zu dem übergeordneten grobkörnigen Objekt haben. Allerdings gibt es Situationen, in denen ein abhängiges Objekt selbst als Entity Bean erscheint. Das kann vorkommen, wenn

1. das abhängige Objekt von zwei verschiedenen übergeordneten Objekten abhängt (wie es bei Zuordnungsklassen der Fall ist),

2. das abhängige Objekt bereits als Entity Bean in derselben Anwendung existiert oder aus einer anderen Anwendung importiert wird.

In diesen Fällen muss der Lebenszyklus des abhängigen Objekts nicht in direkter Beziehung zu einem einzelnen übergeordneten grobkörnigen Objekt stehen und von diesem verwaltet werden. Was also tun Sie, wenn ein abhängiges Objekt eine Entity Bean ist, wenn Sie ein abhängiges Objekt sehen, das nicht vollständig von seinem übergeordneten Objekt abhängt, oder wenn Sie sein alleiniges übergeordnetes Objekt nicht identifizieren können?

Sehen wir uns jeden Fall im Detail an.

Fall 1: Das abhängige Objekt hängt von zwei übergeordneten Objekten ab

Untersuchen wir das anhand des folgenden Beispiels. Ein `Commitment`-Objekt (Bindung) repräsentiert eine Zuordnung zwischen einem `Resource`- und einem `Project`-Objekt.

Abbildung 8.24 zeigt ein Klassendiagramm mit Beziehungen zwischen den Objekten `Project`, `Resource` und `Commitment`.

`Commitment` ist ein abhängiges Objekt. Sowohl `Project`- als auch `Resource`-Objekte sind grobkörnige Objekte. Jedes `Project`-Objekt hat eine 1:n-Beziehung mit `Commitment`-Objekten. Außerdem hat jedes `Resource`-Objekt eine 1:n-Beziehung mit `Commitment`-Objekten. Ist nun `Commitment` ein

Muster der Geschäftsschicht

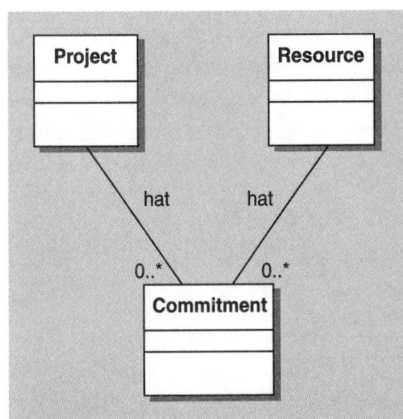

Abbildung 8.24: Beispiel: Abhängiges Objekt mit zwei übergeordneten Objekten

abhängiges Objekt von Project oder von Resource? Um diese Frage zu beantworten, müssen wir die Interaktionen für die Anwendungsfälle analysieren, bei denen diese drei Objekte beteiligt sind. Wenn Sie Commitment zu einem abhängigen Objekt von Project machen und dann das Resource-Objekt auf seine Liste der Commitment-Objekte zugreift, muss dieser Zugriff über das Project-Objekt erfolgen.

Ist andererseits Commitment von Resource abhängig und das Project-Objekt greift auf seine Liste der Commitment-Objekte zu, muss dieser Zugriff über das Resource-Objekt erfolgen. Beide Möglichkeiten bringen Beziehungen zwischen Entity Beans untereinander in den Entwurf ein.

Wie liegen nun die Dinge, wenn das Commitment-Objekt als Entity Bean statt als abhängiges Objekt konzipiert ist? Dann sind die Beziehungen zwischen dem Project-Objekt und seiner Liste der Commitment-Objekte sowie zwischen einem Resource-Objekt und seiner Liste der Commitment-Objekte Beziehungen zwischen Entity Beans untereinander. Das Problem verschlimmert sich insofern, dass jetzt zwei Beziehungen zwischen Entity Beans untereinander vorhanden sind.

Beziehungen zwischen Entity Beans untereinander sind nicht empfehlenswert aufgrund des notwendigen Overheads, um eine derartige Beziehung zu verwalten und aufrechtzuerhalten.

Fall 2: Das abhängige Objekt ist bereits als Entity Bean vorhanden

In diesem Fall scheint ein Weg, diese Beziehung zu modellieren, darin zu bestehen, den Primärschlüssel des abhängigen Objekts im grobkörnigen Objekt zu speichern. Wenn das grobkörnige Objekt auf das abhängige Objekt zugreifen muss, resultiert das in einem Aufruf von Entity Beans untereinander. Abbildung 8.25 zeigt das Klassendiagramm für dieses Beispiel.

Abbildung 8.26 gibt das Sequenzdiagramm für dieses Szenario wieder. Die Composite Entity verwendet die Referenzen auf die abhängigen Objekte, um nach den angeforderten abhängigen Entity Beans zu suchen. Wie die Abbildung zeigt, ist in diesem Fall das abhängige Objekt ein Proxy für die abhängige Entity Bean.

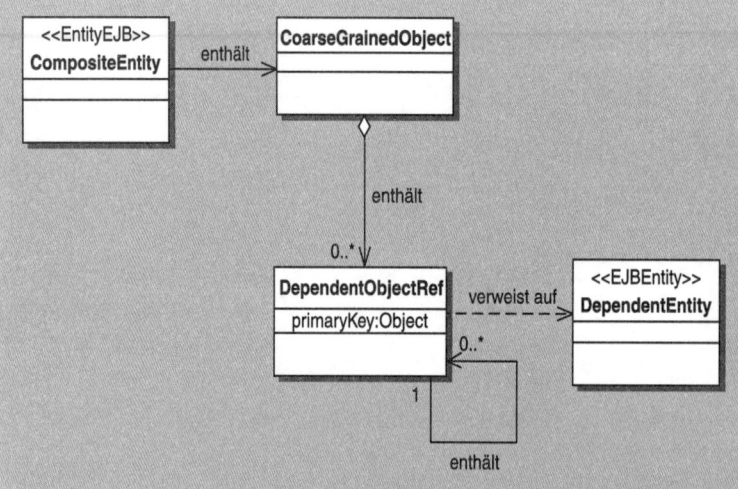

Abbildung 8.25: Klassendiagramm für den Fall, dass das abhängige Objekt eine Entity Bean ist

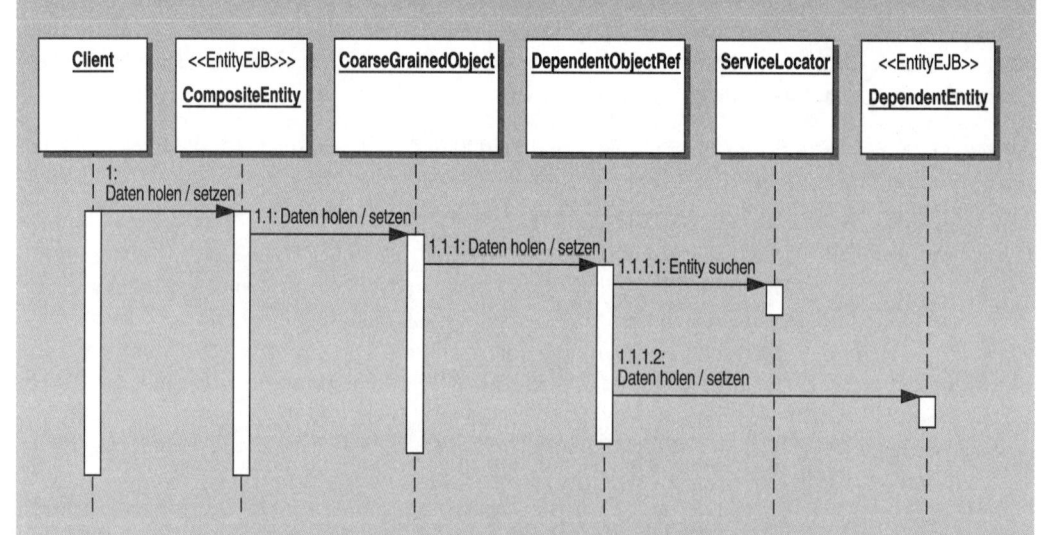

Abbildung 8.26: Sequenzdiagramm für den Fall, dass das abhängige Objekt eine Entity Bean ist

Obwohl sich damit die Forderung nach Verwendung einer abhängigen Entity Bean von einer übergeordneten Entity Bean realisieren lässt, ist das keine elegante Lösung. Um die Komplexität des Entwurfs und der Verwaltung von Beziehungen zwischen Entity Beans zu vermeiden, sollte man stattdessen eine Session Bean verwenden, um die Verwaltung der Beziehungen unter den Entity Beans zu unterstützen. Unserer Erfahrung nach hilft das Muster *Session Facade*, dieses Problem zu umgehen, und bietet eine bessere Möglichkeit, Beziehungen zwischen Entity Beans untereinander zu verwalten.

Muster der Geschäftsschicht

Wir empfehlen also, Beziehungen zwischen Entity Beans untereinander zu vermeiden und derartige Beziehungen mithilfe des Musters *Session Facade* (siehe »Session Facade (Sitzungsfassade)« weiter vorn in diesem Kapitel) in eine Session Bean herauszuziehen.

8.5 Value Object Assembler

8.5.1 Kontext
In einer J2EE-Anwendung sind die serverseitigen Geschäftskomponenten als Session Beans, Entity Beans, Data Access Objects usw. implementiert. Anwendungsclients müssen häufig auf Daten zugreifen, die aus mehreren Objekten stammen.

8.5.2 Problem
Anwendungsclients fordern normalerweise die Daten für das Modell oder Teile des Modells an, um sie dem Benutzer zu präsentieren oder für einen Zwischenverarbeitungsschritt zu verwenden, bevor ein bestimmter Dienst bereitgestellt wird. Das Anwendungsmodell ist eine Abstraktion der Geschäftsdaten und der Geschäftslogik, die auf der Serverseite als Geschäftskomponenten implementiert sind. Ein Modell lässt sich ausdrücken als eine Sammlung von Objekten, die in strukturierter Form (Baum oder Graph) zusammengestellt sind. In einer J2EE-Anwendung ist das Modell eine verteilte Sammlung von Objekten wie Session Beans, Entity Beans oder DAOs und anderer Objekte. Damit ein Client die Daten für das Modell erhalten kann, um es dem Benutzer anzuzeigen oder bestimmte Verarbeitungsschritte durchzuführen, muss er auf jedes verteilte Objekt, das im Modell definiert ist, einzeln zugreifen. Diese Lösung hat mehrere Nachteile:

- Da der Client auf jede verteilte Komponente einzeln zugreifen muss, gibt es eine enge Kopplung zwischen dem Client und den verteilten Komponenten des Modells über das Netzwerk.

- Der Client greift auf die verteilten Komponenten über die Netzwerkschicht zu, was bei einem Modell mit zahlreichen verteilten Komponenten zur Leistungsminderung führen kann. Eine verringerte Netzwerk- und Clientleistung kann auftreten, wenn eine Reihe von verteilten Geschäftskomponenten das Anwendungsmodell implementieren und der Client direkt mit diesen Komponenten interagiert, um Modelldaten von diesen Komponenten zu erhalten. Jeder derartige Zugriff führt zu einem entfernten Methodenaufruf, der Netzwerk-Overhead mit sich bringt und den Datenverkehr zwischen dem Client und der Geschäftsschicht erhöht.

- Der Client muss das Modell rekonstruieren, nachdem er die Teile des Modells aus den verteilten Komponenten erhalten hat. Deshalb muss der Client über die erforderliche Geschäftslogik verfügen, um das Modell zu konstruieren. Wenn die Konstruktion des Modells kompliziert ist und viele Objekte an seiner Definition beteiligt sind, kann es zu zusätzlichem Leistungs-Overhead beim Client infolge des Konstruktionsprozesses kommen. Außerdem muss der Client die Geschäftslogik enthalten, um die Beziehungen zwischen den Komponenten zu verwalten, was in einem komplizierteren und größeren Client resultiert. Wenn der Client das Anwendungsmodell konstruiert, findet die Konstruktion auf der Clientseite statt. Komplizierte Modellkonstruktion kann zu einem beträchtlichen Leistungs-Overhead auf der Clientseite bei Clients mit begrenzten Ressourcen führen.

- Da der Client eng an das Modell gekoppelt ist, ziehen Änderungen am Modell auch Änderungen am Client nach sich. Wenn es obendrein unterschiedliche Arten von Clients gibt, ist es schwieriger, die Änderungen über alle Clienttypen hinweg zu verwalten. Besteht eine enge Kopplung zwischen der Client- und der Modellimplementierung, was der Fall ist, wenn der Client direkt Kenntnis vom Modell hat und die Beziehungen der Geschäftskomponenten verwaltet, dann bedingen Änderungen am Modell auch Änderungen am Client. Darüber hinaus besteht das Problem, dass Code für den Zugriff auf das Modell mehrfach vorhanden ist, was bei Anwendungen mit mehreren Clienttypen gegeben ist. Diese Codeverdopplung macht die Clientcodeverwaltung schwieriger, wenn sich das Modell ändert.

8.5.3 Kräfte

- Zwischen dem Client und den serverseitigen Komponenten ist eine Trennung der Geschäftslogik notwendig.
- Da das Modell aus verteilten Komponenten besteht, ist der Zugriff auf jede Komponente mit einem Netzwerk-Overhead verbunden. Es ist anzustreben, die Anzahl der entfernten Methodenaufrufe über das Netzwerk zu minimieren.
- Der Client muss in der Regel nur das Modell erhalten, um es dem Benutzer zu präsentieren. Wenn der Client mit mehreren Komponenten interagieren muss, um das Modell en passant zu konstruieren, wächst der Datenaustausch zwischen dem Client und der Anwendung und der Netzwerkdurchsatz verschlechtert sich.
- Selbst wenn der Client eine Aktualisierung ausführen möchte, aktualisiert er nur bestimmte Teile des Modells und nicht das gesamte Modell.
- Clients müssen die Komplikationen und Abhängigkeiten in der Modellimplementierung nicht kennen. Anzustreben ist eine lockere Kopplung zwischen den Clients und den Geschäftskomponenten, die das Anwendungsmodell implementieren.
- Clients brauchen nicht anderweitig die zusätzliche Geschäftslogik, die erforderlich ist, um das Modell aus verschiedenen Geschäftskomponenten zu konstruieren.

8.5.4 Lösung

Verwenden Sie einen Value Object Assembler, um das angeforderte Modell oder Teilmodell zu erstellen. Der Value Object Assembler verwendet Value Objects, um Daten von verschiedenen Geschäftsobjekten und anderen Objekten abzurufen, die das Modell oder Teile davon definieren.

Der Value Object Assembler konstruiert ein Composite Value Object, das Daten von verschiedenen Geschäftskomponenten repräsentiert. Das Value Object überträgt die Daten für das Modell in einem einzigen Methodenaufruf zum Client. Da die Modelldaten sehr komplex sein können, empfiehlt es

Muster der Geschäftsschicht

sich, dass dieses Value Object unveränderlich ist. Das heißt, der Client erhält derartige Value Objects, um sie ausschließlich zur Präsentation und zur Verarbeitung mit Leseoperationen zu verwenden. Den Clients ist es nicht gestattet, Änderungen an den Value Objects vorzunehmen.

Wenn der Client die Modelldaten benötigt und das Modell durch eine einzige grobkörnige Komponente dargestellt wird (zum Beispiel als Composite Entity), ist das Abrufen der Modelldaten ein einfacher Vorgang. Der Client fordert einfach die grobkörnige Komponente für sein Composite Value Object an. In den meisten praktischen Anwendungen stellt das Modell jedoch eine Kombination zahlreicher grobkörniger und feinkörniger Komponenten dar. In diesem Fall muss der Client mit vielen derartigen Geschäftskomponenten interagieren, um alle erforderlichen Daten zur Repräsentation des Modells einzuholen. Die unmittelbaren Nachteile dieser Lösung zeigen sich darin, dass die Clients eng an die Modellimplementierung (Modellelemente) gekoppelt sind und zahlreiche Remote-Methodenaufrufe durchführen, um die Daten von jeder einzelnen Komponente abzurufen.

In manchen Fällen stellt eine einzige grobkörnige Komponente das Modell oder Teile des Modells als einzelnes (einfaches oder zusammengesetztes) Value Object bereit. Wenn jedoch mehrere Komponenten das Modell repräsentieren, kann ein einziges (einfaches oder zusammengesetztes) Value Object nicht das komplette Modell darstellen. Um das Modell zu repräsentieren, sind Value Objects aus verschiedenen Komponenten abzurufen und in einem neuen Composite Value Object zusammenzusetzen (sprich: zu assemblieren). Eine derartige dynamische Konstruktion des Modells sollte der Server und nicht der Client durchführen.

Struktur

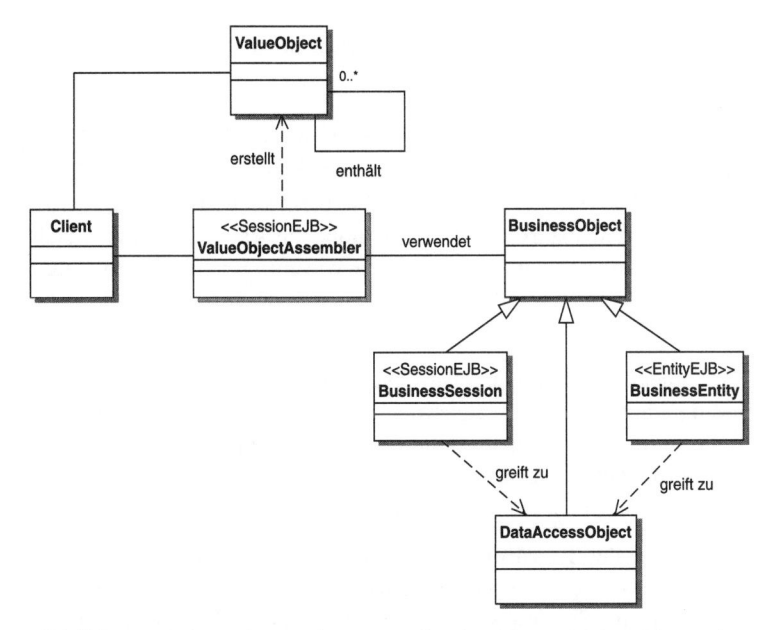

Abbildung 8.27: Klassendiagramm für das Muster Value Object Assembler

Teilnehmer und Zuständigkeiten

Das Sequenzdiagramm in Abbildung 8.28 zeigt die Interaktionen zwischen den verschiedenen Teilnehmern im Muster *Value Object Assembler*.

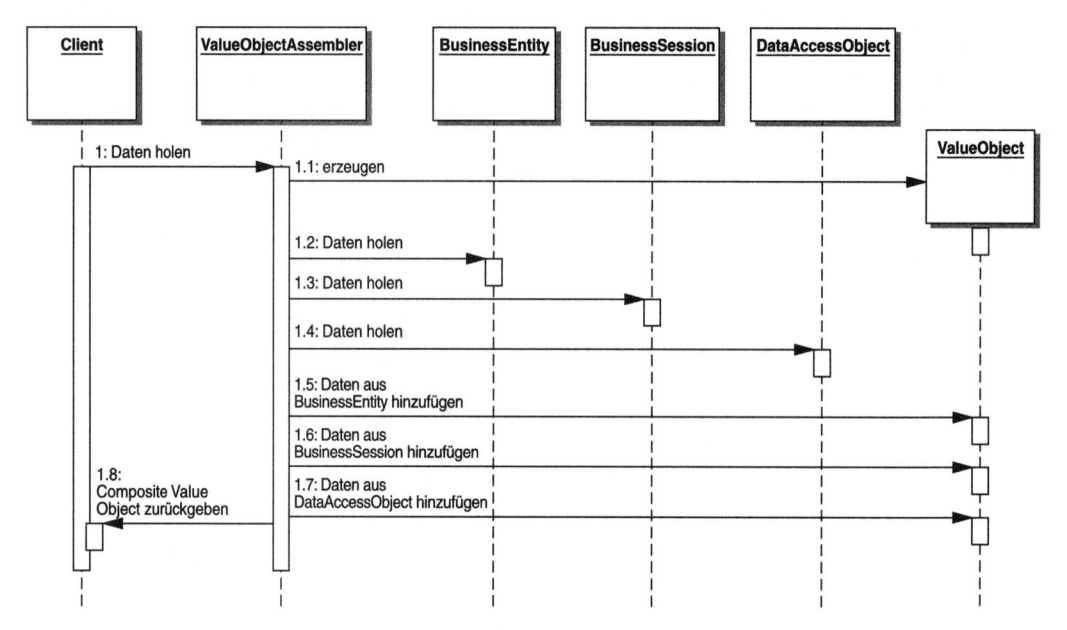

Abbildung 8.28: Sequenzdiagramm für das Muster Value Object Assembler

ValueObjectAssembler
ValueObjectAssembler ist die Hauptklasse dieses Musters. Das ValueObjectAssembler-Objekt konstruiert ein neues Value Object basierend auf den Anforderungen der Anwendung, wenn der Client ein Composite Value Object anfordert. Das ValueObjectAssembler-Objekt sucht dann die angeforderten BusinessObject-Instanzen, um Daten abzurufen und das Composite Value Object zu erstellen. BusinessObject-Objekte sind Komponenten der Geschäftsebene wie zum Beispiel Entity Beans und Session Beans, DAOs usw.

Client
Wenn das ValueObjectAssembler-Objekt als beliebiges Java-Objekt implementiert ist, dann ist der Client normalerweise eine Session Facade, die die Steuerungsschicht für die Geschäftsschicht bereitstellt. Ist das ValueObjectAssembler-Objekt als Session Bean implementiert, dann kann der Client eine Session Facade oder ein Business Delegate sein.

BusinessObject
Das BusinessObject-Objekt nimmt an der Konstruktion des neuen Value Objects teil, indem es die angeforderten Daten an das ValueObjectAssembler-Objekt liefert. Demzufolge ist das BusinessObject-Objekt eine Rolle, die eine Session Bean, eine Entity Bean, ein DAO oder ein normales Java-Objekt erfüllen kann. Wenn der Assembler Daten direkt aus dem persistenten Speicher

abrufen muss, um das Value Object zu erstellen, kann er ein DAO verwenden. In den Zeichnungen ist das als `DataAccessObject` gekennzeichnet.

ValueObject
Das `ValueObject`-Objekt ist ein Composite Value Object, das vom `ValueObjectAssembler`-Objekt konstruiert und an den Client zurückgegeben wird. Es repräsentiert die komplexen Daten aus verschiedenen Komponenten, die das Anwendungsmodell definieren.

Strategien

Dieser Abschnitt erläutert verschiedene Strategien, um ein Muster *Value Object Assembler* zu implementieren.

Strategie mit Java-Objekt
Das Objekt `ValueObjectAssembler` muss keine Enterprise Bean sein, sondern lässt sich mit einem beliebigen Java-Objekt implementieren. In derartigen Implementierungen steht gewöhnlich eine Session Bean vor dem `ValueObjectAssembler`-Objekt. Diese Session Bean ist normalerweise eine Session Facade, die ihre übrigen Pflichten hinsichtlich der Bereitstellung von Geschäftsdiensten wahrnimmt. Unabhängig von den Implementierungsstrategien läuft das `ValueObjectAssembler`-Objekt in der Geschäftsschicht. Dieses Verfahren soll vor allem verhindern, dass entfernte Aufrufe vom `ValueObjectAssembler` zu den Quellobjekten die Schicht durchqueren.

Strategie mit Session Bean
Diese Strategie implementiert das `ValueObjectAssembler`-Objekt als Session Bean (wie es im Klassendiagramm zu sehen ist). Wenn eine Session Bean-Implementierung vorzuziehen ist, um das `ValueObjectAssembler`-Objekt als Geschäftsdienst bereitzustellen, implementiert man sie normalerweise als zustandslose Session Bean. Die Geschäftskomponenten, aus denen sich das Anwendungsmodell zusammensetzt, sind dauernd in Transaktionen mit verschiedenen Clients einbezogen. Wenn ein `ValueObjectAssembler`-Objekt ein neues Composite Value Object aus verschiedenen Geschäftsobjekten konstruiert, produziert es einen Schnappschuss des Modells für den Zeitpunkt der Konstruktion. Das Modell könnte sich unmittelbar ändern, nachdem ein anderer Client eine oder mehrere Geschäftskomponenten und damit praktisch das Modell der Geschäftsanwendung ändert.

Folglich bringt es keine Vorteile, wenn man das `ValueObjectAssembler`-Objekt als zustandsbehaftete Session Bean statt als zustandslose Session Bean implementiert, denn es ist wirkungslos, den Zustand des zusammengesetzten Modelldatenwertes zu sichern, wenn sich das zugrunde liegende Modell ändert – dann ist nämlich das vom Assembler gespeicherte Value Object veraltet. Bei der nächsten Anforderung nach dem Value Object gibt das `ValueObjectAssembler`-Objekt entweder einen veralteten Zustand zurück oder rekonstruiert das Value Object, um den neuesten Schnappschuss zu erhalten. Deshalb sollte der Assembler als zustandslose Session Bean ausgeführt sein, um die Vorteile der zustandslosen gegenüber der zustandsbehafteten Session Beans zu nutzen.

Ändert sich jedoch das zugrunde liegende Modell nur selten, dann kann der Assembler eine zustandsbehaftete Session Bean sein und das neu konstruierte Value Object bewahren. In diesem Fall muss das `ValueObjectAssembler`-Objekt in der Lage sein, Änderungen am zugrunde liegenden Modell zu erkennen und das Modell für die nächste Clientanforderung zu rekonstruieren.

Geschäftsobjekt -Strategie
Die `BusinessObject`-Rolle in diesem Muster lässt sich durch verschiedene Objekttypen unterstützen:

- *Session Bean*: Der Value Object Assembler kann einen Service Locator verwenden (siehe »Service Locator« später in diesem Kapitel), um die angeforderte Session Bean zu suchen. Der Value Object Assembler fordert von dieser Session Bean die Daten an, um das Composite Value Object zu konstruieren.

- *Entity Bean*: Der Value Object Assembler kann einen Service Locator verwenden, um die angeforderte Entity Bean zu suchen. Der Value Object Assembler fordert von dieser Entity Bean die Daten an, um das Composite Value Object zu konstruieren.

- *DAO*: Der Value Object Assembler fordert von diesem DAO die Daten an, um das Composite Value Object zu konstruieren.

- *Beliebiges Java-Objekt*: Der Value Object Assembler fordert von diesem Java-Objekt die Daten an, um das Composite Value Object zu konstruieren.

- *Anderer Value Object Assembler*: Der erste Value Object Assembler fordert vom zweiten Value Object Assembler die Daten an, um das Composite Value Object zu konstruieren.

8.5.5 Konsequenzen

- *Trennt die Geschäftslogik:* Enthält der Client die Logik, um die Interaktionen mit verteilten Komponenten zu verwalten, wird es schwierig, die Geschäftslogik klar von der Clientschicht zu trennen. Der Value Object Assembler enthält die Geschäftslogik, um die Objektbeziehungen zu verwalten und das Composite Value Object zu konstruieren, das das Modell repräsentiert. Der Client braucht nicht zu wissen, wie das Modell zu konstruieren ist. Das Gleiche gilt für die verschiedenen Komponenten, die Daten für das Zusammensetzen des Modells bereitstellen.

- *Verringert die Kopplung zwischen Clients und dem Anwendungsmodell:* Der Value Object Assembler verbirgt die Komplexität der Konstruktion der Modelldaten gegenüber den Clients und richtet eine lockere Kopplung zwischen Clients und dem Modell ein. Wenn sich das Modell ändert und eine lose Kopplung besteht, fordert der Value Object Assembler eine entsprechende Änderung an. Allerdings ist der Client weder von der Modellkonstruktion noch von den Beziehungen zwischen den Geschäftskomponenten des Modells abhängig, sodass Modelländerungen den Client nicht direkt beeinflussen. Im Allgemeinen ist die lose Kopplung der engen Kopplung vorzuziehen.

- *Verbessert den Netzwerkdurchsatz:* Der Value Object Assembler verringert drastisch den Netzwerk-Oberhead von entfernten Methodenaufrufen sowie den Datenaustausch. Der Client kann die Daten für das Anwendungsmodell vom Value Object Assembler in einem einzigen entfernten Methodenaufruf erhalten. Der Assembler konstruiert das Composite Value Object für das Modell und gibt es zurück. Allerdings kann das Composite Value Object umfangreiche Daten enthalten. Folglich verringert zwar der Value Object Assembler die Anzahl der Netzwerkaufrufe, es steigt aber der Umfang der in einem einzigen Aufruf transportierten Daten. Diesen Kompromiss sollte man beachten, wenn man dieses Muster anwendet.

Muster der Geschäftsschicht 317

- *Verbessert die Clientleistung:* Der serverseitige Value Object Assembler konstruiert das Modell als Composite Value Object ohne jegliche Clientressourcen zu verwenden. Der Client verbringt keine Zeit damit, das Modell zusammenzusetzen.

- *Verbessert die Transaktionsleistung:* Normalerweise sind Aktualisierungen in einem sehr kleinen Teil des Modells isoliert und lassen sich durch feinkörnige Transaktionen durchführen. Diese Transaktionen konzentrieren sich auf isolierte Teile des Modells, anstatt das grobkörnige Objekt (Modell) zu blockieren. Nachdem der Client das Modell erhalten hat und es lokal anzeigt oder verarbeitet, muss der Benutzer (oder der Client) gegebenenfalls das Modell aktualisieren oder anderweitig modifizieren. Der Client kann direkt mit einer Session Facade interagieren, um dies auf einer passenden Stufe der Granularität zu erreichen. Der Value Object Assembler ist nicht in die Transaktion einbezogen, um das Modell zu aktualisieren oder zu modifizieren. Die Leistung lässt sich besser kontrollieren, weil die Arbeit der Transaktion mit dem Modell auf der passenden Stufe der Granularität stattfindet.

- *Kann veraltete Value Objects einführen:* Der Value Object Assembler konstruiert Value Objects auf Anforderung. Diese Value Objects sind Schnappschüsse des aktuellen Modellzustands, der durch verschiedene Geschäftskomponenten repräsentiert wird. Nachdem der Client ein Value Object vom Assembler erhalten hat, befindet sich dieses Value Object ausschließlich auf der Clientseite. Da die Value Objects nicht netzwerkfähig sind, spiegeln sich andere Änderungen an den Geschäftskomponenten, aus denen das Value Object konstruiert wird, nicht in den Value Objects wider. Nachdem also der Client das Value Object erhalten kann, kann es sehr schnell veralten, wenn Transaktionen auf den Geschäftskomponenten ablaufen.

8.5.6 Beispielcode

Den Value Object Assembler implementieren

Sehen Sie sich eine Projektverwaltungsanwendung an, bei der eine Reihe von Komponenten der Geschäftsschicht das komplexe Modell definiert. Nehmen wir an, ein Client möchte die Modelldaten erhalten, die aus den Daten von verschiedenen Geschäftsobjekten bestehen, wie zum Beispiel:

- Projektinformationen von der Komponente `Project`
- Projektmanagerinformationen von der Komponente `ProjectManager`
- Liste der Projektaufgaben von der Komponente `Project`
- Ressourceninformationen von der Komponente `Resource`

Ein Composite Value Object, das diese Daten enthalten soll, lässt sich wie in Beispiel 8.24 gezeigt definieren. Man kann ein *Value Object Assembler*-Muster implementieren, um dieses Composite Value Object zusammenzustellen. Beispiel 8.28 zeigt den Code für einen derartigen Value Object Assembler.

Beispiel 8.24: Die Klasse des Composite Value Objects

```java
public class ProjectDetailsData {
  public ProjectVO projectData;
  public ProjectManagerVO projectManagerData;
  public Collection listOfTasks;
  ...
}
```

Die Liste der Aufgaben in der Klasse `ProjectDetailsData` ist eine Auflistung von `TaskResourceVO`-Objekten. Die Klasse `TaskResourceVO` ist eine Kombination der Klassen `TaskVO` und `ResourceVO`. Diese Klassen sind in den Beispielen 8.25 bis 8.27 zu sehen.

Beispiel 8.25: Die Klasse TaskResourceVO

```java
public class TaskResourceVO {
  public String projectId;
  public String taskId;
  public String name;
  public String description;
  public Date startDate;
  public Date endDate;
  public ResourceVO assignedResource;
  ...

  public TaskResourceVO(String projectId,
    String taskId, String name, String description,
    Date startDate, Date endDate, ResourceVO
    assignedResource) {
      this.projectId = projectId;
      this.taskId = taskId;
      ...
      this.assignedResource = assignedResource;
  }
  ...
}
```

Beispiel 8.26: Die Klasse TaskVO

```java
public class TaskVO {
  public String projectId;
  public String taskId;
  public String name;
  public String description;
  public Date startDate;
  public Date endDate;
```

Muster der Geschäftsschicht

```
    public String assignedResourceId;

    public TaskVO(String projectId, String taskId,
        String name, String description, Date startDate,
        Date endDate, String assignedResourceId) {
          this.projectId = projectId;
          this.taskId = taskId;
          ...
          this.assignedResource = assignedResource;
    }
    ...
}
```

Beispiel 8.27: Die Klasse ResourceVO

```
public class ResourceVO {
  public String resourceId;
  public String resourceName;
  public String resourceEmail;
  ...

  public ResourceVO (String resourceId, String
    resourceName, String resourceEmail, ...) {
      this.resourceId = resourceId;
      this.resourceName = resourceName;
      this.resourceEmail = resourceEmail;
      ...
  }
}
```

Beispiel 8.28 zeigt die Klasse ProjectDetailsAssembler, die das ProjectDetailsData-Objekt zusammenstellt.

Beispiel 8.28: Den Value Object Assembler implementieren

```
public class ProjectDetailsAssembler
  implements javax.ejb.SessionBean {

  ...

  public ProjectDetailsData getData(String projectId){

    // Konstruiert das Composite Value Object
    ProjectDetailsData pData = new
                    ProjectDetailsData();
```

```java
// Projektdetails holen
ProjectHome projectHome =
    ServiceLocator.getInstance().getHome(
      "Project", ProjectEntityHome.class);
ProjectEntity project =
  projectHome.findByPrimaryKey(projectId);
ProjectVO projVO = project.getData();

// Projektinfos zu PrejectDetailsData hinzufügen
pData.projectData = projVO;

// Projektmanagerdetails holen
ProjectManagerHome projectManagerHome =
  ServiceLocator.getInstance().getHome(
    "ProjectManager", ProjectEntityHome.class);

ProjectManagerEntity projectManager =
  projectManagerHome.findByPrimaryKey(
    projVO.managerId);

ProjectManagerVO projMgrVO =
  projectManager.getData();

// ProjectManager-Info zu ProjectDetailsData hinzufügen
pData.projectManagerData = projMgrVO;

// Liste von TaskVOs aus dem Projekt-Objekt abrufen
Collection projTaskList = project.getTasksList();

// Eine Liste von TaskResourceVOs konstruieren
ArrayList listOfTasks = new ArrayList();

Iterator taskIter = projTaskList.iterator();
while (taskIter.hasNext()) {
  TaskVO task = (TaskVO) taskIter.next();

  // Die Resource-Details holen
  ResourceHome resourceHome =
  ServiceLocator.getInstance().getHome(
    "Resource", ResourceEntityHome.class);

  ResourceEntity resource =
    resourceHome.findByPrimaryKey(
      task.assignedResourceId);

  ResourceVO resVO = resource.getResourceData();
```

Muster der Geschäftsschicht

```
    // Ein neues TaskResourceVO mit den Task- und
    // Resource-Daten konstruieren
    TaskResourceVO trVO = new TaskResourceVO(
            task.projectId, task.taskId,
            task.name, task.description,
            task.startDate, task.endDate,
            resVO);

    // TaskResourceVO zur Liste hinzufügen
    listOfTasks.add(trVO);
    }
    // Liste von Tasks zu ProjectDetailsData hinzufügen
    pData.listOfTasks = listOfTasks;

    // Alle anderen Daten zum Value Object hinzufügen
    ...

    // Das Composite Value Object zurückgeben
    return pData;

}

...
}
```

8.5.7 Verwandte Muster

- *Value Object (Wertobjekt)*: Der Value Object Assembler verwendet das Muster *Value Object*, um Value Objects zu erzeugen und an den Client zu übermitteln. Die erzeugten Value Objects übertragen die Daten, die das Anwendungsmodell aus der Geschäftsschicht repräsentieren, an die Clients, die die Daten anfordern.

- *Composite Entity (Zusammengesetzte Entität)*: Das Muster *Composite Entity* fördert einen Entwurf von grobkörnigen Entity Beans, wobei die Entitäten Composite Value Objects produzieren, die denen vom Value Object Assembler produzierten ähnlich sind. Allerdings ist der Value Object Assembler eher angebracht, wenn das konstruierte Composite Value Object von mehreren Komponenten (Session Beans, Entity Beans, DAOs usw.) abgeleitet wird, während das Muster *Composite Entity* das Value Object aus seinen eigenen Daten (d.h. einer einzelnen Entity Bean) erzeugt.

- *Session Facade (Sitzungsfassade)*: Der Value Object Assembler wird normalerweise als zustandslose Session Bean implementiert. Als solches kann man ihn als eingeschränkte Spezialanwendung des Musters *Session Facade* ansehen. Vor allem aber konstruiert der Value Object Assembler unveränderliche Composite Value Objects. Wenn also der Client dieses Composite Value Object empfängt, kann er die Daten nur zur Präsentation und lesenden Verarbeitung verwenden. Dem Client ist es nicht möglich, das Value Object zu aktualisieren. Wenn der Client die Geschäftsobjekte aktualisieren muss, aus denen sich das Composite Value Object ableitet, muss er gegebenenfalls auf die Session Facade (Session Bean) zugreifen, die diesen Geschäftsdienst anbietet.

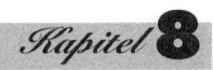

- *Data Access Object (Datenzugriffsobjekt)*: Zu den möglichen Strategien für den Value Object Assembler gehört es, die Daten für das Composite Value Object aus dem persistenten Speicher zu holen, ohne dass eine Enterprise Bean beteiligt ist. Man kann das Muster *Data Access Object* anwenden und somit dessen Vorteile nutzen, um dem Value Object Assembler Zugriff auf den persistenten Speicher zu bieten.

- *Service Locator*: Der Value Object Assembler muss verschiedene Geschäftsobjekte suchen und verwenden. Das Muster *Service Locator* lässt sich in Verbindung mit dem Muster *Value Object Assembler* einsetzen, wann immer ein Geschäftsobjekt oder ein Dienst zu suchen ist.

8.6 Value List Handler

8.6.1 Kontext
Der Client fordert vom Dienst für die Präsentation eine Liste von Elementen an. Die Anzahl der Elemente in der Liste ist unbekannt und kann in vielen Fällen ziemlich groß sein.

8.6.2 Problem
Die meisten J2EE-Anwendungen benötigen Such- und Abfrageoperationen, um bestimmte Daten zu suchen und aufzulisten. In bestimmten Fällen kann eine derartige Such- und Abfrageoperation ziemlich umfangreiche Ergebnisse liefern. Es ist unpraktisch, die vollständige Ergebnismenge zurückzugeben, wenn die Anforderung des Clients darin besteht, die Ergebnisse zu durchlaufen, anstatt die vollständige Menge zu verarbeiten. Normalerweise verwendet ein Client die Ergebnisse einer Abfrage nur zum Lesen, etwa um die Ergebnisliste anzuzeigen. Oftmals sieht sich der Client nur die ersten übereinstimmenden Datensätze an, verwirft dann die übrigen Datensätze und löst eine neue Abfrage aus. Die Suchaktivität umfasst oftmals keine sofortige Transaktion für die übereinstimmenden Objekte. Es gilt als schlechter Stil und bedingt viel Netzwerkverkehr, wenn man eine Liste von Werten, die in Entity Beans dargestellt sind, holt, indem man eine `ejbFind`-Methode aufruft, die eine Auflistung von entfernten Objekten zurückgibt, und dann jede Entity Bean aufruft, um den Wert zu erhalten.

Mit der Verwendung von EJB-Suchmethoden, die große Ergebnismengen liefern, sind Konsequenzen verbunden. Jede Containerimplementierung hat einen gewissen Suchmethoden-Overhead, um eine Auflistung von `EJBObject`-Referenzen zu erzeugen. Das Leistungsverhalten der Suchmethoden variiert in Abhängigkeit von der Containerimplementierung eines Anbieters. Entsprechend der EJB-Spezifikation kann ein Container `ejbActivate`-Methoden auf Entitäten aufrufen, die von einer Suchmethode gefunden wurden. Eine Suchmethode gibt mindestens die Primärschlüssel der den Kriterien entsprechenden Entitäten zurück, die der Container an den Client als Auflistung von `EJBObject`-Referenzen liefert. Dieses Verhalten gilt für alle Containerimplementierungen. Manche Containerimplementierungen bedingen zusätzlichen Aufwand bei Suchmethoden, indem sie die

Entity Bean-Instanzen mit diesen `EJBObject`-Instanzen verbinden, um dem Client Zugriff auf diese Entity Beans zu gewähren. Allerdings ist das keine optimale Nutzung der Ressourcen, wenn der Client weder auf die Bean zugreifen noch ihre Methoden aufrufen möchte. Dieser Overhead kann die Anwendungsleistung negativ beeinflussen, wenn die Anwendung Abfragen umfasst, die große Treffermengen produzieren.

8.6.3 Kräfte

- Der Anwendungsclient braucht einen effizienten Abfragemechanismus, um zu vermeiden, die `ejbFind`-Methode der Entity Bean und jedes von ihr zurückgegebene Remote-Objekt aufrufen zu müssen.

- Eine Zwischenspeicherung in der Serverschicht ist notwendig, um Clients zu bedienen, die die vollständige Ergebnismenge nicht empfangen und verarbeiten können.

- Eine Abfrage, die wiederholt auf einigermaßen statischen Daten aufgerufen wird, lässt sich optimieren, um schnellere Ergebnisse zu erzielen. Das hängt von der Anwendung und von der Implementierung dieses Musters ab.

- EJB-Suchmethoden sind nicht geeignet, um ganze Tabellen in der Datenbank oder große Ergebnismengen aus der Tabelle zu durchsuchen.

- Suchmethoden können einen beträchtlichen Overhead aufweisen, wenn man sie einsetzt, um eine große Anzahl von Ergebnisobjekten zu suchen. Gegebenenfalls erzeugt der Container viele Infrastrukturobjekte, um die Suchoperationen zu erleichtern.

- EJB-Suchmethoden sind nicht geeignet, um Ergebnisse zwischenzuspeichern. Der Client ist möglicherweise nicht in der Lage, die gesamte Ergebnismenge in einem einzigen Aufruf zu behandeln. Wenn das der Fall ist, braucht der Client einen serverseitigen Zwischenspeicherungsmechanismus und Navigationsfunktionen, um die Ergebnismenge zu durchlaufen.

- EJB-Suchmethoden haben vorherbestimmte Abfragekonstrukte und sind kaum flexibel. Die EJB-Spezifikation 2.0 erlaubt eine Abfragesprache – EJB QL – für Container-verwaltete Entity Beans. EJB QL erleichtert es, portable Suchmethoden zu schreiben, und bietet mehr Flexibilität für Abfragen.

- Clients wollen in einer Ergebnismenge vor- und zurückblättern.

8.6.4 Lösung

Verwenden Sie einen Value List Handler, der hinsichtlich Größe und Navigationsmöglichkeiten den Bedürfnissen des Clients entspricht, um die Suche zu steuern, die Ergebnisse zwischenzuspeichern und sie an den Client in einer Ergebnismenge zurückzugeben.

Dieses Muster erzeugt einen `ValueListHandler`, um die Funktionalität der Abfrageausführung zu steuern und Ergebnisse zwischenzuspeichern. Der `ValueListHandler` greift direkt auf ein DAO zu, das die angeforderte Abfrage ausführen kann. Der `ValueListHandler` speichert die vom DAO erhaltenen Ergebnisse als Auflistung von Value Objects. Der Client fordert die Abfrageergebnisse vom

ValueListHandler je nach Bedarf an. Der ValueListHandler implementiert ein *Iterator*-Muster [GoF], um die Lösung zu realisieren.

Struktur

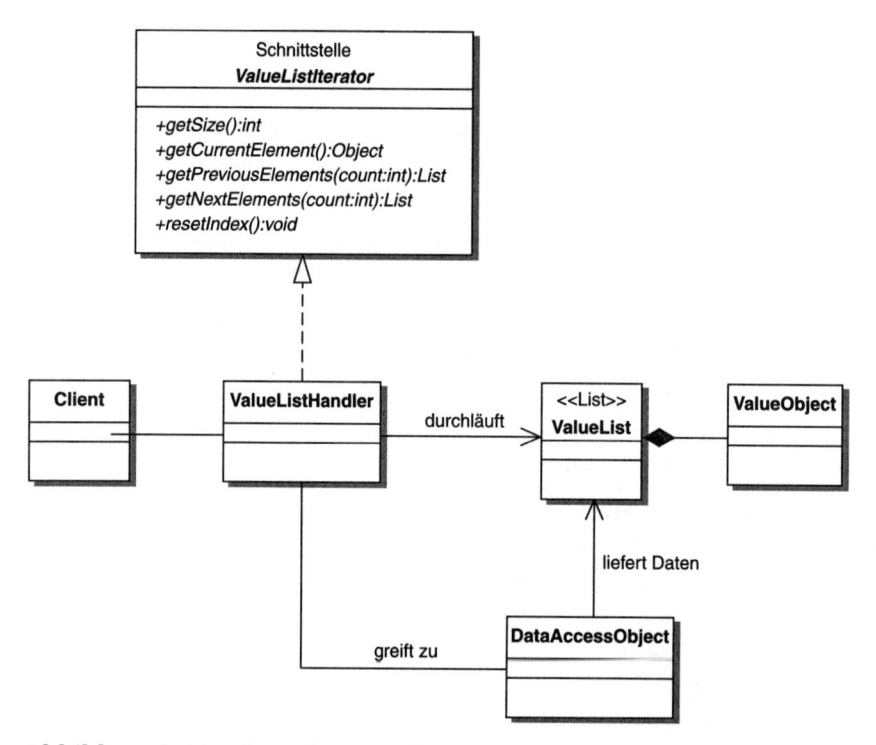

Abbildung 8.29: Klassendiagramm für das Muster Value List Handler

Teilnehmer und Kollaborationen

Das Sequenzdiagramm in Abbildung 8.30 zeigt die Interaktionen für das Muster *Value List Handler*.

ValueListIterator
Diese Schnittstelle kann einen Iterationsmechanismus mit den folgenden Beispielmethoden bereitstellen:

- getSize() liefert die Größe der Ergebnismenge.
- getCurrentElement() liefert das aktuelle Value Object aus der Liste.
- getPreviousElements(int howMany) liefert eine Auflistung von Value Objects, die sich vor dem aktuellen Element in der Liste befinden.
- getNextElements(int howMany) liefert eine Auflistung von Value Objects, die sich nach dem aktuellen Element in der Liste befinden.

- resetIndex() setzt den Index an den Beginn der Liste zurück.

Je nach Bedarf kann die ValueListIterator-Schnittstelle auch andere Komfortmethoden beinhalten.

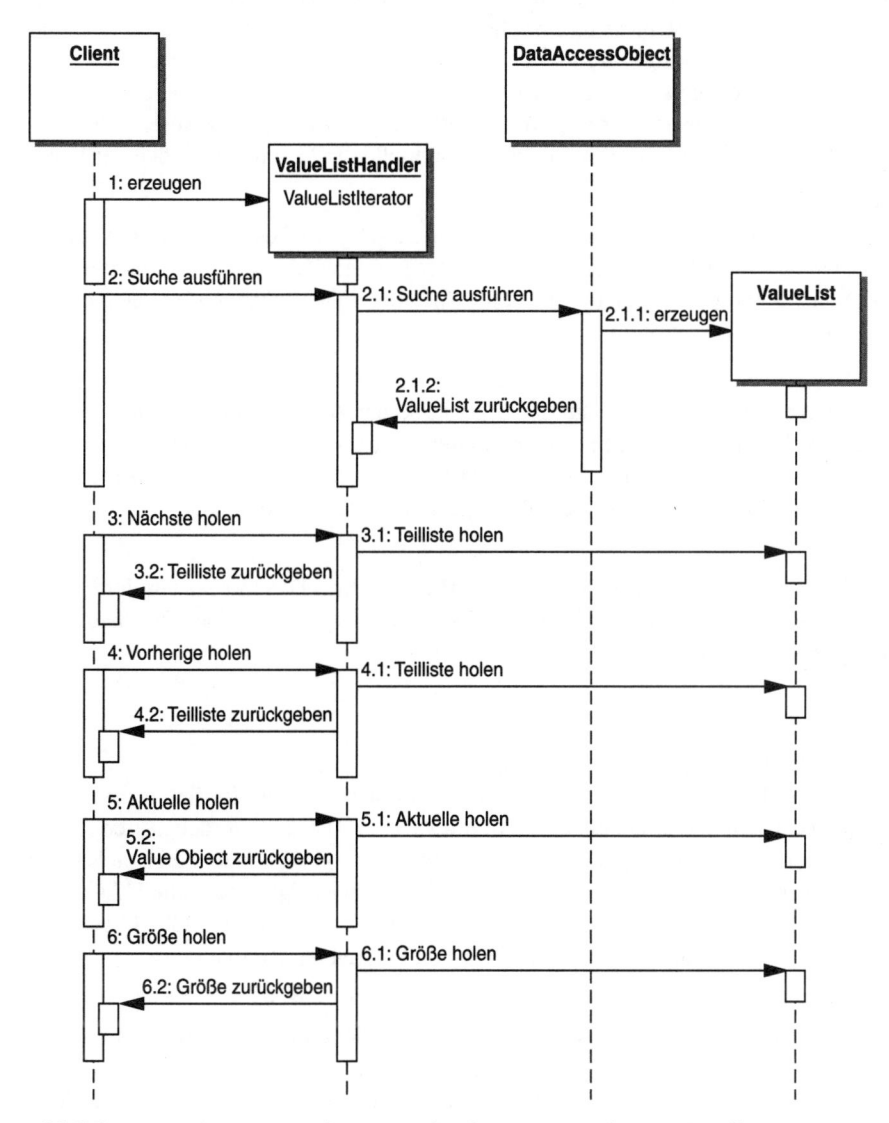

Abbildung 8.30: Sequenzdiagramm für das Muster Value List Handler

ValueListHandler
Das ist ein Listenbehandlungsobjekt, das die `ValueListIterator`-Schnittstelle implementiert. Der `ValueListHandler` führt die erforderliche Abfrage aus, wenn sie der Client angefordert hat. Der `ValueListHandler` übernimmt die Abfrageergebnisse, die er in einer privat gehaltenen Auflistung verwaltet, die durch das `ValueList`-Objekt repräsentiert wird. Der `ValueListHandler` erzeugt und manipuliert die `ValueList`-Auflistung. Wenn der Client die Ergebnisse anfordert, liest der `ValueListHandler` die Value Objects aus dem zwischengespeicherten `ValueList`-Objekt, erzeugt eine neue Auflistung von Value Objects, serialisiert die Auflistung und sendet sie zurück an den Client. Außerdem verfolgt das `ValueListHandler`-Objekt den aktuellen Index und die Größe der Liste.

DataAccessObject
Das `ValueListHandler`-Objekt kann sich des `DataAccessObject`-Objekts bedienen, um die Implementierung vom Datenbankzugriff zu trennen. Das `DataAccessObject`-Objekt liefert eine einfache API, um auf die Datenbank (oder eine andere persistente Speichereinheit) zuzugreifen, die Abfrage auszuführen und die Ergebnisse abzurufen.

ValueList
Das `ValueList`-Objekt ist eine Auflistung, die die Ergebnisse der Abfrage aufnimmt und sie als Value Objects speichert. Wenn die Abfrage keine den Kriterien entsprechenden Ergebnisse zurückgibt, bleibt die Liste leer. Die `ValueListHandler`-Session Bean speichert die `ValueList`-Auflistung zwischen, um die wiederholte und unnötige Ausführung der Abfrage zu vermeiden.

ValueObject
Das `ValueObject`-Objekt repräsentiert eine Objektansicht des einzelnen Datensatzes aus der Ergebnismenge der Abfrage. Es ist ein unveränderliches serialisierbares Objekt, das einen Platzhalter für die Datenattribute jedes Datensatzes bereitstellt.

Strategien

Strategie mit Java-Objekt
Der `ValueListHandler` lässt sich als beliebiges Java-Objekt implementieren. In diesem Fall kann jeder Client, der die Listenfunktionalität benötigt, auf den `ValueListHandler` zurückgreifen. Diese Strategie ist nützlich bei Anwendungen, die keine Enterprise Beans verwenden. Beispielsweise können einfachere Anwendungen mithilfe von Servlets, JSPs, Business Delegates und DAOs aufgebaut sein. In diesem Szenario kann der Business Delegate ein `ValueListHandler`-Objekt verwenden, das als Java-Objekt implementiert ist, um eine Liste von Werten zu liefern.

Strategie mit zustandsbehafteter Session Bean
Wenn eine Anwendung mit Enterprise Beans in der Geschäftsschicht arbeitet, implementiert man vorzugsweise eine Session Bean, die das `ValueListHandler`-Objekt verwendet. In diesem Fall steht die Session Bean einfach vor einer Instanz eines `ValueListHandler`-Objekts. Man kann sie deshalb als zustandsbehaftete Session Bean implementieren, um den Zustand der Listenbehandlung festzuhalten. Die Session Bean fungiert somit einfach als Fassade (siehe »Session Facade (Sitzungsfassade)« weiter vorn in diesem Kapitel) oder als Proxy.

8.6.5 Konsequenzen

- *Bietet eine Alternative zu EJB-Suchmethoden für große Abfragen:* Normalerweise ist eine EJB-Suchmethode ein ressourcenintensiver und teurer Weg, um eine Liste von Elementen zu erhalten, da sie eine Reihe von EJBObject-Referenzen einbezieht. Das Muster *Value List Handler* implementiert eine Session Bean, die mit einem Data Access Object die Abfrage durchführt und eine Auflistung von Value Objects erzeugt, die den Abfragekriterien entsprechen. Da Value Objects verglichen mit EJBObject-Referenzen und der damit verbundenen Infrastruktur einen geringen Overhead aufweisen, ist dieses Muster vorteilhaft, wenn Anwendungsclients Abfragen anfordern, die zu großen Ergebnismengen führen.

- *Speichert die Abfrageergebnisse auf der Serverseite zwischen:* Die von einer Abfrageausführung erhaltene Ergebnismenge ist zwischenzuspeichern, wenn ein Client die Ergebnisse in kleinen Teilmengen statt in einer großen Liste anzeigen muss. Allerdings können nicht alle Browser-basierten Clients eine derartige Zwischenspeicherung realisieren. In diesem Fall muss der Server diese Funktionalität bereitstellen. Das Muster *Value List Handler* bietet eine Zwischenspeichereinrichtung in der Value List Handler-Session Bean, um die Ergebnismenge aus einer Abfrageausführung aufzunehmen. Die Ergebnismenge ist eine Auflistung von Value Objects, die sich bei Bedarf serialisieren lassen.

  Wenn der Client eine Auflistung oder eine Teilmenge davon anfordert, gibt die Handler-Bean die angeforderten Ergebnisse als serialisierte Auflistung von Value Objects zurück. Der Client empfängt die Auflistung, verfügt nun über eine lokale Kopie der angeforderten Informationen und kann sie anzeigen oder verarbeiten. Wenn der Client eine weitere Teilmenge der Ergebnisse benötigt, fordert er den Handler auf, eine weitere serialisierte Auflistung mit den benötigten Ergebnissen zurückzugeben. Der Client kann die Abfrageergebnisse in kleineren und leichter handhabbaren Blöcken verarbeiten. Die Handler-Bean liefert dem Client auch die Navigationsinstrumente (ZURÜCK und VORWÄRTS), sodass sich die Ergebnisse bei Bedarf vorwärts und rückwärts durchlaufen lassen.

- *Bietet mehr Flexibilität bei Abfragen:* Fügt man eine neue Abfrage hinzu, kann es erforderlich sein, eine neue Suchmethode zu erzeugen oder eine vorhandene Methode anzupassen, insbesondere wenn man mit Bean-verwalteten Entity Beans arbeitet. (Bei Bean-verwalteten Entity Beans implementiert der Entwickler die Suchmethoden in der Bean-Implementierung.) Bei einer Container-verwalteten Entity Bean spezifiziert der Verteiler die Suchmethoden der Entity Bean im Deployment-Deskriptor der Bean. Änderungen an der Abfrage für eine Container-verwaltete Bean erfordern Änderungen an der Spezifikation der Suchmethode im Deployment-Deskriptor. Deshalb sind Suchmethoden schlecht geeignet, um Abfrageanforderungen zu behandeln, die sich dynamisch ändern. Man kann einen Value List Handler implementieren, um flexibler als mit EJB-Suchmethoden zu sein. Dazu stellt man Ad-hoc-Abfragemechanismen bereit, konstruiert Abfragearguemente zur Laufzeit mithilfe von Vorlagenmethoden usw. Mit anderen Worten kann ein Value List Handler-Entwickler intelligente Such- und Zwischenspeicheralgorithmen implementieren, ohne auf die Suchmethoden eingeschränkt zu sein.

- *Verbessert den Netzwerkdurchsatz:* Der Netzwerkdurchsatz kann sich verbessern, weil je nach Bedarf nur die angeforderten und nicht alle Daten an den Client geliefert (serialisiert) werden. Wenn der Client die ersten Ergebnisse anzeigt und dann die Abfrage verwirft, belastet das die

Netzwerkbandbreite nicht, da die Daten auf der Serverseite zwischengespeichert sind und gar nicht mehr zum Client gelangen. Wenn jedoch der Client die komplette Ergebnismenge verarbeitet, führt er mehrere Remote-Aufrufe zum Server nach der Ergebnismenge aus. Falls der Client im Voraus weiß, dass er die gesamte Ergebnismenge benötigt, kann die Handler-Bean eine Methode bereitstellen, die dem Client die gesamte Ergebnismenge in einem einzigen Methodenaufruf sendet. Hierbei kommt der Zwischenspeichermechanismus des Musters nicht zum Zuge.

- *Erlaubt aufgeschobene Entity Bean-Transaktionen:* Wenn man die Ergebnisse auf der Serverseite zwischenspeichert und den Overhead der Suchoperationen verringert, kann sich die Transaktionsverwaltung verbessern. Ist der Client bereit, eine Entity Bean weiter zu verarbeiten, greift er auf die Bean in einem Transaktionskontext zu, der durch den Anwendungsfall definiert ist. Beispielsweise verwendet eine Abfrage, die eine Liste von Büchern anzeigen soll, einen Value List Handler, um die Liste zu erhalten. Möchte sich der Benutzer ein Buch genauer ansehen, bezieht er die Entity Bean des Buchs in eine Transaktion ein.

8.6.6 Beispielcode

Das Muster Value List Handler als Java-Objekt implementieren

Dieses Beispiel ruft eine Liste von Project-Geschäftsobjekten ab und zeigt sie an. In diesem Fall lässt sich das Muster *Value List Handler* anwenden. Beispiel 8.29 zeigt den Code für die Implementierung der Klasse ProjectListHandler, die dafür zuständig ist, die Liste der Projekte bereitzustellen. Diese Klasse erweitert die Basisklasse ValueListHandler, die die generische Iterationsfunktionalität für alle Value List Handler-Implementierungen in dieser Anwendung bereitstellt. Beispiel 8.30 zeigt den Code für die Klasse ValueListHandler. Die Klasse ValueListHandler implementiert die generische Iterator-Schnittstelle ValueListIterator, deren Code in Beispiel 8.32 angegeben ist. Beispiel 8.31 zeigt den relevanten Code aus dem Data Access Object ProjectDAO, auf das das ValueListHandler-Objekt zurückgreift, um die Abfrage auszuführen und die gewünschten Ergebnisse zu erhalten.

Beispiel 8.29: Das Muster Value List Handler implementieren

```
package corepatterns.apps.psa.handlers;

import java.util.*;
import corepatterns.apps.psa.dao.*;
import corepatterns.apps.psa.util.*;
import corepatterns.apps.psa.core.*;

public class ProjectListHandler
extends ValueListHandler {

  private ProjectDAO dao = null;
  // ProjectVO als Vorlage verwenden, um Suchkriterien
  // zu bestimmen.
```

Muster der Geschäftsschicht

```
    private ProjectVO projectCriteria = null;

    // Client erzeugt eine ProjectVO-Instanz, setzt die Werte
    // für die Suchkriterien und übergibt die ProjectVO-Instanz
    // als projectCriteria an den Konstruktor und an die Methode
    // setCriteria()
    public ProjectListHandler(ProjectVO projectCriteria)
    throws ProjectException, ListHandlerException {
      try {
        this.projectCriteria = projectCriteria;
        this.dao = PSADAOFactory.getProjectDAO();
        executeSearch();
      } catch (Exception e) {
        // Ausnahme behandeln, ListHandlerException auslösen
      }
    }

    public void setCriteria(ProjectVO projectCriteria) {
      this.projectCriteria = projectCriteria;
    }

    // Führt Suche aus. Client kann diese Methode aufrufen,
    // vorausgesetzt, dass die Suchkriterien richtig gesetzt
    // sind. Dient dazu, die Suche durchzuführen, um die Liste
    // mit den neuesten Daten zu aktualisieren.
    public void executeSearch()
    throws ListHandlerException {
      try {
        if (projectCriteria == null) {
          throw new ListHandlerException(
            "Project Criteria required...");
        }
        List resultsList =
          dao.executeSelect(projectCriteria);
        setList(resultsList);
      } catch (Exception e) {
        // Ausnahme behandeln, ListHandlerException auslösen
      }
    }
  }
```

ValueListHandler ist eine generische Iterator-Klasse, die die Iterationsfunktionalität bereitstellt.

Beispiel 8.30: Die generische Klasse ValueListHandler implementieren

```
package corepatterns.apps.psa.util;

import java.util.*;

public class ValueListHandler
implements ValueListIterator {

  protected List list;
  protected ListIterator listIterator;

  public ValueListHandler() {
  }

  protected void setList(List list)
  throws IteratorException {
    this.list = list;
    if(list != null)
      listIterator = list.listIterator();
    else
      throw new IteratorException("Liste leer");
  }

  public Collection getList(){
    return list;
  }

  public int getSize() throws IteratorException{
    int size = 0;

    if (list != null)
      size = list.size();
    else
      throw new IteratorException(...); // Keine Daten

    return size;
  }

  public Object getCurrentElement()
  throws IteratorException {

    Object obj = null;
    // Setzt Iterator nicht weiter
    if (list != null)
    {
      int currIndex = listIterator.nextIndex();
      obj = list.get(currIndex);
```

```
    }
    else
      throw new IteratorException(...);
    return obj;

}

public List getPreviousElements(int count)
throws IteratorException {
  int i = 0;
  Object object = null;
  LinkedList list = new LinkedList();
  if (listIterator != null) {
    while (listIterator.hasPrevious() && (i < count)){
      object = listIterator.previous();
      list.add(object);
      i++;
    }
  } // end if
  else
    throw new IteratorException(...); // Keine Daten

  return list;
}

public List getNextElements(int count)
throws IteratorException {
  int i = 0;
  Object object = null;
  LinkedList list = new LinkedList();
  if(listIterator != null){
    while(  listIterator.hasNext() && (i < count) ){
      object = listIterator.next();
      list.add(object);
      i++;
    }
  } // end if
  else
    throw new IteratorException(...); // Keine Daten

  return list;
}

public void resetIndex() throws IteratorException{
  if(listIterator != null){
    listIterator = list.ListIterator();
  }
  else
```

```
      throw new IteratorException(...); // Keine Daten
    }
    ...
}
```

Beispiel 8.31: Die Klasse ProjectDAO

```
package corepatterns.apps.psa.dao;

public class ProjectDAO {
  final private String tableName = "PROJECT";

  // Select-Anweisung verwendet Felder
  final private String fields = "project_id, name," +
      "project_manager_id, start_date, end_date, " +
      " started, completed, accepted, acceptedDate," +
      " customer_id, description, status";

  // Hier sind die Methoden zu sehen, die für den
  // ValueListHandler relevant sind.
  // Andere Details siehe Muster Data Access Object.
  ...
  private List executeSelect(ProjectVO projCriteria)
  throws SQLException {

    Statement stmt= null;
    List list = null;
    Connection con = getConnection();
    StringBuffer selectStatement = new StringBuffer();
    selectStatement.append("SELECT "+ fields +
          " FROM " + tableName + "where 1=1");

    // Zusätzliche Bedingungen an Where-Klausel anhängen,
    // je nach den in projCriteria spezifizierten Werten
    if (projCriteria.projectId != null) {
      selectStatement.append (" AND PROJECT_ID = '" +
        projCriteria.projectId + "'");
    }
    // Andere Felder prüfen und an Where-Klausel anhängen
    ...

    try {
      stmt = con.prepareStatement(selectStatement);
      ResultSet rs = stmt.executeQuery();
      list = prepareResult(rs);
      stmt.close();
    }
```

Muster der Geschäftsschicht

```
    finally {
      con.close();
    }
    return list;
  }

  private List prepareResult(ResultSet rs)
  throws SQLException {
    ArrayList list = new ArrayList();
    while(rs.next()) {
      int i = 1;
      ProjectVO proj = new
        ProjectVO(rs.getString(i++));
      proj.projectName = rs.getString(i++);
      proj.managerId = rs.getString(i++);
      proj.startDate = rs.getDate(i++);
      proj.endDate = rs.getDate(i++);
      proj.started = rs.getBoolean(i++);
      proj.completed = rs.getBoolean(i++);
      proj.accepted = rs.getBoolean(i++);
      proj.acceptedDate = rs.getDate(i++);
      proj.customerId = rs.getString(i++);
      proj.projectDescription = rs.getString(i++);
      proj.projectStatus = rs.getString(i++);
      list.add(proj);

    }
    return list;
  }
  ...
}
```

Beispiel 8.32: Die Klasse ValueListIterator

```
package corepatterns.apps.psa.util;

import java.util.List;

public interface ValueListIterator {

  public int getSize()
    throws IteratorException;

  public Object getCurrentElement()
    throws IteratorException;

  public List getPreviousElements(int count)
```

```
    throws IteratorException;

  public List getNextElements(int count)
    throws IteratorException;

  public void resetIndex()
    throws IteratorException;

  // Andere allgemeine Methoden je nach Bedarf
  ...
}
```

8.6.7 Verwandte Muster

- *Iterator [GoF]:* Dieses Value List Handler-Muster basiert auf dem Muster *Iterator*, das im GoF-Buch *Entwurfsmuster: Elemente wiederverwendbarer objektorientierter Software* beschrieben ist.

- *Session Facade (Sitzungsfassade):* Da der Value List Handler eine Session Bean ist, kann er als spezialisierte Session Facade erscheinen. In der Isolation ist er jedoch eine spezialisierte Session Bean und keine spezialisierte Session Facade. Eine Session Facade hat andere Motivationen und Charakteristika (wie sie das Muster *Session Facade* erläutert). Außerdem ist sie wesentlich grobkörniger.

8.7 Service Locator

8.7.1 Kontext

Das Suchen und Erstellen von Diensten ist mit komplexen Schnittstellen und Netzwerkoperationen verbunden.

8.7.2 Problem

J2EE-Clients interagieren mit Dienstkomponenten, wie zum Beispiel EJB- und JMS-Komponenten, die Geschäftsdienste und Persistenzfunktionen bereitstellen. Um mit diesen Komponenten zu interagieren, müssen Clients entweder die Dienstkomponente lokalisieren (als Suchoperation bezeichnet) oder eine neue Komponente erstellen. Beispielsweise muss ein EJB-Client das Home-Objekt der Enterprise Bean suchen, das der Client dann verwendet, um entweder ein Objekt zu suchen oder um eine bzw. mehrere Enterprise Beans zu erzeugen oder zu entfernen. Analog muss ein JMS-Client zuerst die JMS Connection Factory suchen, um eine JMS Destination oder eine JMS Session zu erhalten.

Alle J2EE-Anwendungsclients verwenden die gemeinsame Schnittstelle JNDI, um EJB- und JMS-Komponenten zu suchen und zu erstellen. Über die JNDI-API kann ein Client ein anfängliches Kontextobjekt (Initial Context) erhalten, das den Komponentennamen auf Objektbindungen aufnimmt.

Der Client holt zuerst den anfänglichen Kontext für das Home-Objekt einer Bean. Der anfängliche Kontext bleibt gültig, solange die Clientsitzung gültig ist. Der Client stellt den bei JNDI registrierten Namen für das angeforderte Objekt bereit, um eine Referenz auf ein administriertes Objekt zu erhalten. Im Kontext einer EJB-Anwendung ist ein typisches administriertes Objekt das Home-Objekt einer Enterprise Bean. Bei JMS-Anwendungen kann das administrierte Objekt eine JMS Connection Factory (für ein Topic[1] oder eine Queue[2]) oder ein JMS Destination (ein Topic oder eine Queue) sein.

Somit ist die Suche nach einem von JNDI administrierten Dienstobjekt allen Clients gemeinsam, die auf dieses Dienstobjekt zugreifen müssen. Unter diesen Umständen ist es ohne weiteres verständlich, dass viele Arten von Clients wiederholt den JNDI-Dienst verwenden und der JNDI-Code mehrfach in diesen Clients zu finden ist. Das führt zu unnötiger Codeverdopplung in den Clients, die nach Diensten suchen müssen.

Außerdem werden beträchtliche Ressourcen verbraucht, um ein anfängliches JNDI-Kontextobjekt zu erstellen und eine Suche nach einem EJB-Home-Objekt durchzuführen. Wenn mehrere Clients wiederholt dasselbe Home-Objekt der Bean anfordern, wirkt sich dieser doppelte Aufwand negativ auf die Anwendungsleistung aus.

Wir wollen nun den Such- und Erstellungsprozess für verschiedene J2EE-Komponenten näher beleuchten.

1. Das Suchen und Erstellen von Enterprise Beans stützt sich auf Folgendes:
   - Eine korrekte Einrichtung der JNDI-Umgebung, sodass sie mit dem von der Anwendung genutzten Namens- und Verzeichnisdienst verbunden ist. Die Einrichtung verlangt den Standort des Namensdienstes und die erforderlichen Authentifizierungsinformationen, um auf diesen Dienst zuzugreifen.
   - Der JNDI-Dienst kann dann dem Client einen anfänglichen Kontext bereitstellen, der als Platzhalter für Bindungen der Komponentennamen an Objekte dient. Der Client fordert diesen anfänglichen Kontext an, um nach dem EJBHome-Objekt für die erforderliche Enterprise Bean zu suchen, indem er den JNDI-Namen für dieses EJBHome-Objekt angibt.
   - Suchen des EJBHome-Objekts mithilfe des Suchmechanismus des anfänglichen Kontextes.
   - Nach Erhalt des EJBHome-Objekts, Erzeugen, Entfernen oder Suchen der Enterprise Bean mit den Methoden des EJBHome-Objekts zum Erzeugen, Löschen und Suchen (nur für Entity Beans).

2. Das Suchen und Erstellen von JMS-Komponenten (Topic, Queue, QueueConnection, QueueSession, TopicConnection, TopicSession usw.) umfasst die folgenden Schritte. Beachten Sie, dass sich Topic in diesen Schritten auf das Nachrichtenmodell Herausgeber/Abonnent und Queue auf das Punkt-zu-Punkt-Nachrichtenmodell bezieht.
   - Einrichten der JNDI-Umgebung auf den von der Anwendung genutzten Namensdienst. Die Einrichtung verlangt den Standort des Namensdienstes und die erforderlichen Authentifizierungsinformationen, um auf diesen Dienst zuzugreifen.

---

1 Thema
2 Warteschlange

- Den anfänglichen Kontext für den JMS-Dienstprovider vom JNDI-Namensdienst holen.
- Mithilfe des anfänglichen Kontextes ein Topic oder eine Queue holen, indem der JNDI-Name für das Topic oder die Queue bereitgestellt wird. Topic und Queue sind JMS Destination-Objekte.
- Mithilfe des anfänglichen Kontextes eine TopicConnectionFactory oder eine Queue ConnectionFactory holen, indem der JNDI-Name für die Verbindungsfabrik des Themas oder der Warteschlange bereitgestellt wird.
- Mit der TopicConnectionFactory eine TopicConnection oder mit der QueueConnection Factory eine QueueConnection holen.
- Mit der TopicConnection eine TopicSession oder mit der QueueConnection eine QueueSession holen.
- Mit der TopicSession einen TopicSubscriber oder einen TopicPublisher für das angeforderte Thema holen. Mit der QueueSession einen QueueReceiver oder einen QueueSender für die angeforderte Warteschlange holen.

Zum Suchen und Erstellen von Komponenten gehört eine vom Anbieter bereitgestellte Implementierung der Kontextfabrik. Dadurch entsteht in den Anwendungsclients, die auf den Suchmechanismus von JNDI zurückgreifen müssen, um die Enterprise Beans und JMS-Komponenten – wie Themen, Warteschlangen und Verbindungsfabriken – zu suchen, eine Abhängigkeit vom Anbieter.

8.7.3 Kräfte

- EJB-Clients müssen die JNDI-API verwenden, um nach EJBHome-Objekten zu suchen, indem sie den registrierten JNDI-Namen der Enterprise Bean angeben.
- JMS-Clients müssen die JNDI-API verwenden, um JMS-Komponenten zu suchen, indem sie die für JMS-Komponenten – wie Verbindungsfabriken, Warteschlangen und Themen – registrierten JNDI-Namen angeben.
- Die Kontextfabrik, die für die anfängliche JNDI-Kontexterstellung verwendet wird, stellt der Anbieter des Dienstproviders bereit und ist demzufolge Anbieter-abhängig. Die Kontextfabrik ist außerdem vom Typ des gesuchten Objekts abhängig. Der Kontext für JMS unterscheidet sich vom Kontext für EJB bei verschiedenen Providern.
- Das Suchen und Erstellen von Dienstkomponenten kann kompliziert sein und wiederholt in mehreren Clients in der Anwendung verwendet werden.
- Die anfängliche Kontexterstellung und die Dienstobjektsuchen können bei häufiger Anforderung ressourcenintensiv sein und die Anwendungsleistung negativ beeinflussen. Das gilt vor allem, wenn die Clients und die Dienste in verschiedenen Schichten angesiedelt sind.
- EJB-Clients müssen gegebenenfalls eine Verbindung zu einer vorher angesprochenen Enterprise Bean-Instanz erneut herstellen, für die sie nur ihr Handle-Objekt haben.

Muster der Geschäftsschicht

8.7.4 Lösung

Verwenden Sie ein Service Locator-Objekt, um die gesamte JNDI-Nutzung zu abstrahieren und die komplexen Vorgänge für die anfängliche Kontexterstellung, die Suche nach dem EJB-Home-Objekt und das erneute Erstellen des EJB-Objekts zu verbergen. Mehrere Clients können das Service Locator-Objekt wiederverwenden, um die Codekomplexität zu verringern, einen einzigen Steuerungspunkt bereitzustellen und die Leistung durch einen Mechanismus zum Zwischenspeichern zu verbessern.

Dieses Muster verringert die Clientkomplexität, die aus der Abhängigkeit des Clients von den ressourcenintensiven Suchen- und Erstellenprozessen sowie deren Durchführung resultieren. Um diese Probleme zu vermeiden, stellt dieses Muster einen Mechanismus bereit, um alle Abhängigkeiten und Netzwerkdetails im Service Locator zu abstrahieren.

Struktur

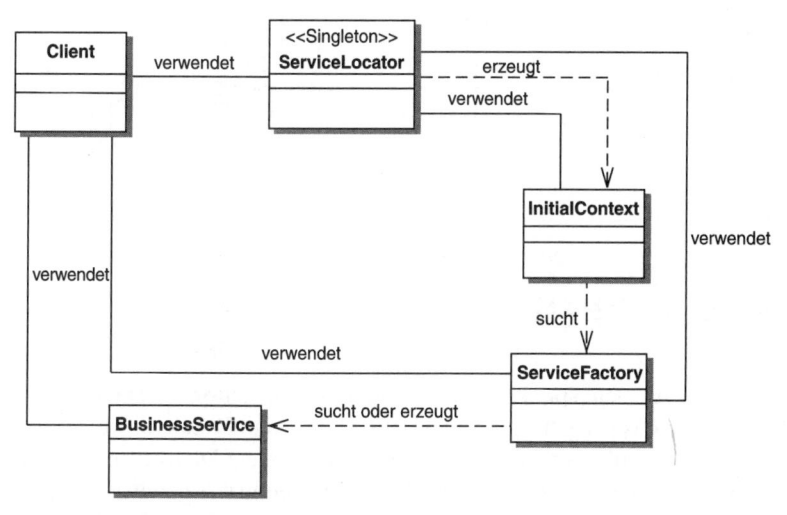

Abbildung 8.31: Klassendiagramm für das Muster Service Locator

Teilnehmer und Zuständigkeiten

Client
Dieses Objekt stellt den Client des Service Locators dar. Der Client ist ein Objekt, das normalerweise Zugriff auf Geschäftsobjekte erfordert, wie zum Beispiel ein Business Delegate (siehe »Business Delegate« am Anfang dieses Kapitels).

ServiceLocator
Das `ServiceLocator`-Objekt abstrahiert die API-Such-(Namens-)Dienste, Anbieterabhängigkeiten, komplizierte Suchoperationen und das Erstellen von Geschäftsobjekten. Außerdem bietet es den Clients eine einfache Schnittstelle. Damit verringert sich die Komplexität der Clients. Außerdem können derselbe Client oder andere Clients den Service Locator wiederverwenden.

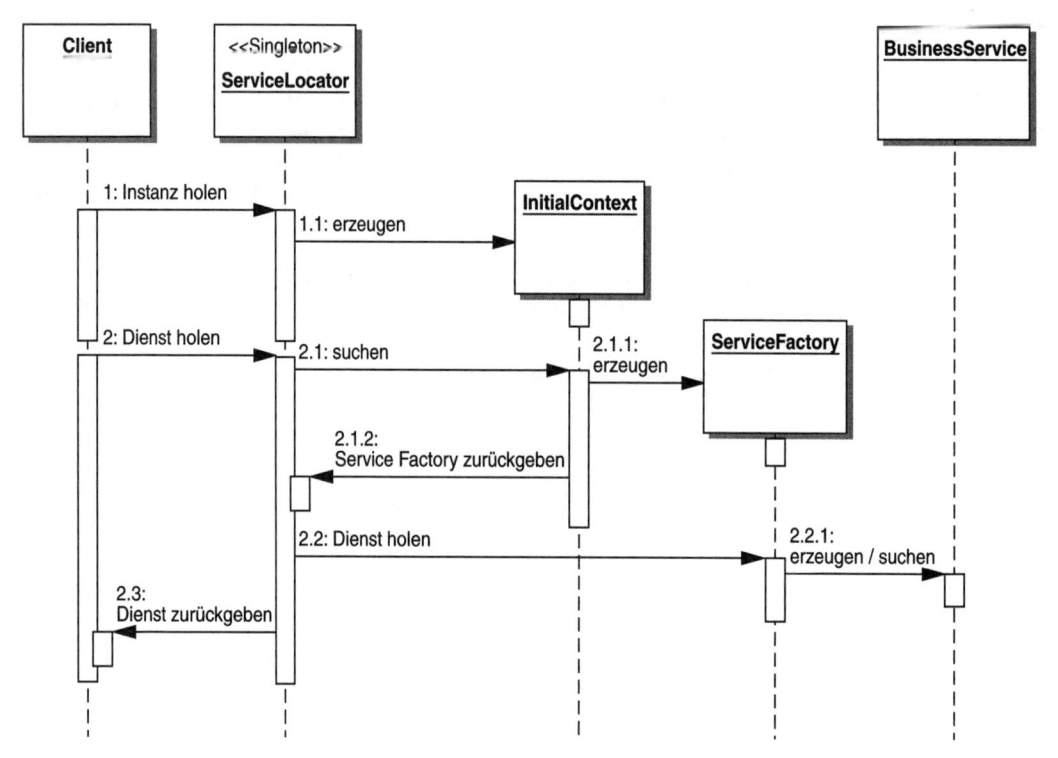

Abbildung 8.32: Sequenzdiagramm für das Muster Service Locator

InitialContext
Das InitialContext-Objekt ist der Ausgangspunkt im Such- und Erstellungsprozess. Dienstprovider stellen das Kontextobjekt bereit, das je nach dem Typ des vom Such- und Erstellungsdienst des Service Locators gelieferten Geschäftsobjekts variiert. Ein Service Locator, der Dienste für mehrere Arten von Geschäftsobjekten (wie Enterprise Beans, JMS-Komponenten usw.) bereitstellt, nutzt mehrere Typen von Kontextobjekten, wobei jedes von einem anderen Provider bezogen wird (zum Beispiel kann sich der Kontextprovider für einen EJB-Applikationsserver vom Kontextprovider für JMS-Dienste unterscheiden).

ServiceFactory
Das ServiceFactory-Objekt repräsentiert ein Objekt, das die Verwaltung des Lebenszyklus für die BusinessService-Objekte bereitstellt. Das ServiceFactory-Objekt für Enterprise Beans ist ein EJBHome-Objekt. Das ServiceFactory-Objekt für JMS-Komponenten kann ein JMS-Connection Factory-Objekt sein, beispielsweise ein TopicConnectionFactory-Objekt (für das Nachrichtenmodell Herausgeber/Abonnent) oder ein QueueConnectionFactory-Objekt (für das Punkt-zu-Punkt-Nachrichtenmodell).

BusinessService
Das `BusinessService`-Objekt ist eine Rolle, die der Dienst wahrnimmt, auf den der Client zugreifen möchte. Das `BusinessService`-Objekt wird vom `ServiceFactory`-Objekt erzeugt, gesucht oder entfernt. Das `BusinessService`-Objekt ist im Kontext einer EJB-Anwendung eine Enterprise Bean. Im Kontext einer JMS-Anwendung kann das `BusinessService`-Objekt ein `TopicConnection`- oder ein `QueueConnection`-Objekt sein. Mithilfe des `TopicConnection`- und `QueueConnection`-Objekts kann man dann ein `JMSSession`-Objekt produzieren, wie zum Beispiel `TopicSession` bzw. `QueueSession`.

Strategien

Strategie mit EJB Service Locator
Der Service Locator für Enterprise Bean-Komponenten verwendet das `EJBHome`-Objekt, das als `BusinessHome` in der Rolle des `ServiceFactory`-Objekts dargestellt ist. Nachdem das `EJBHome`-Objekt erhalten wurde, kann man es im `ServiceLocator`-Objekt zwecks späterer Verwendung zwischenspeichern, um eine weitere JNDI-Suche zu vermeiden, falls der Client das Home-Objekt erneut benötigt. Je nach der Implementierung kann das Home-Objekt an den Client zurückgegeben werden und lässt sich dann zum Suchen, Erzeugen und Entfernen von Enterprise Beans einsetzen. Andererseits kann das `ServiceLocator`-Objekt das Home-Objekt zurückhalten (zwischenspeichern) und zusätzlich die Verantwortlichkeit übernehmen, als Proxy alle Clientaufrufe zum Home-Objekt abzufangen. Abbildung 8.33 zeigt das Klassendiagramm für die Strategie EJB Service Locator.

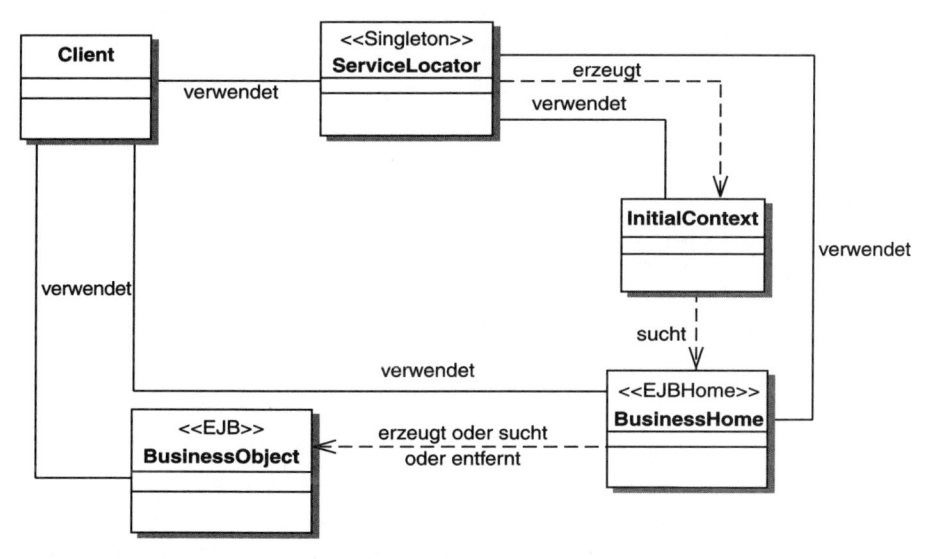

Abbildung 8.33: Klassendiagramm für die Strategie EJB Service Locator

Abbildung 8.34 zeigt die Interaktionen zwischen den Teilnehmern in einer Service Locator-Strategie für eine Enterprise Bean.

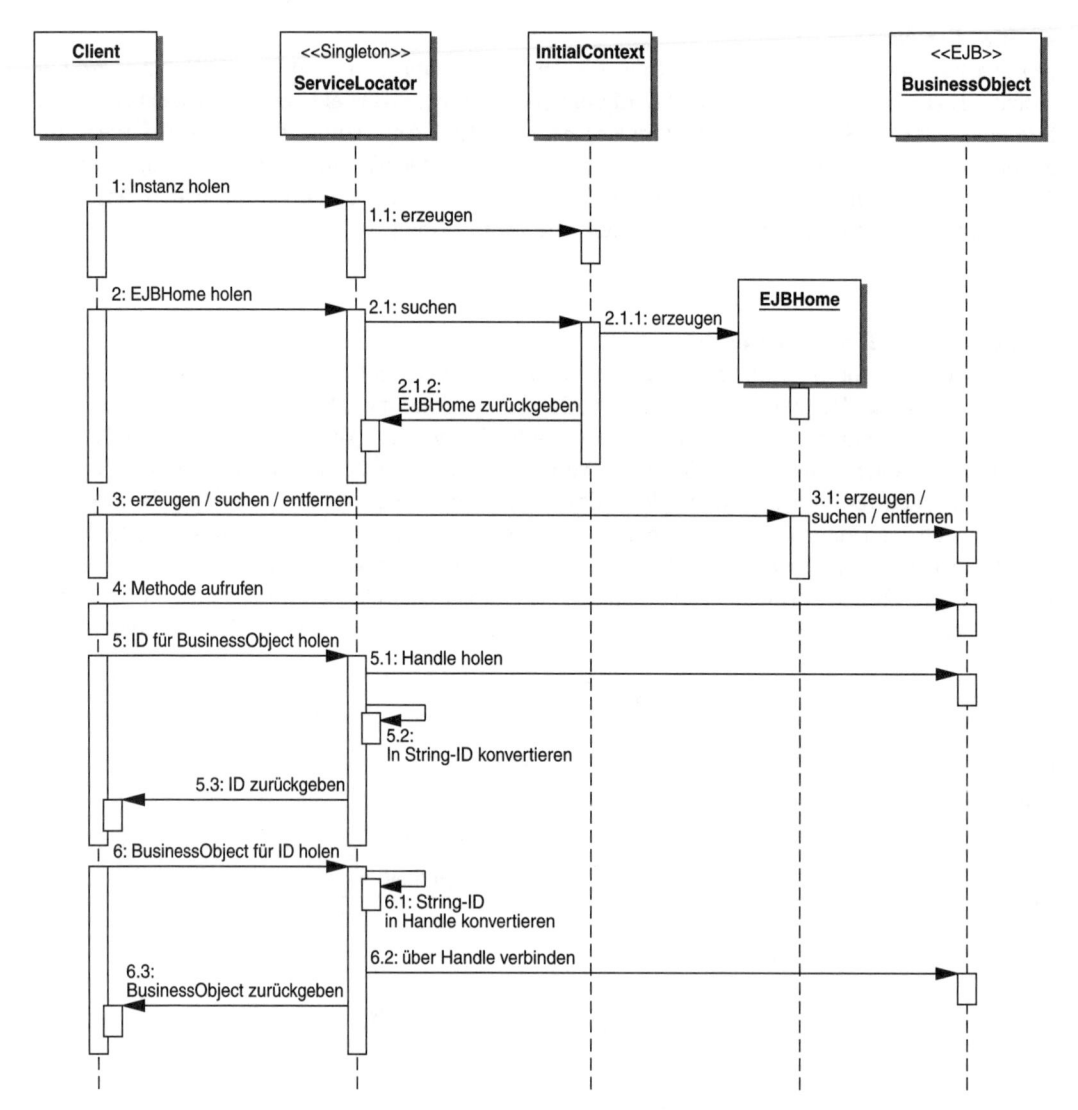

Abbildung 8.34: Sequenzdiagramm für die Strategie EJB Service Locator

Strategie mit JMS Queue Service Locator

Diese Strategie lässt sich auf Punkt-zu-Punkt-Nachrichtenanforderungen anwenden. Der Service Locator für JMS-Komponenten verwendet QueueConnectionFactory-Objekte in der Rolle der ServiceFactory. Die QueueConnectionFactory wird unter ihrem JNDI-Namen gesucht. Die QueueConnectionFactory lässt sich im ServiceLocator für spätere Verwendung zwischenspeichern. Damit vermeidet man wiederholte JNDI-Aufrufe, um die QueueConnectionFactory zu suchen, falls sie der Client erneut benötigt. Andererseits kann der ServiceLocator das QueueConnectionFactory-Objekt an den Client übergeben. Der Client kann es dann verwenden, um ein QueueConnection-

Objekt zu erstellen. Ein `QueueConnection`-Objekt ist erforderlich, um ein `QueueSession`-Objekt zu erhalten oder eines der Objekte `Message`, `QueueSender` (zum Senden von Nachrichten an die Warteschlange) oder `QueueReceiver` (zum Empfangen von Nachrichten aus einer Warteschlange) zu erstellen. Abbildung 8.35 zeigt das Klassendiagramm für die Strategie mit JMS Queue Service Locator. In diesem Diagramm ist `Queue` ein JMS-`Destination`-Objekt, das als JNDI-administriertes Objekt registriert ist und die Warteschlange verkörpert. Das `Queue`-Objekt lässt sich direkt aus dem Kontext erhalten, indem man es unter seinem JNDI-Namen sucht.

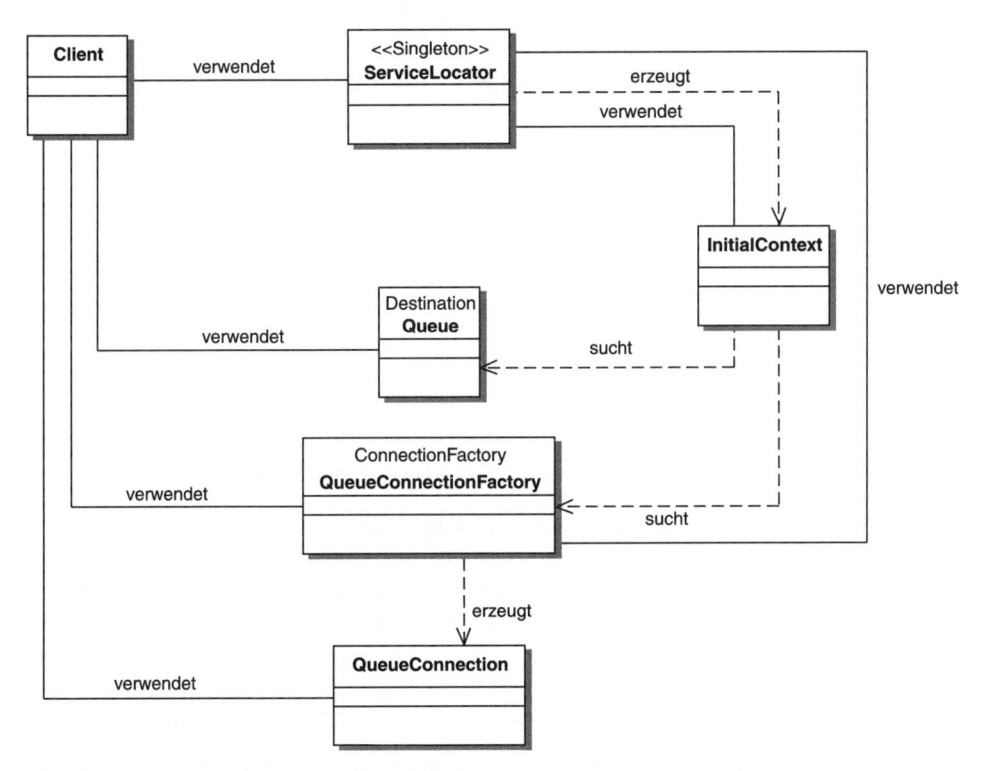

Abbildung 8.35: Klassendiagramm für die Strategie JMS Queue Service Locator

Abbildung 8.36 zeigt die Interaktion zwischen den Teilnehmern in einem Service Locator für den Punkt-zu-Punkt-Nachrichtenaustausch mithilfe von JMS-Warteschlangen.

Strategie mit JMS Topic Service Locator
Diese Strategie lässt sich auf die Erfordernisse des Herausgeber/Abonnent-Nachrichtenmodells anwenden. Der Service Locator für JMS-Komponenten verwendet `TopicConnectionFactory`-Objekte in der Rolle der `ServiceFactory`. Das `TopicConnectionFactory`-Objekt wird unter seinem JNDI-Namen gesucht. Das `TopicConnectionFactory`-Objekt lässt sich durch das `ServiceLocator`-Objekt für eine spätere Verwendung zwischenspeichern. Das vermeidet wiederholte JNDI-Aufrufe, um das Objekt zu suchen, wenn es der Client erneut benötigt. Das `ServiceLocator`-Objekt kann andererseits auch das `TopicConnectionFactory`-Objekt an den Client übergeben.

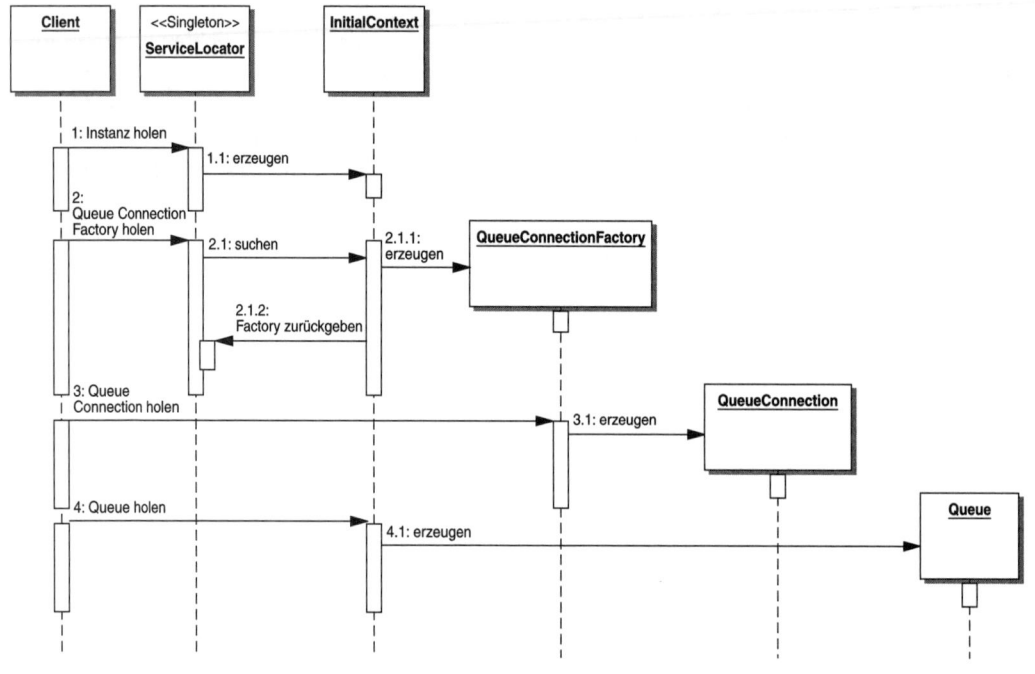

Abbildung 8.36: Sequenzdiagramm für die Strategie JMS Queue Service Locator

Der Client kann es dann nutzen, um ein `TopicConnection`-Objekt zu erzeugen. Ein `TopicConnection`-Objekt ist notwendig, um ein `TopicSession`-Objekt zu erhalten oder eines der Objekte `Message`, `TopicPublisher` (um Nachrichten zu einem Thema herauszugeben) oder `TopicSubscriber` (um ein Thema zu abonnieren) zu erzeugen. Abbildung 8.37 zeigt das Klassendiagramm für die Strategie mit JMS Topic Service Locator. In diesem Diagramm ist `Topic` ein JMS-`Destination`-Objekt, das als JNDI-administriertes Objekt registriert ist und das Thema repräsentiert. Das `Topic`-Objekt lässt sich direkt aus dem Kontext erhalten, indem man es unter seinem JNDI-Namen sucht.

Abbildung 8.38 zeigt die Interaktion zwischen den Teilnehmern in einem Service Locator für den Herausgeber-/Abonnent-Nachrichtenaustausch mithilfe von JMS-Themen.

Kombinierte EJB- und JMS-Service Locator-Strategie
Mit diesen Strategien für EJB und JMS kann man separate Service Locator-Implementierungen bereitstellen, da sich die Clients für EJB und JMS höchstwahrscheinlich gegenseitig ausschließen. Wenn man jedoch diese Strategien kombinieren muss, kann man durchaus so verfahren, um den Service Locator für alle Objekte – Enterprise Beans und JMS-Komponenten – bereitzustellen.

Strategie mit typgeprüftem Service Locator
Die Diagramme in den Abbildungen 8.37 und 8.38 zeigen Suchmechanismen, an die man den Suchnamen für den Dienst übergibt. Bei einer Enterprise Bean-Suche benötigt der Service Locator eine Klasse als Parameter für die Methode `PortableRemoteObject.narrow`. Der Service Locator kann eine `getHome`-Methode bereitstellen, die den JNDI-Dienstnamen und das `EJBHome`-Klassenobjekt für die

Muster der Geschäftsschicht

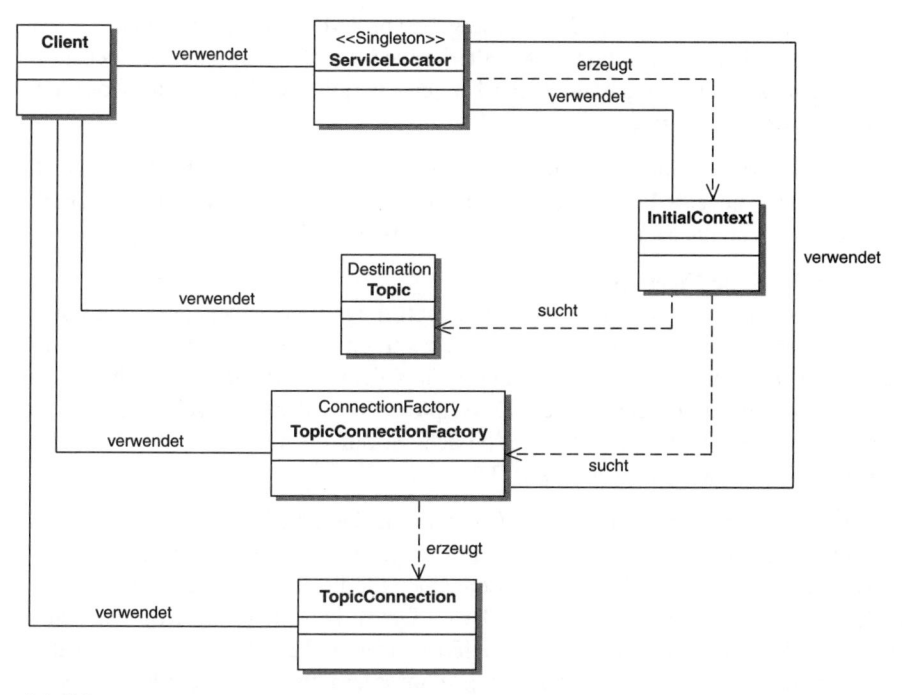

Abbildung 8.37: Strategie JMS Topic Service Locator

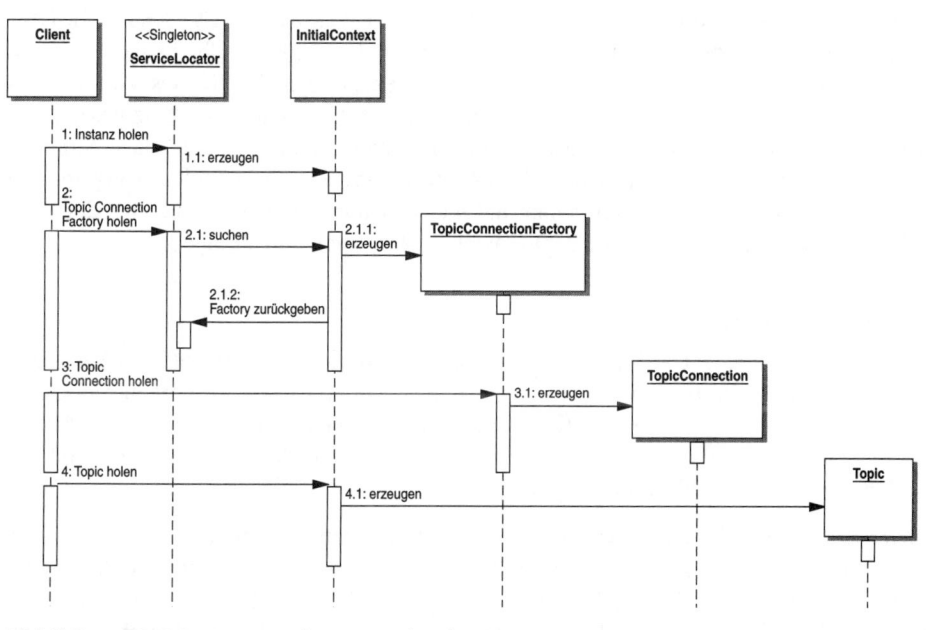

Abbildung 8.38: Sequenzdiagramm für die Strategie JMS Topic Service Locator

Enterprise Bean als Argumente übernimmt. Diese Übergabe von JNDI Dienstnamen und EJBHome-Klassenobjekten kann zu Clientfehlern führen. Als alternativen Ansatz kann man die Dienste im ServiceLocator statisch definieren und statt String-Namen übergibt der Client eine Konstante. Beispiel 8.34 zeigt eine derartige Strategie.

Bei dieser Strategie muss man Kompromisse eingehen: Sie verringert die Flexibilität der Suche, die in der Strategie mit Service Locator-Eigenschaften enthalten ist, führt aber die Typprüfung bei der Übergabe einer Konstanten an die Methode ServiceLocator.getHome ein.

Strategie mit Service Locator-Eigenschaften
Mit dieser Strategie kann man den Kompromissen der Typprüfungsstrategie begegnen. Sie schlägt vor, die Eigenschaftsdateien und/oder Deployment-Deskriptoren zu verwenden, um die JNDI-Namen und die EJBHome-Klassennamen zu spezifizieren. Für Clients der Präsentationsschicht kann man derartige Eigenschaften in den Deployment-Deskriptoren oder den Eigenschaftsdateien der Präsentationsschicht angeben. Wenn die Präsentationsschicht auf die Geschäftsschicht zugreift, verwendet sie normalerweise das Muster *Business Delegate*.

Der Business Delegate interagiert mit dem Service Locator, um Geschäftskomponenten zu suchen. Wenn die Präsentationsschicht die Eigenschaften bei der Initialisierung lädt und einen Dienst bereitstellen kann, um die JNDI-Namen und die EJB-Klassennamen für die angeforderte Enterprise Bean zu übergeben, dann könnte der Business Delegate diesen Dienst anfordern, um diese Namen zu erhalten. Nachdem der Business Delegate über den JNDI-Namen und den EJBHome-Klassennamen verfügt, kann er vom Service Locator das EJBHome-Objekt anfordern, indem er diese Eigenschaften als Argumente übergibt.

Der Service Locator kann wiederum mit Class.forName(EJBHome ClassName) das EJBHome-Klassenobjekt erhalten und seine Aufgaben fortführen, indem er nach dem EJBHome-Objekt sucht und mit der Methode PortableRemoteObject.narrow den Typ des Objekts umwandelt. Dieses Verfahren ist in der Methode getHome im Code für ServiceLocator in Beispiel 8.33 zu sehen. Als Einziges hat sich geändert, woher der JNDI-Name und die Klassenobjekte kommen. Somit vermeidet diese Strategie festcodierte JNDI-Namen und erlaubt eine flexiblere Weiterleitung. Durch die fehlende Typprüfung bleibt jedoch ein gewisser Spielraum, um Fehler und nicht übereinstimmende Typen bei der Festlegung der JNDI-Namen in verschiedenen Deployment-Deskriptoren einzubringen.

8.7.5 Konsequenzen

- *Abstrahiert die Komplexität:* Das Muster *Service Locator* kapselt die Komplexität der Such- und Erstellungsprozesse (im Problem beschrieben) und hält sie vor dem Client verborgen. Der Client braucht sich nicht mit der Suche von Komponentenfabrikobjekten (unter anderem EJBHome, QueueConnectionFactory und TopicConnectionFactory) zu beschäftigen, weil dem Service Locator diese Verantwortlichkeit übertragen wurde.

- *Bietet den Clients einheitlichen Dienstzugriff:* Wie bereits erläutert, abstrahiert das Muster *Service Locator* die gesamte Komplexität. Dabei bietet es eine sehr nützliche und wohldefinierte Schnittstelle, die alle Clients verwenden können. Die Musterschnittstelle stellt sicher, dass alle Typen von Clients in der Anwendung hinsichtlich Suchen und Erstellen einheitlich auf

Geschäftsobjekte zugreifen. Dadurch verringert sich der Zusatzaufwand in der Entwicklung und Wartung.

- *Erleichtert das Hinzufügen neuer Geschäftskomponenten:* Da Clients von Enterprise Beans nichts mit den EJBHome-Objekten zu tun haben, kann man ohne weiteres neue EJBHome-Objekte für Enterprise Beans hinzufügen, die zu einem späteren Zeitpunkt entwickelt und verteilt werden, ohne die Clients zu beeinflussen. JMS-Clients haben mit den JMS-Verbindungsfabriken nicht direkt zu tun, sodass sich neue Verbindungsfabriken ohne Auswirkungen auf die Clients hinzufügen lassen.

- *Verbessert den Netzwerkdurchsatz:* Die Clients sind weder in die JNDI-Suche noch in die Fabrik-/Home-Objekterstellung einbezogen. Da der Service Locator diese Arbeiten durchführt, kann er die Netzwerkaufrufe zusammenfassen, die für die Suche und das Erstellen von Geschäftsobjekten erforderlich sind.

- *Verbessert die Clientleistung durch Zwischenspeichern:* Der Service Locator kann die anfänglichen Kontextobjekte und Referenzen auf die Fabrikobjekte (EJBHome, JMS-Verbindungsfabriken) zwischenspeichern, um unnötige JNDI-Aktivitäten zu vermeiden, die auftreten, wenn der anfängliche Kontext und die anderen Objekte eingeholt werden. Somit verbessert sich die Anwendungsleistung.

8.7.6 Beispielcode

Das Muster Service Locator implementieren

Beispiel 8.33 zeigt eine Implementierung des Musters *Service Locator*. Ein Beispiel für die Strategie typgeprüfter Service Locator ist in Beispiel 8.34 angegeben.

Beispiel 8.33: Das Muster Service Locator implementieren

```
package corepatterns.apps.psa.util;
import java.util.*;
import javax.naming.*;
import java.rmi.RemoteException;
import javax.ejb.*;
import javax.rmi.PortableRemoteObject;
import java.io.*;

public class ServiceLocator {
  private static ServiceLocator me;
  InitialContext context = null;

  private ServiceLocator()
  throws ServiceLocatorException {
    try {
      context = new InitialContext();
```

```
    } catch(NamingException ne) {
      throw new ServiceLocatorException(...);
    }
}

// Gibt die Instanz der ServiceLocator-Klasse zurück
public static ServiceLocator getInstance()
throws ServiceLocatorException {
  if (me == null) {
    me = new ServiceLocator();
  }
  return me;
}

// Konvertiert den serialisierten String in EJBHandle
// dann in EJBObject.
public EJBObject getService(String id)
throws ServiceLocatorException {
  if (id == null) {
    throw new ServiceLocatorException(...);
  }
  try {
    byte[] bytes = new String(id).getBytes();
    InputStream io = new
      ByteArrayInputStream(bytes);
    ObjectInputStream os = new
      ObjectInputStream(io);
    javax.ejb.Handle handle =
      (javax.ejb.Handle)os.readObject();
    return handle.getEJBObject();
  } catch(Exception ex) {
    throw new ServiceLocatorException(...);
  }
}

// Gibt den String, der den Handle des
// EJBObject-Objekts repräsentiert, in serialisiertem
// Format zurück.
protected String getId(EJBObject session)
throws ServiceLocatorException {
  try {
    javax.ejb.Handle handle = session.getHandle();
    ByteArrayOutputStream fo = new
      ByteArrayOutputStream();
    ObjectOutputStream so = new
      ObjectOutputStream(fo);
    so.writeObject(handle);
```

```
      so.flush();
      so.close();
      return new String(fo.toByteArray());
    } catch(RemoteException ex) {
      throw new ServiceLocatorException(...);
      } catch(IOException ex) {
      throw new ServiceLocatorException(...);
    }
    return null;
  }

  // Gibt das EJBHome-Objekt für den angeforderten
  // Dienstnamen zurück. Löst die Ausnahme ServiceLocator-
  // Exception aus, wenn bei der Suche ein Fehler auftritt.
  public EJBHome getHome(String name, Class clazz)
  throws ServiceLocatorException {
    try {
      Object objref = context.lookup(name);
      EJBHome home = (EJBHome)
        PortableRemoteObject.narrow(objref, clazz);
      return home;
    } catch(NamingException ex) {
      throw new ServiceLocatorException(...);
    }
  }
}
```

Die Strategie typgeprüfter Service Locator implementieren

Beispiel 8.34: Die Strategie typgeprüfter Service Locator implementieren

```
package corepatterns.apps.psa.util;
// Importe
...
public class ServiceLocator {
  // Private Instanz des Singleton
  private static ServiceLocator me;

  static {
    me = new ServiceLocator();
  }

  private ServiceLocator() {}

  // Gibt die Service Locator-Instanz zurück
  static public ServiceLocator getInstance() {
```

```
    return me;
}


// Konstanten der inneren Klasse Services - Dienstobjekte
public class Services {
  final public static int PROJECT  = 0;
  final public static int RESOURCE = 1;
}

// EJB-bezogene Konstanten für Project
final static Class  PROJECT_CLASS = ProjectHome.class;
final static String PROJECT_NAME  = "Project";

// EJB-bezogene Konstanten für Resource

final static Class  RESOURCE_CLASS = ResourceHome.class;
final static String RESOURCE_NAME  = "Resource";

// Gibt die Klasse für den angeforderten Dienst zurück
static private Class getServiceClass(int service){
  switch( service ) {
    case Services.PROJECT:
      return PROJECT_CLASS;
    case Services.RESOURCE:
     return RESOURCE_CLASS;
  }
  return null;
}

// Gibt den JNDI-Namen für den angeforderten Dienst zurück
static private String getServiceName(int service){
  switch( service ) {
    case Services.PROJECT:
      return PROJECT_NAME;
    case Services.RESOURCE:
      return RESOURCE_NAME;
  }
  return null;
}

// Holt das EJBHome für den angegebenen Dienst mithilfe des
// JNDI-Namens und die Klasse für das EJBHome-Objekt
public EJBHome getHome( int s )
  throws ServiceLocatorException {
  EJBHome home = null;
  try {
```

Muster der Geschäftsschicht

```
        Context initial  = new InitialContext();

    // Suche mithilfe des Dienstnamens von der
    // definierten Konstanten
    Object objref =
      initial.lookup(getServiceName(s));

    // Eingrenzen mithilfe der EJBHome-Klasse von der
    // definierten Konstanten
    Object obj = PortableRemoteObject.narrow(
            objref, getServiceClass(s));
    home = (EJBHome)obj;
  }
  catch( NamingException ex ) {
      throw new ServiceLocatorException(...);
  }
  catch( Exception ex ) {
      throw new ServiceLocatorException(...);
  }
  return home;
  }
}
```

Um den Service Locator für diese Strategie zu verwenden, kann der Clientcode wie in Beispiel 8.35 gezeigt aussehen.

Beispiel 8.35: Clientcode, der auf den Service Locator zurückgreift

```
public class ServiceLocatorTester {
  public static void main( String[] args ) {
    ServiceLocator serviceLocator =
      ServiceLocator.getInstance();
    try {
      ProjectHome projectHome = (ProjectHome)
        serviceLocator.getHome(
          ServiceLocator.Services.PROJECT );
    }
    catch( ServiceException ex ) {
      // Client behandelt Ausnahme
      System.out.println( ex.getMessage( ));
    }
  }
}
```

In dieser Strategie geht es um die Typprüfung für Clientsuchen. Sie kapselt die statischen Dienstwerte innerhalb des ServiceLocator-Objekts und erzeugt eine innere Klasse Services, die die Dienstkonstanten (PROJECT und RESOURCE) deklariert. Der Tester-Client holt eine Instanz auf den ServiceLocator-Singleton und ruft getHome mit Übergabe von PROJECT auf. ServiceLocator wiederum holt den JNDI-Eintrittsnamen und die Home-Klasse und gibt das EJBHome-Objekt zurück.

8.7.7 Verwandte Muster

- *Business Delegate:* Das Muster *Business Delegate* verwendet Service Locator, um Zugriff auf die Geschäftsdienstobjekte wie EJB-Objekte, JMS-Themen und JMS-Warteschlangen zu erhalten. Das trennt die Komplexität der Dienstlokalisierung vom Business Delegate, führt damit zu lockerer Kopplung und verbessert die Wartungsfähigkeit.

- *Session Facade (Sitzungsfassade):* Das Muster *Session Facade* verwendet Service Locator, um Zugriff auf die Enterprise Beans zu erhalten, die in einen Workflow einbezogen sind.

- *Value Object Assembler:* Das Muster *Value Object Assembler* verwendet Service Locator, um Zugriff auf die verschiedenen Enterprise Beans zu erhalten, die es benötigt, um sein Composite Value Object zu erstellen.

Kapitel 9

Muster der Integrationsschicht

- Data Access Object
- Service Activator

9.1 Data Access Object

9.1.1 Kontext
Der Zugriff auf Daten variiert je nach der Quelle der Daten. Der Zugriff auf persistenten Speicher, beispielsweise eine Datenbank, variiert stark mit der Art der Speicherung (relationale Datenbanken, objektorientierte Datenbanken, lineare Dateien usw.) und der Anbieterimplementierung.

9.1.2 Problem
Viele praktisch ausgeführte J2EE-Anwendungen brauchen an irgendeinem Punkt persistente Speicherung. Bei vielen Anwendungen ist die persistente Speicherung mit unterschiedlichen Mechanismen implementiert und es gibt deutliche Unterschiede in den APIs, die für den Zugriff auf die jeweiligen persistenten Speichermechanismen verwendet werden. Andere Anwendungen müssen vielleicht auf Daten zugreifen, die sich auf getrennten Systemen befinden. Beispielsweise können die Daten auf Mainframe-Systemen, LDAP[1]-Repositories usw. gespeichert sein. Daten können auch durch Dienste über externe Systeme wie B2B[2]-Integrationssysteme, Kreditkartendienste usw. bereitgestellt werden.

In der Regel verwenden Anwendungen gemeinsam genutzte verteilte Komponenten wie zum Beispiel Entity Beans, um persistente Daten darzustellen. Man sagt, dass sich eine Anwendung auf Bean-verwaltete Persistenz[3] für ihre Entity Beans stützt, wenn diese Entity Beans explizit auf die persistente Speicherung zugreifen – die Entity Bean umfasst Code, um direkt auf den persistenten Speicher zuzugreifen. Eine Anwendung mit einfacheren Anforderungen kann auf die Verwendung von Entity Beans verzichten und stattdessen Session Beans oder Servlets verwenden, um direkt auf den persistenten Speicher zuzugreifen und die Daten abzurufen oder zu modifizieren. Die Anwendung könnte sich auch auf Entity Beans mit Container-verwalteter Persistenz stützen und es somit dem Container überlassen, die Details der Transaktion und Persistenz zu behandeln.

Anwendungen können über die JDBC-API auf Daten zugreifen, die in einem relationalen Datenbank-Managementsystem (RDBMS) gespeichert sind. Die JDBC-API stellt standardisierte Funktionen bereit, um auf persistent gespeicherte Daten – beispielsweise in einer relationalen Datenbank – zuzugreifen und diese zu manipulieren. JDBC versetzt J2EE-Anwendungen in die Lage, mit SQL-Anweisungen auf RDBMS-Tabellen zuzugreifen. Allerdings können selbst in einer RDBMS-Umgebung die Syntax und das Format von SQL-Anweisungen je nach dem konkreten Datenbankprodukt variieren.

Noch größere Abweichungen findet man bei unterschiedlichen Arten der persistenten Speicherung, wie zum Beispiel relationalen Datenbank-Managementsystemen, objektorientierten Datenbanken oder linearen Dateien. Hier variieren Zugriffsmechanismen, unterstützte APIs und Funktionsumfang. Anwendungen, die auf Daten von einem Legacy- oder heterogenen System (etwa Mainframe oder B2B-Dienst) zugreifen müssen, sind oftmals auf die Verwendung von proprietären APIs ange-

---
[1] LDAP – Lightweight Directory Access Protocol
[2] B2B – Business-to-Business
[3] Bean-verwaltete Persistenz – engl.: Bean Managed Persistence (Abk. BMP)

Muster der Integrationsschicht

wiesen. Derartige heterogene Datenquellen stellen eine Herausforderung für die Anwendung dar und können möglicherweise eine direkte Abhängigkeit zwischen Anwendungscode und Datenzugriffscode bedingen. Wenn Geschäftskomponenten – Entity Beans, Session Beans und sogar Präsentationskomponenten wie Servlets und Hilfsobjekte für Java Server Pages (JSPs) – auf eine Datenquelle zugreifen müssen, können Sie über die passende API die Verbindung herstellen und die Datenquelle manipulieren. Bindet man aber den Verbindungs- und Datenzugriffscode in diese Komponenten ein, kommt es zu einer engen Kopplung zwischen den Komponenten und der Implementierung der Datenquelle. Derartige Codeabhängigkeiten in Komponenten erschweren es, die Anwendung von einem Datenquellentyp auf einen anderen zu migrieren. Ändert sich die Datenquelle, muss man die Komponenten anpassen, um dem neuen Typ der Datenquelle zu entsprechen.

9.1.3 Kräfte

- Komponenten wie Bean-verwaltete Entity Beans, Session Beans, Servlets und andere Objekte wie Hilfsobjekte für JSPs müssen Informationen von persistenten Speichern und anderen Datenquellen (wie Legacysystemen, B2B, LDAP usw.) abrufen und darin speichern.

- APIs für persistente Speicherung variieren je nach Produktanbieter. Andere Datenquellen können APIs mitbringen, die vom Standard abweichen und/oder proprietär sind. Diese APIs und ihre Fähigkeiten variieren auch mit dem Typ der Speicherung – RDBMS, objektorientierte Datenbank-Managementsysteme (OODBMS), XML-Dokumente, lineare Dateien usw. Es fehlen einheitliche APIs, die den Anforderungen für den Zugriff auf derartige heterogene Systeme genügen.

- Komponenten verwenden normalerweise proprietäre APIs, um auf externe und/oder Legacysysteme zuzugreifen und Daten abzurufen und zu speichern.

- Die Portabilität der Komponenten wird direkt beeinflusst, wenn spezielle Zugriffsmechanismen und APIs in die Komponenten eingebunden sind.

- Komponenten müssen für die eigentliche persistente Speicherung oder Datenquellenimplementierung transparent sein, um einfache Migration auf andere Anbieterprodukte, andere Speichertypen und andere Datenquellentypen zu ermöglichen.

9.1.4 Lösung

Verwenden Sie ein Data Access Object (DAO), um den gesamten Zugriff auf die Datenquelle zu abstrahieren und zu kapseln. Das DAO verwaltet die Verbindung zur Datenquelle, um Daten abzurufen und zu speichern.

Das DAO implementiert die Zugriffsmechanismen, die für die Arbeit mit der Datenquelle erforderlich sind. Die Datenquelle kann ein persistenter Speicher sein (zum Beispiel ein RDBMS), ein externer Dienst (zum Beispiel ein B2B-Austausch), ein Repository (zum Beispiel eine LDAP-Datenbank) oder ein Geschäftsdienst, auf den über CORBA Internet Inter-ORB Protokoll (IIOP) oder systemnahe Sockets zugegriffen wird. Die Geschäftskomponente, die sich auf das DAO stützt, verwendet die einfachere Schnittstelle, die das DAO für seine Clients offen legt. Das DAO schottet die Implementierungsdetails der Datenquelle vollständig vor ihren Clients ab. Da sich die Schnittstelle, die das DAO für die Clients offen legt, nicht ändert, wenn sich die zugrunde liegende Datenquellenimplementierung ändert, ist es nach diesem Muster möglich, das DAO an unterschiedliche Speicherschemas anzupassen, ohne seine Clients oder Geschäftskomponenten zu beeinflussen. Praktisch fungiert das DAO als Adapter zwischen der Komponente und der Datenquelle.

Struktur

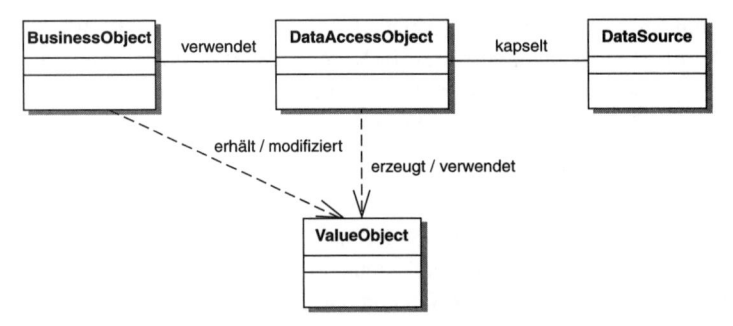

Abbildung 9.1: Klassendiagramm für das Muster Data Access Object

Teilnehmer und Zuständigkeiten

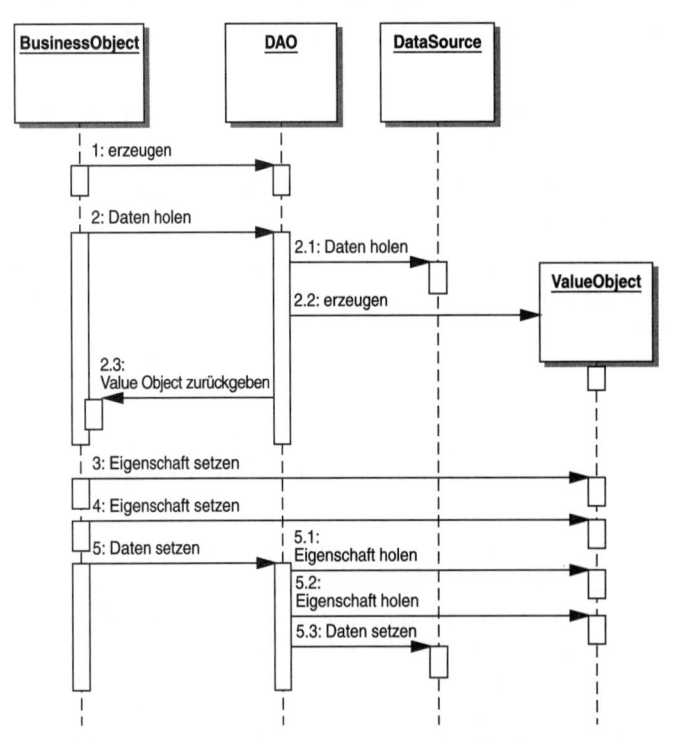

Abbildung 9.2: Sequenzdiagramm für das Muster Data Access Object

Muster der Integrationsschicht

BusinessObject
Das `BusinessObject`-Objekt stellt den Datenclient dar. Es ist das Objekt, das Zugriff auf die Datenquelle erfordert, um Daten abzurufen und zu speichern. Ein `BusinessObject`-Objekt kann als Session Bean, Entity Bean oder beliebiges anderes Java-Objekt implementiert sein, zusätzlich zu einem Servlet oder einer Hilfs-Bean, die auf die Datenquelle zugreift.

DataAccessObject
Das `DataAccessObject` ist das primäre Objekt dieses Musters. Es abstrahiert die Implementierung des zugrunde liegenden Datenzugriffs für das `BusinessObject`, um den transparenten Zugriff auf die Datenquelle zu ermöglichen. Außerdem delegiert das `BusinessObject` die Operationen zum Laden und Speichern der Daten an das `DataAccessObject`.

DataSource
Dieses Objekt repräsentiert eine Datenquellenimplementierung. Eine Datenquelle kann eine Datenbank sein wie zum Beispiel ein RDBMS, OODBMS, XML-Repository, lineares Dateisystem usw. Eine Datenquelle kann auch ein anderes System (Legacy/Mainframe), ein Dienst (B2B-Dienst oder Kreditkartenbüro) oder eine andere Art von Repository (LDAP) sein.

ValueObject
Dieses Objekt repräsentiert ein Value Object, das als Datenträger dient. Das `DataAccessObject` kann ein Value Object verwenden, um Daten an den Client zurückzugeben. Das `DataAccessObject` kann die Daten auch vom Client in einem Value Object empfangen und damit die Daten in der Datenquelle aktualisieren.

Strategien

Strategie mit automatischer DAO-Codegenerierung
Da jedes `BusinessObject`-Objekt einem bestimmten DAO entspricht, lassen sich Beziehungen zwischen dem `BusinessObject`-Objekt, dem DAO und den zugrunde liegenden Implementierungen (wie etwa Tabellen in einem RDBMS) herstellen. Nachdem die Beziehungen eingerichtet sind, kann man ein einfaches anwendungsspezifisches Hilfsprogramm zur Codegenerierung schreiben, das den Code für alle von der Anwendung benötigten DAOs erzeugt. Die Metadaten zum Generieren des DAOs können aus einer vom Entwickler definierten Beschreibungsdatei kommen. Alternativ kann der Codegenerator automatisch die Datenbank analysieren und die notwendigen DAOs für den Zugriff auf die Datenbank bereitstellen. Wenn die Anforderungen für DAOs ausreichend komplex sind, sollte man Tools von Drittanbietern ins Auge fassen, die Zuordnungen zwischen objektorientierten und relationalen Daten für RDMBS-Datenbanken bereitstellen. Diese Tools bieten in der Regel eine grafische Benutzeroberfläche, um die Geschäftsobjekte auf die persistenten Speicherobjekte abzubilden und dabei die vermittelnden DAOs zu definieren. Die Tools generieren automatisch den Code, nachdem die Zuordnung hergestellt ist, und können andere wertvolle Funktionen wie zum Beispiel Zwischenspeichern der Ergebnisse, Zwischenspeichern der Abfrage, Integration mit Applikationsservern, Integration mit anderen Produkten von Drittherstellern (beispielsweise verteilte Zwischenspeicherung) usw. umfassen.

Strategie Fabrik für Data Access Objects

Das Muster *Data Access Object* lässt sich sehr flexibel gestalten, indem man die Muster *Abstract Factory* (Abstrakte Fabrik) [GoF] und *Factory Method* (Fabrikmethode) [GoF] übernimmt (siehe »Verwandte Muster« in diesem Kapitel).

Wenn die zugrunde liegende Speicherung keinen Änderungen von einer Implementierung zu einer anderen unterworfen ist, kann man diese Strategie mit dem Muster *Factory Method* implementieren, um eine Reihe von DAOs für die Anwendung zu produzieren. Abbildung 9.3 zeigt das Klassendiagramm für diesen Fall.

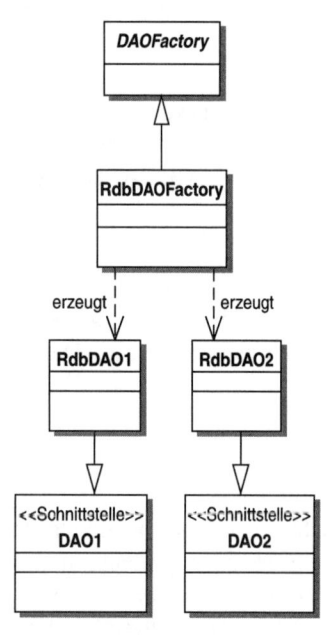

Abbildung 9.3: Klassendiagramm für die Strategie Fabrik für Data Access Object mit Factory Method

Wenn sich die zugrunde liegende Speicherung von einer Implementierung zu einer anderen ändert, kann man diese Strategie mit dem Muster *Abstract Factory* implementieren. Die Abstract Factory kann ihrerseits auf der Implementierung der Factory Method aufbauen, wie es im Buch *Entwurfsmuster: Elemente wiederverwendbarer objektorientierter Software* [GoF] beschrieben ist. In diesem Fall liefert diese Strategie ein abstraktes DAO-Fabrikobjekt (Abstract Factory), das verschiedene Typen von konkreten DAO-Fabriken konstruieren kann, wobei jede Fabrik einen anderen Typ der Implementierung für persistente Speicherung unterstützt. Nachdem man die konkrete DAO-Fabrik für eine bestimmte Implementierung abgerufen hat, produziert man damit DAOs, die in dieser Implementierung unterstützt und implementiert werden.

Abbildung 9.4 zeigt das Klassendiagramm für diese Strategie. Es enthält eine DAO-Basisfabrik als abstrakte Klasse, die von verschiedenen konkreten DAO-Fabriken geerbt und implementiert wird,

Muster der Integrationsschicht

um den implementierungsspezifischen Speicherzugriff zu unterstützen. Der Client kann eine konkrete DAO-Fabrikimplementierung abrufen (beispielsweise als RdbDAOFactory) und sie verwenden, um konkrete DAOs zu erhalten, die mit dieser speziellen Speicherimplementierung arbeiten. Zum Beispiel kann der Datenclient ein RdbDAOFactory-Objekt abrufen und damit spezielle DAOs wie RdbCustomerDAO, RdbAccountDAO usw. erhalten. Die DAOs können eine generische Basisklasse erweitern und implementieren (als DAO1 und DAO2 dargestellt), die speziell die Anforderungen des DAO für das von ihm unterstütze Geschäftsobjekt beschreibt. Jedes konkrete DAO ist dafür zuständig, die Verbindung zur Datenquelle herzustellen und die Daten für das von ihm unterstützte Geschäftsobjekt abzurufen und zu manipulieren.

Eine Implementierung für das Muster *Data Access Object* und seine Strategien finden Sie im Abschnitt »Beispielcode« später in diesem Kapitel.

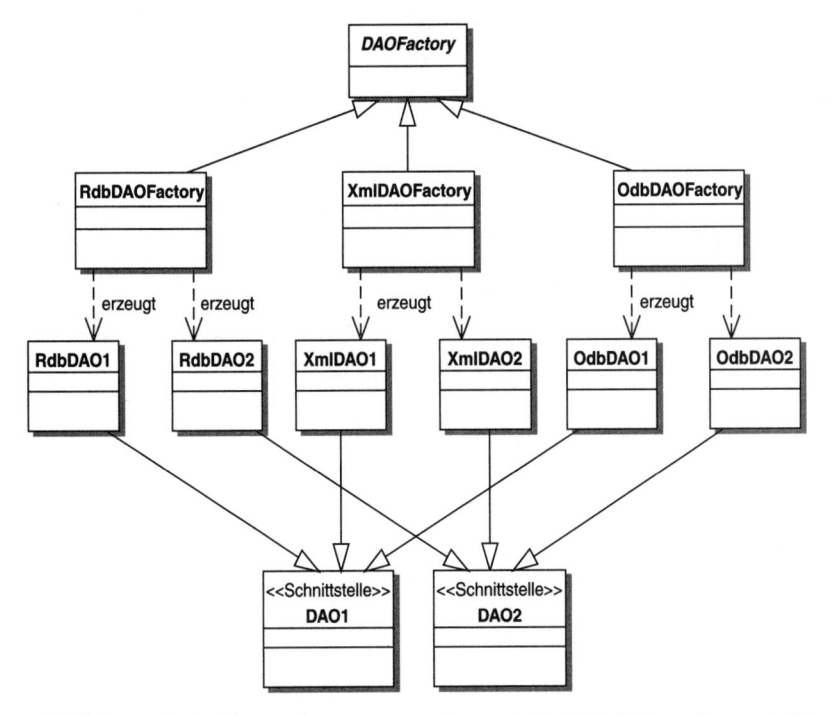

Abbildung 9.4: Klassendiagramm zur Strategie Fabrik für Data Access Object mit Abstract Factory

Das Sequenzdiagramm in Abbildung 9.5 beschreibt die Interaktionen für diese Strategie.

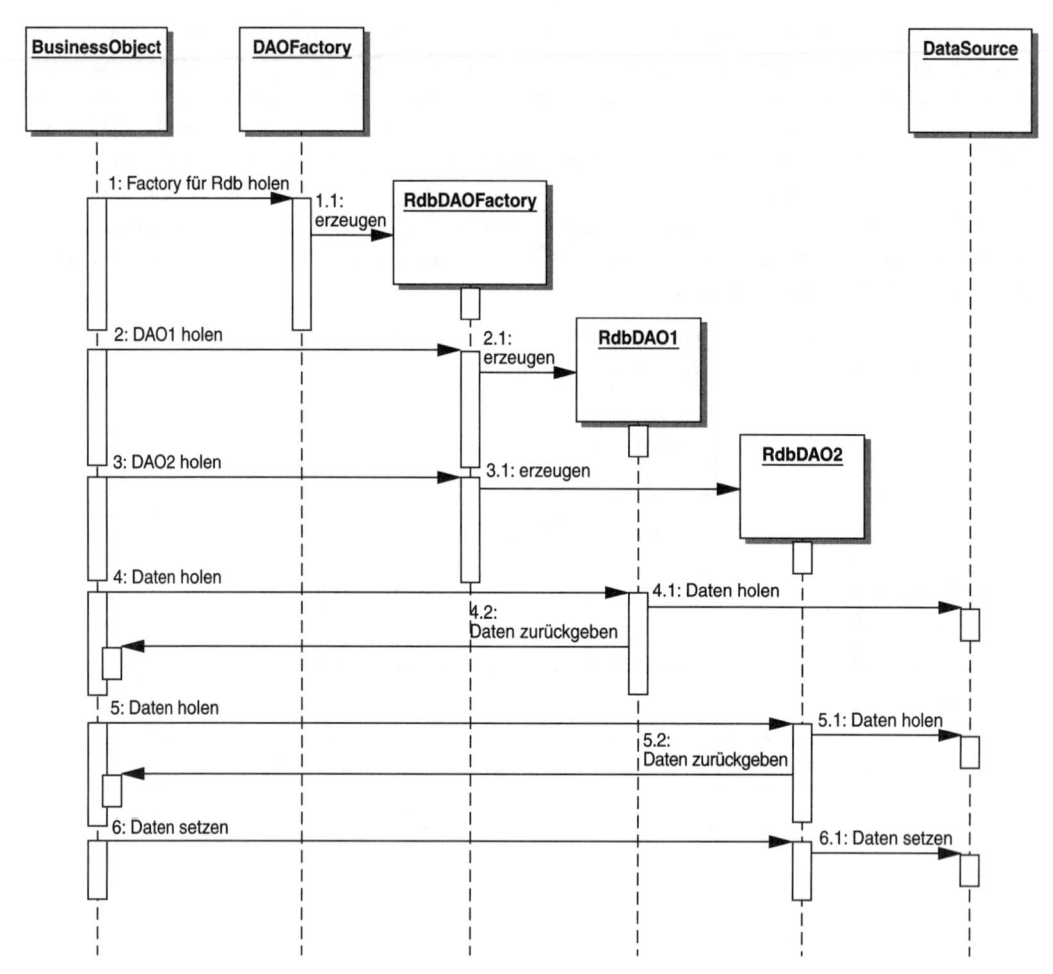

Abbildung 9.5: Sequenzdiagramm zur Strategie Fabrik für Data Access Object mit Abstract Factory

9.1.5 Konsequenzen

- *Erlaubt Transparenz:* Geschäftsobjekte können die Datenquelle verwenden, ohne die spezifischen Details der Implementierung der Datenquelle zu kennen. Der Zugriff ist transparent, weil die Implementierungsdetails im Data Access Object verborgen sind.

- *Erlaubt einfachere Migration:* Eine Schicht von DAOs erleichtert es, eine Anwendung auf eine andere Datenbankimplementierung umzustellen (zu migrieren). Die Geschäftsobjekte kennen die zugrunde liegende Datenimplementierung nicht. Bei einer Migration sind somit nur Änderungen an der DAO-Schicht vorzunehmen. Wenn man eine Fabrikstrategie nutzt, ist es außerdem möglich, eine konkrete Fabrikimplementierung für jede zugrunde liegende Speicherimple-

Muster der Integrationsschicht 359

mentierung bereitzustellen. In diesem Fall bedeutet die Migration auf eine andere Speicherimplementierung, dass man eine neue Fabrikimplementierung für die Anwendung bereitstellt.

- *Verringert komplexen Code in Geschäftsobjekten:* Da die Data Access Objects den gesamten komplexen Datenzugriff verwalten, vereinfacht sich der Code in den Geschäftsobjekten und anderen Datenclients, die die DAOs verwenden. Der gesamte implementierungsbezogene Code (beispielsweise SQL-Anweisungen) ist im DAO und nicht im Geschäftsobjekt enthalten. Dadurch wird der Code verständlicher und die Entwicklung effizienter.

- *Zentralisiert den gesamten Datenzugriff in einer eigenen Schicht:* Da jetzt alle Datenzugriffsoperationen an die Data Access Objects delegiert sind, kann man die separate Datenzugriffsschicht als Schicht betrachten, die die übrige Anwendung von der Datenzugriffsimplementierung isoliert. Diese Zentralisierung erleichtert es, die Anwendung zu warten und zu verwalten.

- *Eignet sich weniger für Container-verwaltete Persistenz:* Da der EJB-Container Entity Beans mit Container-verwalteter Persistenz (CMP) verwaltet, bedient der Container automatisch den gesamten Zugriff auf persistenten Speicher. Anwendungen, die Container-verwaltete Entity Beans verwenden, brauchen keine DAO-Schicht, da der Applikationsserver diese Funktionalität transparent bereitstellt. Allerdings sind Data Access Objects dennoch nützlich, wenn eine Kombination von CMP (bei Entity Beans) und BMP (bei Session Beans, Servlets) erforderlich ist.

- *Fügt eine zusätzliche Schicht ein:* Die Data Access Objects erzeugen eine zusätzliche Schicht von Objekten zwischen dem Datenclient und der Datenquelle. Diese Schicht ist zu entwerfen und zu implementieren, um die Vorteile dieses Musters nutzen zu können. Auf jeden Fall zahlt sich der zusätzliche Aufwand aus, wenn man diesen Ansatz wählt.

- *Erfordert den Entwurf einer Klassenhierarchie:* Wenn man die Fabrikstrategie wählt, muss man die Hierarchie der konkreten Fabriken und die Hierarchie der konkreten Produkte, die von der Fabrik produziert werden, entwerfen und implementieren. Diesen zusätzlichen Aufwand muss man in Kauf nehmen, wenn eine derartige Flexibilität gerechtfertigt erscheint. Der Entwurf wird zwar komplizierter, man kann aber die Fabrikstrategie zuerst mit dem Muster *Factory Method* implementieren und dann bei Bedarf zum Muster *Abstract Factory* übergehen.

9.1.6 Beispielcode

Das Muster Data Access Object implementieren

Beispiel 9.4 zeigt DAO-Code für ein persistentes Objekt, das Kundeninformationen repräsentiert. Das Objekt `CloudscapeCustomerDAO` erzeugt beim Aufruf der Methode `findCustomer` ein Value Object `Customer`.

Beispiel 9.6 gibt Code zum Einsatz des DAOs an. In Abbildung 9.6 ist das Klassendiagramm für dieses Beispiel dargestellt.

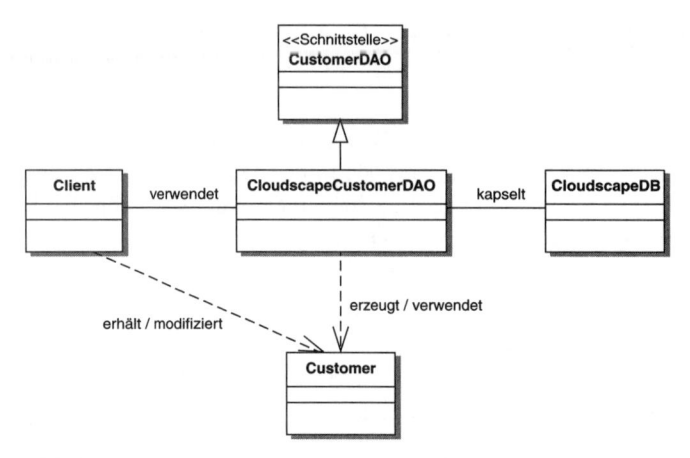

Abbildung 9.6: Das Muster Data Access Object implementieren

Die Strategie Fabrik für Data Access Object implementieren

Das Muster Factory Method verwenden

Das folgende Beispiel implementiert diese Strategie, bei der eine DAO-Fabrik viele DAOs für eine einzelne Datenbankimplementierung (zum Beispiel Oracle) produziert. Die Fabrik produziert DAOs wie zum Beispiel `CustomerDAO`, `AccountDAO`, `OrderDAO` usw. Abbildung 9.7 zeigt das Klassendiagramm für dieses Beispiel.

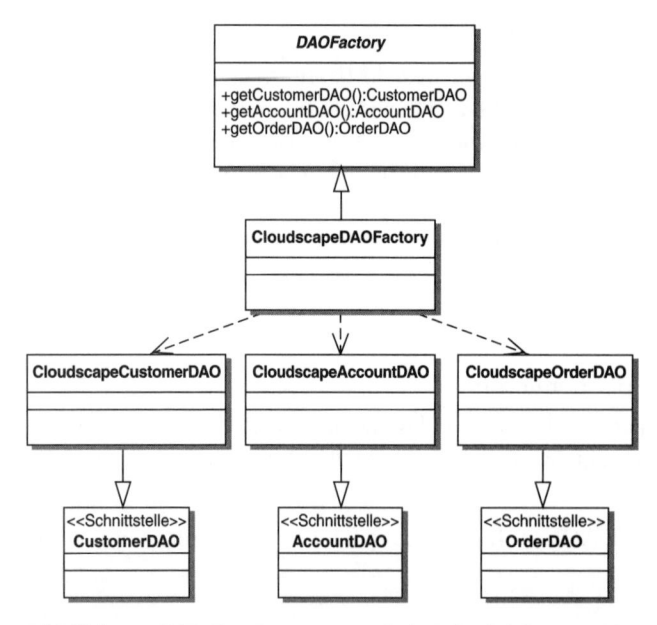

Abbildung 9.7: Die Strategie mit Fabrik für DAO unter Verwendung der Fabrikmethode implementieren

Beispiel 9.2 enthält den Code für die DAO-Fabrik (`CloudscapeDAOFactory`).

Das Muster Abstract Factory verwenden

Das nächste Beispiel implementiert diese Strategie für drei verschiedene Datenbanken. Hier lässt sich das Muster *Abstract Factory* anwenden. Abbildung 9.8 gibt das Klassendiagramm für dieses Beispiel an. In Beispiel 9.1 finden Sie einen Codeausschnitt für die abstrakte Klasse `DAOFactory`. Die Fabrik produziert DAOs wie zum Beispiel `CustomerDAO`, `AccountDAO` und `OrderDAO`. Diese Strategie verwendet die Implementierung der Fabrikmethode in den Fabriken, die die Abstract Factory produziert.

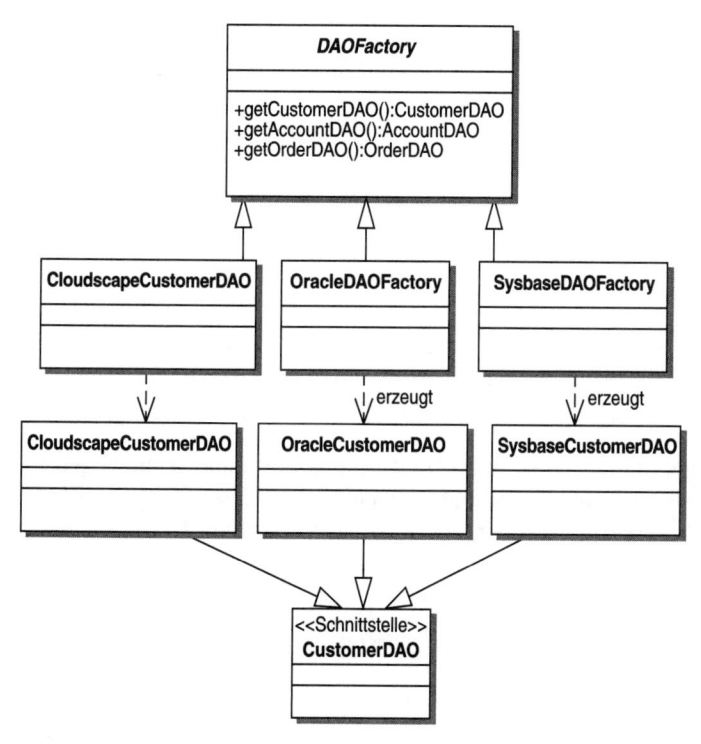

Abbildung 9.8: Die Strategie Fabrik für DAO mit Abstract Factory implementieren

Beispiel 9.1: Ausschnitt aus der abstrakten Klasse DAOFactory

```
// Abstrakte Klasse DAO-Fabrik
public abstract class DAOFactory {

  // Liste von DAO-Typen, die die Fabrik unterstützt
  public static final int CLOUDSCAPE = 1;
  public static final int ORACLE = 2;
  public static final int SYBASE = 3;
  ...
```

```java
// Es gibt je eine Methode für jedes DAO, das erstellt
// werden kann. Die konkreten Fabriken müssen diese
// Methoden implementieren.
public abstract CustomerDAO getCustomerDAO();
public abstract AccountDAO getAccountDAO();
public abstract OrderDAO getOrderDAO();
...

public static DAOFactory getDAOFactory(
    int whichFactory) {

  switch (whichFactory) {
    case CLOUDSCAPE:
        return new CloudscapeDAOFactory();
    case ORACLE    :
        return new OracleDAOFactory();
    case SYBASE    :
        return new SybaseDAOFactory();
    ...
    default        :
        return null;
  }
 }
}
```

Beispiel 9.2 gibt den Code für die Klasse `CloudscapeDAOFactory` an. Die Implementierungen für `OracleDAOFactory` und `SybaseDAOFactory` sind ähnlich, abgesehen von den Spezifika jeder Implementierung wie zum Beispiel JDBC-Treiber, Datenbank-URL und gegebenenfalls Unterschieden in der SQL-Syntax.

Beispiel 9.2: Konkrete DAOFactory-Implementierung für Cloudscape

```java
// Cloudscape als konkrete Implementierung der DAO-Fabrik
import java.sql.*;

public class CloudscapeDAOFactory extends DAOFactory {
  public static final String DRIVER=
    "COM.cloudscape.core.RmiJdbcDriver";
  public static final String DBURL=
    "jdbc:cloudscape:rmi://localhost:1099/CoreJ2EEDB";

  // Methode, um Cloudscape-Verbindungen zu erzeugen
  public static Connection createConnection() {
    // Eine Verbindung mithilfe von DRIVER und DBURL erzeugen
    // Verbindungspool-Implementierung/Verwendung empfohlen
  }
```

Muster der Integrationsschicht

```
  public CustomerDAO getCustomerDAO() {
    // CloudscapeCustomerDAO implementiert CustomerDAO
    return new CloudscapeCustomerDAO();
  }
  public AccountDAO getAccountDAO() {
    // CloudscapeAccountDAO implementiert AccountDAO
    return new CloudscapeAccountDAO();
  }
  public OrderDAO getOrderDAO() {
    // CloudscapeOrderDAO implementiert OrderDAO
    return new CloudscapeOrderDAO();
  }
  ...
}
```

Die in Beispiel 9.3 wiedergegebene `CustomerDAO`-Schnittstelle definiert die DAO-Methoden für das persistente Objekt `Customer`. Die Methoden werden von allen konkreten DAO-Implementierungen wie `CloudscapeCustomerDAO`, `OracleCustomerDAO` und `SybaseCustomerDAO` implementiert. Die hier nicht dargestellten Schnittstellen `AccountDAO` und `OrderDAO` definieren die DAO-Methoden für die Geschäftsobjekte `Account` bzw. `Order`.

Beispiel 9.3: DAO-Basisschnittstelle für Customer

```
// Schnittstelle, die alle CustomerDAOs unterstützen müssen
public interface CustomerDAO {
  public int insertCustomer(...);
  public boolean deleteCustomer(...);
  public Customer findCustomer(...);
  public boolean updateCustomer(...);
  public RowSet selectCustomersRS(...);
  public Collection selectCustomersVO(...);
  ...
}
```

Das Objekt `CloudscapeCustomerDAO` implementiert die Schnittstelle `CustomerDAO` wie in Beispiel 9.4 gezeigt. Die Implementierungen von anderen DAOs wie `CloudscapeAccountDAO`, `CloudscapeOrderDAO`, `OracleCustomerDAO`, `OracleAccountDAO` usw. sehen ähnlich aus.

Beispiel 9.4: Cloudscape-DAO-Implementierung für Customer

```
// CloudscapeCustomerDAO-Implementierung der Schnittstelle
// CustomerDAO. Diese Klasse kann den gesamten Cloudscape-
// spezifischen Code und SQL-Anweisungen enthalten.
// Der Client wird folglich vor diesen Implementierungs-
// details abgeschirmt.
```

```java
import java.sql.*;

public class CloudscapeCustomerDAO implements
    CustomerDAO {

  public CloudscapeCustomerDAO() {
    // Initialisierung
  }

  // Die folgenden Methoden können CloudscapeDAOFactory.createConnection()
  // verwenden, um eine Verbindung wie gefordert zu erhalten

  public int insertCustomer(...) {
    // Hier Kunden einfügen implementieren.
    // Neu erzeugte Kundennummer oder -1 bei Fehler zurückgeben
  }
  public boolean deleteCustomer(...) {
    // Hier Kunde löschen implementieren.
    // True bei Erfolg, False bei Fehler zurückgeben
  }

  public Customer findCustomer(...) {
    // Hier Kunde suchen implementieren, dabei die als
    // Argumentwerte übergebenen Suchkriterien verwenden.
    // Wenn gefunden, ein Value Object zurückgeben,
    // Null bei Fehler oder nicht gefunden zurückgeben.
  }

  public boolean updateCustomer(...) {
    // Hier Datensatz aktualisieren implementieren, dabei
    // Daten aus Value Object customerData verwenden.
    // True bei Erfolg, False bei Fehler zurückgeben.
  }

  public RowSet selectCustomersRS(...) {
    // Hier Kunden suchen implementieren, dabei die bereitgestellten Suchkriterien
    // verwenden. Ein RowSet zurückgeben.
  }

  public Collection selectCustomersVO(...) {
    // Hier Kunden suchen implementieren, dabei die
    // bereitgestellten Suchkriterien verwenden.
    // Alternativ so implementieren, dass eine Auflistung
    // von Value Objects zurückgegeben wird.
  }
  ...
}
```

Muster der Integrationsschicht

Beispiel 9.5 gibt die Value Object-Klasse Customer wieder. Die DAOs verwenden dieses Objekt, um Daten von den Clients zu empfangen und an sie zu senden. Der Einsatz von Value Objects wird detailliert unter dem Muster *Value Object* behandelt.

Beispiel 9.5: Das Value Object Customer

```
public class Customer implements java.io.Serializable {
  // Elementvariablen
  int CustomerNumber;
  String name;
  String streetAddress;
  String city;
  ...

  // Get-/Set-Methoden...
  ...
}
```

Beispiel 9.6 zeigt den Einsatz der DAO-Fabrik und des Data Access Objects. Wenn sich die Implementierung von Cloudscape zu einem anderen Produkt ändert, muss man lediglich im Aufruf der Methode getDAOFactory die andere DAO-Fabrik angeben.

Beispiel 9.6: Ein DAO und die DAO-Fabrik verwenden – Clientcode

```
...
// Die erforderliche DAO-Fabrik erzeugen
DAOFactory cloudscapeFactory =
  DAOFactory.getDAOFactory(DAOFactory.DAOCLOUDSCAPE);

// Ein DAO erzeugen
CustomerDAO custDAO =
  cloudscapeFactory.getCustomerDAO();

// Einen neuen Kunden erzeugen
int newCustNo = custDAO.insertCustomer(...);

// Ein Kundenobjekt suchen. Das Value Object abrufen.
Customer cust = custDAO.findCustomer(...);

// Werte im Value Object modifizieren.
cust.setAddress(...);
cust.setEmail(...);
// Kundenobjekt mithilfe DAO aktualisieren
custDAO.updateCustomer(cust);
```

```
// Ein Kundenobjekt löschen
custDAO.deleteCustomer(...);
// Alle Kunden in derselben Stadt auswählen
Customer criteria=new Customer();
criteria.setCity("New York");
Collection customersList =
  custDAO.selectCustomersVO(criteria);
// Gibt customersList zurück - Auflistung von Kunden-
// Value Objects. Diese Auflistung durchlaufen, um Werte
// zu erhalten.
```

...

9.1.7 Verwandte Muster

- *Value Object (Wertobjekt):* Ein Data Access Object (DAO) verwendet Value Objects, um Daten zu seinen Clients zu transportieren und sie von ihnen zu übernehmen.

- *Factory Method (Fabrikmethode) [GoF] und Abstract Factory (Abstrakte Fabrik) [GoF]:* Die Strategie Fabrik für Data Access Objects implementiert nach dem Muster *Factory Method* die konkreten Fabriken und ihre Produkte (DAOs). Zusätzliche Flexibilität erreicht man mit dem Muster *Abstract Factory*, wie es der Abschnitt zu den Strategien erläutert hat.

- *Broker [POSA1]:* Das Muster *Data Access Object* ist mit dem Muster *Broker* verwandt, das Lösungen beschreibt, um Clients und Server in verteilten Systemen zu entkoppeln. Das Muster *Data Access Object* wendet das Muster *Broker* in einer spezielleren Form an, um die Ressourcenschicht von Clients in einer anderen Schicht – beispielsweise der Geschäfts- oder der Präsentationsschicht – zu entkoppeln.

9.2 Service Activator

9.2.1 Kontext

Enterprise Beans und andere Geschäftsdienste brauchen eine Möglichkeit, asynchron aktiviert zu werden.

9.2.2 Problem

Wenn ein Client auf eine Enterprise Bean zugreifen muss, sucht er zuerst das Home-Objekt der Bean. Der Client fordert vom EJB-Home-Objekt eine Remote-Referenz auf die erforderliche Enterprise Bean an und ruft dann auf dieser Remote-Referenz Geschäftsmethoden auf, um auf die Dienste der Enterprise Bean zuzugreifen. Alle diese Methodenaufrufe – wie Suchen und entfernte Methodenaufrufe – finden synchron statt. Der Client muss warten, bis die Methoden vollständig abgearbeitet sind und die Steuerung an den Aufrufer zurückgeben.

Muster der Integrationsschicht

Als weiterer Faktor ist der Lebenszyklus einer Enterprise Bean zu berücksichtigen. Die EJB-Spezifikation erlaubt dem Container, eine Enterprise Bean im sekundären Speicher zu passivieren. Im Ergebnis hat der EJB-Container keinen Mechanismus mehr, durch den er einen prozessähnlichen Dienst bereitstellen kann, um eine Enterprise Bean ständig in einem aktiven und bereiten Zustand zu halten. Da der Client mit der Enterprise Bean über die Remote-Schnittstelle der Bean interagieren muss, auch wenn sich die Bean im Container in einem aktiven Zustand befindet, muss der Client trotzdem ihre Remote-Schnittstelle über den Suchprozess abrufen und führt die Kommunikation mit der Bean weiterhin synchron durch.

Wenn eine Anwendung für ihre serverseitigen Geschäftskomponenten synchrone Verarbeitung benötigt, stellen Enterprise Beans die geeignete Wahl dar. Manche Anwendungsclients können aber asynchrone Verarbeitung für die serverseitigen Geschäftsobjekte erfordern, weil die Clients nicht warten müssen oder einfach nicht die Zeit vorhanden ist, um auf den Abschluss der Verarbeitung warten zu können. Wenn also die Anwendung eine Form der asynchronen Verarbeitung braucht, kann man auf diese Fähigkeit der Enterprise Beans in Implementierungen vor der EJB-Spezifikation 2.0 nicht zurückgreifen.

EJB 2.0 führt zur Integration die nachrichtengesteuerte Bean ein, die einen speziellen Typ einer zustandslosen Session Bean mit asynchronen Aufrufmöglichkeiten darstellt. Für andere Arten von Enterprise Beans, wie zustandsbehaftete oder Entity Beans, bietet die neue Spezifikation jedoch keine asynchronen Aufrufe.

Im Allgemeinen erlaubt ein Geschäftsdienst wie eine Session oder Entity Bean lediglich die synchrone Verarbeitung und stellt somit eine Herausforderung für die Implementierung der asynchronen Verarbeitung dar.

9.2.3 Kräfte

- Enterprise Beans werden ihren Clients über ihre Remote-Schnittstellen offen gelegt, die nur synchronen Zugriff erlauben.

- Der Container verwaltet Enterprise Beans und erlaubt Interaktionen nur über die Remote-Referenzen. Der EJB-Container gestattet keinen direkten Zugriff auf die Implementierung der Bean und ihrer Methoden. Somit kommt eine Implementierung des JMS-Nachrichtenempfängers (JMS Listener) in einer Enterprise Bean nicht infrage, weil dies durch den direkten Zugriff auf die Bean-Implementierung die EJB-Spezifikation verletzen würde.

- Eine Anwendung muss ein Nachrichtenmodell nach dem Muster Herausgeber/Abonnent oder Punkt-zu-Punkt bereitstellen, bei dem Clients Anforderungen an Enterprise Beans zur asynchronen Verarbeitung herausgeben können.

- Clients brauchen asynchrone Verarbeitungsmöglichkeiten von den Enterprise Beans und anderen Geschäftskomponenten, die nur synchronen Zugriff bieten, sodass der Client eine Anforderung zur Verarbeitung senden kann, ohne auf die Ergebnisse warten zu müssen.

- Clients wollen die vom Java Messaging Service (JMS) gebotenen MOM-Schnittstellen verwenden. Diese Schnittstellen sind nicht in EJB-Serverprodukte integriert, die auf einer Spezifikation vor EJB 2.0 basieren.

- Eine Anwendung muss einen Dämon-ähnlichen Dienst bereitstellen, sodass eine Enterprise Bean in einen Ruhemodus übergehen kann, bis ein Ereignis (oder eine Nachricht) ihre Aktivität auslöst.

- Enterprise Beans unterliegen der Lebenszyklusverwaltung des Containers. Dazu gehört die Passivierung infolge von Zeitüberschreitungen, Inaktivität und Ressourcenverwaltung. Der Client muss eine Enterprise Bean aufrufen, um sie wieder zu aktivieren.

- EJB 2.0 führt eine nachrichtengesteuerte Bean als zustandslose Session Bean ein; es ist jedoch nicht möglich, andere Arten von Enterprise Beans asynchron aufzurufen.

9.2.4 Lösung

Verwenden Sie einen Service Activator, um asynchrone Clientanforderungen und Nachrichten zu empfangen. Beim Empfang einer Nachricht sucht der Service Activator die erforderlichen Geschäftsmethoden in den Geschäftsdienstkomponenten und ruft sie auf, um die Anforderung asynchron zu bedienen.

Das `ServiceActivator`-Objekt ist ein JMS-Empfänger- und Delegierungsdienst, der die Implementierung des JMS-Nachrichtenempfängers (JMS Message Listener) voraussetzt – und es damit zu einem JMS-Empfängerobjekt macht, das auf JMS-Nachrichten hören kann. Der Service Activator lässt sich als eigenständiger Dienst implementieren. Clients fungieren als Nachrichtengenerator und erzeugen Ereignisse je nach ihrer Aktivität.

Jeder Client, der asynchron einen Geschäftsdienst – beispielsweise eine Enterprise Bean – aufrufen muss, kann eine Nachricht erzeugen und sie an den Service Activator senden. Der Service Activator empfängt die Nachricht und analysiert sie, um die Clientanforderung zu interpretieren. Nachdem die Anforderung des Clients geparst oder entpackt (unmarshalled) ist, identifiziert und sucht der Service Activator die erforderliche Geschäftsdienstkomponente und ruft die Geschäftsmethoden auf, um die Anforderung des Clients asynchron zu bearbeiten.

Der Service Activator kann optional eine Bestätigung an den Client senden, nachdem die Anforderung erfolgreich verarbeitet wurde. Der Service Activator kann auch den Client oder andere Dienste über Fehlerereignisse informieren, falls die asynchrone Anforderungsverarbeitung gescheitert ist.

Der Service Activator kann die Dienste eines Service Locators in Anspruch nehmen, um eine Geschäftskomponente zu suchen. Siehe »Service Locator« in Kapitel 8.

Struktur

Teilnehmer und Zuständigkeiten

Abbildung 9.10 zeigt die Interaktionen zwischen den verschiedenen Teilnehmern im Muster Service Activator.

Muster der Integrationsschicht

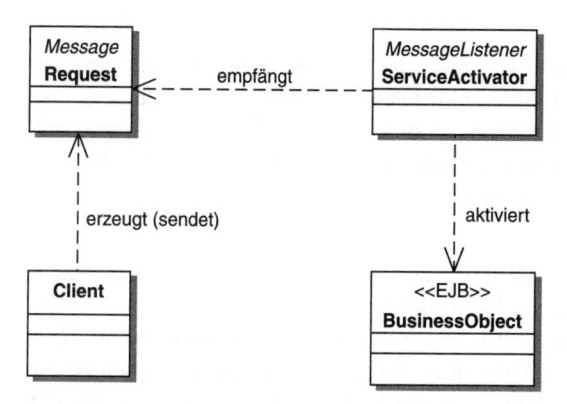

Abbildung 9.9: Klassendiagramm für das Muster Service Activator

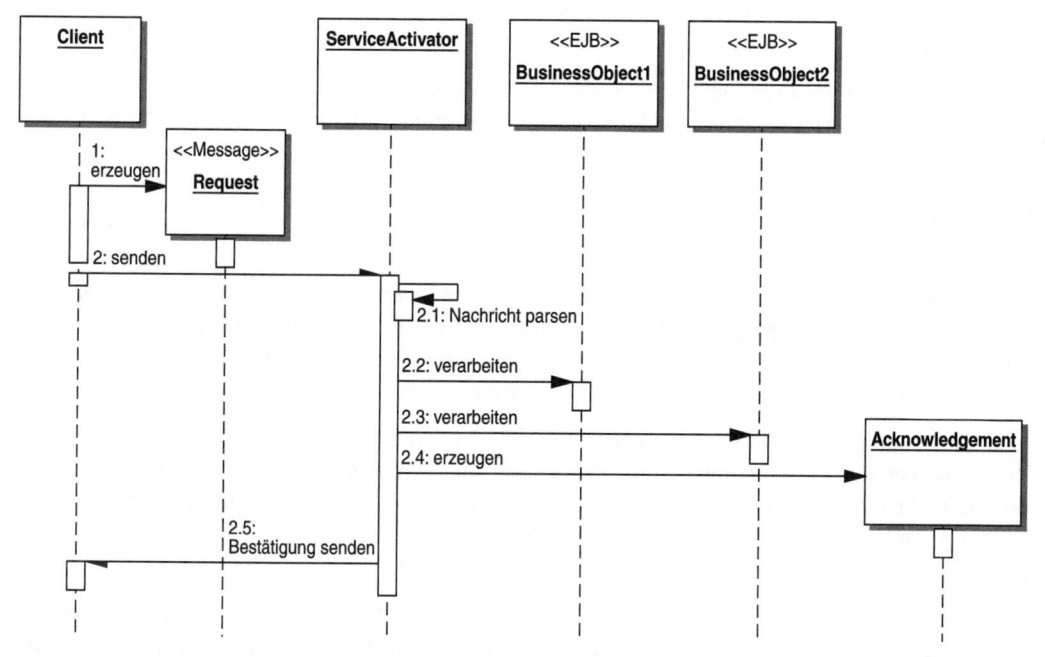

Abbildung 9.10: Sequenzdiagramm für das Muster Service Activator

Client

Der Client erfordert eine asynchrone Verarbeitungseinrichtung von den Geschäftsobjekten, die in einen Workflow einbezogen sind. Als Client kommt jede Anwendung infrage, die JMS-Nachrichten erzeugen und senden kann. Ebenso kann der Client eine EJB-Komponente sein, die Geschäftsmethoden einer anderen EJB-Komponente asynchron aufrufen muss. Der Client kann die vom Muster *Service Locator* gebotenen Dienste verwenden, um bei Bedarf EJB-Komponenten, JMS-Dienste und JMS-Objekte zu suchen oder zu erzeugen.

Request
Das Request[4]-Objekt ist das Nachrichtenobjekt, das der Client erzeugt und an das ServiceActivator-Objekt über die nachrichtenorientierte Middleware (MOM) gesendet hat. Gemäß der JMS-Spezifikation ist Request ein Objekt, das die Schnittstelle javax.jms.Message implementiert. Die JMS-API stellt mehrere Nachrichtentypen – wie zum Beispiel TextMessage, ObjectMessage usw. – bereit, die sich als Anforderungsobjekte verwenden lassen.

ServiceActivator
ServiceActivator ist die Hauptklasse des Musters und implementiert die Schnittstelle javax.jms.MessageListener, wie sie die JMS-Spezifikation definiert. Das ServiceActivator-Objekt implementiert eine Methode onMessage, die beim Eintreffen einer neuen Nachricht aufgerufen wird. Der ServiceActivator parst (entpackt) die Nachricht (Anforderung), um die erforderlichen Aktionen zu bestimmen. Der ServiceActivator kann die Dienste des Musters *Service Locator* (siehe den entsprechenden Abschnitt in Kapitel 8) verwenden, um Geschäftskomponenten (zum Beispiel Enterprise Beans) zu suchen oder zu erzeugen.

BusinessObject
BusinessObject ist das Zielobjekt, auf das der Client asynchron zugreifen muss. Das Geschäftsobjekt ist eine Rolle, die entweder eine Session Bean oder eine Entity Bean wahrnimmt. Es ist auch möglich, dass das BusinessObject ein externer Dienst statt einer Entity Bean ist.

Strategien

Entity Bean-Strategie
Sowohl Session als auch Entity Beans können die Rolle eines BusinessObject-Objekts wahrnehmen. Wenn J2EE-Anwendungen ein Muster *Session Facade* implementieren, um grobkörnigen Zugriff auf Entity Beans bereitzustellen und den Workflow zu kapseln, dann nimmt die Session Bean von der Session Facade die BusinessObject-Rolle wahr.

In einfachen Anwendungen mit minimalem Workflow kann eine Entity Bean die BusinessObject-Rolle übernehmen. Bei kompliziertem Workflow, an dem mehrere Entity Beans und andere Geschäftsobjekte beteiligt sind, interagiert der ServiceActivator jedoch normalerweise mit einer Session Facade, die einen derartigen Workflow kapselt.

Session Bean-Strategie
Wenn eine Session Bean die Rolle des BusinessObject-Objekts übernimmt, bestimmen die Geschäftsanforderungen, ob die Bean zustandsbehaftet oder zustandslos sein soll. Da der Client für das BusinessObject-Objekt ein ServiceActivator-Objekt ist, das das BusinessObject beim Empfang einer neuen Nachricht aktiviert, kann der Workflow zur Verarbeitung der Nachricht definieren, ob die Bean zustandsbehaftet sein soll oder nicht. In den meisten Fällen aktiviert eine Nachrichtenbereitstellung einfach eine einzelne Methode im BusinessObject-Objekt, die die Verarbeitung der Nachricht intern delegiert. Hier kann man eine zustandslose Session Bean verwenden. Wenn der ServiceActivator mehrere Methoden im BusinessObject aufrufen oder mit mehr als einem BusinessObject arbeiten muss, um die Verarbeitungsanforderungen für eine Nachricht zu erfüllen,

---

4 Request – Anforderung

Muster der Integrationsschicht

kann es nützlich sein, mit einer zustandsbehafteten Session Bean den Zustand zwischen mehreren Aufrufen festzuhalten. Siehe »Strategie mit zustandsloser Session Facade« und »Strategie mit zustandsbehafteter Session Facade« in Kapitel 8.

ServiceActivator-Server-Strategie
Am einfachsten lässt sich der Empfänger oder `ServiceActivator` als eigenständige JMS-Anwendung implementieren, die auf JMS-Nachrichten hört und sie verarbeitet.

Alternativ kann man den `ServiceActivator` als Dienst des Applikationsservers implementieren. Dadurch ist es einfacher, den `ServiceActivator` zu verwalten, weil er die Funktionen des Applikationsservers verwendet, um den `ServiceActivator`-Zustand zu überwachen und den `Service Activator` entweder manuell oder automatisch bei Bedarf zu starten, neu zu starten und zu stoppen.

Strategie mit Enterprise Bean als Client
Das `Client`-Objekt kann jeder Client sein, einschließlich einer anderen Enterprise Bean, die asynchrone Verarbeitung von der Enterprise Bean erfordert. Wenn man Legacy-Anwendungen in die J2EE-Plattform integriert, liegt es nahe, Java-Anwendungsclients zu wählen, die als Nachrichtengeneratoren basierend auf der Aktivität im Legacy-System arbeiten. Der `ServiceActivator` kann Nachrichten empfangen und die notwendigen Enterprise Bean-Aufrufe durchführen, um die Anforderung vom Legacy-System zu verarbeiten.

9.2.5 Konsequenzen

- *Integriert JMS in Implementierungen vor der EJB-Spezifikation 2.0:* Vor der EJB-Spezifikation 2.0 hat es keine Integration zwischen Enterprise Bean und JMS-Komponenten gegeben. Dieses Muster bietet ein Mittel, um JMS in eine EJB-Anwendung zu integrieren und erlaubt die asynchrone Verarbeitung. Die EJB-Spezifikation 2.0 definiert einen neuen Typ von Session Bean, die so genannte nachrichtengesteuerte Bean (Message Driven Bean), um JMS und EJB-Komponenten zu integrieren. Diese spezielle Bean implementiert die JMS Message Listener-Schnittstelle und empfängt asynchrone Nachrichten. In diesem Fall übernimmt der Applikationsserver die Rolle des Service Activators. Dieses Muster ermöglicht es, Anwendungen sowohl in EJB 2.0-Implementierungen als auch in Implementierungen vor EJB 2.0 auszuführen.

- *Bietet asynchrone Verarbeitung für beliebige Enterprise Beans:* In EJB 2.0 ist die nachrichtengesteuerte Bean eine zustandslose Session Bean. Mit dem Muster *Service Activator* ist es möglich, asynchrone Aufrufe auf allen Typen von Enterprise Beans durchzuführen, einschließlich zustandsloser Session Beans, zustandsbehafteter Session Beans und Entity Beans. Da der Service Activator wie bereits erläutert eigenständig implementiert ist, kann er ohne irgendwelche Einschränkungen der nachrichtengesteuerten Bean asynchrone Aufrufe auf jeder Art von Geschäftsdienst durchführen. Somit bietet dieses Muster einen Weg, um asynchrone Verarbeitung für Clients zu ermöglichen, die entweder nicht auf die Ergebnisse warten müssen oder nicht auf den Abschluss der Verarbeitung warten wollen. Die Verarbeitung lässt sich aufschieben und zu einem späteren Zeitpunkt durchführen. Dadurch kann der Client den Dienst in kürzerer Zeit realisieren.

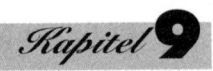

- *Eigenständiger Prozess:* Der Service Activator kann als eigenständiger Prozess laufen. In einer kritischen Anwendung ist jedoch der Service Activator zu überwachen, um die Verfügbarkeit sicherzustellen. Die zusätzliche Verwaltung und Wartung dieses Prozesses kann Mehraufwand bei der Anwendungsunterstützung mit sich bringen.

9.2.6 Beispielcode

Sehen Sie sich eine Auftragsverarbeitungsanwendung an, bei der der Kunde online einkauft und die Realisierung der Bestellung im Hintergrund abläuft. In bestimmten Fällen lässt sich die Auftragsrealisierung in das Warehouse eines Drittanbieters auslagern. Hierbei muss der Online-Store diese Realisierungsdienste asynchron aufrufen. Dieses Beispiel demonstriert die Verwendung des Punkt-zu-Punkt- (PTP-) Nachrichtenmodells für die asynchrone Verarbeitung. Das Modell Herausgeber/Abonnent funktioniert ähnlich, verwendet aber Themen (Topics) anstelle von Warteschlangen (Queues). Ob man das Verfahren PTP oder Herausgeber/Abonnent verwendet, hängt von den Geschäfts- und Anwendungsanforderungen ab und gehört deshalb nicht zu den Themen dieses Musters.

Das Klassendiagramm in Abbildung 9.11 zeigt nur die relevanten Methoden für dieses Beispiel.

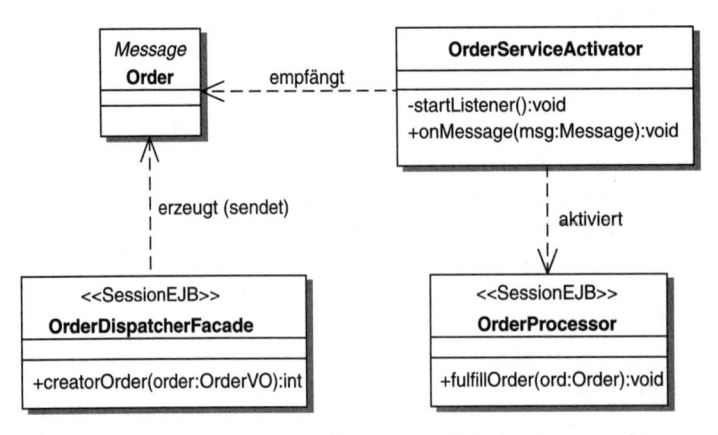

Abbildung 9.11: Ein Beispiel mit einem Service Activator für eine Auftragsverarbeitung – Klassendiagramm

Der Codeausschnitt in Beispiel 9.7 gibt eine mögliche Service Activator-Implementierung an. Es handelt sich um die Klasse, die man auf einem Applikationsserver instanziieren oder auf einem eigenständigen Server ausführen kann, wie es im Abschnitt zur Strategie mit Service Activator-Server erläutert ist.

Muster der Integrationsschicht

Beispiel 9.7: Die Klasse OrderServiceActivator

```java
public class OrderServiceActivator implements
  javax.jms.MessageListener{

  // Queue-Verbindung und -Empfänger: Details sieheJMS-API
  private QueueConnection orderQueueConnection;
  private QueueReceiver orderQueueReceiver;

  // Hinweis: Werte sollten von Eigenschaftsdateien oder
  // der Umgebung kommen, anstatt fest codiert zu werden.
  private String connFactoryName =
    "PendingOrdersQueueFactory";
  private String queueName = "PendingOrders";

  // Einen Service Locator verwenden, um administrierte
  // JMS-Komponenten wie eine Queue oder eine Queue
  // Connection-Fabrik zu lokalisieren.
  private JMSServiceLocator serviceLocator;

  public OrderServiceActivator(String connFactoryName,
      String queueName) {
    super();
    this.connFactoryName = connFactoryName;
    this.queueName = queueName;
    startListener();
  }

  private void startListener() {
    try {
      serviceLocator = new JMSServiceLocator
          (connFactoryName);
      QueueConnectionFactory qConnFactory =
          serviceLocator.getQueueConnectionFactory();
      orderQueueConnection =
          qConnFactory.createQueueConnection();

      // Verwendung und Argumente der Methoden siehe
      // JMS-API.
      QueueSession qSession =
          orderQueueConnection.createQueueSession (...);
      Queue ordersQueue =
          serviceLocator.getQueue(queueName);
      orderQueueReceiver =
          qSession.createReceiver(ordersQueue);
      orderQueueReceiver.setMessageListener(this);
      orderQueueConnection.start();
```

```java
    }
    catch (JMSException excp) {
        // Fehler behandeln
    }
}

// Die JMS-API spezifiziert die Methode onMessage in der
// Schnittstelle javax.jms.MessageListener.
// Diese Methode wird asynchron aufgerufen, wenn eine
// Nachricht in der Warteschlange eintrifft, auf die
// der ServiceActivator hört.
// Mehr Details sieheJMS-Spezifikation und -API.
public void onMessage(Message msg) {
    try {
        // Nachricht msg parsen. Siehe JMS-API bzgl. Nachrichten.
        ...

        // Geschäftsmethoden auf einer Enterprise Bean mithilfe
        // des Business Delegates der Bean aufrufen.
        // OrderProcessorDelegate ist der Business
        // Delegate für die Session Bean OrderProcessor.
        // Details sieheMuster Business Delegate.
          OrderProcessorDelegate orderProcDeleg =
             new OrderProcessorDelegate();

        // Datenwerte aus der geparsten Nachricht verwenden, um
        // Geschäftsmethoden auf Bean via Delegate aufzurufen.
        orderProcDeleg.fulfillOrder(...);

        // Hier eine Bestätigung senden...
    }
    catch (JMSException jmsexcp) {
        // Gegebenenfalls JMSExceptions-Ausnahmen behandeln
    }
    catch (Exception excp) {
        // Andere Ausnahmen behandeln
    }
}

public void close() {
    try {
        // Aufräumen und dann schließen
        orderQueueReceiver.setMessageListener (null);
        orderQueueConnection.close();
    }
    catch(Exception excp) {
        // Ausnahme behandeln - Fehler beim Schließen
```

Muster der Integrationsschicht

```
      }
   }
}
```

Dieses Beispiel demonstriert die Verwendung des Musters *Business Delegate* zwischen Geschäfts- und Integrationsschicht. `OrderProcessorDelegate` ist logisch in der Integrationsschicht untergebracht und greift auf die Session Bean `OrderProcessor` zu, die sich in der Geschäftsschicht befindet.

Der Codeausschnitt in Beispiel 9.8 zeigt den Code für die Session Facade, die für die Weiterleitung der Aufträge zu diesem asynchronen Dienst zuständig ist. Der Service Activator-Client kann eine Session Bean sein, die das Muster *Session Facade* implementiert, um Auftragsverarbeitungsdienste für die Online-Store-Anwendung bereitzustellen. Die Session Bean führt beim Aufruf ihrer Methode `createOrder` eine Gültigkeitsprüfung durch, erstellt im Erfolgsfall einen neuen Auftrag und ruft dann die Methode `sendOrder` auf, um den neuen Auftrag an den Backend-Auftragsrealisierungsdienst weiterzuleiten.

Beispiel 9.8: Session Facade als Client für Service Activator

```
// Importe...
public class OrderDispatcherFacade
   implements javax.ejb.SessionBean {
   ...
   // Geschäftsmethode, um neuen Auftrag zu erzeugen
   public int createOrder(...) throws OrderException {

      // Neue Geschäfts-Entity Bean für Auftrag erzeugen
      ...

      // Erfolgreich erzeugter Auftrag. Auftrag an
      // asynchrone Backend-Verarbeitung senden.
      OrderSender orderSender = new OrderSender();
      orderSender.sendOrder(order);

      // Sender schließen, wenn fertig...
      orderSender.close();

      // Andere Verarbeitungsaufgaben
      ...
   }
}
```

Der JMS-Code lässt sich auf verschiedene Klassen aufteilen, sodass ihn verschiedene Clients wiederverwenden können. Diese JMS-Delegierungsklasse ist als `OrderSender` im Codelistung Beispiel 9.9 angegeben.

Beispiel 9.9: OrderSender: Leitet Aufträge an die Warteschlange (Queue) weiter

```
// Importe...
public class OrderSender {
  // Queue-Verbindung, -Sitzung und -Sender: Details sieheJMS-API
  private QueueConnection orderQueueConnection;
  private QueueSession orderQueueSession;
  private QueueSender orderQueueSender;

  // Diese Werte könnten aus einer Eigenschaftsdatei kommen.
  private String connFactoryName =
    "PendingOrdersQueueFactory";
  private String queueName = "PendingOrders";

  // Einen Service Locator verwenden, um administrierte
  // JMS-Komponenten wie eine Queue oder eine Queue
  // Connection-Fabrik zu lokalisieren.
  private JMSServiceLocator serviceLocator;
  ...
  // Methode, um Warteschlangensender zu initialisieren und
  // zu erzeugen
  private void createSender() {
    try {
      // Verwendung von ServiceLocator und Abrufen der
      // Queue Connection-Fabrik ist ähnlich dem Code für
      // Service Activator.
      serviceLocator = new JMSServiceLocator
          (connFactoryName);
      QueueConnectionFactory qConnFactory =
          serviceLocator.getQueueConnectionFactory();
      orderQueueConnection =
          qConnFactory.createQueueConnection();

      // Verwendung und Argumente der Methoden siehe
      // JMS-API.
      orderQueueSession =
          orderQueueConnection.createQueueSession(...);
      Queue ordersQueue =
          serviceLocator.getQueue(queueName);
      orderQueueSender =
          orderQueueSession.createSender(ordersQueue);
    }
    catch(Exception excp) {
      // Ausnahme behandeln - Fehler beim Erzeugen des Senders
    }
  }
```

Muster der Integrationsschicht

```
        // Methode zur Weiterleitung des Auftrags an Realisierungs-
        // dienst zur asynchronen Verarbeitung.
        public void sendOrder(Order newOrder) {

            // Eine neue Nachricht erzeugen, um Auftragsobjekt
            // zu senden.
            ObjectMessage objMessage =
              orderQueueSession.createObjectMessage();

            // Erforderliche Nachrichteneigenschaften und
            // Bereitstellungsmodus des Objekts festlegen.
            // Siehe JMS-API bzgl. ObjectMessage

            // Auftrag in die Objektnachricht setzen.
            objMessage.setObject(newOrder);

            // Nachricht an Warteschlange senden.
            orderQueueSender.send(objMessage);

            ...
          } catch (Exception e) {
            // Ausnahmen behandeln
          }
          ...
        }
        ...
        public void close() {
          try {
            // Aufräumen und dann schließen

            orderQueueConnection.close();
          }
          catch(Exception excp) {
            // Ausnahme behandeln - Fehler beim Schließen
          }
        }
    }
```

9.2.7 Verwandte Muster

- *Session Facade (Sitzungsfassade):* Das Muster *Session Facade* kapselt die Komplexität des Systems und bietet grobkörnigen Zugriff auf Geschäftsobjekte. Dieses *Service Activator*-Muster kann auf eine Session Facade als das primäre Geschäftsobjekt zugreifen, um Geschäftsdienstmethoden in der Session Facade asynchron im Namen des Clients aufzurufen.

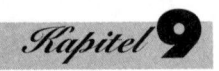

- *Business Delegate:* Das Muster *Service Activator* kann einen Business Delegate verwenden, um auf die Session Facade oder andere Enterprise Bean-Implementierungen zuzugreifen. Dadurch vereinfacht sich der Code für den Service Activator und man kann den Business Delegate über verschiedene Schichten wiederverwenden, wie es im Muster *Business Delegate* vorgesehen ist.
- *Service Locator:* Der Client kann das Muster *Service Locator* verwenden, um JMS-bezogene Dienstobjekte zu suchen und zu erzeugen.
- *Half-Sync/Half-Async [POSA2]:* Das Muster *Service Activator* ist mit dem Muster *Half-Sync/Half-Async* verwandt, das die architektonische Entkopplung von synchroner und asynchroner Verarbeitung beschreibt und dazu verschiedene Schichten für synchrone und asynchrone Verarbeitung sowie eine dazwischenliegende Warteschlangenschicht vorschlägt.

Anhang E

Epilog

- Angewandte J2EE-Muster
- Anwendungsfall: Projekterstellung
- Anwendungsfall: Ressource reservieren
- Anwendungsfall: Verfügbare Ressourcen suchen

E.1 Angewandte J2EE-Muster

Dieses Kapitel stellt ein Beispiel vor, das die J2EE-Muster in einer Anwendung einsetzt. Unserer Erfahrung nach kann die Verwendung des Musterkatalogs die Effizienz und Qualität des Softwareentwicklungsprozesses verbessern. Insbesondere muss man wissen, wie sich der Musterkatalog nutzen lässt – und dazu soll dieses Kapitel beitragen. Der Einsatz des Musterkatalogs erfordert weder einen neuen Entwicklungsprozess noch eine neue Methodik. Stattdessen zeigt er, wie man die Muster im Katalog in den aktuellen Entwurfsprozess einbezieht, sodass sich eine bessere und robustere Lösung ergibt.

Dieses Kapitel zeigt repräsentative Möglichkeiten, um die Muster auf praxisnahe Beispiele anzuwenden. Wir kommen direkt zu den Mustern und Musterrealisierungen, um zu beschreiben, wie die Muster auf ein Beispiel angewandt werden. Wir möchten betonen, dass diese Ideen nur einen Ausschnitt des gesamten Spektrums darstellen. In erster Linie sind sollen sie Sie dazu anregen, kreativ mit den Mustern umzugehen. Wenn Sie ähnliche Lösungen wie die hier vorgestellten praktizieren, werden Sie davon profitieren und Vertrauen in die Anwendung der Muster auf Ihre eigenen Entwurfsprobleme gewinnen.

E.1.1 PSA-Überblick

Dieses Beispiel beschäftigt sich mit dem Gebiet der Professional Services Automation (PSA)[1]. Man versteht hierunter eine Gruppe von Software und Diensten, auf die professionelle Dienstleistungsunternehmen zurückgreifen, um die Arbeit effizienter zu gestalten. PSA kann eine breite Palette von Prozessen umfassen, einschließlich Projektangebote und Team-, Fertigkeiten-, Projekt- und Kundenverwaltung.

Mit diesem Beispiel wollen wir einen kleinen Satz grundlegender Anforderungen eines professionellen Dienstleistungsunternehmens ansprechen. Das PSA-System muss flexibel sein und verschiedene Dienste basierend auf der jeweiligen Rolle des Benutzers bereitstellen.

- Projektmanager durchsuchen das PSA-System nach passenden Ressourcen, prüfen die Verfügbarkeit einer bestimmten Ressource und planen eine verfügbare Ressource für ein bestimmtes Projekt.
- Berater (fortan als »Ressourcen« bezeichnet) akzeptieren und verwalten ihre Zuweisungen, ihre Verfügbarkeit und die Liste ihrer aktuellen Fertigkeiten.
- Projektadministratoren sind »Super«-Projektmanager, da sie im Namen eines Projektmanagers handeln können. Außerdem nehmen sie administrative Aufgaben wahr; beispielsweise erstellen sie neue Projekte und verwalten die Pflege und Zuführung von Projektinformationen über deren Lebenszeit.

Diese drei Rollen haben allgemeine funktionelle Anforderungen gemein:

- Suchen basierend auf Projekten, Ressourcen, Fertigkeiten.
- Verwalten von Ressourceninformationen (Adresse, E-Mail, Telefon usw.)
- Andere abrufbereite und Ad-hoc-Berichte und Abfragen.

---

[1] PSA – Professional Service Automation, Automatisierung professioneller Dienstleistungen

E.1.2 Das Anwendungsfallmodell

Das folgende Anwendungsfallmodell leitet sich aus den funktionellen Anforderungen für die PSA-Anwendung ab. Tabelle E.1 zeigt die Akteure für die PSA-Anwendung, die wir im Modell identifiziert haben.

Akteur	Beschreibung
Ressource	Ein Mitarbeiter, dem Arbeiten an einem Projekt übertragen werden können.
Projektmanager	Ein Mitarbeiter, dem die Verwaltung und Durchführung eines Projekts übertragen werden können.
Administrator	Ein Mitarbeiter, der die PS-Organisation administrativ unterstützt.
Ressourcenmanager	Ein Mitarbeiter, der für die Verwaltung einer Gruppe von Ressourcen zuständig ist.

Tabelle E.1: PSA-Akteure

Abbildung E.1 zeigt das Anwendungsfallmodell für die PSA-Anwendung.

"Anwendungsfälle Suchen" stellt eine Sammlung von Anwendungsfällen dar wie zum Beispiel: Projekte suchen, Ressourcen suchen, Abteilungen suchen, Kunden suchen usw.
"Anwendungsfälle Auskunft" stellt eine Sammlung von Anwendungsfällen dar wie zum Beispiel: Projektauskunft, Ressourcenauskunft, Abteilungsauskunft, Kundenauskunft usw.

Abbildung E.1: Anwendungsfallmodell

E.1.3 Anwendungsfälle, Muster und Muster-Frameworks

In diesem Abschnitt wenden wir die Muster basierend auf unseren Anwendungsfällen an. Dieser Abschnitt soll sich auf die realisierten Muster konzentrieren und nicht auf den Prozess, über den wir zur Musterauswahl gekommen sind. Konzeptionell stellen wir zuerst das Muster-Framework vor und zeigen dann, wie es realisiert wird. Wir definieren ein Muster-Framework als Gruppe von Mustern, die man häufig zusammen einsetzt, um ein Problem zu lösen.

Wir sind überzeugt davon, dass Sie schnell die passenden Muster erkennen können, nachdem Sie sich mit diesen Beispielen beschäftigt haben und selbst die J2EE-Muster auf Ihre Lösungen anwenden.

E.2 Anwendungsfall: Projekterstellung

In diesem Anwendungsfall erzeugt der Administrator ein Projekt (sieheAbbildung E.2). Das Projekt enthält Informationen wie Start- und Endzeit, Kundenname und erforderliche Fertigkeiten.

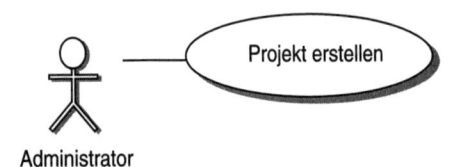

Abbildung E.2: Anwendungsfall Projekterstellung

E.2.1 Musteridentifizierung

Wir verwenden die folgenden Präsentationsmuster:

- *Intercepting Filter:* Ein Filter prüft Benutzerprivilegien für das Erstellen eines Projekts.

- *Front Controller:* Ein Controller agiert als anfänglicher Kontaktpunkt, um das Formular für die Projekterstellung zu generieren, und behandelt daraufhin das Absenden dieses Formulars. Der Controller delegiert die Verarbeitung, die sich auf die Projekterstellung bezieht, an seine Hilfsobjekte, die ihrerseits einen Großteil dieser Verarbeitung an die Geschäftsschicht weiterleiten.

- *View Helper:* Die Ansicht delegiert die Verarbeitung an ihre Hilfsobjekte, um dynamische Teile der Anzeige zu generieren.

- *Composite View (Zusammengesetzte Ansicht):* Die Ansicht bindet eine Kopf- und eine Fußzeile ein, um die Seite *Projekterstellung* zu erzeugen – ein sehr einfaches Beispiel für eine Composite View.

Wir verwenden die folgenden Geschäftsmuster:

- *Business Delegate:* Ein Business Delegate interagiert mit der Geschäftsschicht beim Erstellen eines Projekts.

- *Service Locator:* Ein Business Delegate verwendet einen Service Locator, um nach den Projektkomponenten zu suchen.
- *Session Facade:* Beim Erstellen eines Projekts interagiert der Business Delegate mit einer Session Bean und diese wiederum mit der Projektentität.
- *Value Object:* Ein Value Object für das Projekt kapselt die Projektdaten, die von der Präsentationsschicht an die Geschäftsschicht übergeben werden.

Wir verwenden das folgende Integrationsmuster:

- *Data Access Object:* Ein Data Access Object abstrahiert und kapselt den Zugriff auf die Projekttabellen.

Abbildung E.3 zeigt das Muster-Framework für den Anwendungsfall *Projekterstellung*. Es zeigt die Muster, die in der Präsentations-, Geschäfts- und Integrationsschicht zum Einsatz kommen.

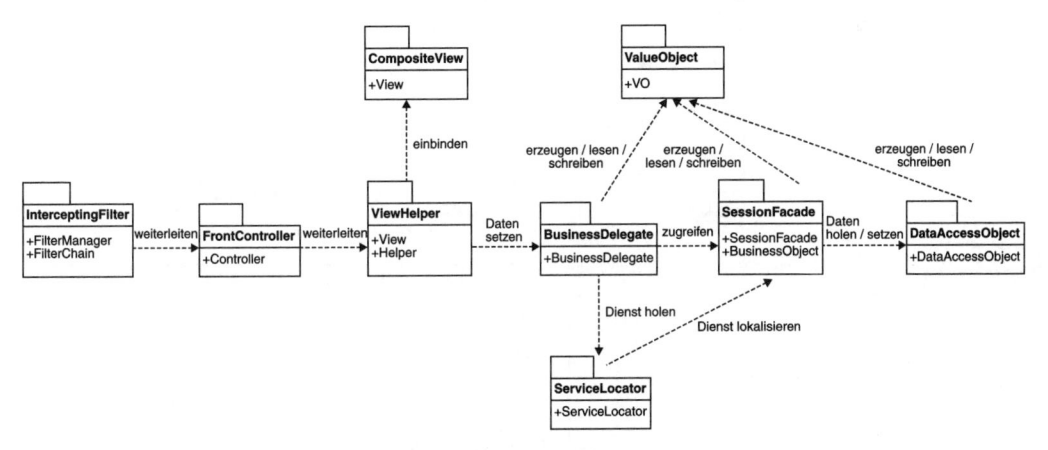

Abbildung E.3: Muster-Framework für die Projekterstellung

E.2.2 Musterrealisierung

Abbildung E.4 zeigt die realisierten Muster für den Anwendungsfall *Projekterstellung*. Das Diagramm ist in Schichten gegliedert. Die Tabellen E.2 bis E.4 stellen jeweils den Namen einer Implementierungsklasse dem Muster gegenüber, von dem sie abgeleitet ist.

Klasse	Muster
LoginCheckFilter	Intercepting Filter
PSAController	Front Controller
CreateProjectForm, header, footer	Composite View
CreateProjectForm, CurrentDate, ListCustomers	View Helper

Tabelle E.2: Präsentationsschicht – Abbildung E.5 zeigt das Formular Projekterstellung

Klasse	Muster
ProjectDelegate	Business Delegate
PSAServiceLocator	Service Locator
ProjectManagerSession	Session Facade
ProjectEntity	Session Facade
ProjectVO	Value Object

Tabelle E.3: Geschäftsschicht

Klasse	Muster
ProjectDAO	Data Access Object

Tabelle E.4: Integrationsschicht

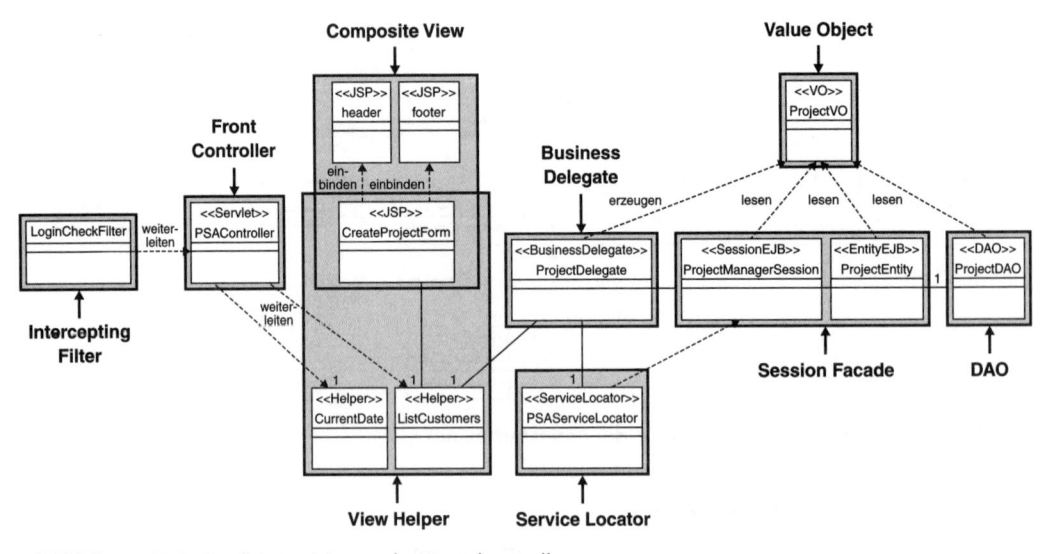

Abbildung E.4: Realisierte Muster der Projekterstellung

E.3 Anwendungsfall: Ressource reservieren

Im Anwendungsfall *Ressource reservieren* muss der Projektmanager eine Ressource für die Verwendung in einem Projekt reservieren (siehe Abbildung E.6). Zur Reservierung gehört eine Zeitspanne und die Anzahl der Arbeitsstunden pro Woche. Nachdem die Ressource reserviert ist, muss sie der Ressourcenmanager genehmigen. Nachdem der Ressourcenmanager die Ressource genehmigt hat, ist die Ressource offiziell dem Projekt zugeordnet.

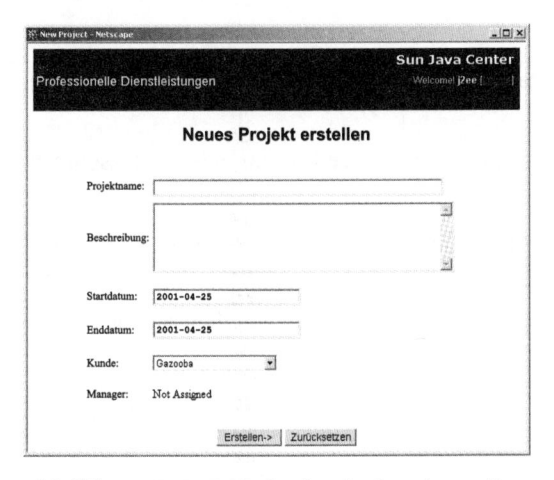

Abbildung E.5: Formular für die Projekterstellung

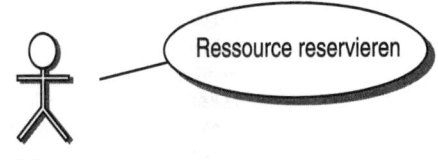

Abbildung E.6: Anwendungsfall Ressource reservieren

E.3.1 Musteridentifizierung

Abbildung E.7 enthält das Muster-Framework für den Anwendungsfall *Ressource reservieren*. Es zeigt die Muster, die in der Präsentations-, Geschäfts- und Integrationsschicht zum Einsatz kommen. Wir verwenden die folgenden Präsentationsmuster:

- *Intercepting Filter:* Ein Filter prüft Benutzerprivilegien für die Reservierung einer Ressource.

- *Front Controller:* Ein Controller agiert als anfänglicher Kontaktpunkt für die Reservierung einer Ressource. Der Controller delegiert die Verarbeitung, die sich auf die Reservierung der Ressource bezieht, an seine Hilfsobjekte, die ihrerseits einen Großteil dieser Verarbeitung an die Geschäftsschicht weiterleiten.

- *View Helper:* Die Ansicht delegiert die Verarbeitung an ihre Hilfsobjekte, um dynamische Teile der Anzeige zu generieren.

- *Composite View:* Die Ansicht bindet eine Kopf- und eine Fußzeile ein, um die Seite *Ressource reservieren* zu erzeugen – ein sehr einfaches Beispiel für eine Composite View.

Für die Geschäftsschicht verwenden wir folgende Muster:

- *Business Delegate:* Ein Business Delegate interagiert mit der Geschäftsschicht beim Reservieren einer Ressource.
- *Service Locator:* Ein Business Delegate verwendet einen Service Locator, um die Ressourcenkomponenten zu suchen.
- *Session Facade:* Beim Reservieren einer Ressource interagiert der Business Delegate mit einer Session Bean und diese wiederum mit der Projektentität.
- *Value Object:* Ein Value Object für die Bereitstellung kapselt die Bereitstellungsdaten, die von der Präsentationsschicht an die Geschäftsschicht übergeben werden.
- *Composite Entity:* Eine Projektentität agiert als grobkörniges Objekt für die abhängigen Bereitstellungsobjekte.

Wir verwenden die folgenden Integrationsmuster:

- *Data Access Object:* Ein Data Access Object abstrahiert und kapselt den Zugriff auf die Ressourcen- und die Bereitstellungstabellen.

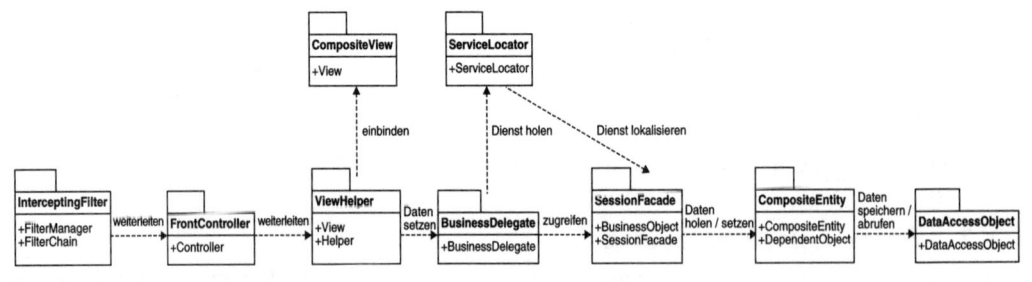

Abbildung E.7: Muster-Framework für Ressource reservieren

E.3.2 Musterrealisierung

Abbildung E.8 zeigt die realisierten Muster für den Anwendungsfall *Ressource reservieren*. Die Tabellen E.5 bis E.7 stellen jeweils den Namen einer Implementierungsklasse dem Muster gegenüber, von dem sie abgeleitet ist.

Klasse	Muster
LoginCheckFilter	Intercepting Filter
PSAController	Front Controller
ReserveResourceForm, header, footer	Composite View
ReserveResourceForm, ResourceHelper	View Helper

Tabelle E.5: Präsentationsschicht – Abbildung E.9 zeigt das Formular Ressource reservieren

Epilog

Klasse	Muster
ProjectDelegate	Business Delegate
PSAServiceLocator	Service Locator
ProjectManagerSession	Session Facade
ProjectEntity	Session Facade, Composite Entity
Commitment	Composite Entity
CommitmentVO	Value Object

Tabelle E.6: Geschäftsschicht

Klasse	Muster
ProjectDAO	Data Access Object
CommitmentDAO	Data Access Object

Tabelle E.7: Integrationsschicht

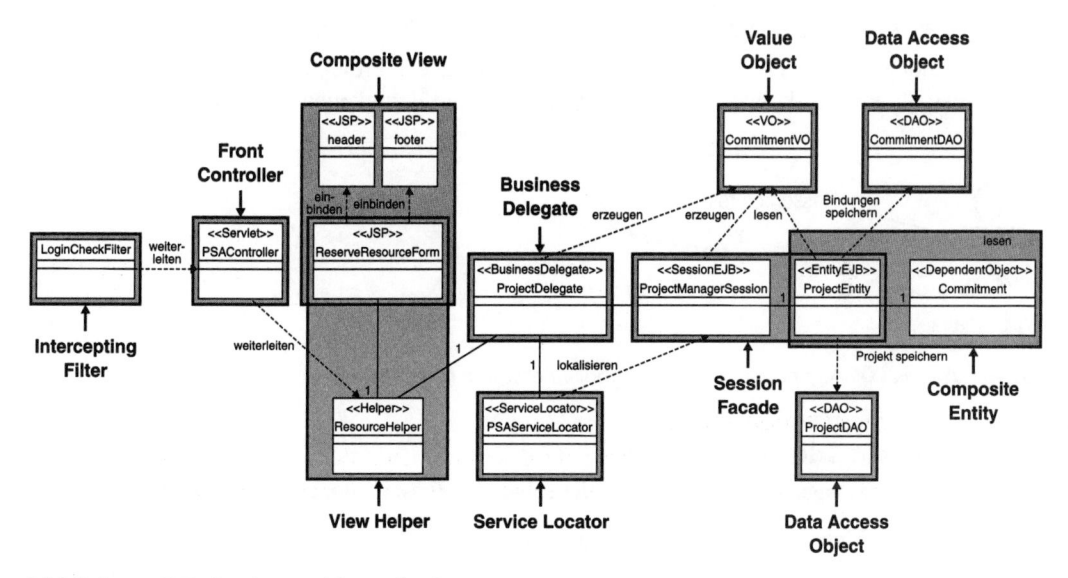

Abbildung E.8: Realisierte Muster für Ressource reservieren

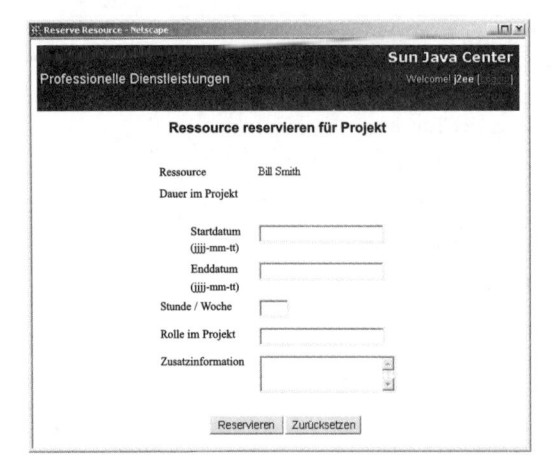

Abbildung E.9: Formular für Ressource reservieren

E.4 Anwendungsfall: Verfügbare Ressourcen suchen

Im Anwendungsfall *Verfügbare Ressourcen suchen* sucht der Projektmanager nach verfügbaren Ressourcen für ein Projekt nach Startdatum, Enddatum und Fertigkeiten (sieheAbbildung E.10).

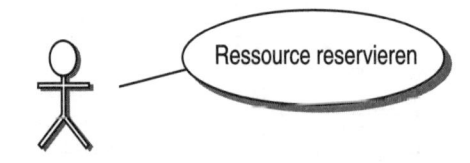

Abbildung E.10: Anwendungsfall Verfügbare Ressourcen suchen

E.4.1 Musteridentifizierung

Für diesen Anwendungsfall verwenden wir die folgenden Präsentationsmuster:

- *Intercepting Filter:* Ein Filter prüft Benutzerprivilegien für die Suche nach verfügbaren Ressourcen.

- *Front Controller:* Ein Controller agiert als anfänglicher Kontaktpunkt für die Suche nach Ressourcen. Der Controller delegiert die Verarbeitung, die sich auf die Suche verfügbarer Ressourcen bezieht, an seine Hilfsobjekte, die ihrerseits einen Großteil dieser Verarbeitung an die Geschäftsschicht weiterleiten.

- *View Helper:* Die Ansicht delegiert die Verarbeitung an ihre Hilfsobjekte, um dynamische Teile der Anzeige zu generieren.

Epilog

- *Composite View:* Die Ansicht bindet eine Kopf- und eine Fußzeile ein, um die Seite *Verfügbare Ressourcen suchen* zu erzeugen – ein sehr einfaches Beispiel für eine Composite View.

Für die Geschäftsschicht verwenden wir folgende Muster:

- *Business Delegate:* Ein Business Delegate interagiert mit der Geschäftsschicht beim Suchen nach verfügbaren Ressourcen.
- *Service Locator:* Ein Business Delegate verwendet einen Service Locator, um die Ressourcenkomponenten zu suchen.
- *Session Facade:* Beim Suchen nach verfügbaren Ressourcen interagiert der Business Delegate mit einer Session Bean und diese wiederum mit dem List Handler.
- *Value Object:* Ein Value Object für die Bereitstellung kapselt die Bereitstellungsdaten, die von der Präsentationsschicht an die Geschäftsschicht übergeben werden.
- *Composite Entity:* Eine Projektentität agiert als grobkörniges Objekt für die abhängigen Bereitstellungsobjekte.
- *Value List Handler:* Ein Value List Handler steuert die Suche, das Zwischenspeichern und das Durchlaufen der Ressourcen.

Wir verwenden die folgenden Integrationsmuster:

- *Data Access Object:* Ein Data Access Object abstrahiert und kapselt den Zugriff auf die Bereitstellungs- und Ressourcentabellen.

Abbildung E.11 gibt das Muster-Framework für den Anwendungsfall *Verfügbare Ressourcen suchen* an. Es zeigt die Muster, die in der Präsentations-, Geschäfts- und Integrationsschicht zum Einsatz kommen.

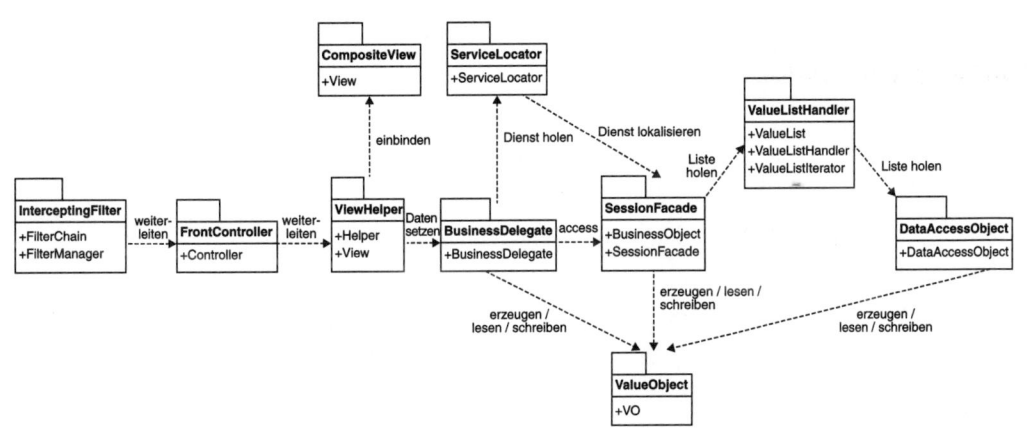

Abbildung E.11: Muster-Framework für Verfügbare Ressourcen suchen

E.4.2 Musterrealisierung

Abbildung E.12 zeigt die realisierten Muster für den Anwendungsfall *Verfügbare Ressourcen suchen*. Die Tabellen E.8 bis E.10 stellen jeweils den Namen einer Implementierungsklasse dem Muster gegenüber, von dem sie abgeleitet ist.

Klasse	Muster
LoginCheckFilter	Intercepting Filter
PSAController	Front Controller
FindAvailableResourcesForm, ResourceHelper	View Helper
FindAvailableResourcesForm, header, footer	Composite View

Tabelle E.8: Präsentationsschicht – Abbildung E.13 zeigt das Formular Verfügbare Ressourcen suchen

Klasse	Muster
ResourceDelegate	Business Delegate
PSAServiceLocator	Service Locator
ResourceManagerSession	Session Facade
ResourceListHandler, ResourceVOList	Value List Handler
ResourceVO	Value Object

Tabelle E.9: Geschäftsschicht

Klasse	Muster
ResourceDAO	Session Facade, Data Access Object

Tabelle E.10: Integrationsschicht

Epilog

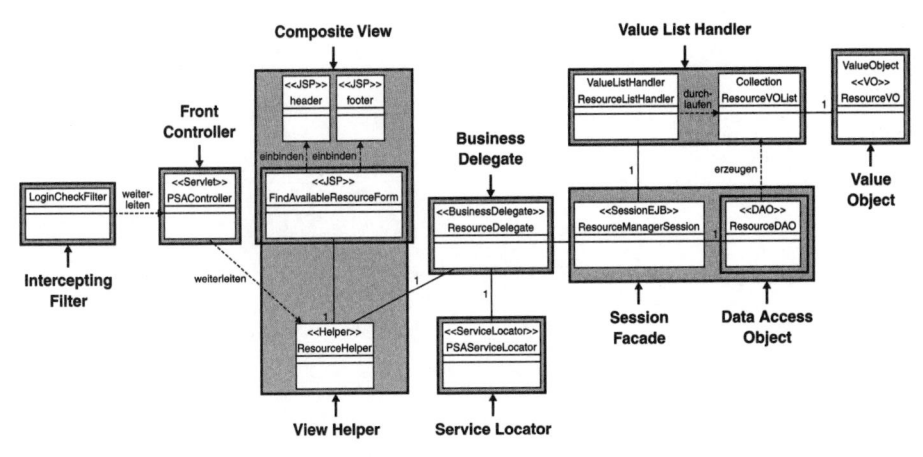

Abbildung E.12: Realisierte Muster für Verfügbare Ressourcen suchen

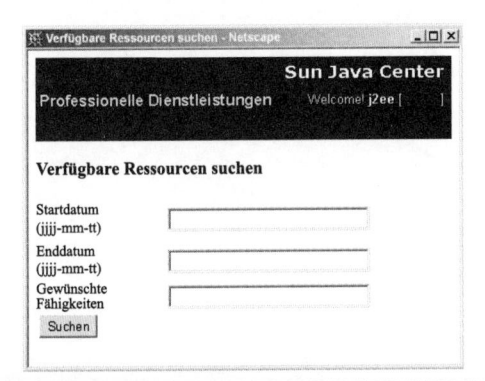

Abbildung E.13: Formular für Verfügbare Ressourcen suchen

Anhang B

Bibliographie

B.1 Literatur

[Alex] Christopher Alexander, »The Timeless Way of Building«, Oxford University Press, New York, 1979

[Alex2] Christopher Alexander, Sara Ishikawa, Murray Silverstein, Max Jacobson, Ingrid Fiksdahl-King, and Shlomo Angel, »A Pattern Language«, Oxford University Press, New York, 1977
   deutsche Ausgabe: »Eine Muster-Sprache«, Löcker Verlag Wien, 2000

[Arnold] Ken Arnold, David Holmes, and James Gosling, »The Java Programming Language, Third Edition: The Java Series«, Addison Wesley, 2000
   deutsche Ausgabe: »Die Programmiersprache Java«, Addison Wesley, 2001

[Bergsten] Hans Bergsten, »JavaServer Pages«, O'Reilly & Associates, Inc., 2001
   deutsche Ausgabe: »JavaServer Pages«, O'Reilly Verlag, 2001

[Booch] Grady Booch, James Rumbaugh, and Ivar Jacobson, »The Unified Modeling Language User Guide«, Addison Wesley, 1998

[Brown] William H. Brown, Raphael C. Malveau, Hays W. »Skip« McCormick III and Thomas J. Mowbray, »Anti-Patterns: Refactoring Software, Architectures and Projects in Crisis«, Wiley Press, 1998

[Coplien] Jim O. Coplien, Douglas C. Schmidt (Editors), »Pattern Languages of Program Design«, Addison Wesley, 1995

[Fowler] Martin Fowler, »Refactorings – Improving the Design Of Existing Code«, Addison Wesley, 1999
   deutsche Ausgabe: »Refactoring: Wie Sie das Design vorhandener Software verbessern«, Addison-Wesley, 2000

[Fowler2] Martin Fowler, »Analysis Patterns: Reusable Object Models«, Addison Wesley, 1997

[Fowler3] Martin Fowler and Kendall Scott, »UML Distilled : A Brief Guide to the Standard Object Modeling Language, Second Edition«, Addison Wesley, 2000
   deutsche Ausgabe: »UML konzentriert: Strukturierte Einführung in die Standard-Objektmodellierungssprache, 2. aktualisierte Auflage«, Addison Wesley, 2000

[Gabriel] Richard P. Gabriel, »Patterns of Software: Tales from the Software Community«, Oxford University Press, 1998

[Geary] David M. Geary, »Advanced JavaServer Pages«, Sun Microsystems Press / Prentice Hall PTR, 2001

[GoF] Erich Gamma, Richard Helm, Ralph Johnson, and John Vlissides, »Design Patterns: Elements of Reusable Object-Oriented Software«, Addison Wesley, 1994
   deutsche Ausgabe: »Entwurfsmuster: Elemente wiederverwendbarer objektorientierter Software«, Addison-Wesley, 1996

Bibliographie

[Gosling] James Gosling, Bill Joy, Guy Steele, and Gilad Bracha, »The Java Language Specification, Second Edition: The Java Series«, Addison Wesley, 2000

[Haefel] Richard Monson-Haefel, »Enterprise JavaBeans, Second Edition«, O'Reilly & Associates, Inc., 2000
   deutsche Ausgabe: »Enterprise JavaBeans«, O'Reilly Verlag, 2000

[Harrison] Niel Harrison, Brian Foote and Hans Rohnert (Editors), »Pattern Languages of Program Design 4«, Addison Wesley, 1999

[Jacobsen] Ivar Jacobson, Magnus Christerson, Patrik Jonsson, and Gunnar Overgaard, »Object-Oriented Software Engineering-A Use Case Driven Approach«, Addison-Wesley, ACM Press, 1992-98

[POSA1] Frank Buschmann, Regine Meunier, Hans Rohnert, Peter Sommerlad, and Michael Stal, »Pattern-Oriented Software Architecture-A System of patterns«, Wiley Press, 1996-2000
   deutsche Ausgabe: »Pattern-orientierte Software-Architektur«, Addison-Wesley, 1998

[POSA2] Douglas Schmidt, Michael Stal, Hans Rohnert, and Frank Buschmann, »Pattern-Oriented Software Architecture-Volume 2: Patterns for Concurrent and Networked Objects«, Wiley Press, 2000
   deutsche Ausgabe: »Pattern-orientierte Software-Architektur: Muster für nebenläufige und vernetzte Objekte«, dpunkt Verlag, 2002

[Shannon] Bill Shannon, Mark Hapner, Vlada Matena, James Davidson, Eduardo Pelegri-Llopart, Larry Cable and the Enterprise Team, »Java 2 Platform, Enterprise Edition: Platform and Component Specifications«, Addison Wesley, 2000

[Martin] Robert Martin, Dirk Riehle, and Frank Buschmann (Editors), »Pattern Languages of Program Design 3«, Addison Wesley, 1998

[Rosenberg] Doug Rosenberg, with Kendall Scott, »Use Case Driven Object Modeling with UML«, Addison Wesley, 1999.

[Rumbaugh] James Rumbaugh, Ivar Jacobson, and Grady Booch, »The Unified Modeling Language Reference Manual«, Addison Wesley, 1999.

[Vlissides] John M. Vlissides, Jim O. Coplien, and Norman L. Kerth (Editors), »Pattern Languages of Program Design 2«, Addison Wesley, 1996

[Vlissides2] John Vlissides, »Pattern Hatching: Design Patterns Applied«, Addison Wesley, 1998
   deutsche Ausgabe: »Entwurfsmuster anwenden«, Addison-Wesley, 1999

B.2 Online-Quellen

[EJBHome] Enterprise Java Beans (EJB) Homepage und Spezifikation
http://java.sun.com/products/ejb/

EJB 2.0 Spezifikation:
http://java.sun.com/products/ejb/2.0.html

[Hillside] Hillside.net - Patterns Homepage
http://hillside.net/patterns

[JakartaTaglibs] The Jakarta »Taglibs« Project
http://jakarta.apache.org/taglibs/index.html

[JavaHome] Java Homepage
http://java.sun.com

[J2EEHome] Java 2 Enterprise Edition (J2EE) Homepage
http://java.sun.com/j2ee/

[JDBCHome] JDBC Data Access API Technology Homepage und Spezifikation
http://java.sun.com/products/jdbc/

[JNDIHome] Java Naming and Directory Interface (JNDI) Homepage und Spezifikation
http://java.sun.com/products/jndi/

[JSPHome] Java Server Pages (JSP) Homepage und Spezifikation
http://java.sun.com/products/jsp/

[JMSHome] Java Message Service (JMS) Homepage und Spezifikation
http://java.sun.com/products/jms/

[Portland] The Portland Pattern Repository
http://www.c2.com/cgi/wiki?PortlandPatternRepository

[Resonate]
http://www.resonate.com

[ServletHome] Java Servlet Technology Homepage und Spezifikation
http://java.sun.com/products/servlet/

[Struts] The Jakarta »Struts« Project
http://jakarta.apache.org/struts/index.html

[TS1341] Daniel Malks and Deepak Alur, »Prototyping Patterns for the J2EE Platform«, JavaOne 2000, San Francisco
http://jsp.java.sun.com/javaone/javaone2000/event.jsp?eventId=1341

Bibliographie

```
* The Apache Software License, Version 1.1
*
* Copyright (c) 1999 The Apache Software Foundation. All rights
* reserved.
*
* Redistribution and use in source and binary forms, with or
* without modification, are permitted provided that the following
* conditions are met:
*
* 1. Redistributions of source code must retain the above
* copyright notice, this list of conditions and the following
* disclaimer.
*
* 2. Redistributions in binary form must reproduce the above
* copyright notice, this list of conditions and the following
* disclaimer in the documentation and/or other materials provided
* with the distribution.
*
* 3. The end-user documentation included with the redistribution,
* if any, must include the following acknowlegement:
*        "This product includes software developed by the
*         Apache Software Foundation (http://www.apache.org/)."
* Alternately, this acknowlegement may appear in the software
* itself, if and wherever such third-party acknowlegements
* normally appear.
*
* 4. The names "The Jakarta Project", "Tomcat", and "Apache
* Software Foundation" must not be used to endorse or promote
* products derived from this software without prior written
* permission. For written permission, please contact
* apache@apache.org.
*
* 5. Products derived from this software may not be called
* "Apache" nor may "Apache" appear in their names without prior
* written permission of the Apache Group.
*
* THIS SOFTWARE IS PROVIDED ``AS IS'' AND ANY EXPRESSED OR IMPLIED
* WARRANTIES, INCLUDING, BUT NOT LIMITED TO, THE IMPLIED
* WARRANTIES OF MERCHANTABILITY AND FITNESS FOR A PARTICULAR
* PURPOSE ARE DISCLAIMED.
* IN NO EVENT SHALL THE APACHE SOFTWARE FOUNDATION OR
* ITS CONTRIBUTORS BE LIABLE FOR ANY DIRECT, INDIRECT, INCIDENTAL,
* SPECIAL, EXEMPLARY, OR CONSEQUENTIAL DAMAGES (INCLUDING, BUT NOT
* LIMITED TO, PROCUREMENT OF SUBSTITUTE GOODS OR SERVICES; LOSS OF
* USE, DATA, OR PROFITS; OR BUSINESS INTERRUPTION) HOWEVER CAUSED
* AND ON ANY THEORY OF LIABILITY, WHETHER IN CONTRACT, STRICT
* LIABILITY, OR TORT (INCLUDING NEGLIGENCE OR OTHERWISE) ARISING
* IN ANY WAY OUT OF THE USE OF THIS SOFTWARE, EVEN IF ADVISED OF
* THE POSSIBILITY OF SUCH DAMAGE.
*
====================================================================
*
* This software consists of voluntary contributions made by many
* individuals on behalf of the Apache Software Foundation. For
* more information on the Apache Software Foundation, please see
* <http://www.apache.org/>.]
```

Stichwortverzeichnis

!
<jsp:Include> 197
<jsp:setProperty> 65, 69

A
Abfangen
- Anforderung 180
- Filter 152
- Interceptor 168
- Komponente 168
Abfrage
- Entity Bean 84
- Flexibilität 327
- Suchmethode 327
- Zwischenspeichern 327
abhängiges Objekt 136
Abschnitt 204
Abstrahieren
- Geschäftsdienst 235
- Geschäftsschicht 235
- Interaktionen 272
- JNDI 337
- Service Locator 337
abstrakte Fabrik 137
accountdetails.jsp 217, 226
AccountingAdapter 215
Action 93
Adapter 239
Administrator 381
Aktivierung 73
Alexander, Christopher 27
Anforderung
- abfangen 180
- Benutzersitzung 54
- Client 54
- Codierungstyp 159
- Controller 169
- Encoding 159
- Filter 152
- Kontaktpunkt 182
- Nachbearbeitung 152
- Präsentationsschicht 152
- Profil 178
- Vorverarbeitung 152
- Zuordnung 178
Anforderungspfad 152
Anforderungsverteiler 112

Ansicht 136, 139
- Antworten auf Geschäftsanforderung 181
- austauschbare 204
- Benutzerrollen 58
- Composite View 195
- eingeschlossene 198
- Fehlerbedingung 58
- Formatierungscode einbetten 195
- Geschäftslogik reduzieren 170
- Hilfsobjekt 184
- JSP 182
- Kombination 206
- Kontaktpunkt 96, 182
- Manager 197
- modulare 204
- Navigation 170
- Schutz 56
- Schutz für einen Teil 57
- Steuerungscode 66
- Strategie 198
- Systemzustand 58
- Tag 193, 203
- Trennen von Geschäftsverarbeitung 188
- Trennen von Modell 193
- Umwandlung entfernen 106
- Unteransicht 196
- Verwalten mit benutzerdefinierten Tags 202
- Verwalten mit JavaBean 198
- Verwalten mit Standardtags 200
- Verwalten mit XSL-Transformer 202
- Verwaltung 170
- zusammengesetzte 195
Anwendung
- Deployment-Deskriptor 46
- PSA 381
- verteilen 46
- Web- 37
- Web-zentrierte 38
Anwendungsassembler (Application Assembler) 46
Anwendungsfall
- Modell 381
- Projekterstellung 382
- Ressource reservieren 384
- Session Facade 272
- Verfügbare Ressourcen suchen 388
Anwendungskomponentenanbieter (Application Component Provider) 46

Stichwortverzeichnis

Anwendungsverteiler (Deployer) 46
Apache 92
API
- DataAccessObject 326
- Datenbank 326
- Dienst 103
- Geschäftsdienst 103, 195, 234
- JavaMail 44
- JDBC 44
- JMS 85
- JNDI 334
application 160
Applikationsserver 37
- Service Locator 338
Architektur
- Client/Server 36
- mehrschichtige 36
- Refaktorisieren nach Schichten 122
- zweischichtige 36
Attribut
- Enterprise Bean 80
- Value Object 246
Ausfall 180, 211
Ausnahme
- Business Delegate 235
- Enterprise Bean 83
- Geschäftsdienst 235
- java.rmi.RemoteException 83
Authentifizierung
- Basic 59
- Controller 169
- Formular-basiert 59
Autorisierung
- Controller 169, 209
- Kreditkarte 134

B

B2B-Umgebung 239
Base Front-Strategie 179
Basisfilter 160, 165
Baum 290
Bean Managed Persistence 14
Befehl
- Controller 96
- Muster 176
- Schnittstelle 145
- zusammengesetzter 176
Befehlsobjekt
- Fabrikaufruf 212
- Handle 193
- JavaBean 190
- Steuerungscode kapseln 89
Beispielcode 141
- Business Delegate 241
- Command- und Controller-Strategie 176
- Composite Entity 297
- Composite View 204
- Controller einführen 89
- Data Access Object 359
- Dispatcher View 226
- JSP Front-Strategie 174
- JSP mit Scriptlet-Code 97
- JSP View-Strategie 184
- Kopplung, enge 105
- Kopplung, reduzierte 105
- Scriptlet-Code aus JSP extrahieren 99
- Service Activator 372
- Service Locator 345
- Service to Worker 212
- Servlet Front-Strategie 172
- Servlet View-Strategie 185
- Session Facade 278
- Strategie Composite Value Object 307
- Strategie Entität erbt vom Value Object 263
- Strategie Lazy Loading 303
- Strategie mit aktualisierbaren Value Objects 259
- Strategie mit benutzerdefinierten Hilfstags 189
- Strategie mit Business Delegate 190
- Strategie mit mehreren Value Objects 260
- Strategie typgeprüfter Service Locator 347
- Strategie Value Object-Fabrik 264
- Strategie zur Speicheroptimierung (Dirty Marker) 304
- Token generieren und speichern 93
- Token prüfen 94
- Umwandlungscode in Ansicht 107
- Value List Handler 328
- Value Object 258
- Value Object Assembler 317
- ValueListHandler 329
benutzerdefiniertes Tag 139
- Ansicht verwalten 202
- HTML-Tabelle formatieren 190f.
- Strategie 188
Benutzeroberfläche
- grafische, GUI 42
- Pakete 42
Benutzerrolle, Ansicht schützen 58

Benutzersitzung 54
Berater 380
Berechtigungen 111
Beziehungen
– Business Delegate 143
– Composite Entity 144
– Composite View 143
– Data Access Object 144
– Dispatcher View 143
– Front Controller 143
– Intercepting Filter 141
– Muster 141
– Muster, bekannte 144
– Service Activator 144
– Service to Worker 143
– Session Facade 143
– Value List Handler 144
– Value Object 143
– Value Object Assembler 144
– View Helper 143
Bibliothek
– Jakarta 109
– Vorlage 204
– XSL 109
Blattknoten 290
BlockOutTime 297
BMP 43, 136
Browsertyp 152
Business Delegate 135, 234
– Änderungen 235
– Ausnahme 235
– Beispielcode 241
– Beziehungen 143
– Data Access Object 192
– einführen 115
– Geschäftsdienst 184
– Geschäftsdienst suchen 236
– Geschäftsschicht 235
– Handle-Objekt 236
– Klassendiagramm 236
– Konsequenzen 240
– Kontext 234
– Kopplung 235
– Kräfte 234
– Lösung 235
– LookupService 235
– Problem 234
– Projekterstellung 382
– Remote-Schnittstelle 243

– Ressource reservieren 386
– Sequenzdiagramm 236
– Session Facade 235
– Strategien 190, 239
– Struktur 236
– Teilnehmer und Zuständigkeiten 236
– verfügbare Ressourcen suchen 389
– verwandte Muster 245
Business Object 136
BusinessDelegate 237
BusinessObject
– Data Access Object 355
– Service Activator 370
– Session Facade 274
– Value Object 247
– Value Object Assembler 314
BusinessService
– Abrufen über Handle 236
– Business Delegate 238
– Dispatcher View 223
– Service Locator 339
– Service to Worker 210
– View Helper 184

C

Callback-Methode 160
CGI (Common Gateway Interface) 37
Client
– Anforderung 54
– Anforderung kontrollieren 111
– Authentifizierung 152
– Benutzersitzung 54
– Browsertyp 152
– Daten zusammenfassen 84
– Dienstsuche 80
– gültige Sitzung 152
– Gültigkeitsprüfung 61
– Kontaktpunkt 96
– Ressource verbergen 109
– Rich 247
– Service Activator 369
– Service Locator 337
– Session Facade 273
– Sicherheit 55
– Sitzungszustand 54
– Transaktionsmanager 114
– Value Object 247
– Value Object Assembler 314
– Verschlüsselung 152

Stichwortverzeichnis

- vertrauliche Ressourcen 68
- Wert anfordern 246
- Zugriff steuern 56, 90
Client/Server 36
Clientschicht 40, 132
CMP 43, 124, 136
CoarseGrainedObject 291
Command
- JavaBean 190
- Steuerungscode kapseln 69
Command- und Controller-Strategie 176
- Beispielcode 176
- Sequenzdiagramm 177
Commitment 387
CommitmentDAO 387
CommitmentVO 387
Common Gateway Interface (CGI) 37
Composite 136
Composite Entity 135, 286
- Beispielcode 297
- Beziehungen 144
- Geschäftslogik 77
- Klassendiagramm 290
- Konsequenzen 296
- Kontext 286
- Kräfte 288
- Lösung 289
- Problem 286
- Ressource reservieren 386
- Sequenzdiagramm 290
- Strategien 291
- Struktur 290
- Teilnehmer und Zuständigkeiten 291
- verfügbare Ressourcen suchen 389
- verwandte Muster 308
Composite View 134
- Beispielcode 204
- Beziehungen 143
- Klassendiagramm 197
- Konsequenzen 203
- Kontext 195
- Kräfte 195
- Lösung 196
- Muster 195
- Overhead 197
- Problem 195
- Projekterstellung 382
- Ressource reservieren 385
- Sequenzdiagramm 197

- Strategien 198
- Struktur 197
- Teilnehmer und Zuständigkeiten 197
- verfügbare Ressourcen suchen 389
- verwandte Muster 206
CompositeEntity 291
CompositeView 197
Connector-Homepage 49
Container 43
- Enterprise Beans, Pool 73
- Filtermanager 164
- J2EE 43
Container Managed Persistence 14
Controller 136
- Anforderung 169
- Authentifizierung 169
- Autorisierung 169
- Delegationspunkt 57
- Dienste zusammenfassen 168
- Dispatcher View 223
- einführen 88
- fetter 69
- Front Controller 170
- Kombination 206
- Kontaktpunkt 169
- Kontaktpunkt vor JSP 102
- Ressourcenschutz 57
- Service to Worker 209
- Strategie 172
- Synchronisationstoken 91
- Webanforderung 170
Cookie 55
CORBA (Common Object Request Broker Architecture) 42
CreateProjectForm 383
CurrentDate 383
Custom Tags 139

D

DAO 352
Data Access Object 135, 137, 352
- Beispielcode 359
- Beziehungen 144
- Ersetzen durch Business Delegate 192
- Konsequenzen 358
- Kontext 352
- Kräfte 353
- Lösung 353
- Problem 352

- Projekterstellung 383
- Ressource reservieren 386
- Strategien 355
- verfügbare Ressourcen suchen 389
- verwandte Muster 366
DataAccessObject
- Data Access Object 355
- Value List Handler 326
DataSource 355
Datenbank
- Abhängigkeit vom Schema 287
- API 326
- Datenzugriffscode 126
- Entity Bean 79, 84
- Ergebnismenge 84
- Ergebnismenge, blättern 323
- JDBC 38
- Suchmethode 84
- Verbindungspool 125
Datenbankzugriff 42
Datenmodell anpassen 100
Datenstrukturen
- Frameworks 103
- HttpServletRequest 67
- offen legen 67
- Präsentationsschicht 67
- Übergeben an Geschäftsschicht 103
Datenzugriffscode
- Datenbanken 126
- Klasse extrahieren 121
- trennen 120
Datenzugriffsobjekt 14
Debuggingfilter 155
Decorator 156
Delegate 137
DependentObject 291
Deployment-Deskriptor 46
- Filter steuern 159
- Transaktionsisolationsstufe 81
- web.xml 58
- Webanwendung 163
Dienst
- Client 80
- Container 43
- Controller 168
- Geschäftslogik 77
- LookupService 235
- Standard- 44
- Such- 235

Dienstfabrik 237
Dienstleistungsgüte 14
DirtyMarker 293
Dispatcher 137
- Ansichtsverwaltung 170
- Dispatcher View 223
- Front Controller 171
- Kombination 206
- Navigation 170
- Rolle 220
- Service to Worker 207, 209
Dispatcher View 134, 219
- accountdetails.jsp 226
- Beispielcode 226
- Beziehungen 143
- Inhalte abrufen 220
- Kombination 219
- Konsequenzen 226
- Kontext 219
- Kräfte 220
- Lösung 220
- Problem 219
- Scriptlet-Code 220
- Strategien 224
- Teilnehmer und Zuständigkeiten 221
- verwandte Muster 231
doFilter 164
Dokumentationen 48
doMainProcessing 167
Dreierregel 131

E
Eigenschaft
- <jsp:setProperty> 65, 69
- Entity Bean 75
- Hilfs- 63
- Muster 28
- Session Bean 72
- zurücksetzen 69
Ein-/Ausgabe 42
Einschränkung 33
- Anforderungspfad 152
EIS-Schicht 41
EJB 139
- Enterprise Java Beans 38
- Homepage 48
- Message-Driven Bean 144
- nachrichtengesteuerte Bean 144
ejbStore 81

Stichwortverzeichnis

Encoding 159
- application 160
- multipart 160
Enterprise Bean 38, 137
- Aktivierung 73
- Attribut 80
- Ausnahme 83
- erstellen 335
- feinkörniges Objekt 82
- Get-/Set-Methode 80
- Message-Driven Bean 144
- nachrichtengesteuerte Bean 144
- Passivierung 73
- Pool 73
- RDBMS 82
- Remote-Referenz 78
- suchen 335
- Synchronisation 85
- Transaktion 85
- Value Object 246
Enterprise Java Beans 14
Entity Bean 43, 137
- Abfrage 84
- abhängiges Objekt 308
- Abhängigkeit vom Datenbankschema 287
- BMP 43
- CMP 43
- Eigenschaft 75
- Entitätsbeziehungen 287
- Ergebnismenge 84
- Fassade 114
- Fragen und Empfehlungen 308
- Fremdschlüssel 79
- Geschäftslogik 77
- Geschäftsobjekt, verteiltes 286
- Geschäftsobjekte modellieren 124
- Geschäftsschicht 75
- Netzwerkperformanz 287
- Objektgranularität 288
- Objektgraph speichern 83
- Objektmodell abbilden 78
- Overhead 118
- Persistenz 43
- Primärschlüssel 76, 79
- relationales Modell 79
- Remote-Aufruf 118
- schreibgeschützt 81
- sperren 118
- Suchmethode 84

- Transaktion 114
- Transaktion abgrenzen 118
- Verwaltbarkeit 287
- verwenden 75
EntityEJB 139
Entwurf
- Formularschnittstelle 65
- Präsentationsschicht 54
equals 76
Ergebnismenge
- blättern 323
- Größe 324
- Session Bean 327
- Value List Handler 327
- ValueObject 326
Extreme Programming 18

F

Fabrik 137
Fabrikmethode 137
Facade 137
Factory 137
Fassade 137
- Geschäftsschicht 73
- Session Bean 73
fetter Controller 69
Filter
- Anforderung 152
- Anforderung verarbeiten 159
- austauschbare 153
- Basis- 160, 165
- Callback-Methode 160
- Debugging- 155
- Decorator 156
- deklarativ steuern 159
- Deployment-Deskriptor 159
- Encoding 159
- Kernverarbeitung 156
- Kette 153
- Kopplung 168
- MultiPartEncodeFilter 164
- StandardEncodeFilter 164
- Standardstrategie 159
- steckbare 153
- Template Filter 165
- Vorlagenfilter 165
Filter One/Filter Two/Filter Three 154
FilterChain 156
- Intercepting Filter 154

FilterManager 156
– Intercepting Filter 154
FindAvailableResourcesForm 390
footer 383, 386, 390
Formatierung
– Einbetten in Ansicht 195
– gemischt mit Geschäftslogik 95
– JSP 99
Formular
– Entwurf 65
– Gültigkeitsprüfung 61
– Mehrfachversenden 60, 68, 91
– numerisches Feld 61
– obligatorisches Feld 61
– Schnittstelle 65
– Synchronisationstoken 60
Fowler, Martin 28
Framework 34
– Business Delegate 190
– Datenstrukturen 103
– Muster 382
– Musterbeziehungsdiagramm 141
– Projekterstellung 383
– Ressource reservieren 386
– Struts 92
– verfügbare Ressourcen suchen 389
Fremdschlüssel 79
Front Controller 134, 169
– Beziehungen 143
– Klassendiagramm 170
– Konsequenzen 180
– Kontext 169
– Kräfte 169
– Lösung 169
– Problem 169
– Projekterstellung 382
– Ressource reservieren 385
– Sequenzdiagramm 170
– Strategien 172
– Struktur 170
– Teilnehmer und Zuständigkeiten 170
– verfügbare Ressourcen suchen 388
– verwandte Muster 180

G
Gabriel, Richard 28
Gang of Four 27
Geschäftsanforderung 181

Geschäftsdienst
– abstrahieren 235
– Ausnahme 235
– Business Delegate 184
– Schutz 184
– Steuerung 184
– suchen 236
– Value Bean zurückgeben 184
Geschäftskomponente
– portable 38
– registrieren 44
– verteilte 72
Geschäftslogik
– auslagern in Hilfsklassen 101
– Dienste 77
– Entity Bean 77
– extrahieren 95
– JSP 99
– kapseln in Hilfsklasse 182
– Trennen von Ansicht 188
– verschieben in Sitzung 119
Geschäftsobjekt 136
– Entity Bean 286
– modellieren mit Entity Beans 124
– verteiltes 286
Geschäftsobjekte 270
Geschäftsschicht 41, 133
– abstrahieren 235
– Bean als Parameter 104
– Business Delegate 234f.
– Composite Entity 286
– Daten zusammenfassen 84
– Datenstrukturen übergeben 103
– Entity Bean 75
– Entwurf 72
– Muster 135, 234
– Refaktorisierung 113
– schlechte Praktiken 78
– Service Locator 334
– Session Bean 72
– Session Facade 270
– Sitzungszustand 56
– Value List Handler 322
– Value Object 245
– Value Object Assembler 311
– Zustand 74
Get-/Set-Methode 80
getCurrentElement 324

Stichwortverzeichnis

getData 252
getHome 342
getNextElements 324
getPreviousElements 324
getSize 324
GoF 137
Gültigkeitsprüfung 61
– abstrakte Typen 62
– Client 61
– Formular-orientierte 61
– Server 61
GUI (Graphical User Interface) 42

H

Handle
– Business Delegate 236
– BusinessService-Objekt abrufen 236
– Objekt 236
Hashcode 76
header 383, 386, 390
Helper 138
– Dispatcher View 223
– Front Controller 171
– Service to Worker 210
– View Helper 184
Herausgeber/Abonnent 39, 338
Hilfseigenschaften 63
Hilfsklasse
– Geschäftslogik herausziehen 101
– Geschäftslogik kapseln 182
– Umwandlung aus Ansicht entfernen 106
Hilfskomponente 101
Hilfsobjekt 138
– Anmerkung 190
– Ansicht 184
– Business Delegate 190
– JavaBean 188, 190
– Value Bean 171
– XSL-Transformer 184
Home-Schnittstelle 285
HTML
– benutzerdefiniertes Tag 190f.
– Cookie 55
– Hypertext Markup Language 38
– interpretieren 204
– render 204
– Tabelle anpassen 100
– Tabelle formatieren 190f.
– Tabelle generieren 99

– versteckte Felder 54
– wiedergeben 204
– XSL-Transformationen konvertieren 109
HTTP 44
HttpServletRequest 67
– Kopplung 105
HttpSession 74

I

IDL (Interface Definition Language) 44
include 197
Inhalt einbinden 201
InitialContext 338
Integrationsschicht 133
– Data Access Object 352
– Muster 135, 352
– Refaktorisierung 113
– schlechte Praktiken 78
– Service Activator 366
Interaktionsdiagramm 139
Intercepting Filter 134, 152
– Beziehungen 141
– Klassendiagramm 153
– Konsequenzen 168
– Kontext 152
– Kräfte 152
– Lösung 153
– Problem 152
– Projekterstellung 382
– Ressource reservieren 385
– Sequenzdiagramm 154, 164
– Strategien 154
– Struktur 153
– Teilnehmer und Zuständigkeiten 154
– verfügbare Ressourcen suchen 388
– verwandte Muster 168
Interface Definition Language (IDL) 44
Interoperabilität 44
isDirty 293
Iterator 138, 329

J

J2EE 26
– angewandte Muster 380
– Anwendungskomponenten 43
– Architektur 40
– Blueprints 48
– Container 43
– Homepage 48

- Komponenten erstellen 335
- Muster 130
- Musterbeziehungsdiagramm 141
- Schichten 40
- Standarddienste 44
- Wert 39

J2EE-Musterkatalog 14
J2EE-Plattform 36
- Muster 47
- Rollen 45

J2EE-Produktanbieter (J2EE Product Provider) 46
J2SE 38
- Bestandteile 41
- Komponenten 42
- Plattformdokumentation 48
- SDK 42
- Tools 42

JAF (Java Activation Framework) 44
Jakarta-Bibliothek 109
Java
- Anwendungskomponenten 43
- Applets 43
- Editionen 41

Java Activation Framework 44
Java Beans 38
Java Community Process (JPC) 26, 38
Java Developer Connection 17
Java Development Kit (JDK) 38
Java Interface Definition Language (JavaIDL) 44
Java Message Services (JMS) 39
Java Naming and Directory Interface (JNDI) 44
Java Transaction API (JTA) 44
java.awt.*, javax.swing.* 42
java.io.* 42
java.rmi.RemoteException 83
java.security.* 42
java.sql.* 42

JavaBean
- <jsp:include> 197
- Ansichtsverwaltung 198
- Business Delegate 190
- Hilfskomponente 101
- Hilfsobjekt 188, 190

JavaIDL (Java Interface Definition Language) 44
JavaMail 44
JavaOne-Konferenz 17
JavaServer Pages (JSP) 14
javax.jms.Message 370
javax.jms.MessageListener 370

javax.naming.* 42
javax.rmi.CORBA.* 42
JDBC 38
- Homepage 48
- Pooling 126

JDK 38, 42
JMS
- Connection Factory 334
- Destination 334
- Homepage 48
- Komponenten 335

JMS (Java Message Services) 39
JMSDestination 336
JNDI
- API 334
- Homepage 49
- Suche nach Dienstobjekt 335

JNDI (Java Naming and Directory Interface) 44
JPC (Java Community Process) 26
JSP 38
- Ansicht 182
- Ansicht verwalten 200
- Homepage 48
- HTML-Tabelle 99
- interpretieren 204
- render 204
- Scriptlet-Code 97, 170, 182
- Scriptlet-Code extrahieren 108
- Steuerungscode 88
- wiedergeben 204
- Zugriff einschränken 111

JSP Front-Strategie 174
- Beispielcode 174

JSP View-Strategie 184
- Beispielcode 184

JTA (Java Transaction API) 44

K

Kategorien 29
Klasse
- AccountingAdapter 215
- Action 93
- Basisfilter 165
- FilterChain 156
- FilterManager 156
- Iterator 329
- Primärschlüssel 76
- ProjectDAO 332
- ProjectDetailsAssembler 319

Stichwortverzeichnis

- ResourceDelegate 241
- ResourceVO 319
- TaskResourceVO 318
- TaskVO 318
- TemplateFilter 165
- ValueListIterator 333
- ViewAccountDetails 215

Klasse extrahieren 121
Klassendiagramm 139
- Business Delegate 236
- Composite Entity 290
- Composite View 197
- Front Controller 170
- Intercepting Filter 153
- Strategie EJB Service Locator 339
- Strategie Entität erbt von Value Object 252
- Strategie JMS Queue Service Locator 340
- Strategie JMS Topic Service Locator 341
- Strategie mit aktualisierbaren Value Objects 249
- Strategie mit mehreren Value Objects 251
- Strategie mit Value Object-Fabrik 254
- Strategie zur Speicheroptimierung 293
- Value Object 247
- View Helper 182

klebriger Benutzer 56
Kombination, Dispatcher View 219
Kommunikation, Eliminieren zwischen Entitäten 118
Komponente
- Applet- 43
- EJB 43
- Entity Bean 43
- Filter 153
- Java-Anwendungs- 43
- JSP 43
- Servlet 43
- Session Bean 43
- Vorlagenbibliothek 204
- Webschicht 43

Kompositum 136
Konfiguration 58
Konfigurationsdatei
- Deployment- 153
- Filterkette 153

Konsequenzen 140
Kontaktpunkt
- Anforderung 182
- Ansicht 96, 182

Kontext 140

Konversationszustand 73
- rekonstruieren 85

Kopieren und Einfügen 152
Kopplung
- Business Delegate 236
- Domänenobjekt 105
- Filter 168
- Value Object Assembler 316
- verringern 96

Kräfte 140

L

Lastverteilung 54
Layout 196
- Vorlagenbibliothek 204

LDAP (Lightweight Directory Access Protocol) 44
Lebenszyklus 289
Lightweight Directory Access Protocol (LDAP) 44
ListCustomers 383
Locator 138
Lösung 140
Logik
- ausklammern 95
- lokalisieren 95
- zentralisieren 153

LoginCheckFilter 383, 386, 390
LookupService 235
- Business Delegate 238

M

Message-Driven Bean 144
Methode
- doFilter 164
- doMainProcessing 167
- ejbStore 81
- equals 76
- Get-/Set- 80
- getData 252
- getHome 342
- hashCode 76
- Mutator 249
- obligatorische 167
- Remote-Aufruf 118
- saveToken 93
- Set- 249
- setData 249
- Vorverarbeitung 167

Middleware, nachrichtenorientierte 26

Modell 138
– Anwendungsfall 381
– Trennen von Ansicht 193
Modularität 96
MOM (Message-oriented Middleware, nachrichtenorientierte Middleware) 26, 39
multipart 160
MultiPartEncodeFilter 164
Muster
– angewandte 380
– Beziehungen 141
– Beziehungen zu bekannten 144
– Business Delegate 234
– Composite Entity 286
– Composite View 195
– Data Access Object 352
– Definition 28, 130
– Dispatcher View 219
– Dreierregel 131
– Eigenschaft 28
– Einschränkung 33
– Frameworks 34, 382
– Front Controller 169
– Funktionen 145
– Geschäftsschicht 135, 234
– Geschichte 27
– identifizieren 131
– Integrationsschicht 135, 352
– Intercepting Filter 152
– J2EE-Plattform 47
– Kategorien 29
– Klassendiagramm 139
– Kombination 206
– Präsentationsschicht 54, 134, 152
– Sequenzdiagramm 139
– Service Activator 366
– Service Locator 334
– Service to Worker 206
– Session Facade 270
– Strategie 131
– Überblick 130
– Übersicht 27
– Value List Handler 322
– Value Object 245
– Value Object Assembler 311
– View Helper 181
– Vorteile 32
– Wegweiser 145
– Wiederverwendung 34
Musterbeziehungsdiagramm 141

Musterkatalog
– Führer 135
– Muster überführen 131
– Schichtenkonzept 132
– Terminologie 136
– Übersicht 30
– UML 135, 139
– verwenden 31
Mustervorlage 140
– Beispielcode 141
– Konsequenzen 140
– Kontext 140
– Kräfte 140
– Lösung 140
– Problem 140
– Strategie 140
– Struktur 140
– verwandte Muster 141
Mutatormethode 249

N
Nachbearbeitung 152
Nachrichtenmodell 338
nachrichtenorientierte Middleware (MOM) 26
Navigation 170
– Homepage 197
– Value List Handler 323
Netzwerkdurchsatz 316
Netzwerkverbindung, vertraute 152

O
Objekt
– abhängiges 136, 289
– Baum 290
– Command 69
– eigenständiges 289
– Entity Bean 83
– feinkörniges 82
– Graph speichern 83
– grobkörniges 289
– Handle 236
– HttpSession 74
– Kopplung 105
– Lebenszyklus 289
– persistentes 289
– registrieren 44
– Request 370
– schreibgeschütztes 81
– target 154

Stichwortverzeichnis

– unabhängiges 138
– Ziel 154
Objektgranularität 286
Objektmodell, Abbilden auf Entity Bean 78
Overhead
– Bean-Kommunikation eliminieren 118
– Beziehungen zwischen Entitäten 119
– Composite View 197
– Entity Bean 118, 288
– Modell rekonstruieren 311
– Strategie mit Value Object-Fabrik 256

P

Pakete 42
– CORBA 42
– Ein-/Ausgabe 42
– Funktionalität 42
– grafische Benutzeroberfläche 42
– HTTP 44
– java.net 44
– Sicherheit 42
– Verzeichniszugriff 42
Part-Whole-Hierarchie 206
Passivierung 73
persistenter Speicher 138
Persistenz
– BMP 43
– CMP 43
– Code anpassen 121
– Container-verwaltete 124
– Entity Beans 43
Plattform 26
Pooling 126
Präsentationsschicht 132
– Änderung 181
– Anforderung 152
– Composite View 195
– Datenstrukturen 67
– Details vor Geschäftsschicht verbergen 102
– Dispatcher View 219
– Entwurf 54
– Front Controller 169
– Intercepting Filter 152
– Muster 134, 152
– Refaktorisierung 88
– schlechte Praktiken 66
– Service to Worker 206
– Sitzungszustand 55
– View Helper 181

Primärschlüssel 79
– Entity Bean 76
– Hashcode 76
– Klasse 76
Problem 140
Professional Services Automation 380
Profil 178
Programmierung, Kopieren und Einfügen 152
ProjectDAO 332, 384, 387
ProjectDelegate 384, 387
ProjectDetailsAssembler 319
ProjectEntity 384, 387
ProjectManagerSession 384, 387
ProjectVO 384
Projektadministrator 380
Projekterstellung 382
Projektmanager 380
Prototyp
– Layout 196
– Website 196
Proxy 138
– Business Delegate 239
– Session Beans 117
PSA 380
– Akteure 381
PSAController 383, 386, 390
PSAServiceLocator 384, 387, 390
Punkt-zu-Punkt 338

Q

QoS (Quality of Service) 30
Quality of Service (QoS) 30
Quellen 48
Queue 334f.
QueueConnection 335
QueueConnectionFactory 336
QueueReceiver 336
QueueSender 336
QueueSession 335

R

RDBMS, Enterprise Bean 82
Refaktorisierung 88
– Architektur nach Schichten 122
– Berechtigungen 111
– Datenzugriffscode trennen 120
– Geschäftsschicht 113
– Integrationsschicht 113
– Klasse extrahieren 96

- Präsentationsschicht 88
- Schutz 111
Region
- Homepage 197
- Vorlagenbibliothek 204
relationales Modell, Abbilden auf Entity Bean-Modell 79
Remote-Aufruf, Entity Bean 118
Remote-Referenz, Enterprise Bean 78
Remote-Schnittstelle 243
- Session Facade 284
render 204
Request 370
RequestDispatcher 112
ReserveResourceForm 386
resetIndex 325
Resonate 56
ResourceDAO 390
ResourceDelegate 241, 390
ResourceHelper 386, 390
ResourceListHandler 390
ResourceManagerSession 390
ResourceSession 241
ResourceVO 319, 390
ResourceVOList 390
Ressource
- angeforderte 154
- Berater 380
- Bindung 203
- Konfiguration 60, 111
- schützen 59
- Strategie 203
- Verbergen vor Client 109
- vertrauliche 68
- Zugriff einschränken 111
Ressourcenmanager 44, 381
Ressourcenschicht 134
- Sitzungszustand 56
Rich Client 247
Rolle
- Ansicht schützen 58
- Anwendungsassembler (Application Assembler) 46
- Anwendungskomponentenanbieter (Application Component Provider) 46
- Anwendungsverteiler (Deployer) 46
- Berater 380
- Dispatcher 220
- J2EE-Plattform 45
- J2EE-Produktanbieter (J2EE Product Provider) 46

- Projektadministrator 380
- Projektmanager 380
- Systemadministrator (System Administrator) 46
- Toolanbieter (Tool Provider) 46

S

saveToken 93
Schichten 132
- Client- 132
- Geschäfts- 133
- Integrations- 133
- Präsentations- 132
- Ressourcen- 134
schlechte Praktiken
- Geschäftsschicht 78
- Integrationsschicht 78
- Präsentationsschicht 66
Schnittstelle
- Befehl 145
- DirtyMarker 293
- Home, Session Facade 285
- javax.jms.Message 370
- javax.jms.MessageListener 370
- JNDI 44
- ResourceSession 241
- ValueListIterator 324
Schutz
- Ansicht 56
- Geschäftsdienst 184
- Konfiguration 58, 60
- Ressource 59
Scriptlet 138, 170
Sequenzdiagramm 139
- benutzerdefinierte Filterstrategie 156
- Business Delegate 236
- Command- und Controller-Strategie 177
- Composite Entity 290
- Composite View 197
- Front Controller 170
- Intercepting Filter 154, 164
- Session Facade 273
- Strategie EJB Service Locator 339
- Strategie Entität erbt von Value Object 253
- Strategie JMS Queue Service Locator 341
- Strategie JMS Topic Service Locator 342
- Strategie mit aktualisierbaren Value Objects 250
- Strategie mit Composite Value Object 295
- Strategie mit mehreren Value Objects 252
- Strategie mit Value Object-Fabrik 255

Stichwortverzeichnis

- Strategie zur Speicheroptimierung 293
- Transformer 193
- Value List Handler 324
- Value Object 247
- Value Object Assembler 314
- View Helper 182

Serialisieren, Value Object 249

Server
- Gültigkeitsprüfung 61
- Verzeichnisstruktur 112
- Zwischenspeichern 327

Serveraffinität 56

Service Activator 135, 366
- Beispielcode 372
- Beziehungen 144
- Konsequenzen 371
- Kontext 366
- Kräfte 367
- Lösung 368
- Problem 366
- Strategien 370
- Teilnehmer und Zuständigkeiten 368
- verwandte Muster 377

Service Factory 237

Service Locator 135, 334
- abstrahieren 337
- Beispielcode 345
- Konsequenzen 344
- Kräfte 336
- Lösung 337
- Problem 334
- Projekterstellung 383
- Ressource reservieren 386
- Strategien 339
- verfügbare Ressourcen suchen 389
- verwandte Muster 350

Service to Worker 134, 206
- accountdetails.jsp 217
- Beispielcode 212
- Beziehungen 143
- Dispatcher 207
- Konsequenzen 211
- Kontext 206
- Kräfte 207
- Lösung 207
- Problem 206
- Strategien 210
- verwandte Muster 219

ServiceActivator 370

ServiceFactory 338
ServiceLocator 337
Servlet 140
- Authentifizierung 59
- Code vereinfachen 121
- Controller 58
- Filter 156
- Homepage 48
- Spezifikation 59
- Technologie 37

Servlet Front-Strategie 172
- Beispielcode 172

Servlet View-Strategie 185
- Beispielcode 185

Session Bean 43, 138
- Anwendungsfall abbilden 80
- Anzahl verringern 117
- Eigenschaft 72
- Ergebnismenge 327
- Fassade für Entity Beans 114
- Fassade für Geschäftsschicht 73
- Geschäftsschicht 72
- Konversationszustand 73
- Kopplung 115
- Proxy 117
- Skalierbarkeit 73
- Transaktion 114
- verwenden 72
- Workflow 72
- zusammenfassen 116
- Zustand 75
- zustandsbehaftete 43, 72
- zustandslose 43, 72

Session Facade 135, 270
- Anwendungsfall 272
- Beispielcode 278
- Beziehungen 143
- Business Delegate 235
- Geschäftslogik 77
- Home-Schnittstelle 285
- identifizieren 272
- Interaktionen zusammenfassen 117
- Konsequenzen 276
- Kontext 270
- Kräfte 271
- Lebenszyklus verwalten 272
- Lösung 272
- Problem 270
- Projekterstellung 383

- Ressource reservieren 386
- Sequenzdiagramm 273
- Strategien 274
- Teilnehmer und Kollaborationen 273
- verfügbare Ressourcen suchen 389
- verwandte Muster 286
SessionEJB 140
SessionFacade 273
setData 249
Set-Methode 249
- Value Object 249
Setters 249
Sicherheit 42
- Ansicht schützen 56
- deklarative 59
- Konfiguration 58
- Sitzungszustand 55
Single Point of Failure 180, 211
Singleton 138, 140
Sitzungsfassade 14
Sitzungszustand 14
SJC (Sun Java Center) 16
Skalierbarkeit
- Session Bean 73
- Verbindungspool 125
SkillSet 297
Skriptsprachen 38
Speicher, persistenter 138
Speicheroptimierung (Dirty Marker) 293
Spezifikation
- Servlet 59
- Standardfilterstrategie 159
Standarddienste 44
StandardEncodeFilter 164
Stereotypen 139
Steuerung
- Ausfall 180, 211
- Berechtigungen 111
- Geschäftsdienst 184
- Single Point of Failure 180, 211
- Synchronisationstoken 90
- verteilte 169
- Webanforderung 170
- zentralisieren 170
Steuerungscode
- Ansicht 66
- JSP 88
- kapseln 69
Sticky User Experience 56

Strategie 140
- Adapter 239
- aktualisierbare Value Objects 249
- Ansicht mit benutzerdefinierten Tags verwalten 202
- Ansicht mit JavaBeans verwalten 198
- Ansicht mit Standardtags verwalten 200
- Ansichtskomponente implementieren 181
- Base Front 179
- Basisfilter 165
- Befehl, zusammengesetzter 176
- benutzerdefiniertes Hilfstag 188
- Business Delegate 190
- Command und Controller 176
- Composite Entity enthält grobkörniges Objekt 291
- Composite Entity implementiert grobkörniges Objekt 292
- Composite Value Object 295
- Controller 172
- Delegate Adapter 239
- Delegate Proxy 239
- Dispatcher in Ansicht 225
- Dispatcher in Controller 179, 211, 224
- Dispatcher View 224
- EJB Service Locator 339
- EJB/JMS Service Locator 342
- Entität erbt von Value Object 252
- Filter, benutzerdefinierte 154
- Filtercontroller 180
- Geschäftsobjekt 316
- Intercepting Filter 154
- JavaBean-Hilfsobjekt 188
- Java-Objekt 315, 326
- JMS Queue Service Locator 340
- JMS Topic Service Locator 341
- JSP Front 174
- JSP View 184
- Klassendiagramm 139
- Lazy Loading 292
- mehrere Value Objects 250
- Muster 131
- Ressourcenbindung 203
- Ressourcenzuordnung, logische 177
- Ressourcenzuordnung, mehrfache 178
- Ressourcenzuordnung, physikalische 177
- Sequenzdiagramm 139
- Service Locator-Eigenschaften 344
- Servlet Front 172
- Servlet View 185
- Session Bean 315

Stichwortverzeichnis

- Speicheroptimierung (Dirty Marker) 293
- Standardfilter 159
- typgeprüfter Service Locator 342
- Value Object-Fabrik 254
- Vorlagenfilter 165
- XSL-Transformer 193
- zustandsbehaftete Session Bean 326
- zustandsbehaftete Session Facade 275
- zustandslose Session Facade 275

Strategie mit benutzerdefiniertes Tag, Beispielcode 189
Struktur 140
Struts 92
- Schnittstellentypen überlagern 103

Stylesheet
- Ansichts-Tag 193
- Modell konvertieren 171
- Transformer 194

Suchdienst 235
Sun 38
Sun Java Center 16, 30
Synchronisation
- Enterprise Bean 85
- Entity Bean 83
- Objektgraph 83
- Thread 240
- Value Object 250, 257

Synchronisationstoken 60
- Clientzugriff steuern 90
- Controller 91
- prüfen 92

Systemadministrator (System Administrator) 46

T

Tabelle
- benutzerdefiniertes Tag 190f.
- HTML, formatieren 190f.

Tag
- <jsp:include> 197
- benutzerdefiniertes 139, 184
- Custom 139

Target 154
TaskResourceVO 318
TaskVO 318
Template 138
Template Method 168
TemplateFilter 166

Terminologie
- Musterkatalog 136
- UML 139

Thread, Synchronisation 240
Time-to-Market 27, 37

Token
- speichern 93
- Synchronisation 90
- Transaktion 93

Toolanbieter (Tool Provider) 46
Topic 334f.
TopicConnection 335
TopicConnectionFactory 336
TopicPublisher 336
TopicSession 335
TopicSubscriber 336
Traffic-Management-System 56
TRANSACTION_SERIALIZED 257

Transaktion
- aufschieben 328
- Container-verwaltete 114, 124
- Deployment-Deskriptor 81
- Enterprise Bean 85
- Entity Bean sperren 118
- Synchronisationstoken 93
- Value Object 257

Transaktionsisolationsstufe 257
Transaktionsmanager 44, 114

Transformer
- Sequenzdiagramm 193
- Stylesheet 194

Typprüfung 350

U

UML 135
- Interaktionsdiagramm 139
- Klassendiagramm 139
- Musterkatalog 139
- Sequenzdiagramm 139
- Stereotypen 139

unabhängiges Objekt 138
Unteransicht 196

URL
- Controller 178
- Zusatzinformation 178

V

Value Bean 171
- Geschäftsdienst 184
- Helper 171
- Hilfsobjekt 171
- Value Object 223

- Zwischenmodell 184
Value List Handler 135, 322
- Beispielcode 328
- Beziehungen 144
- Konsequenzen 327
- Kontext 322
- Kräfte 323
- Lösung 323
- Navigation 323
- Problem 322
- Sequenzdiagramm 324
- Strategien 326
- Teilnehmer und Kollaborationen 324
- verfügbare Ressourcen suchen 389
- verwandte Muster 334
Value Object 135, 245
- aktualisierbares 249
- Aktualisierungsweitergabe 250
- Beispielcode 258
- Beziehungen 143
- Enterprise Bean 246
- Fabrik 254
- getData 252
- Klassendiagramm 247
- Konsequenzen 256
- Kontext 245
- Kräfte 246
- Lösung 246
- Problem 245
- Projekterstellung 383
- Ressource reservieren 386
- Sequenzdiagramm 247
- Serialisieren 249
- setData 249
- Set-Methode 249
- Strategien 248
- Struktur 247
- Synchronisation 257
- Teilnehmer und Zuständigkeiten 247
- Transaktion 257
- Value Bean 223
- veraltet 257, 317
- verfügbare Ressourcen suchen 389
- Versionskontrolle 257
- verwandte Muster 269
Value Object Assembler 135, 311
- Beispielcode 317
- Beziehungen 144
- Konsequenzen 316

- Kontext 311
- Kopplung 316
- Kräfte 312
- Lösung 312
- Problem 311
- Sequenzdiagramm 314
- Strategien 315
- Teilnehmer und Zuständigkeiten 314
- Value Object, veraltet 317
- verwandte Muster 321
ValueBean
- Dispatcher View 223
- Service to Worker 210
- View Helper 184
ValueList 326
ValueListHandler 326
ValueListIterator 324, 333
- Value List Handler 324
ValueObject
- Data Access Object 355
- Value List Handler 326
- Value Object 248
- Value Object Assembler 315
ValueObjectAssembler 314
Verbindungsmanager 126
Verbindungspool 125
Verschlüsselung 152
Versionskontrolle 250
- Value Object 257
Verteiler, Deployment-Deskriptor 46
verwandte Muster 141
Verzeichnisstruktur 112
Verzeichniszugriff 42
Viererbande 27
View 14, 136, 139
- Dispatcher View 223
- Front Controller 172
- Service to Worker 210
- View Helper 183
View Helper 134, 181
- Beziehungen 143
- Klassendiagramm 182
- Konsequenzen 194
- Kontext 181
- Kräfte 181
- Lösung 181
- Problem 181
- Projekterstellung 382
- Ressource reservieren 385

Stichwortverzeichnis

- Sequenzdiagramm 182
- Strategien 184
- Struktur 182
- Teilnehmer und Zuständigkeiten 182
- verfügbare Ressourcen suchen 388
- verwandte Muster 195

ViewAccountDetails 215
ViewManager 197
Vorlage 138
- Bibliothek 204
Vorlagenfilter 165
Vorlagenmethode 168
Vorverarbeitung 152

W

Webanforderung 170
Webanwendung, Deployment-Deskriptor 163
Webschicht 40
- Komponenten 43
Webseite
- modulare 197
- Navigation 197
- Region 197
- Suche 197
Website, Prototyp 196
Wegweiser, Muster 145
Wertobjekt 14
Wiederherstellung 240
- Business Delegate 235
Wiederverwendung 34
- Logik extrahieren 96
Workflow 45
- mehrere Entity Beans 77
- Session Bean 72
Write Once Run Anywhere 36
Wurzelknoten 290

X

XML
- Deployment-Deskriptor 46
- Integrationssprache 239
- Integrieren mit JSP 194

XSL
- Apply 109
- Integrieren mit JSP 194
- Jakarta-Bibliothek 109
- Konvertieren nach HTML 109
- Transformer 184
XSL-Transformer
- Ansicht verwalten 202
- Hilfsobjekt 193
- Strategie 193

Z

Zugriff
- Berechtigungen 111
- Einschränken auf Ressource 111
Zuordnung
- Anforderung 178
- Filterkette 153
- URL 153
Zusammenfassen
- Interaktionen 117
- Session Beans 116
zusammengesetzte Entität 14
Zustand
- Client 54
- Geschäftsschicht 56, 74
- HttpSession 74
- Lastverteilung 56
- Präsentationsschicht 55
- rekonstruieren 85
- Ressourcenschicht 56
- Session Bean 75
- Sicherheit 55
- Speichern 73
- Strategie 54
zustandsbehaftete Session Bean 43, 73
zustandslose Session Bean 43, 72
Zwischenspeichern
- Abfrageergebnis 327
- Business Delegate 239
- Remote-Referenz 78
- Serverseite 327
Zwischenzustand 63

▰▰new technology

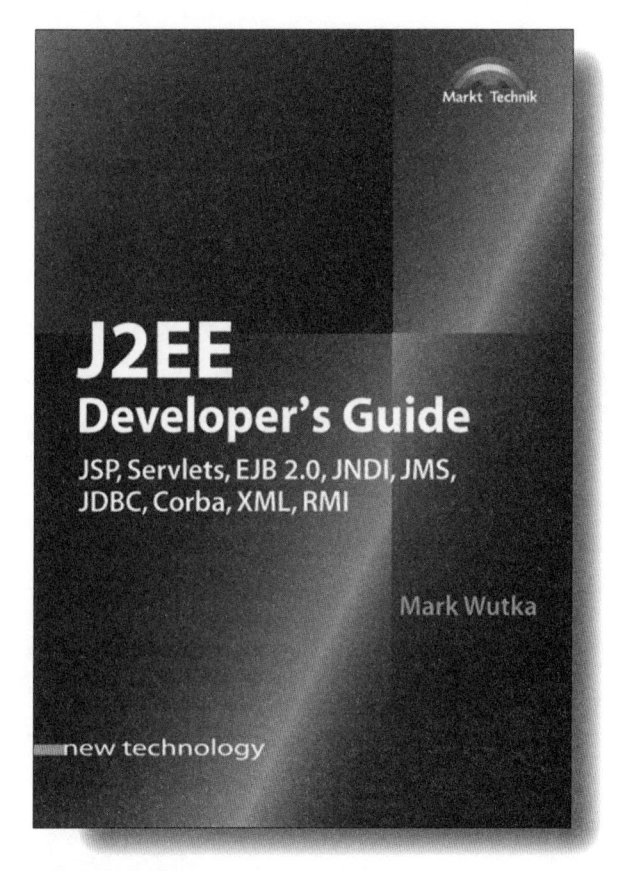

J2EE
Developer's Guide
JSP, Servlets, EJB 2.0, JNDI, JMS, JDBC, Corba, XML, RMI

Mark Wutka

Mark Wutka

J2EE – Developer's Guide
ISBN 3-8272-6226-7
€ 69,95 [D] / sFr 112,00

Markt+Technik

Markt+Technik-Produkte erhalten Sie im Buchhandel, Fachhandel und Warenhaus.
Markt+Technik · Martin-Kollar-Straße 10–12 · 81829 München · Telefon (0 89) 4 60 03-0 · Fax (0 89) 4 60 03-100
Aktuelle Infos rund um die Uhr im Internet: www.mut.de · E-Mail: bestellung@mut.de

CORE
JAVA 2 in zwei Bänden – komplett und kompakt

Die Bücher gehören zu den weltweit am meisten zitierten und ausgezeichneten Standardwerken zu Java

C. S. Horstmann/G. Cornell
Java 2 – Band 1
Grundlagen (Neuauflage)
ISBN 3-8272-**6016**-7
€ 49,95 [D] / sFr 92,00

C. S. Horstmann/G. Cornell
Java 2 – Band 2
Expertenwissen
ISBN 3-8272-**9566**-1
€ 59,95 [D] / sFr 99,00

Markt+Technik

Markt+Technik-Produkte erhalten Sie im Buchhandel, Fachhandel und Warenhaus.
Markt+Technik · Martin-Kollar-Straße 10–12 · 81829 München · Telefon (0 89) 4 60 03-0 · Fax (0 89) 4 60 03-100
Aktuelle Infos rund um die Uhr im Internet: **www.mut.de** · E-Mail: **bestellung@mut.de**

▬new technology

AKTUELL • PROFESSIONELL • KONKRET

Paul DuBois
MySQL
**entwicklung, implementierung
und referenz**

ISBN 3-827**2-5793**-X

€ 49,95 [D] / sFr 88,00

Egon Schmid / Christian Cartus
php 4
**dynamische webauftritte
professionell realisieren**

ISBN 3-8272-**5877**-4

€ 44,95 [D] / sFr 78,00

Kennard Scribner / Marc C. Stiver
SOAP
**developer's guide
professionelle xml-anwendung**

ISBN 3-8272-**5944**-4

€ 44,95 [D] / sFr 78,00

Markt+Technik

Markt+Technik-Produkte erhalten Sie im Buchhandel, Fachhandel und Warenhaus.
Markt+Technik · Martin-Kollar-Straße 10 –12 · 81829 München · Telefon (0 89) 4 60 03-0 · Fax (0 89) 4 60 03-100
Aktuelle Infos rund um die Uhr im Internet: www.mut.de · E-Mail: bestellung@mut.de

new technology

AKTUELL • PROFESSIONELL • KONKRET

Die aktualisierte Neuauflage des bekannten BESTSELLERS!

Anonymous

der neue hacker's guide

ISBN 3-8272-5931-2
€ 44,95 [D] / sFr 78,00

Markt+Technik

Markt+Technik-Produkte erhalten Sie im Buchhandel, Fachhandel und Warenhaus.
Markt+Technik · Martin-Kollar-Straße 10–12 · 81829 München · Telefon (0 89) 4 60 03-0 · Fax (0 89) 4 60 03-100
Aktuelle Infos rund um die Uhr im Internet: **www.mut.de** · E-Mail: **bestellung@mut.de**

new technology

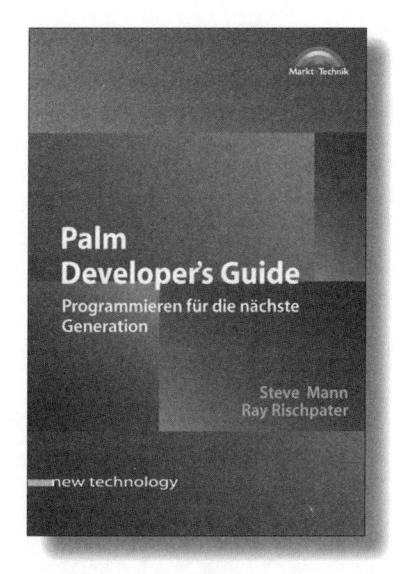

Steve Mann / Ray Rischpater

Palm Developer's Guide

Programmieren für die nächste Generation!
Im Gegensatz zu den meisten Büchern über Palm-Programmierung geht dieses Buch weit über die Grundlagen hinaus. Es beschreibt die komplexeren Anforderungen der Palm-Programmierung auf hohem Niveau.

ISBN 3-8272-**6195**-3
€ 59,95 [D] / sFr 99,00

Markt+Technik

Markt+Technik-Produkte erhalten Sie im Buchhandel, Fachhandel und Warenhaus.
Markt+Technik · Martin-Kollar-Straße 10 – 12 · 81829 München · Telefon (0 89) 4 60 03-0 · Fax (0 89) 4 60 03-100
Aktuelle Infos rund um die Uhr im Internet: **www.mut.de** · E-Mail: **bestellung@mut.de**

Evi Nemeth / Garth Snyder / Scott Seebass / Trent R. Hein

Handbuch zur UNIX Systemverwaltung

Diese Buch gibt dem Administrator eines Unix-Netzwerkes alles notwendige Wissen an die Hand: von Benutzerverwaltung über Backups, das Domain Name System (DNS) bis hin zur Netzwerkoptimierung. Aufgrund der übersichtlichen Gliederung und des klaren Stils der Autoren sind die Probleme und Lösungen trotz ihrer Komplexität leicht verständlich. Der Fokus des Buches liegt auf den hierzulande wichtigen Unizes Solaris, HP-UX, FreeBSD und Red Hat Linux und Sie werden in diesem Buch ausschließlich praktische Lösungsansätze finden. Nicht umsonst hat das US-Original als DAS Handbuch zur Unix-Systemadministration inzwischen Kultstatus erlangt.

ISBN 3-8272-**6238**-0
€ 59,95 [D] / sFr 99,00

Markt+Technik

Markt+Technik-Produkte erhalten Sie im Buchhandel, Fachhandel und Warenhaus.
Markt+Technik · Martin-Kollar-Straße 10–12 · 81829 München · Telefon (0 89) 4 60 03-0 · Fax (0 89) 4 60 03-100
Aktuelle Infos rund um die Uhr im Internet: www.mut.de · E-Mail: bestellung@mut.de

_eden market

Kompetenz³

Schulungen
Unser großes Angebot an aufeinander abgestimmten Kursen bieten wir in unserem Schulungszentrum oder inhouse nach Kundenwunsch an.
Zum Beispiel: Oberflächengestaltung mit Swing

Consulting
Unser Beratungsteam ist hochspezialisiert. Alle Mitarbeiter können aufgrund langjähriger Praxiserfahrungen gezielt und effektiv beraten.

Entwicklung
Basierend auf dem neuesten Stand der Softwaretechnologie entwickeln wir die passende Lösung für Ihr Unternehmen.
Spezialgebiete: Java, XML, UML und OOAD

www.edenmarket.de

eden market GmbH
Schulze-Delitzsch-Str. 16 · 70565 Stuttgart
Tel: +49 700 990 16 500 · Fax: +49 711 990 16 99
info@edenmarket.de · www.edenmarket.de